서의필 목사의 한국 선교

| 인돈학술총서 6 |

미 국  남 장 로 교  선 교 사  이 야 기

# 서의필 목사의 한국 선교

Dr. John N. Somerville's Mission to Korea

김남순·이기석 지음

동연

# 서의필(John Nottingham Somerville) 목사 약력

서의필(John Nottingham Somerville)은 1928년 1월 13일 미국 사우스캐롤라이나 주 요크 카운티(York County)의 거스리스빌(Guthriesville)에서 목사인 부친 월터 그레이 서머빌(Walter Gray Somerville)과 모친 해티 리드 노팅엄(Hattie Read Nottingham) 사이에 여덟 자녀 중 다섯째로 태어났다. 그는 1953년 서진주(Virginia Bell) 선교사와 결혼하여 슬하에 4남 1녀를 두고 있다. 현재 노스캐롤라이나 주의 남장로교 선교사 은퇴마을이 있는 몬트리트(Montreat)에 살고 있다.

**출생지**   거스리스빌(Guthriesville, SC, USA)
**배우자**   서진주(Virginia Bell, 1927. 6. 16 ~ 2006. 8. 26, 결혼: 1953. 11. 6)
**자녀**     John N. Somerville, Jr.(1954. 9. 29. 전주 출생)
            Nelson Bell Somerville(1956. 4. 10. 전주 출생)
            Smith Severn Somerville(1958. 11. 30. 애슈빌 출생)
            Walter Gray Somerville(1961. 9. 9. 전주 출생)
            Elizabeth Lee Somerville(1963. 3. 3. 서울 출생)

**교육**     1941  맥커널스빌(McConnellsville) 초등학교 졸업
            1945  클린턴(Clinton) 고등학교 졸업
            1949  프레스비테리언 대학교 졸업(B.S., 화학전공 학사)
            1953  콜롬비아 신학교 졸업(B.D., 신학전공 학사)
            1963  성균관대학교 졸업(M.A., 동양철학전공 석사)
                  학위논문:「仁에 對한 小考」
            1966  하버드 대학교 졸업(M.A., 동아시아사 석사)
            1974  하버드 대학교 졸업(Ph.D., 동아시아사 박사)
                  학위논문:「18세기 울산지역의 흥망성쇠 – 사회변동성향
                  연구」(Success and failure in eighteenth century Ulsan:
                  A study in social mobility)

| 경력 | 1953. 8  미국 남장로교의 한국선교사 파송 임명 |
|---|---|
| | 1954. 2. 24  인천 도착 |
| | 1954. 2 ~ 1958. 12  미국 남장로교 목포선교부 소속 선교사 |
| | 1954. 5 ~ 1958. 6  대전대학 설립위원/이사회 이사 |
| | 1959. 3 ~ 1964  장로회신학대학교 교수(기독교 윤리학) |
| | 1968 ~ 1970  대전신학대학교 강의(기독교 윤리학) |
| | 1968. 3 ~ 1994. 8  한남대학교 교수(영문과/사학과) |
| | 1969. 1 ~ 1971. 2  숭전대학교 6대 도서관장 |
| | 1974. 3 ~ 1977. 8  숭전대학교 2대 기획실장 |
| | 1974 ~ 1975  호남신학대학교 강의(기독교 윤리학) |
| | 1981. 9 ~ 1983. 8  숭전대학교 협동부총장 |
| | 1994 ~ 현재  한남대학교 명예교수 |
| | 1998  제5회 인돈문화상 수상 |

현재 한남대학교 총장 국제자문회의 회원
유진벨 재단 이사/조선의 그리스도인 벗들(CFK) 재단 상임이사

# John Nottingham Somerville

Born on January 13, 1928 in Guthriesville, South Carolina, USA.
Parents: Walter Gray Somerville and Hattie Read Nottingham
Somerville.
Married on November 6, 1953 to Virginia, daughter of Dr. L. Nelson
Bell and Virginia Leftwich Bell. Virginia Somerville died on August
26, 2006.

## Children

John N. Somerville, Jr.
Nelson Bell Somerville
Smith Severn Somerville
Walter Gray Somerville
Elizabeth Lee Somerville

## Education

1941   McConnellsville Elementary School, SC
1945   Clinton High School, SC
1949   Presbyterian College, B.S. in Chemistry, Clinton, SC
1953   Columbia Theological Seminary, B.D., Decatur, Georgia
1963   Sunggyun-Kwan University, M.A. in Oriental Philosophy
1966   Harvard University, M.A. in Regional Studies – East Asia
1974   Harvard University, Ph.D. in East Asian History and Lan-
       guages
       Dissertation: 'Success and failure in eighteenth century
       Ulsan: A study in social mobility'

## Experience

1953   Commissioned to missionary service in Korea with the Presbyterian Church in the United States in August, 1953

1954 ~ 1958 Language and Cultural Orientation in Mokpo, work with Mokpo Presbytery, Mokpo, Korea

1959 ~ 1964 Lecturer in Christian Ethics at the Presbyterian General Assembly's Theological Seminary in Seoul, Korea

1968 ~ 1994 Professor in the Dept. of History at Hannam University, Daejeon, Korea

1994 ~ to present  Professor Emeritus in the Dept. of History at Hannam University, Daejeon, Korea

# Preface

This book recounts the life of Rev. John Nottingham Somerville, who served in Korea for forty years between 1954 and 1994. Dr. Somerville served in the last period of the Higher Education ministry of the Southern Presbyterian Churches of the United States, leaving us Koreans with these words Always pray, love, be generous and be thankful! at the retirement ceremony in 1994. Dr. Somerville left behind documents and records of missionary colleagues who left this land 30 years ago in 1992. This book commemorates the historical significance of Dr. Somerville's missionary work in Korea 30 years after it was published. The book is a collection of testimonies and stories from people who were affected by Dr. Somerville's work, as well as an analysis of how his legacy has impacted the country in the decades since. It serves as a reminder of the importance of his work, and the lasting impact it has had on the country. The authors hope it will be remembered forever by leaving a record of the spirit of love and the hope for the unification of the Korean Peninsula through reconciliation and peace between the two Koreas Through this book, we hope the younger generation can also realize the spirit of 'truth', 'freedom', and 'service' that he has emphasized throughout his life here and devote themselves to creating a new world in the future.

Dr. Somerville came to Korea, a foreign land, in 1954, right after the Korean War, and for 40 years experienced two historically turbulent periods in modern Korea, the revolution of April 19 in 1961 and the Gwangju Democratization Movement of May 18 in 1980. He has awakened young Koreans to look for their identity and dignity as Koreans, and taught them to practice truth, freedom and justice in their journey toward democracy. His humanity seemed to be derived from the witness of the sufferings of the Korean people and their cries for democracy and human rights as the voice of God. In particular, he lived a life of doing his best for the realization of democracy in Korea. Aside from lecturing on democracy in the classroom and announcing democracy in the chapel, he jumped directly into the struggle for democracy. He tried to share the sufferings of the people with them. In particular, he was a true intellectual and missionary who preached the gospel in the belief that God's kingdom of truth, freedom, and justice would be completed on this earth when young college students knew God's will for the world and lived according to it.

Dr. Somerville was also a historian, an oriental philosopher, and a practical thinker. He was a historian who examined the social mobility of the Joseon Dynasty in the 18th century in order to gain insight into the changing structure of social status and the characteristics of the common people during this period. Due to his extensive research into the Joseon Dynasty, he has developed expertise in Korean genealogy and laws. He has read the Three Classics of the Four Books related to Confucius since he came to Korea in 1954. His book list even includes the Annals of the Joseon Dynasty of 500 years and Jeong Do-jeon's Sambongjip in the 1400s. Dr. Somerville served as a compass for young Koreans of this era to find their roots and identity through history and to enlarge their world vision for the future.

Dr. Somerville has served as the last Presbyterian missionary for the Higher Education ministry in Korea since the Presbyterian Church (USA) World Ministries began the Korean mission in 1885. In Korea, his name deserves to be enlisted among the greatest missionaries who served more than 30 years and had a significant effect on the Korean people and the development of modern Korean culture. They include Horace G. Underwood Sr. (1859-1916), Eugene Bell (1868-1925), William D. Reynolds (1867-1951), Samuel A. Moffett Sr. (1864-1939), William A. Linton (1891-1960), and John C. V. N. Talmage (1884-1964), and now Dr. Somerville as the latest. Dr. Somerville was the only one who completed educational missionary work in the second half of the

20th century. In the 21st century, after he retired from the University, he has helped 'Christian Friends of Korea,' a medical missionary organization as a senior advisor which was established in 1994 to help tuberculosis and hepatitis patients in North Korea as a non-governmental organization of the United States.

Dr. Somerville's view of Christianity is clear. In a word, it is to be like Jesus. It is to follow what Jesus said and did. He practiced the life of Jesus Christ, who wanted to shine the light of evangelical truth, especially to the weak and the oppressed in society on the foundation of his own faith. Just as Jesus said no to the vested interests at the time, if you want to become a disciple of Jesus who carries the cross, you cannot compromise with the status quo. Just as Jesus fulfilled the duty of a suffering servant, we are in a position to stand on the side of the 'weak, poor, sick, and the oppressed.' He finds Jesus' love for one's neighbors in God's compassion toward human beings, philanthropy, and forgiveness, which seem to have laid the groundwork for his own humanity. Dr. Somerville prays every day with love and devotion for the Korean people and Korea. He wants to see 'us' Koreans living happily and advancing toward God's world in a newly unified Korea.

The book is divided into three parts. Part 1 was written by Namsoon Kim, focusing on Dr. Somerville's life in Korea under the title of 'God's mission in turbulent times.' Part 2 presents four representative sermons written by Dr. Somerville in Korean from 1980 to 1986 under the title, 'For a nation of young people, for the creation of a new world!' These sermons call on young people to be engaged in creating a new world with a focus on peace and justice. Part 3 was written by Ki-Suk Lee, focusing on Dr. Somerville's missionary philosophy and Christian humanity under the title of 'Dr. Somerville's religion, humanity and society.' We have taken care to ensure that the author's interpretation of Dr. Somerville's work is accurate and that any errors or misunderstandings are corrected before publication. If there are any parts of the book that appear incomplete or can be misunderstood against Dr. Somerville, they are solely due to the author's mistakes, and we hope that they will not cause any harm to Dr. Somerville's reputation. It is virtually impossible to describe all of his great Korean missions in one book. We hope that this book will serve as an introduction to the will of God who worked in this land in the second half of the 20th century through Dr. Somerville's ministry in Korea.

Finally we are very grateful to his many students, fellow faculty members, and acquaintances from all walks of his life who helped us to prepare for this book. We have no doubt that all of them will become the 3rd and 4th Somerville following Dr. Somerville's missionary influence and contributions to building the kingdom of God, not only in Korea but also in other parts of the world. We would like to express our sincere thanks to all those who willingly responded to the interviews and provided materials for the writing of this book despite their busy schedules.

In closing, we wish to extend our sincere thanks to all members of Dr. Somerville's family, especially John, Nelson, Severn, Walter, and Elizabeth, for sharing all of those precious documents and photos, as well as their love for the Korean people.

May God bless you all!

Celebrating Dr. Somerville's 95th birthday,

Namsoon Kim and Ki-Suk Lee

January 13, 2023

# Contents

# Part 1

## God's Mission in the Turbulent Times

## III. The Last Higher Education Mission
## Period from 1968 to 1994   118

# Part 2

## Dr. Somerville's Sermons (1980-1986)

### For a nation of young people, for the creation of a new world!

# Part 3

## Dr. Somerville's Religion, Humanity and Society

# 발간사

최영근 | 한남대학교 인돈학술원장

서의필(John N. Somerville) 선교사님의 삶과 사상을 정리한 글을 인돈학술총서로 발간하게 된 것을 감사하게 생각합니다. 서의필 선교사님을 기억하는 분들이라면 오래전부터 이러한 책의 발간을 손꼽아 기다리면서, 그분의 삶과 정신이 한남대학교 구성원들과 학생들은 물론이고, 많은 사람에게 알려지기를 소망했을 것입니다. 특히 서의필 선교사님과 서진주(Virginia Bell Somerville) 선교사님의 노고로 미국 남장로회 선교사들의 편지와 보고서 및 연례회의록을 비롯한 사료를 소장하게 되면서, 남장로회 한국 선교 역사를 연구하고, 한남대학교의 창학정신을 계승해나가는 학술연구기관으로 설립된 인돈학술원은 그 누구보다도 두 분에게 빚을 지고 있습니다.

두 분이 선교사의 사명을 마치고 한남대학교를 떠난 해인 1994년에 인돈학술원이 시작한 것은 우연이 아니었습니다. 한남대학교를 설립한 미국 남장로회가 대학에 파송한 선교사로서 가장 마지막

시기까지 봉사하시고 떠나는 길에 선교사님 부부는 애써 모으고 정리한 선교자료를 넘겨주시며 한남대학교를 설립한 교육선교의 정신과 뜻을 계속 이어나가라는 유지를 남긴 것이고, 그 뜻을 이어받아 인돈학술원이 설립된 것입니다. 그러므로 인돈학술원은 서의필 선교사님 부부가 한남대학교를 떠나며 남긴 선교의 유산이라고 할 수 있을 것입니다. 선교사가 떠난 시대에 그들이 남긴 사료를 통해 교육선교의 역사를 이어가는 책임을 맡은 것입니다. 인돈학술원으로 사용하는 공간이 서의필·서진주 선교사님이 사시던 서의필 하우스(Somerville House)에 자리 잡은 것도 그러한 연유입니다. 인돈학술원의 이름은 대학위원회(College Committee) 위원장이자 초대 학장인 인돈(William A. Linton)의 이름을 딴 것이지만, 실제로 인돈학술원의 출발점은 서의필·서진주 선교사님이었습니다. 서의필 선교사님은 1954년 대학위원회 창립위원이셨고, 1968년부터 1994년까지 교육선교사로 한남대학교 교수를 역임하셨으니, 한남대학교의 출발부터 함께하며 가장 오랫동안 한남대학교를 지킨 남장로회 선교사인 셈입니다.

인돈학술원은 인돈 박사님을 필두로 남장로회의 한국 선교와 선교사들의 활동을 연구하고, 남장로회의 교육선교의 정신과 뜻을 이어나가는 다양한 학술, 교육, 문화, 선교 활동을 활발하게 전개하고 있습니다. 그러하기에, 서의필 선교사님을 조명한 첫 책을 인돈학술원이 펴낼 수 있어서 참으로 감사하고 다행이라고 생각합니다. 마음의 빚을 조금이라도 갚는 심정입니다. 한 걸음 더 나아가, 서의필 선교사님을 비롯하여 남장로회 선교회가 한국에 쏟은 비전과 열정을 되새김으로써 그들이 마지막까지 심혈을 기울인 한남대학교

의 창학 정신을 이어나가고, 우리 시대에 한국 기독교가 맑은 정신
과 뜨거운 가슴으로 사람들 가운데 하나님 나라 확장의 책임을 묵
묵히 감당해야 할 책임을 새롭게 다짐하는 기회를 이 책이 제공할
것이라 기대합니다.

　이 소중한 책의 발행은 김남순 교수님과 이기석 교수님의 수고
와 열정이 없었으면 불가능했을 것입니다. 두 분 교수님 모두 서의
필 선교사님에게 커다란 사랑을 받으며 한남대학교에서 함께 일하
거나 지도를 받은 분들입니다. 선교의 열매는, 특히 교육선교의 결
과물은 건물이나 기관의 재산으로 가늠할 수 없고, 오로지 거기서
비롯된 사람들로 참되게 가늠할 수 있다고 믿습니다. 남장로회가
추구한 교육선교의 목적은 처음부터 끝까지 신실한 그리스도의 사
람을 길러내는 것이었습니다. 서의필 선교사님의 제자 이기석 교수
님은 제주대학교 영문과 명예교수로 퇴임을 하셨고, 자신의 삶을
생각할 때마다 그리고 모교를 생각할 때마다 서의필 선교사에 대한
감사를 잊을 수 없으셨기에, 열정을 다해 그분을 기억하는 책을 집
필하시게 되었다고 생각합니다. 김남순 교수님은 한남대학교 영어
교육과 명예교수로 학교에서 후배 교수로 서의필 선교사님과 함께
일하며 많은 도전과 깨달음을 얻었고, 이 대학에서 교수로 봉사하
는 일의 의미와 기쁨을 깊게 발견하셨다고 합니다. 그러한 감사를
담아 서의필 선교사님을 회고하는 글을 쓰시게 된 것입니다. 두 분
교수님의 존재 자체가, 그리고 그분들이 집필하신 이 책이 서의필
선교사님의 한국 선교가 무엇이었는지를 잘 말해준다고 생각합니
다. 저자들은 지식을 위한 책이 아니라 감동어린 삶과 정신을 나누
는 책이 되기를 소망하셨고, 이 책에서 그러한 마음이 잘 나타났다

고 생각합니다. 이 책을 통하여 귀한 성찰의 기회를 제공해주신 저자들에게 진심으로 감사드립니다.

　서의필 선교사님을 기억하면서 생각해보아야 할 문제가 있습니다. 일반적으로 미국 남장로회 선교사들은 신학적으로 매우 보수적인 분들이라고 알려져 있습니다. 이 책에서 잘 나타나듯이 서의필 선교사님은 목포에서 복음전도자로 한국 선교를 시작했지만, 이후 선교 여정에서 장로회신학대학교와 한남대학교에서 학자와 교수로 교육선교에 매진했습니다. 그러면서 동시에 한국의 역사와 문화를 공부하는 연구자로 성균관대학교에서 동양철학을 공부하고, 하버드 대학교에서 조선사회를 지역사적으로 분석하는 조사연구로 박사학위를 받으시면서 그가 일하는 한국에 뿌리 깊게 다가갔습니다. 만나는 사람들마다 본관이 어디냐고 물으시며 족보를 설명하는 그의 열정에서 한국의 뿌리에 대한 그의 관심, 한국의 역사와 문화에 대한 깊은 존중, 한국에 대한 사랑과 애정을 느낄 수 있습니다. 저역시 서의필 선교사님과의 첫 대화를 본관이 어디냐는 질문을 받으며 시작했습니다. 그러고는 광주민주화운동과 한남대학교 이야기로 이어졌던 기억이 납니다. 가난과 굶주림과 사회적 차별로 고통당하는 약자들, 독재정권에 억압당한 사람들, 꿈은 많으나 가난한 학생들이 서의필 선교사님의 주관심사였고, 학문과 말로만이 아니라 삶과 실천으로 다가갔습니다. 북한을 향한 그분의 애정도 빼놓을 수 없는 주제입니다. 이 책에서 잘 표현하듯이, 서의필 선교님사의 정신은 진리, 자유, 정의, 그리고 사랑과 화해와 평화라고 여깁니다. 그것을 한마디로 담는다면 예수 그리스도의 복음일 것입니다. 서의필 선교사님의 한국 선교는 남장로회 한국 선교와 이질적인 것이 아니라 자연스러운 열매이고, 선교사들이 복음을 전하면서 선교지에서 역사와 문화를 공부하고, 사람들과 소통하면서 그 사회에 깊이 녹아든 결과였습니다. 선교신학적으로는 더불어 살아가는 '콘비벤츠'(Konvivenz)의 선교, 곧 성육신적 선교를 수행한 것입니다. 이러한 선교 태도를 한국교회가 깊이 배워야 한다고 생각합니다. 그래서 남장로회 한국 선교의 깊이 있는 측면을 보여주는 이 책이 더욱 소중하게 다가옵니다.

마지막으로 이 책이 출판되는데 많은 관심과 힘을 기울여주신 한남대학교 이광섭 총장님께 깊은 감사를 드립니다. 창학 정신의 계승과 창의인재 양성을 위한 인성교육의 일환으로 서의필 선교사님의 전기가 학생들과 구성원들에게 훌륭하게 사용될 수 있을 것이라고 여기고, 대학특성화사업비로 이 전기가 출간될 수 있도록 도와주셨습니다.

이 전기가 한남대학교 학생들과 구성원들은 물론, 한국교회와 사회에 기독교 정신에 입각한 진리와 자유와 봉사의 깊은 의미를 되새기는 역할을 할 수 있기를 기대합니다.

# 추천사 1

이광섭 | 한남대학교 총장

서의필 박사님(Dr. John N. Somerville)은 1954년 26세의 젊은 나이에 미국남장로교단(PCUSA)의 해외선교사로 파송받아 전쟁으로 황폐한 한국 땅에 도착하였습니다. 이분이 선교사로 한국에서 벌였던 사역의 여정을 보면 서 박사님은 생명의 복음을 전하고, 전인적 교육과 적극적인 사회개혁 운동을 통한 대한민국의 재건과 회복에 헌신한 '한국인보다 더 한국을 사랑했던 교육선교사이자 사회운동가'였습니다. 또한 한남대학교 설립에 기여한 7인의 대학설립위원 중 한 분으로서 우리 대학의 역사와 맥을 같이 하신 참 귀한 분이시기도 합니다. 개인적으로 이와 같은 분과 동시대를 살아간다는 것이 참으로 감사한 일이지만, 그간 서의필 박사님의 삶의 행적에 관해 상세히 정리된 사료가 없는 것이 무척이나 안타까운 마음이 들었습니다.

때마침 김남순 교수님과 이기석 교수님의 각별한 집필의 노력과

추천사 1 • 25

수고를 통해 서의필 박사님의 지난 40년간 한국 선교 행적을 다양한 관점에서 엊그제 일처럼 생생하게 들여다볼 수 있는 기회를 얻게 되어 참으로 다행이고 감사하게 생각합니다. 이와 같은 작업은 아무나 할 수 있는 일이 아닙니다. 책의 행간에서 드러나는 서의필 박사님의 개인적인 감정과 사회적 소신 그리고 신학적 정신까지 이 모두를 엮어낸 이 책은 두 교수님의 각별한 열정과 애정으로 저술한 서의필 선교사님의 전기이자 대한민국의 격동기를 살펴볼 수 있는 중요한 역사적 사료입니다. 또한 그 당시 서의필 박사님을 비롯한 미국 남장로교의 한국 선교 활동과 사회재건 활동의 역사적 의미를 되새겨볼 수 있는 귀한 자료로도 활용할 수 있을 것입니다.

특히 서의필 박사님은 1968년부터 1994년까지 26년간 한남대학교에 봉직하면서 만나는 사람들에게 그리스도의 사랑을 몸소 삶으로 보여주었고, 당시 대한민국에서 접하기 힘든 당대 최고의 선진 연구방법과 사회개혁의 기틀을 마련하기 위해 누구보다도 열정적인 분이셨습니다. 더불어 그는 누구보다도 검소하고 청빈한 삶의 태도를 보여주셨습니다. 일례로, 그는 오랫동안 우리 대학에서 재직했지만 정식 급여를 받지 않고 선교사 후원금에만 의존하여 생활하셨다고 합니다. 그럼에도 금전적 어려움으로 학업을 중단하려는 하는 학생들을 위해 평소 검소하게 생활하며 마련한 생활비를 남몰래 학생들의 등록금으로 지원하셨다고 합니다. 그는 그리스도의 순전한 사랑으로 가난한 자와 약한 자의 편에 늘 함께하셨던 분입니다. 이는 많은 사람의 입을 통해 증언됩니다. 그리고 당시 서의필 박사님과 함께했던 학생들뿐만 아니라 대학에 근무했던 교직원들은 그와 함께한 시간을 '축복'이자 '예수님의 형상'을 경험한 매우 강렬한 경험이었다고 말합니다. 이와 같은 서 박사님의 삶의 태도와 교육철학은 후일 훌륭한 학자와 지도자 양성에도 크게 기여하였습니다. 되새겨보면 우리 민족, 특히 한남대는 서의필 선교사님에게 크게 빚진 자들입니다.

특별히 제 마음을 울린 또 하나의 사실은 그의 하나뿐인 남동생 스티븐 서머빌(Stephen S. Somerville)의 한국전쟁 참전 이야기였습니다. 안타깝게도 서의필 박사님의 동생은 1953년 한국전쟁 참전 중 큰 부상을 입고 일본 요코하마의 미군 병원에 이송되어 치료를 받다 사망하였습니다. 당시 23세였던 동생은, 그 역시 서의필 선교사님과 마찬가지로 이역만리 떨어진 낯선 나라에서 일면식도 없는 우리 국민들의 자유 수호를 위해 고귀한 생을 바친 선교사처럼 느껴졌습니다. 이 책에 기록된 서의필 박사님의 동생을 향한 짙은 그리움과 스스로에게 던지는 질문에 숙연함이 느껴집니다.

"사랑하는 동생은 어떻게 멀고 먼 낯선 나라에서 무엇을 위해 싸웠는가?"
"동생은 왜 생명부지의 동양의 조그만 나라를 위해서 안타까운 젊음을 희생하였는가?"
"그에게 민주주의는 무엇이었나?"
"도대체 전쟁은 어찌하여 그토록 수많은 젊은이의 생을 마감시켜야 했단 말인가?"
"도대체 한국이란 나라에서 하나님은 어디에 계신 것인가?"

서의필 선교사님의 한국에서 지난 40년간의 삶은 위 질문들에 대한 대답을 찾아가는 여정이 아니었을까 하는 생각이 듭니다. 전쟁으로 피폐한 나라에서 극심한 가난과 병마 속에 신음하는 한국 백성들이 그가 그토록 그리워했던 동생 스티븐이었을 것입니다. 그는 그리스도의 눈과 귀로 그들을 그의 동생들처럼 아끼고 사랑하였으며, 마음으로 품고 주님께 기도하며 선교사의 여정을 걸었던 것 같습니다.

더욱이 이와 같은 한국 사랑이 노년이 된 지금까지 뜨겁게 이어지고 있다는 사실이 더 놀랍고 존경스럽습니다. 선교사님은 2014년 한남대학교 정성균선교관 개관 예배에 참석하시고, 소장하신 자료를 기증하는 자리에서 "교만하거나 이기적이거나, 부자가 되려 하지 말고, 가난한 학생들을 더욱 잘 보살펴야 합니다. 매일 아침 눈을 뜨면 북한의 동포들을 위해 기도하고, 서로 싸우지 마시기 바랍니다"라고 한국에 대한 긍휼한 마음과 사랑을 다시 한번 강조하였습니다. 그분의 한국 사랑은 오히려 한국인들을 부끄럽게 만들었습니다.

이 서의필 박사님의 전기는 독자들이 중요한 선교사적 역사와 함께 격동기 속의 한국 사회를 밝히 보고, 초창기 미국 선교사들이 보여준 그리스도의 참사랑을 조금 더 가까이에서 경험할 수 있는 값지고 유익한 기회가 될 것이라 믿습니다. 아울러 교파와 정파를 초월한 그리스도의 사랑으로 대한민국의 미래를 함께 만들어갈 교계 지도자와 사학자, 교육자 그리고 모든 평신도와 근대사에 관심이 있는 우리 국민들이 우리나라의 근대 역사와 기독교 선교 및 미션스쿨의 역할과 사명 그리고 한·미 우호관계의 기본적인 이해를 위해 접해야 할 귀중한 책이라 생각합니다. 다시 한번 서의필 박사님의 선교사역의 여정을 사실에 입각하여 깊이 있게 소개해주신 김남순, 이기석 교수님의 노고에 진심으로 감사를 드립니다.

# 추천사 2

오승재 | 한남대학교 명예교수

서의필 교수님은 미국 남장로교 교육선교사로 그 이름에 걸맞게 학자와 선교사로서 40년간 한국을 위해 본분을 다하고 귀국하신 분입니다.

첫째, 그분은 한국인을 동족처럼 아끼고 사랑했습니다. 그분은 1953년 한국전쟁의 휴전협정이 성립되던 이듬해인 1954년에 목포 지역의 선교부에서 활동을 시작했습니다. 당시 기아와 병마에 시달리며 사는 한국 농민의 삶은 그에게 한없는 연민을 느끼게 하고도 남았습니다.

그분이 맨 처음 한국어 연수를 받으며 깨달은 것은, 이 백성들을 이해하고 섬기며 살기 위해서는 한국어로 언어소통을 할 뿐 아니라 한문을 배우고 유교사상을 더 깊이 이해해야겠다는 것이었습니다. 당시 모든 신문이 한문 혼용을 했고 한국 역사와 한국인의 가치관을 연구할 수 있는 책들도 대부분 한문으로 되어 있었기 때문입니다. 그분은 몇 년 후 각고의 노력 끝에 한국어뿐 아니라 끝내는 한국 양반과 지식인의 상징인 논어, 맹자, 대학 등의 한문 해독을 할 수 있게까지 되었습니다. 게다가 그분은 양반들이 받드는 가족의 뿌리인 족보에도 깊은 관심을 가져 연구를 시작했습니다. 외국인인 그가 택시를 탔을 때 운전기사에게 "본관이 어디십니까?"라고 물어 기사를 놀라게 했다는 일화도 있습니다. 또한 은퇴한 후 살고 있는 노스캐롤라이나 주 몬트리트의 블랙 마운틴 미국 선교사촌 자기 집 앞의 당호를 한문으로 Somerville을 뜻하는 하촌(夏村)으로 적어 놓았다고 합니다. 이는 그분이 한국에 있을 때뿐 아니라 은퇴 후에도 여전히 한국인과 동화하여 살고 있다는 뜻이기도 합니다.

둘째, 그분은 실제로 교육선교사로 장신대에서 5년간 기독교 윤리를 가르치며 성균관대학에 입학하여 동양철학 석사학위를 취득하였습니다. 1966년에는 안식년으로 미국에 가서 하버드 대학에서 동아시아 지역 연구로 석사학위를 취득하였고 끝내는 1974년 박사학위까지 취득했습니다.

셋째, 그분의 가장 큰 업적은 1968년부터 1994년 은퇴하기까지 26년간 지금의 한남대학을 대학답게 만들고 기독교 가치관이 뚜렷한 제자들을 길러낸 일입니다. 그분은 대전대학에 오기 전 1954년 전주에서 열린 제8차 한국선교부 연차대회에서 대학을 대전에 세운다는 입지선정 회의 때는 대전대학 설립위원회 목포선교부 대표 이사로 참여하였고 위치가 대전으로 확정되었을 때는 대학 건물의 위치를 결정하는 답사를 위원들과 함께하였습니다. 또한, 대학 설립의 이념과 목표 그리고 '대학사명선언'(Mission Statement) 등도 분명히 하였습니다.

그분은 1968년 한남대학에 취임해서는 동양철학을 강의하면서 기독교 대학 설립의 이념에 본인도 충실했을 뿐 아니라 학생들에게도 기독교 윤리를 실천하며 살도록 독려하였습니다. 그분이 한국에 있던 시절은 4.19, 5.16, 5.18 등 독재정권에 대한 항거가 심할 때였습니다. 특히 전두환 대통령 시절에는 '요주의(要注意) 인물'로 지목되어 3개월 체류 비자밖에 허락되지 않아 3개월마다 비자를 갱신하였습니다. 또 당시 정부의 언론 규제가 심하여 외국에서 보도되는 〈타임스〉지나 〈뉴스위크〉지의 내용이 삭제됐을 때는 대전 장동에 있던 미군부대에 가서 그 부분을 복사하여 자기 연구실 문에 게시하기도 했습니다.

넷째, 그분의 가장 큰 기여는 대전의 선교사 마을, 그분이 살고 있던 집에 미국 남장로교 선교사들이 한국에서 활동했던 모든 회의록, 미국 본부와의 서신 왕래 내용 등을 미국 남장로교 본부와 연락하여 수집해놓았으며 손으로 쓴 편지가 읽기 어려울 때는 이를 타자해놓은 일입니다. 이 큰일은 대부분 서의필 교수님의 배우자 서진주(Virginia Bell Somerville) 선교사의 수고로 이루어졌습니다. 이 집은 현재 한국의 남장로교 선교활동을 연구하는 귀중한 자료의 보관 장소로 기독교 사료관이 되었습니다. 한남대학은 1994년 9월부터 이곳을 한남대학교 인돈학술원으로 지정하고 그때부터 각종 학회와 세미나 그리고 출판 활동을 하고 있으며 대전광역시는 이 집을 포함한 3동을 시문화재자료 제44호로 지정했습니다.

이렇게 귀한 서의필 목사님의 전기를 1988년부터 한남대학에 영어교육학과 교수로 부임하여 대외협력 국제부장으로 활동했던 김남순 교수가 1973년 숭전대학 시절부터 서 교수님의 수업을 듣고 그를 따르던 제자 이기석 교수와 함께 쓰게 되었다는 것은 참으로 기쁜 일입니다. 김남순 교수는 우리 대학과 자매결연을 하고 있던 초창기 미국 대학과의 관계를 서 박사님과 상의하면서 특히 1990년에 들어 *Hannam in My Life*라는 제목으로 대학 창설에 관여한 선교사들의 원고를 모아 영문판 책을 내면서 더욱 서의필 교수님을 존경하게 된 것 같다는 생각을 합니다. 특히 흩어져 있던 방대한 자료를 이렇게 수집하고 정리하여『서의필 목사의 한국 선교』로 그의 일생을 이토록 잘 묘사해준 것은 감탄할 뿐입니다.

이 책의 출판은 더 오래 서 교수님의 사랑을 받았고 그분의 올곧은 정신을 추앙하고 살았던 교수들을 부끄럽게 합니다. 기독교 대학의 뿌리와 정신을 널리 알리는 이 뛰어난 출판물이 많은 독자의 호응을 얻고 한남대학을 지망하는 학생들에게는 이곳이 첨단학문의 전수도장일 뿐 아니라 이 책을 통하여 한남대학의 창학 정신을 삶으로 보이고 간 서의필 교수님의 한국 사랑 정신을 호흡하며 사는 귀한 책으로 남기를 기원하며 이를 추천합니다.

# 추천사 3

김조년 | 한남대학교 명예교수

## 선생님을 처음 뵙던 날처럼

김남순 교수와 이기석 교수 두 분이 작성한 초고를 받아들고 많이 두근거렸습니다. 선생님의 어떤 모습이 그려질까 몹시 궁금했습니다. 모요한(John Moore) 학과장님 댁 잔디밭에서 새로 오신 선생님을 맞이한다고 했을 때 몹시 궁금했던 마음과 비슷했습니다. 인사를 나눌 때 선생님은 여러 자녀와 사모님과 함께 우리 학과 학생들 앞에 서셨습니다. 그분의 입에서 유창한 한국말이 터져 나왔을 때 깜짝 놀라고 기분이 묘했습니다. 당신은 잘하시는데 자녀들이 한국말을 잘 못 해서 미안하다고 하셨습니다. 그 후 어떤 모습으로 강의실에 나타나실까 궁금했습니다. 동양철학 강의로 그분은 학생들과 처음 만났습니다. 공맹 사상과 논문 작성법으로 만났습니다. 모든 것이 다 신선했습니다. 나는 그분을 지도교수로 대전의 부사동과 대흥동에 사시는 주민들을 대상으로 삶의 실태를 조사하는 연구로 졸업논문을 썼습니다. 그것이 내가 이날까지 사회문제에 관심을 가지는 기초가 되었을 것입니다.

그 뒤로 군복무 기간 휴가 나와서 찾아뵈었을 때나, 기획실장을 하실 때 직원으로 그분을 도울 때나, 교수로 채용되어 그분이 동서문화연구소장을 맡으셨을 때 총무로 그 일을 도울 때 선생님은 언제나 새로운 일과 생각을 나에게 보여주셨습니다. 여기저기에서 설교하실 때, 종종 미리 원고를 보고 우리말로 옮겨드릴 때도 어떤 말씀이 전개될까 긴장하면서 보기도 했습니다. 그럴 때마다 선생님은 언제나 문제 해결의 물결을 타고 계셨습니다. 특히 민주화와 빈곤 극복과 노동문제 해결 그리고 평화통일에 대한 간절한 희망의 표출은 만나 뵐 때마다 깊이와 넓이를 더하셨습니다. 그래서 안식년이 되어 미국에 가실 적이면 다시 한국에 들어올 비자를 그분이 받을 수 있을까 크게 염려하곤 했습니다. 그분은 억압받는 사람들이나 사회개혁에 참여하였다는 명목으로 부당하게 재판을 받는 사람들의 재판정에는 꼭 참여했습니다. 민주가족협의회 회원들에게는 그런 그분이 큰 위로가 되고 힘이 되었습니다. 항상 그분은 서울과 전라도 지방을 여행하실 때마다 새로운 사건과 새로운 사람들을 만난 이야기를 하셨습니다. 최첨단의 사회문제에 관여하는 분들을 무수히 만나고 계셨습니다. 상당히 많은 분을 만나고 교류하셨습니다. 그렇게 돌아올 때마다 긴장되는 사건들을 가지고 오셨고, 그것을 듣고 본 내게는 언제나 깨어 있어야 한다는 다짐을 하게 했습니다.

선생님이 회갑이 되어 회갑기념논문집을 만들 때, 어떤 사람들과 교류하셨고 어떤 분들의 글을 받고 싶으신지 여쭈었습니다. "내가 가장 글을 받고 싶은 사람들은 여기에 글을 쓸 수 없는 사람들이에요." 대답은 이렇게 돌아왔습니다. 청소하시는 분, 택시 기사, 노동자, 농민과 같이 글을 쓰는 것과는 관계가 없는 사람들의 글을 제일 많이 받고 싶다는 것이었습니다. 하지만 논문집 특성상 그런 일은 어려웠습니다. 그렇지만 이번 책에는 그런 분들에게 많은 관심을 갖고 사신 선생님의 삶에 대한 표현이 많아서 다행입니다.

나는 선생님을 존경하고, 그분에게서 많은 것을 배웠다고 하면서 감히 선생님의 삶에 대한 책을 쓸 수 없었습니다. 미국에 사는 이헌철 씨와 함께 나누어 정리해보자고 하였지만 전혀 할 수가 없었습니다. 몇 번 인터뷰를 하는 것으로 중단되었습니다. 그런데 이번에 김남순 교수와 이기석 교수 두 분께서 참 깊게 잘 정리하여주셔서 매우 기쁘고 고맙습니다. 특히 선생님의 삶이 많은 분에게 전달이 되어 아름답게 펼쳐질 수 있는 기회가 되어서 매우 기쁩니다.

내가 보기에 선생님은 성경 중심의 기독교 복음을 전하는 것을 당신의 선교 과제로 삼지는 않은 듯합니다. 그 대신 사람이 사람답게 사는 사회를 만들려면 어떻게 해야 할 것인가에 관심을 가지고, 눈을 뜨고 생각을 전개할 수 있는 능력을 찾고 기르고 실천할 수 있게 하는 것을 당신의 사명으로 삼은 듯이 보였습니다. 개인구원의 어떤 개인 전도 형태라기보다는 사회구원이 참 복음의 실천이라는 것을 삶으로 보여주셨습니다. 개인과 사회에 대한 복음의 실현이 균형을 잡아야 한다는 것이 선생님의 믿음이었던 것 같습니다. 그 일을 이 땅에 살고 있는 사람들 자신의 힘으로 해야 한다고 생각하셨습니다.

귀한 책이 이렇게 나온 것을 기뻐하면서, 다음과 같은 것들이 보충되어 증보판이 나올 수 있으면 좋겠다는 생각이 듭니다. 부인 서진주(Virginia Bell Somerville) 선생님에 대한 자료가 모아지고 정리되면 좋겠습니다. 또한 가능할는지 모르지만, 선생님이 만나셨던 분들의 증언을 들을 수 있다면 참 좋겠습니다. 그분이 청년시절부터 한국을 떠날 때까지 한 설교 전체를 구할 수 있으면 매우 좋겠습니다. 미국의 친구들이나 한국의 제자들이나 친지들에게 많은 편지를 쓰셨는데, 그 편지들을 더 모아서 분석할 수 있으면 좋겠습니다. 설교문이나 편지는 언제나 복사본을 만들어놓으시던 것을 기억합니다. 아마도 선생님 댁 문서철에 정리되어 있지 않을까요? 이런 것들을 정리한다면 우리에게 풍성한 양식이 될 터입니다. 선생님께 진 빚을 대신 갚아주시는 두 분께 깊게 감사드립니다.

# 머리말

이 책은 1994년의 퇴임식에서 "늘 기도하라, 사랑하라, 베풀라 그리고 감사하라!"는 말씀을 남기고 한국을 떠나신 미국 남장로교의 마지막 세대의 대학교육 선교사, 하촌 서의필(John Nottingham Somerville) 목사님의 한국 사역 40년간의 삶과 그 정신을 기록한 것입니다. 서의필 목사님은 30년 전인 1992년에 그의 부인 서진주 선교사와 함께 이 땅을 떠나간 선교사 동료들의 기록을 문서로 후세에 남겨놓은 바 있습니다. 그 후 30년이 지난 오늘에 이르러서 이번에는 서의필 목사님에 관한 기록을 모아 이 책을 발간함으로써 그의 한국 선교의 역사적 의미를 기리고자 합니다. 저자들은 이 글을 통하여 서 목사님이 평생에 걸쳐 강조해왔던 '진리'(truth), '자유'(freedom), '봉사'(service)의 정신을 깨닫고 새로운 세계 창조에 헌신하게 되기를 기원하며, 그의 선교철학, 한국 사랑 정신 그리고 특별히 남북 간의 화해와 평화를 기반으로 하는 한반도 통일의 염원 등에 관한 기록을 남겨 영원히 기억될 수 있기를 기대합니다.

서의필 목사님은 한국전쟁 직후인 1954년에 미지의 땅인 한국에 와서 40여 년 동안 현대 한국의 두 역사적 격동기인 4.19와 5.18을 몸소 체험하면서 한국 젊은이들의 정체성을 일깨워주고, 민주주의를 향한 여정에서 진리와 자유, 정의를 실천할 수 있는 용기를 온몸으로 가르쳐준 분입니다. 특별히 젊은 대학생들이 이 세상을 향한 하나님의 뜻을 알고 그 뜻대로 살아갈 때에 이 땅에 진리와 자유와 정의의 하나님 나라가 완성되리라고 믿으며 복음을 전파한 시대의 지성인이요 진정한 선교사였습니다.

서의필 목사님은 성경 말씀에 따라 믿음을 얻고 영혼을 구원하고자 한 장로교 정통 복음선교관의 토대 위에, 그 복음적 진리의 빛을 특히 사회 속의 약자와 압박당하는 자들에게 비추고자 했던 예수 그리스도의 삶을 그대로 실천한 진보개혁적인 선교사였습니다. 그분의 기독교관은 뚜렷합니다. 한 마디로 예수님을 닮으라는 것입니다. 예수님이 말하고 행했던 대로 따르라는 것입니다. 예수님이 당시의 기득권 세력에 맞서 '아니오'라고 했던 것처럼 십자가를 지는 예수님의 제자가 되려면 '현상 유지'와는 타협할 수 없다는 것입니다. 예수님이 고통받는 종의 직분을 다했던 것처럼 우리도 '약한 자, 가난한 자, 병든 자, 고통받는 자'의 편에 서야 한다는 입장입니다. 그분은 예수님의 이웃 사랑 정신을 우리 인간을 향한 하나님의 긍휼함과 인간애, 용서에서 찾았고 이것이 바로 그 자신의 휴머니즘의 토대가 되었습니다.

서 목사님의 휴머니즘은 자신을 한국 민중들의 고통과 동일시하게 되고 민주주의와 인권을 향한 민중들의 외침 소리와 절규 소리를 하나님의 음성으로 듣게 됩니다. 특별히 그분은 이 나라의 민주주의 실현을 위해 최선을 다하는 삶을 살았습니다. 교실에서도 민주주의를 강의하고 채플에서도 민주주의를 선포하며, 동시에 민주주의를 위한 투쟁의 현장에도 직접 뛰어들기까지 하면서 민중들과 고통을 함께하고자 했습니다.

서의필 교수님은 또한 역사학자이며 동양철학자였고 실천적 사회사상가였습니다. 그분은 동아시아와 한국 역사의 기록 속에서 한민족의 특성과 사회사상을 연구하며 그 속에서 얻게 된 지혜를 우리 젊은이들과 함께 나누었던 참 지성인이었습니다. 그분은 18세기 조선시대의 사회변천상을 연구하며 조선시대 평민들의 삶의 구조와 계층 간의 이동과정을 연구하였습니다. 역사학자로서 그분은 일찍이 사서삼경을 독파하였고, 조선시대의 족보와 법전에 대해서도 해박한 지식을 가졌습니다. 그의 도서 목록에는『조선왕조실록』과 정도전의『삼봉집』, 정약용의『목민심서』가 있을 정도입니다. 서의필 교수님은 한국 역사와 동양철학에 관한 풍부한 지식을 바탕으로 역사의 중요성을 인지하고, 한국 젊은이들이 자신들의 뿌리를 이해하고 정체성을 찾아갈 수 있도록 도와주는 나침반 역할을 하였습니다.

서의필 목사님은 미국 장로교 세계선교부가 한국에서 선교활동을 시작한 1885년 이래로 가장 최근까지 헌신한 장로교 선교사입니다. 30년 이상을 이 땅에서 선교의 이름으로 헌신 봉사하면서 근현대 한국 사회의 변동 및 한국인들에게 지대한 영향력을 끼친 것으로 알려진 언더우드(Horace G. Underwood, Sr. 1859-1916), 유진벨(Eugene Bell, 1868-1925), 이눌서(William D. Reynolds, 1867-1951),

마포삼열(Samuel A. Moffett Sr., 1864-1939), 인돈(William A. Linton, 1891-1960), 타마자(John V. N. Talmage, 1884-1964) 등에 이어 우리는 서의필 목사님의 이름을 올리는 데 주저하지 않습니다. 이분들 중 서의필 목사님은 20세기 후반기에 걸쳐 남한에서의 교육선교 활동을 모두 마치고 21세기는 북한에서 의료선교로 지속적으로 활동한 유일한 분으로 기억될 것입니다.

서의필 목사님은 이 순간에도 노스캐롤라이나의 몬트리트에서 '우리나라'를 위하여 매일매일 기도하고 계십니다. 95세의 노구임에도 그분의 한국에 대한 사랑과 헌신은 현재진행 중입니다. 오늘도 "우리 한국인들이 통일된 새로운 한국에서 행복하게 살면서 하나님께 나아가는 것"을 보고 싶어 하는 서의필 교수님께 진심으로 사랑과 존경을 표합니다. 그분의 한국 선교를 이 책 한 권으로 모두 기술하기는 사실상 역부족입니다. 다만 우리는 이 책이 서의필 교수님의 한국 선교활동을 통해서 20세기 후반기 이 땅에 역사하신 하나님의 뜻을 엿볼 수 있는 개론서 역할을 해주기를 기대하면서, 이를 필두로 향후 그분에 대한 더 본격적인 후속 연구가 활발히 이어지기를 소망합니다.

이 책은 총 3부로 구성되었습니다. 제1부는 '격동기 속의 하나님 사명'이라는 제하에 서의필 교수님의 한국 생활을 중심으로 김남순이 집필했습니다. 제2부에는 서의필 교수님의 대표적인 한글 설교문으로 1980년부터 1986년 사이에 작성된 4편을 수록했습니다. 제3부는 '서의필 교수의 종교·인간·사회'라는 제하에 서의필 교수님의 선교철학과 기독교적 휴머니즘을 중심으로 이기석이 집필했습니다. 저자들은 가능한 한 모든 자료를 철저히 고증하고 면담조사를 통하여 기록하는 데에 충실하였습니다. 그러나 기록된 내용 중 혹여 잘못되거나 미비한 부분이 있다면 전적으로 저자들의 능력 한계 탓으로 간주하고 지적해 바로잡아주시기를 바라며, 부디 서의필 교수님께 누가 되지 않기를 바랍니다.

그동안 이 책을 준비하는 데에 도움을 주신 그의 수많은 제자들, 동료 교직원들과 각계각층의 지인들께 감사드립니다. 이분들은 모두가 서의필 교수님의 선교적 영향을 받고 제3, 제4의 서의필이 되어 오늘날 한국 사회뿐만 아니라 세계 각처에서 하나님 나라를 이루는 데에 일조하고 있을 것으로 믿어 의심치 않습니다. 또한 바쁜 가운데에도 이 책의 집필을 위하여 기꺼이 면담에 응해주시고 자료를 제공해주신 모든 분께 진심으로 감사드립니다.

특별히 이 책의 서두에 추천사를 써주신 한남대학교 이광섭 총장님, 명예교수이신 오승재 교수님과 김조년 교수님께 감사드립니다. 그리고 이 책이 출판될 수 있도록 서의필하우스 내의 각종 자료를 비롯하여 온갖 지원을 아끼지 않으신 최영근 인돈학술원 원장님께도 감사드립니다.

마지막으로 귀중한 자료와 사진을 제공해주신 영원한 한국의 벗, 서의필 교수님의 가족들, 특히 존과 넬슨, 세번, 월터, 엘리자베스께 특별히 감사드리며 사랑과 존경을 표합니다. 그러나 이 모든 감사와 영광은 일찍이 고요한 아침의 나라 한국으로 서의필 교수님을 인도해주신 하나님께 올립니다.

서의필 교수님의 95세 생신을 축하드리며
2023년 1월 13일 김남순·이기석 함께 씀

# 목차

## 제1부

## 격동기 속의 하나님 사명

# 제2부

## 서의필 목사의 설교문(1980-1986)

### "젊은이의 나라, 새로운 세계를 창조하자!"

# 제3부

## 서의필 교수의 종교·인간·사회

제1부

# 격동기 속의 하나님 사명

# I. 성장기와 하나님 소명
## (1928-1954)

서의필 목사는 1954년에 한국에 도착하여 1994년에 은퇴할 때 까지, 40년 동안 복음선교와 대학교육선교에 헌신한 남장로교의 마지막 세대의 교육선교사이다. 그는 평생을 헌신하며, 한국의 젊은 이들이 스스로 자립하여 영성을 깨우치고, 스스로 올바른 인생관과 가치관을 찾아 미래 사회를 개척하여 궁극적으로 하나님의 나라를 찾아가도록 도와주었다. 이 장에서는 미국 남장로교 선교활동의 중흥 시대에 서의필 목사의 미국에서의 삶과 한국 선교사로서 소명을 받고 한국까지 오는 과정을 소개한다.

## 1. 가족과 성장기

서의필(John Nottingham Somerville) 목사는 1928년에 미국 사우스 캐롤라이나 주 요크 카운티(York County)의 거스리스빌(Guthriesville)

# 서의필 교수의 가계도

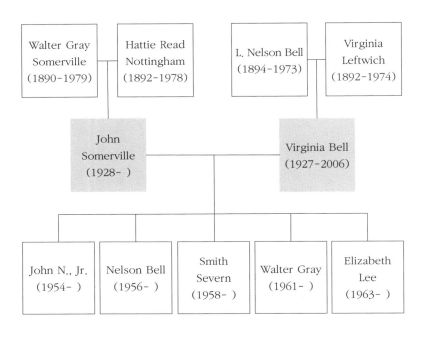

| | |
|---|---|
| Walter Gray Somerville (1890-1979) | Hattie Read Nottingham (1892-1978) |

| | |
|---|---|
| L. Nelson Bell (1894-1973) | Virginia Leftwich (1892-1974) |

John Somerville (1928- )

Virginia Bell (1927-2006)

| John N., Jr. (1954- ) | Nelson Bell (1956- ) | Smith Severn (1958- ) | Walter Gray (1961- ) | Elizabeth Lee (1963- ) |
|---|---|---|---|---|

부친 월터 그레이 서머빌(좌)과 모친 해이티 리드 노팅엄(중)과 서의필 교수(우)

에서 목사인 부친 월터 그레이 서머빌(Walter Gray Somerville)과 모친 해티 리드 노팅엄(Hattie Read Nottingham) 사이에 8남매 중 다섯째로 태어났다. 그리고 1953년에 서진주(Virginia Bell) 선교사와 결혼하여 슬하에 4남 1녀를 두었다.

부친 월터 서머빌 목사는 1800년대에 미국 버지니아 주로 이주하여 정착한 프랑스계-아일랜드-스코틀랜드계의 후손으로 개신교 목회자이며 모친은 아일랜드계의 후손이다. 부친 서머빌 목사는 버지니아 주의 미첼(Mitchells)에서 청교도 신앙 유산을 계승하는 장로교 가정에서 태어나 목회자가 된 뒤에는 미국 동남부 지역인 캐롤라이나 주(North and South Carolinas)로 이주하여 여러 교회를 순회하며 목회를 이끌었다. 서머빌 목사 부부는 슬하에 8남매를 두었으며 그중 서의필 목사를 포함하여 세 명의 아들을 목회자로 키울 만큼 독실한 기독교 가정을 이루었다. 또한 둘째 아들인 에트웰 윌슨(Atwell Wilson, 1921-2014)은 2차 세계대전에 공군 소령으로 참전하여 비행장과 부대를 건립하는 총책임자로 지상 사령관을 지낸 전쟁 영웅이었다. 에트웰은 그 후 법학을 공부해 변호사가 되어 버지니아 주의 사회 발전과 대학 교육에 크게 기여했을 뿐만 아니라 장로교회의 장로이자 미국 장로교(Presbyterian Church)의 이사로 기독교 분야에도 크게 기여했다. 서머빌 목사의 막내아들 윌리엄 헨리(William Henry, 1933-1992)는 테네시 주에 있는 킹 대학(King College)과 세인트 앤드류스 대학(St. Andrews College)에서 대학 교육에 헌신한 명망 있는 수학자였다.

서머빌 목사는 청교도의 전통을 따라서 사회의 질서와 규약을 지키며 절제와 검소함을 소중히 여겼으며 가족 간의 화목과 사랑이 가득한 가족공동체를 이루는 데 헌신해온 독실한 기독교인 가장이었다. 당시 미국 사회는 18세기 건국 이후 청교도적인 국가 이념하에 다수결을 원칙으로 하는 민주주의와 자유경제 체제가 확대되고 발전되면서 사회문화적으로도 공동사회가 지켜야 할 사회규범들이 확산되고 요구되는 시기였다.1) 서머빌 목사 가족은 사회에서 필요로 하는 그러한 사회적 덕목들을 이미 가정에서부터 실행하였고, 절제와 절약을 실천하며 사회적인 규범을 철저히 지키는 이상적인 기독교 가정이었다. 그들은 서로를 존중하고 약속은 철저히 지키며, 일상생활에서는 목표를 정하고 실천한다는 신념을 매우 중요시하였다.

당시는 장로교의 전통인 청교도적 신앙관 및 가치관에 따라서 성경 말씀의 권위에 복종할 것과 지성과 교양, 균형과 중용 등이 강조되던 시대였다.2) 즉, 기독교인들은 청교도적인 기독교 전통을 유지하며, 성경의 권위에 복종하고, 교회의 순결을 지키고, 정결한 삶을 유지해야 했다. 또한 이상적인 기독교 사회를 만들기 위해서는 성경 말씀에 근간을 둔 사회적인 규범과 덕목들이 지켜져야 했다. 19세기가 되자, 미국의 장로교인들은 그들의 관점에서는 아직 미개척된 광활한 남부와 서부로 이동하기 시작한다. 그들은 이상적인 기독교 사회를 건설하기 위하여 복음선교에 대한 희망을 안고 남부와 서부로 이동하였고, 더 나아가 19세기 후반에는 세계의 복음화를 목적으로 해외 선교활동을 시작하였다.3) 특히 당시 목회자들은 보통 사람들보다 더 많은 교육을 받은 사회 지도자층에 속했고, 사회를 이끌어나가는 대표적인 지성인이며 우수한 인재로서 새로운 세계를 창조하고자 하는 확고한 신념 아래 복음선교 활동을 크게 확

월터 서머빌 목사 부부                    모친 해이티 서머빌

장하고 있었다.

　서의필 목사의 부친 월터 서머빌 목사는 버지니아 주에서 출생하고 성장한 후 남부로 이주하여 가정을 이루고 순회 목회를 담당하였다. 참고로 미국 장로교는 남북전쟁 이후 남부에 만연해 있던 흑인 노예제도에 대한 찬반론으로 북장로교와 남장로교로 나뉜다. 북장로교 교단이 만민은 평등하다는 신념하에 노예제도를 폐지하자는 진보개혁적인 관점을 지지하였다면, 남장로교 교단은 노예제도를 유지하려 하는 지주 계급의 편을 지지하였다. 그러나 남장로교 교단 내에서도 노예제도의 존속을 원했던 보수파와 노예제도에 반대하는 진보개혁파로 나뉘었다.[4] 버지니아에서 남부로 이주하게 된 서머빌 목사는 남부에 이미 정착한 백인 지주 그룹들과는 달리 토지나 노예도 없었으며, 신흥 정착인으로서 지성인인 그는 자연스럽게 노예제도에 반대하는 진보개혁적인 관점을 따랐던 것으로 보인다. 왜냐하면 그는 백인 중심으로 구성된 자신의 교회를 흑

인들에게도 개방하였고, 주위의 흑인 친구들과도 가깝게 지냈기 때문이다. 서의필 목사 자신도 어린 시절에 백인과 흑인 친구들과 함께 어울려 운동도 하고 서로를 구별하지 않으며 가까운 친구로 지냈다고 한다.5)

부친인 서머빌 목사는 검소하며 청빈하고 책임감이 강했다. 그는 당시 1920년대의 대공황으로 어려운 시절에도 사우스·노스캐롤라이나 주의 곳곳에 교회를 개척하고, 여러 교회를 순회하면서 전도하고 교회와 사회에 봉사하였다. 그는 청교도적인 목사로서 검약하고 절제하며 살면서도 늘 이웃과 함께 나누는 삶을 살았다. 자녀들에게도 늘 이웃을 먼저 생각하도록 지도하였고, 도움이 필요한 사람에겐 즉시 도움을 주었다.6)

부친의 그러한 생활 태도는 어린 서의필에게 많은 영향을 미쳤다. 서의필 교수는 필자에게 "저의 부친은 책임감이 매우 강하고 맡은 업무에 늘 최선을 다하여 완수하는 분이셨지요. 그리고 매사에 절약하는 아주 검소한 분이셨습니다"라고 회고한 적이 있다. 김조년에 따르면, 어느 추운 겨울날 그의 부친 서머빌 목사는 아주 먼 곳에 있는 교회에서 예배를 인도하기로 예정되어 있었다.7) 서머빌 목사는 눈보라가 심하여 걷기도 어려운 길을 멀리 있는 교회까지 걷고 또 걸어서 갔고, 예배 시간이 되기도 훨씬 전에 교회에 도착하였다. 그런데 워낙 춥고 짓궂은 날씨였는지 아무도 예배에 참석하지 않았다. 그런데도 서머빌 목사는 묵묵히 기도하며 홀로 예배를 드렸고, 밤늦은 시간에 무사히 집에 돌아오셨다고 한다. 이처럼 부친 서머빌 목사는 맡은 일에 늘 최선을 다했으며, 자신이 하는 일에 성실하고 진정성 있게 임하였다.

또한 서의필의 부친 서머빌 목사는 바쁜 목회 업무 가운데에서도 매우 가정적인 가장으로서 자녀들을 많은 사랑과 정성으로 보살피며 부인을 도와주었다. 서의필의 모친은 당시 미국의 전형적인 주부로서 아이들을 돌보며 행복한 가정을 꾸려나가는 데 최선을 다했다. 그녀는 저녁때에 모든 가족이 한자리에 앉아 기도하고 함께 음식을 나누면서 그날의 일과에 대하여 서로 이야기하는 시간을 아주 소중히 여겼다. 그들은 넉넉한 형편의 목회자 가정은 아니어도 정신적으로는 매우 풍족한 가정을 꾸렸다. 서의필은 온 가족이 서로를 아껴주고 협력하는 화목한 가정에서 매우 행복한 어린 시절을 보냈다.

서의필은 또한 부친처럼 언제나 적극적으로 남을 도와주고, 자신에게 주어진 일을 열심히 해내는 성실한 소년이었다. 서의필은 특히 어렸을 때부터 시간관념이 철저하였고 늘 약속을 지켰으며, 시간을 헛되이 낭비하는 것을 허용하지 않았다. 그럼에도 틈만 나면 다양한 문화적인 배경이 있는 친구들과 함께 미식축구와 야구를 즐기면서 매우 활동적인 청소년 시절을 보냈다. 특히 고등학교 시절에는 학교의 미식축구팀에서 쿼터백(Quarterback)으로 활약할 정도였다.

서의필은 어려서부터 주변의 자연 환경에도 관심이 많았다. 그의 가족이 주로 살던 아름다운 사우스·노스캐롤라이나 주의 자연은 그의 안식처였으며 호기심을 자극하는 곳인 동시에 잘 가꾸어야할 대자연이 가까이 있었다. 그의 가족은 교회 근처에 텃밭을 가꾸기도 했다. 어린 서의필은 매우 호기심이 많고 총명하여, 늘 주위의 산과 들판을 다니면서 관찰하며 질문을 던졌고, 자연 속에서 늘 새

형제들과 미식축구(1940s)　　　　동생 스티븐과 새 차 앞에서(1940s)

로운 것을 배우려고 하는 호기심과 열정이 있었다.8) 부친의 교회 사목지역이 변경되어 새로운 지역으로 이주하게 되면, 그곳에서 새로 만나게 되는 주변 환경과 대자연은 서의필에게 또 다른 새로운 세계를 안겨주었다.

　서의필의 교육 배경을 살펴보면, 그는 1941년에 사우스캐롤라이나 주의 맥커널스빌(McConnellsville)에 있는 맥커널스빌 초등학교를 졸업하고, 1945년에는 클린턴(Clinton)에 있는 클린턴 고등학교를 졸업하였다. 그 후 찰스톤(Charleston)에 있는 군인 장교를 육성하는 남부 최고의 명문대학 시타델(The Citadel Military College) 대학에 입학하여 1년을 재학하다 군인생활을 포기하고, 노스캐롤라이나 주의 일론(Elon)에 있는 일론 대학으로 전학하여 학업을 계속하였다.

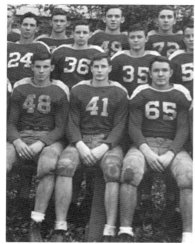

고등학교 미식축구팀 쿼터백 서의필(41번)과 시타델 대학에 입학한 서의필(1946)

그 후 서의필은 1947년에 당시 장로교 선교사들을 많이 배출해 온 클린턴의 프레스비테리언 대학(Presbyterian College)으로 전학하여 화학을 전공하고 1949년에 졸업하였다. 대학시절의 서의필은 늘 자신에게 주어진 일을 진지하게 생각하고 행동하는 청년이었다. 그리고 시대적인 안목을 넓히는 데에 주저하지 않으며, 늘 질문을 던지고 해답을 찾으려는 학구적인 태도에 토의를 즐기는 총명한 학생이었다. 서의필은 주위 사람들의 많은 기대와 격려 속에 대학을 졸업하였고, 뉴욕 주에 있는 중등학교에서 잠시 교편을 잡는다.[9]

이 기간 동안 청년 서의필은 자신의 진로에 대하여 매우 진지하게 고민하였다. "연구자로서 화학자가 될 것인가?" 혹은 "사회에 봉사하고 남을 돕고 살 수 있는 길이 있는가?" "하나님이 나에게 주실 소명은 어디 있는가?" 결국 서의필은 부친과 같은 목회자로서의 삶을 택하고, 남을 도우며 살기로 결심한다. 그는 곧 조지아 주 디캐이터(Decatur)에 있는 콜롬비아(Columbia) 신학교에 진학하여 1953년 5월에 신학교를 졸업하고 목사 안수를 받았다.

## 2. 가족과의 사랑과 이별

냉전시대의 신호탄이 된 한국전쟁(1950-1953) 이후 세계는 문명의 파괴와 가치관의 혼돈, 빈곤과 기아가 넘쳐나서 세계 곳곳에서 도움이 필요한 격동의 시대였음을 상기해볼 필요가 있다. 당시 미국 장로교 선교부는 해외 선교의 필요성을 인지하고 해외에 파견할 선교사를 적극적으로 모집하였다. 당시 선교부의 기록에 따르면 1945년부터 1957년까지 12년 동안 미국 장로교에서 세계에 파견한 선교사가 445명이나 되었는데. 이는 선교부의 선교 역사상 단기간에 가장 많은 선교사가 모집된 기록이었다.[10] 또한 해외에서 미국으로 일시 귀국한 선교사들도 신학교를 중심으로 순회하며 해외 선교사로서의 경험을 간증하거나 선교 후원을 요청하며 해외 선교를 지원하였다. 예를 들면, 1941년의 2차 세계대전 중에 일본의 강압에 대비하여 미국 정부는 자국 국민들에게 한국에서 철수하도록 명령했고, 이때 대부분의 선교사가 한국에서 철수하게 되었다. 그중 인돈(William A. Linton, 1891-1960) 선교사도 미국으로 돌아가서 여러 신학교를 순회하며 설교하고 자신의 한국 선교 경험을 공유하며 선교사 모집을 적극적으로 지원했던 기록이 있다.[11] 2차 세계대전이 종료된 1945년 이후 1950년에 한국전쟁이 일어나기 전에는 인돈 선교사를 포함하여 17명의 선교사가 한국으로 복귀한 기록이 있다.[12] 그러나 미국 남장로교 선교본부는 한국전쟁 이후 파괴된 국토에서 병마와 가난에 시달리던 한국 사람들을 돕기 위하여 가능한 한 더 많은 선교사를 파견할 계획을 세운다. 이에 패기에 찬 많은 젊은이가 해외 선교를 신청했고, 서의필도 그중 한 명으로 1953년에 해외 선교사역을 신청한다.

드디어 1953년 5월로 예정된 신학교를 졸업하기 몇 달 전, 서의필은 남장로교 세계선교본부에 해외 선교사역을 신청하고 인터뷰 과정을 마쳤다. 그 후 서의필은 선교부로부터 아시아 지역 선교사로 파송한다는 통보를 받았다. 이에 관해서 서의필은 한남대학교 개교 40주년 기념인터뷰에서 다음과 같이 회고하였다. "저는 동양으로 가고 싶었는데, 아는 것이 거의 없었습니다. 개인적으로는 중국으로 가고자 했으나, 당시에는 미국과 중국의 관계가 단절되어 있었기에 갈 수 없었습니다."[13] 그래서 서의필은 간절히 기도했다. 복음을 전파하고 예수의 길을 따르기로 한 자신의 결심을 하나님께 보고하며, 하나님의 사명을 이행할 나라에 가서 소외된 자들과 병든 자들을 위로하고 하나님의 나라로 인도해야 할 나라로 인도해달고. 결국 하나님은 전쟁으로 황폐된 가난한 미지의 나라 한국으로 서의필을 이끌었다.[14]

1953년에 한국 선교사로 파송 명령을 받게 된 서의필은 우선 선교사 연수과정을 거쳐야 했다. 서의필은 그해 여름에 노스캐롤라이나 주의 몬트리트(Montreat)에 있는 해외선교사 훈련센터에서 남장로교 총회본부가 주관하는 8주간의 해외선교단 연수프로그램에 참가하였다. 그곳에서 그는 같은 아시아 지역으로 선교사를 지원한 서진주 선교사를 만난다. 서의필 교수가 필자에게 전한 회고에 따르

서의필 목사(1953)와 서진주 선교사(1953)

면, 그는 서진주 선교사를 처음 만나자마자 사랑하게 되었다고 한
다. 두 사람은 함께 연수를 받으면서 더욱 가까워졌다. 그들은 만난
지 3주 만인 8월 초에 약혼을 하고, 3개월 후인 같은 해 11월 6일에
결혼하였다. 서의필은 원래 1953년 9월에 한국으로 출발할 예정이
었으나, 일정을 변경하여 결혼 후인 1954년 1월에 서진주 선교사
와 함께 한국으로 떠난다.[15]

　　서진주 선교사의 부친 넬슨 벨(Lemuel Nelsen Bell, 1894-1973) 선
교사는 1916년부터 1941년까지 중국에서 의료선교 활동을 펼친
중국 의료선교의 개척자이며, 모친인 버지니아(Virginia M. Leftwich)
선교사도 간호사로 부친의 병원에서 함께 의료선교에 참여하였다.
넬슨 벨 선교사는 외과의사로서 2차 세계대전이 발발하여 병원이
폐쇄되던 1941년까지 25년 동안 중국 장쑤성(Jiangsu Province) 칭
장푸(Qingjiangpu)에서 '사랑과 자비 병원'(Love and Mercy Hospital)

서진주의 부친 넬슨 벨 선교사와 둘째 언니 루스 그리고 형부 빌리 그래함 목사

을 운영하며 의료선교 활동에 헌신하였다.[16] 그의 업적을 기념하기 위하여 중국 정부는 2004년 3월에 장쑤성에 '넬슨 벨 기념공원'을 설립하였다. 이는 사회주의 국가에서 외국인에게 공로를 치하하고 기리고자 한 유례없는 사례였다. 또한 그가 귀국한 이후에는 미국의 노스캐롤라이나 주에 있는 몬트리트 대학도 그를 기념하는 '넬슨 벨 도서관'을 건립하여 그에게 헌정하였다.

서진주 선교사는 5남매 중 3녀로 태어났다. 그녀의 가족은 부모를 포함하여 미국에서도 대표적인 목회자 명문가라고 할 수 있다. 그녀의 둘째 언니 루스(Ruth Graham)는 20세기에 미국에서 가장 존경받아온 복음전도사 빌리 그래함(Billy Graham, 1918-2018) 목사와 결혼하여 평생 복음선교에 헌신하였다. 그래함 목사는 서의필과는 동서지간이 된다. 서진주 선교사 역시 한국에서 가장 위대한 선교사 중 한 분인 서의필 목사와 결혼하여 한국에서 40년 동안 교육선교에 헌신하였다. 그녀의 남동생 벤자민 클레이튼 벨(Benjamin Clayton Bell, 1932-2000)도 존경받는 목사로 오랫동안 텍사스에서 목회활동에 헌신하였다.

훗날 서의필 목사는 서진주 선교사를 다음과 같이 소개한다.[17]

제 아내는 유년기의 14년은 의료선교를 담당하셨던 부모님과 함께 중국에서 살았고, 한국에서는 저와 함께 40년을 보냈습니다. 또한, 2차 세계대전 직전에는 2달 동안 평양외국인학교에 다녔습니다. 제 아내의 기독교 신앙과 사랑 그리고 한국인에게 헌신하고 아끼는 마음은 늘 한결같았습니다.

그가 소개한 대로 서진주 선교사는 14세까지 부모와 함께 중국의 장쑤성에서 살았다. 그녀는 그 후 평양에 있는 평양외국인학교로 유학하여 한국이 해방되기 직전까지 두 달 동안 수업을 받은 뒤 미국으로 돌아와서 고등학교를 졸업하였다. 평양외국인학교는 선교사 자녀들을 위하여 건립된 학교로 당시 아시아 전역에서 선교사들이 자녀들을 유학시켰던 아시아의 대표적인 국제학교였다. 평양외국인학교는 한국전쟁 중에 파괴되어 지금은 그 터만 남아 있다고 한다. 1995년에 서진주 선교사는 '조선의 그리스도인 벗들'(Christian Friends of Korea)의 행사차 북한을 방문하였을 때 평양외국인학교도 둘러보았는데 단지 파괴된 잔재와 공터만 남아 있었기에 매우 안타까워했다. 그녀의 그러한 모습이 지금도 필자에게 생생하게 남아 있다.

서진주 선교사는 그 후 미국의 시카고에 있는 위튼 대학(Wheaton College)에서 1943년부터 1947년까지 인류학을 전공하였다. 그 후 의료선교에 관심을 두고 1949년부터 1952년까지 존스 홉킨스 대학(John's Hopkins University)에서 간호학을 공부하였다. 서진주 선교사는 부모가 의료선교를 했던 중국에서 의료선교를 하길 원했으나 당시에는 중국과 미국이 교류가 단절된 상태여서 불가능하였다.

'조선의 그리스도인 벗들' 방문단으로 북한을 방문(1995). 제일 왼쪽이 서의필 목사, 왼쪽에서 다섯 번째가 서진주 선교사

그래서 그녀는 한국전쟁이 끝난 뒤 많은 의료 인력이 필요했던 한국 의료선교를 자원하였고, 남장로교 해외선교부는 그녀의 신청을 받아 허락하게 된다.[18] 그녀는 1953년 가을에 의료선교사로 전주 예수병원에 부임할 계획으로 선교부에서 제공하는 해외선교사 연수과정에 참여하였다. 서진주 선교사는 그곳에서 인생의 배필이 될 서의필 선교사를 만나 1953년 11월에 결혼을 하게 된다. 그리고 그녀도 원래의 계획을 변경하여 서의필 선교사와 함께 그 이듬해인 1954년 1월에 한국으로 떠난다.[19]

서진주 선교사는 매우 합리적이고 논리적이며 지적인 여성이었다. 그녀도 남편인 서의필 선교사처럼 매사에 호기심이 많고 늘 질문하는 습관으로 사물을 대했으며, 창의적인 사고방식의 소유자였다. 그녀는 가족을 가장 중요하게 여기고 사랑했다. 그리고 가족을 위하여 평생 헌신하며 전형적인 청교도 가정 모친의 모습 그 이상의 삶을 살았다.[20] 그녀에겐 가정에서부터 참 기독교인의 삶을 실

천하는 것이 하나님이 주신 첫 번째 사명이었던 듯하다.

서진주 선교사는 늘 남을 돕고 베풀면서도 정작 자신은 매우 검소했고 절약하며 살았다.21) 그녀의 셋째 아들 세번(Severn)은 "우리 엄마는 자신을 돌보지 않고 늘 자신의 것을 우리에게 주려고 하셨습니다. 우린 풍족하지는 않은 가정이었지만, 〔어머니 덕분에〕 늘 필요 이상으로 많은 것을 가졌었습니다"22)라고 회상하였다.

반면 서의필은 매우 활동적이고 외향적이어서 늘 끊임없이 움직이며 생각한 것을 즉시 실천하고자 하는 편이었다. 그는 즉흥적으로 유쾌한 농담도 즐겼으며, 깊은 사유에서 나오는 여러 가지 의견을 주위 사람들에게 진솔하게 전달하곤 했다. 또한 그는 매사에 호기심이 많아 먼저 질문을 던지면서 대화를 시작하였다. 그러나 서의필은 다양한 사고 관점을 듣고 토론하는 것을 즐기면서도 늘 상대방의 입장에서 먼저 생각하고 토론을 이어나갔다. 그는 또한 의견이 다른 상대방을 포용하고 그들에 대하여 더 많이 이해하기 위하여 노력하였다. 그리고 언제나 자신을 낮추어 겸손한 자세로 타인을 대하고 존중하였다. 세번은 "우리 아버지(서의필)는 청소 노동자에서부터 대학교 총장까지 누구나 똑같이 대하셨습니다. 그리고 아버지는 배움이란 학교에서만 얻는 것이 아니라 일평생 배워야 한다고 강조하셨습니다"23)라고 회상하였다.

이들 부부는 공통점도 많았다. 그들은 모두 매사에 호기심과 관심이 많아 늘 주변의 사물을 탐구하며, 질문을 던지거나 창의적인 생각들을 표현하였다. 또한 그들은 자신보다 타인의 처지에서 먼저 생각하며 주위에 있는 약자와 병자를 도왔다. 그들은 자녀들에게도 '예수님 같은 사랑'을 보여주고, 그 사랑을 '행동으로 보여주신 분들'

이었다.[24] 또한 자녀들에게 "사물의 양면을 본 다음에 결정하라!"며 신중함도 강조하였다. 무엇보다도 그들의 자녀들은 매사에 유머를 즐기는 부모 덕분에 사랑과 행복 속에 즐거운 어린 시절을 보냈다.

마침내 1954년 1월 서의필은 신부 서진주와 함께 선교사의 사명을 띠고 미국을 출발하여 42일 만에 한국에 도착한다.[25] 여기서 당시의 교통편이 얼마나 열악하고 험난했는지, 42일 간의 긴 여정을 살펴볼 필요가 있다. 여행 일정은 북미 대륙에서 태평양을 건너 아시아 대륙으로 건너오는 그야말로 대장정의 험난한 항해 길이었다.

먼저 그들은 서진주의 부모님이 사시던 노스캐롤라이나의 몬트리트에서 텍사스 남서부에 있는 갤베스톤(Galveston) 항구까지 10시간 동안 버스를 타고 이동하였다. 그리고 갤베스톤 항을 떠나 파나마 운하를 거쳐 샌프란시스코에 도착하였다. 이들 부부는 샌프란시스코에서 며칠간 체류한 후 샌프란시스코 항에서 유일한 민간인으로서 미 군용화물선을 탈 수 있었다. 그들이 승선한 배는 태평양의 거친 파도를 이겨내며, 알래스카 쪽으로 이동하여 태평양을 횡단하였다. 그리고 일본의 요코하마를 경유하여 미국을 떠난 지 42일 만에 인천 제물포항에 도착하였다.[26] 당시 한국에는 군용화물선에 승선한 민간인의 여권을 처리할 수 있는 입국 절차가 정립되지 않은 상황이어서 입국처리가 지연되기도 했지만, 그들 부부는 다행스럽게도 가까스로 입국할 수 있었다고 한다.

얼마 후 서의필 부부는 인천항으로 마중 나와 기다리고 있던 목포선교부의 대표인 라빈선(Robert K. Robinson) 선교사의 도움으로 서울로 이동하였다. 그들은 연지동에 있는 남장로교 선교단의 서울 사택에 도착하였고 그곳에 이미 도착하여 지내고 있는 미첼(H. P.

서의필 부부의 한국을 향한 42일간의 항해 노선(1954. 1)

Mitchel) 선교사 가족과 함께 머무르며 한국에서의 첫날을 보냈다. 당시의 서울은 한국전쟁이 끝나고 폐허만 남겨진 낡은 도시의 모습으로 그들을 맞아주었다. 그렇게 하여 전쟁으로 폐허가 되고 남북으로 분열된 가난한 나라에서 이들 신혼부부의 한국 선교활동이 시작되었다.

서의필 부부는 다음 날 라빈선 선교사와 함께 선교사역지인 목포를 향해 출발하였다. 그의 일행은 목포로 가는 도중 전주에서 잠시 머무르게 된다. 그곳에서 그들은 당시 활발하게 선교활동을 하면서 전주의 유지로 널리 알려져 있던 신흥학교의 교장 인돈(William A. Linton) 선교사의 집에서 하루 동안 머물렀다. 당시 26세였던 서의필 선교사는 53세의 인돈 선교사를 만난 첫인상을 다음과 같이 설명했다. "인돈 선생은 매우 친절하고 자비로운 마음을 가진 분이었습니다. 우린 그가 한국인을 얼마나 사랑하는지 즉시 알았고, 또

미국인 기자가 본 1950년대 한국 모습[27]

한 그의 아주 헌신적인 마음에 매우 감동받았습니다."[28] 그들 일행
은 그 다음날 목포에 도착하였다. 서의필 부부는 목포의 정명여학
교 구내에 있는 로빈슨 선교사 사택의 바로 옆에 있는 사택에 짐을
풀고 목포 생활을 시작하였다.

　서의필은 그 후 4주 동안 전주에 가서 한국어와 한국 문화에 대
한 연수를 받았다. 그곳에서 인돈 선교사가 집중적으로 도움을 주
었다. 인돈 선교사는 서의필에게 남성과 여성 한국어 선생 두 명을
배정하여 한국어와 한국 문화를 학습하도록 도와주었다. 서의필은
어학 선생들과 함께 시내로 현장학습을 다니며 한국어와 한국 문화
를 익혔다.

　인돈 선교사도 한국의 역사와 문화 그리고 한국인의 사고방식에
관한 내용을 자신의 경험담과 함께 소개하였다.[29] 당시 인돈은 이
미 1912년부터 40여 년 동안 한국에 머물면서 한국 문화에 대한 풍
부한 지식과 경험을 가졌기에 서의필에게 많은 것을 안내하고 도와
줄 수 있었다. 서의필에게 인돈은 "행동함으로써 선교사의 길을 가
도록 보여준 분"이었다.[30] 인돈 선교사는 훌륭한 선교사일 뿐만 아

니라 당시 전주에서 유명한 유지로서 한국어에도 정통한 언어학자였으며, 특히 갓 부임한 신임선교사들에게 한국어와 문화를 안내하는 데에 적극적이었다.[31] 현명한 인돈 선교사는 무엇보다도 신임선교사들에게 가장 필요한 것은 현지인들과 소통할 수 있는 현지 언어능력과 문화와 역사에 대한 이해력이라는 것을 잘 알고 있었을 것이다. 참고로 서의필에 따르면, 인돈은 1919년에 안식년을 갖고 미국에 머무는 중, 조지아 주의 애틀랜타(Atlanta)에서 열린 평신도 선교대회에 가서 한국의 3.1운동에 대해서 보고하였다. 그리고 그는 일제의 폭력에 맞서 민주주의를 위한 조용한 혁명을 일으킨 한국에 대하여 소개하면서 미국 사회의 기도와 도움을 요청하였고, 그의 연설이 애틀랜타 신문에 대서특필되기도 하였다.[32]

서의필의 한국과의 인연은 한국전쟁(1950-1953)에 참전하여 사망한 남동생으로부터 시작되었다. 한국전쟁은 3년간 지속된 참혹한 전쟁으로, 민주주의와 공산주의가 대결하는 냉전시대를 시작하게 한 다국가 간의 세계 전쟁이었다. 즉, 남한을 침공한 북한과 중국과 러시아가 공산주의를 대변하였고, 이에 맞서 미국을 포함한 16개 유엔 국가가 민주주의를 수호하며 남한을 방호하였던 전쟁이었다. 1953년 7월 27일에 전쟁은 휴전 상태로 잠시 중단되고, 남한과 북한 사이에는 비무장지대(Demilitarized Zone)가 만들어졌다. 그러나 70년이 지난 현재까지도 엄밀히 말하자면 남한과 북한은 여전히 전쟁 중에 있다.

서의필의 동생 스티븐(Stephen S. Somerville)은 1953년에 한국전쟁에 참전했다가 대구 지구에서 큰 부상을 입고 요코하마의 미군 병원에서 치료를 받던 중에 사망하였다. 스티븐은 당시 23세였다.

그는 수천 리 떨어진 낯선 나라에서 한국 친구들의 자유를 지키기 위해 싸우다가 영영 돌아올 수 없는 강을 건넜다. 갓 결혼했던 그의 부인 루이스(Louise P. Somerville)는 요한복음 15장 13절에서 인용한 성경 문구를 묘비에 새겨 넣었다.

"Greater love hath no man than this, that's a man lay down his life for his friends."(John 15:13)
(사람이 친구를 위하여 자기 목숨을 버리면 이보다 더 큰 사랑이 없다.)

묘비에 쓰인 대로, 스티브는 "친구들을 위해서 싸우다 목숨을 바친 큰 사랑"을 보여주었다.

서의필의 온 가족은 슬픔에 휩싸였다. 서의필은 그러나 한국을 원망하지 않았다. 그렇지만 그의 가슴 한곳에는 늘 동생에 대한 그리움이 있었으리라. 서의필은 스스로에게 질문을 던졌다.

"사랑하는 동생은 어떻게 멀고 먼 낯선 나라에서 무엇을 위하여 싸웠는가?"
"동생은 왜 생면부지의 동양의 조그만 나라를 위해서 안타까운 젊음을 희생하였는가?
"그가 수호한 민주주의는 과연 그만한 가치가 있는가?"
"도대체 전쟁은 어찌하여 그토록 수많은 젊은이의 생을 마감시켜야 했단 말인가?"
"도대체 한국이란 나라에서 하나님은 어디에 있는 것인가?"
"이 착하디착한 한국인들이 왜 그토록 처참한 경험을 해야만 하는가?"

"하나님은 무엇을 준비하고 계신 걸까?"

"서의필을 이곳으로 보낸 하나님의 뜻은 어디에 있는가?"


1954년에 한국에 오게 된 서의필에게 한국은 동생의 생명을 앗아간 전쟁터였고, 전쟁으로 피폐된 나라에 가난과 병마 속에서 괴로움에 신음하는 사람들로 가득했던 나라였다. 그리고 그곳에는 주님을 모르는 수천만의 민중이 있었다.

# II. 한국에서의 초기 선교활동:
## 문명의 충돌과 역사학자의 탄생(1954-1968)

이 장에서는 서의필의 한국 문화에 대한 적응기인 역사학자로서 태어난 과정을 소개할 예정이다. 서의필은 자신의 선교사로서 역할과 사명이 무엇인지 끝없이 질문하며 한국 선교활동을 시작하였다.

　서의필이 한국에 도착했던 1954년은 전쟁의 피해가 극심하여 전국토가 황폐해져 있었고, 사람들은 기아와 병마에 시달리며 비참하게 지내던 시기였다. 그러한 시기에 26세의 젊은 서의필에게 목포와 주변 도서지역을 다니면서 낯선 이방인으로서 당시 피폐해진 한국인들을 따뜻하게 위로하며 신의 말씀을 전파하는 일은 매우 도전적인 일이었을 것이다. 그러나 4년 동안 목포에서 지속한 선교활동은 서의필이 한국에서 40년간 선교활동을 지속하게 한 원동력이 되어 한국을 사랑하는 마음이 싹트게 했다. 또한 서의필이 목포에서 복음선교를 시작한 시기는 동시에 교육선교를 시작한 시기이기도 하다. 그는 1956년에 대전기독학관(대전대학의 전신)의 대학설립위원회에 참여하였다.

## 1. 목포 선교활동 시기(1954-1958)

서의필의 목포 선교활동은 주로 목포 주변과 인근의 도서지역을 순회하며 복음을 전파하는 선교활동으로 시작되었다.[33] 그 당시 남장로교 목포선교부(Mokpo Station)는 다섯 개 선교부 중 규모는 제일 작았지만 관할지역은 오히려 주변에 많은 섬을 포함하여 광범위하게 퍼져 있었다. 목포선교부는 1895년에 목포선교부 책임자로 임명받은 유진벨(Eugene Bell, 1868-1925) 선교사가 1897년에 선교부 부지를 매입하고, 1898년 봄에 목포선교부의 업무를 시작한 곳이다. 유진벨 선교사는 한남대학의 초대 학장인 인돈 선교사의 장인이다.[34] 유진벨 선교사는 오웬 의료선교사와 스트레퍼(Frederick E. Straeffer) 선교사와 함께 선교 업무를 이행하였다. 그 후 1903년에 변요한(John F. Preston, 1875-1975) 선교사와 조셉 놀런(Joseph W. Nolan) 의료선교사 그리고 스트레퍼 선교사가 헌신하며 목포선교부를 확장하였다.[35]

    당시의 목포는 일제 강점기 때부터 한국 서남부의 주요 항구로서 주로 일본인들이 거주하였고 한국인들은 그 외곽으로 볼 수 있는 수백 개의 도서지역에 흩어져 살고 있었다. 특히 140여 개의 섬으로 된 도서지역에서 20여 개의 섬에 교회가 개설되었으나 대부분의 섬에는 비기독교인들이 살고 있었다. 서양인들을 처음 만나게 된 시골 사람들은 두려워하면서도 호기심이 가득 차 물음을 던졌다. 부자 나라에 살지 않고 왜 이렇게 가난한 나라에 와서 고생하느

라빈선 선교사에게 시골 마을에서 만난 노인이 던진 질문, "여긴 대체 뭐하러 오셨어요?" (1950년대)[36)]

냐고 걱정해주기까지 했다.

　그 당시 한국의 기독교인은 전 국민의 4% 정도였지만, 목포선교부 도서지역은 1% 정도로 남장로교 선교부 입장에서는 선교 환경이 열악하고 매우 도전적인 지역이었다.[37)] 더구나 당시에는 특히 해상 교통이 매우 불편한 시기였다. 도서지역 내의 교회에서 설교하기 위하여 섬으로 들어가야만 했던 서의필에게 짓궂은 해상 날씨를 감내하며 조그만 배를 타고 도서지역으로 이동하는 것은 그야말로 목숨을 건 커다란 도전이었다. 그럼에도 그는 그 어떠한 불편함도 마다하지 않고 이 섬 저 섬을 옮겨 다니면서 설교하고 전도하며 현지인들과 함께하였다.

　1954년에 시작된 서의필의 목포 선교활동은 매일매일이 새롭고 도전적인 날의 연속이었다. 신참 선교사 서의필은 우선 전라도에서 시작된 미국 남장로회의 선교사업인 교육선교, 의료선교, 사회봉사와 성경 출판 등과 기타 선교 관련 업무를 익히면서 복음선교를 시작하였다. 서의필은 도서지역의 섬 교회를 1년에 2~3회 방문하여 교인들에게 설교를 하였는데, "그때는 오히려 제가 그분들의 이야기를 들어주는 시간이 되었습니다. 저는 그분들을 도와주는 대신 오히려 그들로부터 더 많은 은혜와 사랑을 받았습니다"라고 그 시절을 회상하였다.[38]

섬사람들에게 서의필은 매사에 긍정적인 자세로 열심히 도전하고 살면서, 꿈을 심어주는 서양인이며 신의 '희망'의 계시를 들려줄 밝은 미래에서 온 선교사로 보였을 수 있다. 서의필의 후일담에 따르면, 섬 주민들은 대부분이 비기독교인임에도 서양 선교사 일행을 매우 따뜻하게 대해주고 호기심이 많았으며 개방적이었다. 오히려 어떤 이들은 서양 선교사들이 부자나라에서 와서 머나먼 나라인 이 가난한 곳에서 왜 고생하며 사냐고 걱정하고 동정도 하며 따뜻하게 대해주었다. 그들은 그렇게 어려운 시기에도 인간답게 살려고 노력하는 사람들이었고, 남을 해치거나 남의 것을 훔치는 사람도 없었으며 오히려 낯선 이방인들을 불쌍하다고 도와주려고 애쓰는 의리 있는 사람들이었다. 서의필은 목포에서 만났던 사람들 때문에 한국을 좋아하게 되고 '한국인의 정'을 배우게 되었다고 그 시절을 회고한 적이 있다.

서의필은 그 후 40년이 지난 1994년에도 그들의 선량한 웃음과 친절함을 잊을 수 없었다. 1994년의 개교 40주년 기념 대담인터뷰에서 그는 다음과 같이 그 시절을 회고하였다.[39]

그 시대는 매우 가난한 시기였습니다. 그 어려운 시기 가운데에도 그들은 매우 인간답게 살면서 존엄성을 지키고 있었습니다. 남을 해치거나 남의 것을 훔치는 법도 없고, 외지인들에게도 아주 친절하고 돌봐주려고 했습니다. 무엇보다도 그들은 이 무식한 미국인을 환영해주고 아주 친절히 대해주는 인내심과 자비심이 있었습니다.

서의필은 자신을 '이 무식한 미국인'이라고 한없이 낮추며 겸손해했고, 늘 남에게 감사하다는 표현을 사용하였다. 또한 한국인이 겪고 있는 어려운 삶을 안타까워했다.

우리 사랑하는 한국인들이 어떻게 이러한 전쟁을 겪고 어려움을 당해야 합니까? 이 사람은 정의로운 사회를 창조해야 한다고 생각하는데, 도저히 해결할 수 있는 답을 찾을 수 없었습니다.[40]

서의필은 한국인들이 하루 빨리 어려움에서 벗어나 행복하게 살 수 있는 나라, 즉 주님이 인도하시는 정의로운 사회 속에서 살 수 있게 되기를 갈망하였다. 서의필에게는 정의롭지 않은 사회는 사람들을 어렵게 만들고, 반대로 정의롭게 세운 사회는 모든 사람이 평안히 산다는 것을 의미했다. 서의필은 그가 만난 어려움을 겪고 있는 한국인들, '정'과 '의리' 있는 따스한 한국인들, 그러나 하나님을 모르는 그들을 정의로운 하나님의 세계로 인도할 길을 찾아 나서게 된다.

한편 서의필은 한국 사람들에게서 미래의 큰 희망을 보았다. 짧은 시간이었지만 그가 본 것은 한국 사람들의 긍정적인 삶의 태도였다. 그에게 한국인들은 그 어떠한 어려움 속에서도 삶의 끈을 놓지 않고 열심히 살려고 노력하는 사람들이었다. 그에게 한국 사람

한남대학교에 부임한 후 찍은 가족사진: 세번, 엘리자베스, 월터와 서의필 부부(1970)
(한남대학교 중앙박물관 소장)

들은 새로운 서양 종교와 문명에도 매우 호의적이며 개방적이었다.
그들은 또한 교육 수준의 여하를 떠나서 전통과 역사를 존중하고
공자와 맹자의 예절과 관습을 중시하는 전통적인 예의지국의 사람
들이었다.

　서의필 가족은 목포 선교활동 기간 동안 정명여학교 뒤편에 있
는 목포 선교사촌에서 살았다. 그곳에서 그들은 평생 동지가 된 라
빈선(Robert K. Robinson) 선교사 가족과 이웃하며 가깝게 지냈다.
라빈선 선교사는 서의필과 거의 비슷한 연배로 유머와 위트가 넘치
고 인자한 인품을 지녔기에 누구나 그를 좋아하고 잘 따랐다고 한
다. 서의필의 자녀들도 그를 '라빈선 삼촌'이라고 불렀다.41) 두 가
족은 그 후 새로운 선교사역 지역으로 옮겨갈 때도 서로 가까운 곳에
배치되어 한 이웃으로 지냈다. 라빈선 선교사는 1962년부터 대전으

로 이주하여 대전외국인학교(Taejon Christian International School)에서 교육선교를 맡았고 1960년대 후반기부터 1976년에 퇴임할 때까지 대전·충청도 협동사역에 참여하였다.[42] 서의필 가족 또한 1968년에 한남대학에서 교육선교를 시작하게 된 인연으로 두 가족은 대전에서도 선교사촌의 한 이웃으로 살았다.

## 2. 서진주 선교사와 행복한 가정

목포에서의 선교활동 기간은 서의필의 가정에도 행복한 시기였다. 새로운 가족과 함께 목포 선교활동을 시작하였던 서의필은 '수신제가치국평천하'(修身濟家治國平天下)라는 표현을 자주 사용하여 주변에 있는 한국 사람들을 감탄시켰다. 그는 이 말처럼 행복한 가정이 만사의 근간이 되도록 늘 노력했다. 서의필 가족에게는 1954년부터 1957년 사이에 더할 나위 없는 기쁜 소식이 생겼다. 1954년에는 장남인 존(John Somerville, Jr.)이 전주예수병원에서 태어났고, 1956년에는 차남인 넬슨(Nelson Somerville)이 전주예수병원에서 태어났다. 그리하여 서의필 부부는 두 아들과 함께 목포에서 행복한 가정을 이루었다.

이즈음 서의필 가족은 아이들을 돌보고 집안일을 도와줄 전라남도 함평에서 온 정덕순 집사를 만나게 된다. 정덕순 집사는 6.25전쟁시의 납북자 가족이라는 이유로 직장도 구할 수 없어 매우 어려운 처지에 있었다. 그녀의 말에 따르면, 서의필 선교사가 그녀를 초빙하여 한 가족으로 받아준 것은 그녀에게는 일생일대의 최대 사건이요 하나님의 은총이었다고 한다. 그녀는 1927년생인 서진주 여

정 집사의 귀여운 '월터'(Walter/4남, 1960s)와 서의필하우스 앞에서의 정 집사(1970s)

사와 동갑내기로 서의필 가족을 자기 가족처럼 돌보며 그의 아들과 딸 다섯 명을 모두 키워냈다. 그녀는 처음 목포에서는 어린 쟈니〔그녀는 장남 존(John)을 이렇게 불렀다〕와 넬슨을 돌보고 가사 일을 도와주었다. 그 후 세번과 월터, 엘리자베스 등 세 자녀가 태어난 뒤에는 서울에 함께 가서 그들을 돌보았다.

정 집사는 1926년에 전남 함평에서 3자녀 중 장녀로 태어났다.[43] 그녀는 어린 시절에 홍역과 여러 질병으로 고생한 후, 결국 한쪽 눈이 실명되어 평생 시각장애와 척추장애를 안고 살았다. 그녀는 15세에 할아버지에 의해 마차를 운용하고 물건을 나르는 마차꾼에게 강제로 시집가게 된다. 1940년대 당시는 일본 제국주의 시절로 한국의 전 국토가 유린되고, 젊은 여자들은 강제로 일본군 위안부로 끌려가던 시대였다. 그리하여 당시에는 어린 딸들이 위안부로 강제로 끌려가지 않도록 하기 위하여 조혼시키는 풍습이 있었다.

그러나 한국전쟁 중 그녀의 남편은 납북되어 생사를 알 수 없게 되었고, 전쟁 후에는 납북자 연좌제로 몰려서 국군에 의해 모든 재산과 땅을 잃게 되었다. 설상가상으로 그녀는 6개월 된 어린 딸을 병으로 잃게 되어 평생 자신의 일생을 혼자 일구며 살아야만 했다.

정 집사 가족의 불행은 그것으로 끝이 아니었다. 그녀의 작은할머니인 정세라 권사에게 불행한 일이 일어났다. 그녀의 작은할아버지가 시골집에서 몇 시간씩 걸어가야만 하는 목포의 어느 교회에 다녀오던 어느 날 기독교인을 탄압하느라 숨어 있던 일본 경찰에게 붙잡혀 타살되었다. 이로 인하여 홀로된 정세라 권사는 어느 선교사의 도움을 받고 선교사 가족의 집사가 된다. 이즈음에 역시 어려운 처지에 놓이게 되었던 정 집사는 작은할머니의 도움으로 서의필 선교사 댁에 소개받게 된다.

정 집사는 장애인인 자신을 한 가족으로 거두어준 서의필 가족에게 평생 감사하며 서의필 가족을 돌보았다. 그녀는 서의필 가족으로부터 "그 어느 가족도 해주지 못할 사랑과 존중을 받았다"며 고마워했다. 1994년 여름에 서의필 가족이 한국을 영원히 떠나던 날에 정 집사는 공항까지 따라가 환송하며 슬프게 울었다. 당시 함께 동석한 필자에게 그녀는 다음과 같이 말했다.

어느 한국 사람도 우리 선교사님처럼 저에게 잘해준 분들이 없습니다! 저는 그분들의 신실함과 사랑을 받을 자격도 없는 가난한 천민이고 장애자인데요, 저 같은 사람을 받아주셨어요! 참으로 예수님 같은 분들이셔요! 그분들은 저를 아주 존중해주고 아껴주셨습니다. 누구도 그처럼 많은 사랑과 존중을 받을 수 없을 겁니다. 저는 그분들에게 너무 많은 은혜를 받았습니다. 그분들은 여러 선교사 중에서도 최고로 인자하고 훌륭한 분들이십니다!

서 교수님과 가족 모두가 저를 진정한 인간으로 대해주셨어요! 그런 분들이 없어요! 저는 그분들 덕에 살아났고요 지금껏 자긍심을 가지고 행복하게 살았어요. 그들은 저의 유일한 가족입니다!

선교사님과 사모님은 아이들을 정말 잘 가르쳤어요. 아이들이 모두 참 잘 컸어요! 어쩜 그렇게 하나같이 착하고 선한지요! 저는 제2의 엄마나 다름없어요. 그들은 어떤 때 보면 사모님보다 내 말을 더 잘 따랐어요.

1994년에 서의필 선교사 가족들이 떠난 후, 정 집사는 조카와 함께 진도에서 살았다. 2009년 여름에 정 집사는 평생 소원하던 일을 이루었다. 그것은 그녀가 죽기 전에 꼭 한 번이라도 다시 만나고 싶었던 것으로 서의필 가족을 다시 만나게 된 것이다.

2009년에 정 집사는 미국에서 목회를 하고 있는 자신의 조카의 초청으로 미국을 방문하게 되고, 노스캐롤라이나 주의 몬트리트에 있는 서의필 선교사 댁을 방문하게 되었다. 그때 그녀는 서진주 선교사가 이미 2006년에 돌아가셨다는 소식을 듣고 가슴을 치며 슬퍼했다. 서진주 사모님은 그녀가 제일 존경하고 소중하게 모셨던 분이었다! 또한 아쉽게도 서의필 선교사는 마침 타지에 여행 중이어서 뵐 수 없었다고 한다. 그녀는 서 선교사님이 건강히 잘 계신다는 소식이라도 들을 수 있어서 안심했다. 그래도 정 집사는 사랑했던 엘리자베스와 월트(그녀는 월터(Walter)를 이렇게 불렀다)를 다시 만날 수 있어서 반가움 속에 얼싸안고 눈물을 적셨다. 그녀는 그저 감사하다는 말만 계속했다. 그리고 그녀는 서의필 가족을 만나게 된 것이 하나님이 주신 큰 축복이었다는 감사의 말씀을 전했다.

그 후 정 집사는 2014년에 서의필 교수와 엘리자베스와 월터가

◀ 엘리자베스와 월터의 진도요양원으로 정 집사 방문(2014)
▶ 서의필 교수가 다섯 자녀와 함께 모교 맥커닐스빌 초등학교 방문(2018)

한국을 방문했을 때에 진도까지 찾아온 서의필 가족과 마지막으로 만나게 된다. 정 집사는 2020년 8월 15일에 진도의 요양원에서 94세의 나이로 숨을 거두었다. 그녀가 업어 키웠던 서의필의 4남, 월터는 다음과 같이 그녀에 대한 추모사를 써서 가족들의 사랑과 슬픔을 전했다.[44]

어제 우리 두 번째 어머니가 영면하셨습니다. 정덕순 여사는 한국전쟁 중에 남편과 아이를 잃었고 한쪽 눈을 실명했습니다. 그분은 그 후 우리 가족이 되셔서 우리를 더 나은 사람들로 키워주셨습니다. 정 집사님은 참으로 현명하시고 강하시고 신실하시며, 사랑스러운 분이셨습니다. 그분이 가르쳐주신 많은 것 중 하나는 정원을 잘 가꾸는 것이었습니다. 천국도 그분 때문에 더 아름다워질 것입니다.

## 3. 한국어와 문화 학습: "본관이 어디십니까?"

서의필이 공식적으로 한국어를 학습한 시기는 1954년에 시작하여 전주에서 인돈을 통한 초기 한국어 문화연수, 1956년에 선교부에서 주관한 한국어 학습, 1960년대의 연세대학교 한국어학당에서의 한국어 학습 시기로 나눌 수 있다. 우선 전주 학습 시기는 서의필이 1954년에 인돈 선교사의 도움으로 한 달간 한국어와 문화, 역사에 입문했던 시기이다. 이미 앞에서 언급한 대로 이 시기에는 현장체험 중심의 한국어 문화 입문 시기이다.

그 다음 시기는 남장로교 선교본부에서 주관한 한국어와 문화 학습 시기이다. 남장로교 선교회는 한국에 온 신임선교사들에게 복음선교와 관련된 사업 업무 외에도 우선적으로 초기 2~3년 동안에는 별도의 한국어 및 한국학 관련 연수에 참여하도록 권장하였다. 그에 따라서 서의필과 다른 신임선교사들도 1956년에 한국어와 한국 문화를 학습하게 된다.[45] 서의필은 라빈선(R. Robinson) 부인, 호프만(Robert Hoffman) 부부, 인휴(Hugh M. Linton) 부부, 몰스(Claribel M. Moles) 양, 스콧(Jack B. Scott) 여사 등과 함께 한국어 학습 훈련에 참가하였다.[46] 그 후 서의필은 3년 동안 한국어를 집중적으로 배웠고, 서진주 선교사도 2년 동안 한국어를 배웠다.

선교회에서는 이 기간 동안 참가자들이 한국어 능력의 고급 수준에 도달하는 것을 목표로 하였다. 당시 선교사들을 위한 한국어 수업에는 호러스 언더우드(Horace Grant Underwood), 제임스 게일(James Gale), 레이놀즈(William D. Reynols) 등이 번역하거나 출판한 한글사전, 성경과 교회 관련 서적들이 교재로 사용되었고, 언더

우드가 만든 한영문법과 영어사전, 한영영한자전, 한글의 경어법 등의 책들이 참고문헌으로 사용되었다.[47]

목포 선교 시절은 서의필에게 복음선교 활동뿐만이 아니라 한국의 언어와 문화를 배우는 매우 중요한 시기였다. 서의필은 양 선생이라는 분에게 한국어를 배운다. 당시 26세의 서의필은 매우 호기심이 많고 학구적이었으며, 한국학에 대한 탐구열로 충만해 있었다. 선교 신참인 서의필 선교사에게 무엇보다도 시급했던 것은 한국인과의 의사소통을 위한 한국어 사용 능력과 한국 문화에 대한 이해력이었다. 당시의 선교사들에게는 낯선 외국어인 한국어로 공감력 있고 설득력 있는 설교를 하는 것이 매우 힘든 과제였고 현지 한국인과의 원활한 교류를 위해서는 한국어를 반드시 익혀둘 필요가 있었다. 또한 한국 민중들의 정서를 이해하기 위해서라도 한국의 역사와 전통 및 문화에 대한 이해는 절대적으로 요구되었다.

서의필은 한글과 한자를 함께 습득하며 한국의 역사와 문화를 이해하려고 노력한 성공적인 한국어 습득자였다고 할 수 있다. 그는 우선 한국어를 매우 적극적으로 학습하였다. 그는 교실에서 사용하는 교재에만 의존하지 않고, 교실 밖에서 실제 사용되는 한국어에 익숙해지려고 노력했다. 그는 실제로 한국인들이 사물에 대해서나 감정을 표현하는 방법과 대화하는 방법 등을 보고 듣는 것을 좋아했고, 성경을 한글로 옮겨 적으면서 한국어 쓰기 실력을 늘렸다. 정규 수업 외에도 그는 한국어 교사와 함께 매일 시장이나 거리에 나가서 사람들과 대화하며 의사소통 능력을 키웠다고 한다. 그에게는 살아 있는 한국 사람의 삶 자체가 가장 중요한 교재가 되었을 수 있다.[48]

그러나 서의필은 한국어를 학습하는 가운데 곧 한자의 중요성을 깨달았다. 당시의 일간 신문은 한자와 한글이 함께 섞여 쓰이던 시절이어서 한글만 이해하는 외국인들에겐 신문을 이해하는 것이 매우 어려울 수 있다.[49] 또한 한자를 이해하는 것이 한글과 더불어 유교와 불교 전통이 어우러진 한국 문화를 이해하는 데 반드시 필요한 것이었다. 결국 한자의 필요성을 인지하게 된 서의필은 곧 서당에 찾아가 천자문과 명심보감부터 배우기 시작하였다. 그곳에서 서의필은 한국의 역사와 가치관을 이해할 수 있는 기록물들은 모두 한자로 기록되어온 사실을 알게 되었고, 이때부터 한문 학습에 더욱 박차를 가하게 된다. 그 결과 그는 마침내 당대의 지식인들의 상징이 되어온 『논어』, 『맹자』, 『대학』 등의 한문학 자료들을 해독할 수 있게 되었다.

다음의 서의필의 한국어 학습 시기는 서울로 이주한 뒤에 장로회신학대학에서 강의를 시작한 시기로 볼 수 있다. 이때 서의필은 별도로 연세대학교의 한국어학당에서 한국어 학습을 계속하며 대학원에서 동양철학을 연구했다. 이 시기에 서의필은 한문 지식이 증진함에 따라 한글 이해 능력이 훨씬 증가하여서 자유자재로 한국어도 구사할 수 있게 되었다. 그가 이미 목포 시절에 학습했던 한문 해독력은 성균관대학교 대학원에서 동양철학과 훗날 하버드 대학교에서 동아시아 역사를 연구하는 데에 결정적인 도움이 되었던 것이다.[50] 서의필은 한글과 한문 학습을 통해서 자신이 관심 가졌던 한국인의 역사의식 문제, 사회사상의 변천 등과 같은 내용을 더욱더 확실하게 이해할 수 있었다고 한다. 실제로 서의필은 박사 논문을 준비하기 위하여 현장 답사를 실시할 때에도 현장의 연구 기록을 직접 한문으로 작성하였다.

그의 석사 논문과 박사 논문의 주제도 한문으로 쓰인 중국과 조선시대의 고문서에 대한 해독 능력이 절대 필요한 분야였기에 그의 한자 독해 능력은 매우 유익하게 이용되었을 것으로 유추할 수 있다. 특히 10년 뒤에 하버드 대학교 대학원 박사과정에서 조선시대의 사회현상을 연구했을 때에도 그의 고문서와 족보에 대한 폭넓은 이해력은 이전의 탄탄한 한문 학습에서 기인한 것으로 보인다.

서의필은 한글과 한문을 배우면서 한국이 그 당시 아시아에서 유일하게 공자와 맹자의 가치관을 따르는 예의지국이라는 생각이 들었다고 한다. 서의필은 또한 『논어』와 『맹자』를 배우면서 동양 문화에 더욱 심취하게 되었고 수직적인 동양 문화는 그가 살아왔던 서구의 수평적인 서양 문화와 많은 차이가 있다는 것도 알게 되었다. 수직적인 문화에서 이루어지는 선배와 후배와의 관계, 부자관계, 군신관계, 친구나 동료와의 관계, 부부가 유별하다는 등 유교의 삼강오륜 중심의 동양 문화는 자유민주주의 속의 수평적인 인간관계를 지향하는 서구인에겐 매우 불가사의하게 보였을 것이다.

또한 효(孝)와 의리(義理)를 중시하는 인간관계는 어느 서양인이라도 쉽게 이해할 수 없는 동양의 사회체제였을 것이다. 그에게는 동양의 계층사회와 그룹 중심 사회 속에서 자신들의 계층 역할을 받아들이고 순응하며 살아가는 세계는 전혀 새로운 세계였다. 특히 하층계급 사람들이 상위계층 사람들에게 양보하거나 타협하고, 참거나 체념하는 삶의 모습은 인간으로서 행복하게 살 권리마저 박탈당하고 사는 모습으로도 보였을 수 있다.

서의필이 자신의 한국 이름 서의필(徐義必)에 '의'(義) 자를 넣게 된 것도 결코 우연이 아닌 것 같다. '의' 자는 '뜻이 있는', '의리가 있는', '의리를 목표로 하는', '의리를 행하는' 등을 암시하는 글자로, 또한 '의리'는 한국인을 가장 대표하는 글자로 한국인이 가장 중요하게 여기는 핵심적인 가치이다. 이는 서의필의 이름에 '의'를 넣은 것은 한국인이 최상으로 여기고 추구하는 핵심적인 가치에 동의한다는 의미라고 해석될 수도 있고, 또한 '의리'를 중시하는 한국에 온 것이 필연적이라는 의미가 될 수 있으며, 혹은 한국인과 동일시한다는 의미로도 이해될 수 있다. 더 나아가 평생 정의를 추구하며 올바르게 살아온 그의 일생을 대변하며 하나님의 뜻을 펼칠 수 있는 한국과의 인연이 필연적이었다는 것을 의미하는 이름일 수도 있다. 여하튼 한국인들은 그의 한국 이름이 그에게 매우 잘 어울린다고 아주 좋아한다.

그의 호인 '하촌'(夏村)도 한국인들에게 매우 호감을 주는 글자이다. 서의필은 그의 성인 'Somerville'이 '여름'(summer)과 '시골마을'(village)의 합성어인 불어에서 왔다고 설명한 적이 있다. 그래서 '여름 하'(夏) 자와 '마을 촌'(村) 자를 사용했다고 말했다. 그러나 그 단어는 다양한 의미로도 들릴 수 있다. 동음이의어인 '하촌'(下村)으로 들리게 되면 '아주 시골마을'을 의미할 수 있다. 실제로 서의필은 한국인에게 자신을 소개할 때 "저는 시골에서 왔습니다" 혹은 "저는 시골사람입니다"라는 표현을 자주 써서 처음 만나는 사람들과 어색함을 즉각 누그러뜨리는 표현(icebreaker)으로 애용했다. 한국 사람들은 미국의 최고 엘리트인 선교사가 자신을 한없이 낮추며 겸손해하는 모습에 환호하며 감동했다.

서의필은 서당에서 한문학 교재를 학습하고, 한국인의 삶 속에서 한국어 문화를 익히게 되면서 어느 사이 한국인의 관점과 행동을 이해할 수 있게 되었다. 그는 곧 한국식으로 누구에게나 예의를 갖추어 대화하는 법도 알게 되었고, 전라도 사투리에도 익숙하게 되어 전라도 방식으로 대화하였다. 그는 또한 성경에 쓰인 대로 자신을 한없이 낮추고 타인을 존대하면서 겸손하게 다가갔다. 그리고 그의 긍정적인 태도와 유머 넘치는 대화는 그가 만나는 사람들과 곧바로 친구가 되게 하여 한국어 의사소통 능력이 단기간에 폭발적으로 발전하는 데 일조했다.

아마도 당시 국내에 머문 선교사들 중, 서의필 선교사처럼 한글과 한문을 많이 이해하면서 한국인의 관점에서 한국인을 진실하게 이해하려 했던 선교사 학자는 거의 없었을 것이다.[51] 또한 그가 한국인 방식으로 타인에게 갖추는 예절은 그 어느 한국인보다도 더 한국적으로 느껴졌다. 그리고 그는 누구에게나 똑같이 존중해주고 예의를 갖추어 대했다. 그에게는 나이, 성별, 직업의 차이, 병자와 약자에 상관없이 모두가 소중한 사람이었으며, 언제나 겸손하게 그들을 존중하고 아껴주었다. 또한, 한국 사람과 외국 사람을 구별하지 않고 모두를 하나로 묶는 표현을 자주 사용하였다. 그가 '우리는…'이나 '우리 생각으로는…' 등의 표현을 사용할 때, 우리는 모두 하나가 되고 동질감을 느끼며 곧 서로 친하게 된다.

서의필은 대화 중에도 언제나 상대방을 배려했다. 회의석상에서도 그는 이렇게 제안한 적이 있다. "우리는 먼저, 이 문제 해결을 위해서 갖지 못한 자와 약자의 입장에 서서 질문을 던져야 합니다. 그리고 우리 자신이 그들에게 무엇을 강요한 적은 없는지 먼저 자신에게 질문하면서 문제를 해결합시다!"

결론적으로 서의필은 외국인으로서 한국어와 한문을 성공적으로 학습한 대표적인 언어학습자였다고 할 수 있다. 그는 한국의 역사와 문화를 한국인의 관점에서 보고 익혔다. 그리고 한국적인 상황에서 한국어와 한문의 의미와 개념을 익히면서 실생활에서 성공적으로 대화하면서 한국어 의사소통 능력을 최고급 수준으로 발전시켰다. 서의필은 또한 한국어와 문화에 대한 지식과 경험이 늘어가면서 한국어를 성공적으로 사용하여 한국인들을 더욱 가까운 친구로 만들었다. 어느 사이 처음 만난 한국인의 마음을 곧바로 열게 할 수 있는 그의 표현은 "본관이 어디 십니까?"로 시작했다. 처음 그를 만난 한국인들은 이에 좀 당황할 수도 있겠지만 곧바로 웃음을 터트리며 즉시 대화의 문을 열게 된다.

## 4. 역사학자로서 학문연구 시기(1958-1974)

1960년대의 격동하는 한국 사회를 접한 서의필 선교사는 선교대상국가인 한국과 한국인에 대해서 배워야 할 것이 아주 많았다. 서의필에게는 한국의 사회와 역사 그리고 문화를 좀 더 심도 있게 연구할 필요성이 생겼고 지적인 호기심이 일어났다. 그리하여 그는 1961년에 성균관대학교 대학원에 진학해 한국 역사철학을 연구하고 1963년에 석사학위를 받는다. 그 후 1964년에 하버드 대학교 대학원에 진학하여 동아시아사를 연구해 1966년에 석사학위를 얻고, 1974년에 동대학교에서 박사학위를 취득했다.

◀ 1963년도 성균관대학교 석사학위 수여대상자 명부 표지(1963)
▶ 1963년도 성균관대학교 석사학위 수여대상자 명부(1963). 두 번째 칸에 서의필(徐義必) 이름과 석사 논문 제목이 실려 있다.

### 1) 석사학위와 논문 연구

서의필은 1961년에 성균관대학교 대학원에 입학하여 한국의 사회철학사를 연구하기 시작하였다. 그러던 중 한국의 사회사상에 오랫동안 영향을 주어왔던 중국의 사회사상의 근본 덕목은 '서로 어질게 대하다'라는 의미의 '인'(仁)이라는 것을 알게 된다. 중국 사람들에게 '인'이 사회적으로 중요시하는 최상의 덕목이라면 '의리'(義理)와 '정'(情)을 최상의 사회적인 덕목으로 여기는 한국의 그것과는 대조적이다. 서의필은 「인(仁)에 대한 소고(小考)」라는 제목으로 논문을 제출하고 1963년에 석사학위를 받는다. 현재 논문의 내용이 확인되지 않았지만 당시 성균관대학교 대학원에서 공지한 졸업대상자와 졸업논문의 제목 목록이 남아 있다.

서의필은 중국인의 기본 가치관인 '인'을 연구하면서 동아시아 역사 연구에 첫발을 내디딘 것으로 볼 수 있다. 아니면 한국인의 뿌리를 찾는 과정에서 중국인의 가치관까지 거슬러 올라갔을지도 모른다.

대학원 과정에서 서의필은 한국인에게도 어려운 한자 독해를 바탕으로 유학의 수많은 고전을 분석하며 한국인의 심성을 이해하려고 노력하였다. 당시 대학원에서 사용되던 유교사상 중심의 동양철학 관련 서적들은 대부분 한자로 쓰여 있었다. 한국의 대학원에서 한국어로 강의를 듣고 한문 문서를 분석해야 하는 서의필로서는 목포에서부터 오랫동안 학습해온 한글과 한자 학습이 큰 도움이 되었을 것이다.

성균관대학교에서 석사학위를 마친 서의필은 한국 역사 속에 나타난 한국인의 정신과 뿌리의 근원에 대해서 좀 더 연구할 계획을 세웠다. 그리하여 그 이듬해인 1964년에 안식년을 얻어 미국으로 돌아간다. 그리고 하버드 대학교 대학원으로 진학하여 동아시아 역사를 전공하고 1966년에 석사학위를 취득하였다. 서의필은 한국인의 역사성과 사고방식 그리고 변천하는 한국 사회의 역사와 철학에 관심을 갖고 계속하여 연구하였다. 당시 하버드 대학 도서관에는 한자와 한글로 쓰인 장서들이 꽤 많이 소장되어 있어서 그의 연구에 큰 도움이 되었다.

## 2) 박사학위 논문 연구

하버드 대학에서 박사과정을 이수하고 있던 서의필은 1967년 어느 날 당시 대전대학(한남대학교의 전신)의 타요한(John E. Talmage) 학장으로부터 성문과 교수로 와달라는 요청을 받았다. 서의필은 곧 박사과정을 수료하고 논문 작성은 추후로 미룬 뒤 1968년에 대전대학의 성문과 교수로 부임하게 된다. 그 후 서의필 교수는 1994년까지 26년 동안 한남대학교에서 재직하며 교육선교를 담당하여 결과적으로 남장로교 선교부가 파송한 마지막 고등교육 선교사가 된다.

1968년 이후 서의필은 대학에서 강의하면서 박사 논문과 관련된 연구를 계속하여 진행하였다. 1972년에는 안식년을 얻어 박사학위 논문을 준비하였고 1974년에 하버드 대학에서 동아시아 역사학 박사학위를 받았다.52) 그의 박사 논문 제목은「18세기 울산지역의 흥망성쇠 – 사회변동성향 연구」(Success and failure in eigh-teenth century Ulsan: A study in social mobility)이다. 이 논문은 당시에 한국에서는 매우 생소하였던 현장 연구를 통한 질적 연구방법을 사회사상 연구 분야에 적용한 것으로 매우 중요한 가치가 있다. 더구나 서양인으로서 세계에서 가장 배우기 어렵다는 한글과 한자를 사용하여 18세기 조선사회의 변동 성향을 연구하기 위하여 현지인들을 대상으로 면담조사도 하고 현장 답사는 물론 문자자료를 정확히 분석하고 고증한 데에 큰 의의가 있다.

서의필은 논문을 진행할 때에 고문서를 포함하여 매우 방대한 참고문헌을 사용하였다. 예를 들면 그가 이용한 참고문헌 목록에는『조선왕조실록』(朝鮮王朝實錄)을 위시하여『경국대전』(經國大典), 15세기 초 정도전의『삼봉집』(三峰集), 18세기 정약용의『목민심서』(牧民心書)와 여러 종가의『대동족보집』(大同族譜集) 등 대부분이 한자로 쓰인 자료들이 포함되어 있다. 아마도 그의 해박한 한문 해독능력과 여러 고문서에 대한 이해가 없었다면 현장 연구에 필요했던 한자 서적에 대한 이해가 어려웠을 수도 있고 또한 연구 결과를 기록하는 것이 어려웠을 수 있다. 그러나 그가 남긴 현장 답사 노트와 수많은 사람을 면담하고 한자로 작성한 필드 노트(field notes)를 살펴보면 그는 연구하면서 언어 사용에 전혀 어려움이 없었다는 것을 알 수 있다.

서의필이 작성하였던 어느 한 필드 노트에는 18세기 울산지역의 마차 역 이름과 마을의 변동 사항이 일일이 한자로 기록되어 있다. 그는 양반 인구의 증가 현상을 증명하기 위하여 마차 역의 변동 상황과 가가호호의 인구 변동 상황 등도 수집하여 일일이 한자로 기록하였는데, 이 모든 것이 가능했던 것은 그의 해박한 한글과 한자에 대한 해독 능력 때문이었다. 아래의 여덟 개의 그림은 그가 실제 작성하였던 필드 노트의 일부를 발췌한 것으로 18세기의 울산지역의 마차 역 분포도, 종친들의 관직소유 현황, 마을의 호구조사, 성씨별 지역분포도, 양반 분포도와 양반 계층도 무관과 문관 분포도 등이 한자로 기록되어 있다.

서의필이 울산지역의 호적과 족보를 일차 자료로 삼아 분석한 결과, 18세기의 울산지역에서는 새로운 성씨가 출현하고 마을의 사회계층 간에 변동 현상이 있었다는 것이 확인되었다. 즉, 이 시기에는 전체적으로 양반의 수가 증가하였고, 새로운 성씨가 다양하게 출현했다. 또한 집성촌의 양반 가구 수도 4세대가 지나는 동안 현저히 줄어들어서 대가족을 구성하는 집성촌들의 80%가 소규모의 1 ~2가구로 구성된 집성촌으로 변하고 있었다.

서의필의 연구 결과, 18세기의 울산지역에서는 양반의 수가 증가하였는데, 그 원인은 주로 (1) 자연적인 가족 인원의 증가 현상, (2) 상민과 노비 계층의 양반계층으로의 불법 이동을 통한 새로운 양반계급의 등장과 (3) 양반가문 내의 서자와 적자를 함께 인정해

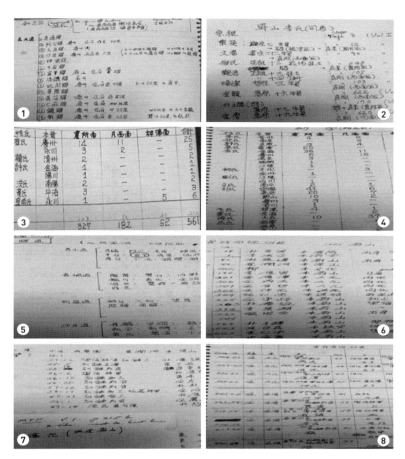

① 18세기 울산지역의 마차역도
③ 울산 마을 호구 조사표
⑤ 경국대전에 제시된 마차역도
⑦ 양반계층 분포도

② 울산 이씨 종친 관직소유
④ 성씨별 분포도 조사표
⑥ 본관에 따른 양반 분포표
⑧ 가문별 무신 공신목록표

주는 현상이 생성된 때문으로 지적한다. 특히, (2)번과 같이 새로운 양반계급이 발생하게 된 원인으로 서의필은 상민계급과 노비 같은 천민계급 사람들이 자신들이 매인 족쇄에서 탈피하고자 돈을 주고 양반의 신분을 산 뒤에 타 지역으로 이전하여 성씨를 개조하고 새로운 양반의 신분으로 살아가게 된 경우를 포함하였다.

당시 신분 사회에서 변동 현상은 실용적인 외래 학문의 유입 시기에 경제력이 증가한 양민 또는 중인들이 양반으로부터 관직을 사며 신분을 향상하는 현상으로 일상생활에서의 윤리의식도 변화하게 된다. 어떤 면에서는 상민층이 양반이 되기 위하여 족보를 사고파는 현상과 관직을 사고파는 부패 행위는 오늘날 부동산 매매처럼 돈을 주고 샀다가 웃돈을 얹어 되파는 현상과도 비슷했던 것으로 추측된다. 또한 경제적인 수탈을 일삼던 관리들도 양반직을 사고파는 부패에 가담하는 등 여러 가지 이유로 양반계급의 수는 더욱 증가하고 하층계급의 수는 점점 적어지는 현상이 돌출하였다. 덧붙인다면 또한 소수가 된 하류층이 압박을 견디기 어렵게 되자 상류층에 대한 저항의식도 증가하며 사회적인 불안감도 고조된다. 결국 18세기의 조선시대는 계층 간의 구별이 점점 느슨해지는 가운데 윤리의식도 흐려지고 사회적인 불안감과 혼란이 고조되는 시대가 된다.

이 연구를 통하여 서의필은 서양 문화와는 전혀 다른 양반제도, 계급 유지를 위한 양자제도와 계층 간에 구별을 두는 동양 문화에 대하여 이해할 수 있었다. 사실상 18세기 당시의 조선시대는 외국 문화와 종교의 유입과 실사구시의 영향, 부패한 관리체제 등으로 양반 중심의 계급사회가 서서히 무너지고 있는 시기였다. 주로 상업에 종사하던 중인들은 점점 더 부유해지자 하층계급인 노예나 상민들보다 더 쉽게 돈으로 양반 자리를 사서 양반이 되었다. 반면에 사고팔 수 있는 노비가 없어지자 궁핍해진 양반들은 양반가문을 상징하는 족보를 팔아서 연명하는 부패한 사회가 형성되어 사회는 소수였던 양반체제가 다수의 양반체제로 변화되는 현상이 가중되었다.[53] 그러나 계층 간의 간격이 얇아지는 현상이 생겼지만 그러한 혼돈기 속에서도 조선사회는 지배계층을 기반으로 하는 양반체제가 굳건히 유지되었다. 그 이유로 서의필은 씨족 중심의 양반체제가 족보를 지키며 대대로 후대까지 유지하려는 노력이 있었고, 지방의 양반인 향반들이 중앙의 양반계층과 지속적으로 관계를 유지하며 자신들의 양반 지위를 유지해온 결과 때문이라고 유추한다.

### 3) 본관이 어디십니까?

서의필은 한국 족보를 연구하고 족보학에 관한 지식이 한층 축적되면서 누구든 만나는 사람들의 본관이 궁금해졌다. 그는 묻는다. "본관이 어디십니까?" 실제로 새로운 한국인을 만날 땐 본관을 물어보면서 그 집 가문의 역사를 설명해주기도 해 즉시 친구가 되기도 했다. 또한 서 박사에게 자신의 가문 역사를 배우게 된 학생들은 부끄러워하기도 하고, 새로운 정보를 알게 되었다며 감사를 드리기도 하곤 했다. 서의필은 한국인들이 보통 잘 사용하지 않는 이러한 본관에 관한 질문으로 한국인들을 당황하게도 하였겠지만, 상대방에 대한 그의 진정성 있는 관심은 그들을 감동시켰고 즉시 서로에 대한 친밀감과 신뢰감을 형성하는 기회가 되기도 했다.

서의필의 족보와 뿌리에 대한 관심은 외국인들에게도 전파되었다. 1990년 당시 한남대학교에서 함께 재직하였던 영문학과의 짐

퀴어리(Jim Query) 교수도 그의 해박한 한문 지식과 한국인들과의 대화 방식에 경의를 표한 적이 있다.[54]

한 번은 함께 택시를 타고 간 적이 있습니다. 가는 도중에 서의필 교수는 유창한 한국어로 택시 운전사에게 인사를 나누며, '본관이 어디'인지 물었습니다. 그러고는 즉석에서 그 운전사의 본관에 관한 역사와 그가 온 지역에 대한 역사를 들려주었습니다.
　또 어느 날 나는 학생과 같이 있었는데, 서의필 교수가 와서 자신이 당시 읽고 있는 한자로 쓰인 중국 철학자의 책을 소개해주었습니다. 돌아오는 길에 그 학생은 "미국인 교수님이 한국 사람들도 잘 알지 못하는 중국 철학자에 대한 철학책을 읽으시다니 정말 놀라워요!"라고 감탄하였습니다.

서의필 스스로도 자신에게 도움이 되었던 한자 공부의 중요성을 다음과 같이 강조하였다.

우리에게 한자는 뿌리와도 같습니다. 옛날의 서적들은 대부분 한자로 쓰여 있었어요. 저 역시 한자 학습은 어려웠지만 꼭 해야 한다고 생각합니다. 제가 1800년대 조선시대의 신분사회 변동 과정과 현상을 연구할 때, 읽거나 기록한 것은 모두 한자로 되어 있었습니다. 조선시대의 사회 변천상을 연구하다 보니 인구조사, 신분의 변동 기록, 족보와 호적 등을 이해해야 했어요. 인구가 어떻게 변천했는지, 사회 지배계층의 변동사항이 있다면 그 원인은 무엇인지 찾아야 합니다!

서의필이 한글과 한문에 능숙할 수 있었던 이유 중 하나는 그가 끊임없는 독서로 지적인 호기심을 충족하려고 했던 노력에서 비롯되었을 수 있다. 그는 동서양을 막론하고 옛 고전부터 현대 서적까지 영어와 한자, 한글로 쓰인 책들을 다양하게 탐독하였다. 그는 매일 아침 일찍 일어나서 아침 식사 때까지 독서하는 습관이 있었고, 낮에도 틈나는 대로 책을 읽으며 늘 새로운 지식과 정보를 찾는 데에 게을리 하지 않았다.

## 5. 교육선교 시작 시기(1954-1958)

1954년 한국에 도착한 이후 서의필은 목포지역의 선교사로 임명받아 목포생활을 시작하였다. 그는 이 시기를 한국어 및 한국 문화에 대한 적응 시기로 삼고 한국어 학습에 매진하면서 동시에 목포지역의 복음선교 활동에 참여하였다. 동시에 서의필은 1954년부터 1958년까지 목포선교부 대표로 대전대학 설립위원회에 참여하였다. 이때부터 사실상 그의 교육선교가 시작되었다고도 할 수 있다. 대학설립위원회는 오늘날의 대학교 이사회에 해당한다. 대학설립위원회는 대학이 창립된 1956년 후에는 '대학이사회'로 변경되었고, 대학이사회는 한국인 목회자들을 포함하여 선교사들과 함께 구성되었다.

대전대학이 설립된 과정을 요약하면 대략 다음과 같다. 1946년에 미국의 남장로교총회 해외선교본부는 한국선교 재개를 위하여 조사단을 파견하면서 기독교 대학의 설립에 대하여 논의하기 시작했다. 그 후 선교본부의 1947~1948 회계연도의 예산안에는 대학

설립 예산으로 14만 불이 책정되었다.[55]

1948년 2월 25일에 열린 선교부 임시위원회는 대전에 교육센터의 기능〔예: 교육 기관과 외국인 학교〕을 관장할 대전선교부를 개설할 것을 연례회의에 상정하기로 결의한다. 그 후 1948년 5월에는 해방 후 2회째가 되는 남장로교 연례회의에서 대학 설립에 대한 구체적인 계획안이 토의되며 문리과 대학(College of Liberal Arts and Sciences) 설립을 추진할 대학위원회가 구성되었다. 동시에 대전선교부 부지 매입이 진행되어 1949년에 인돈 선교사와 타마자(John van Neste Talmage, 1884-1964) 선교사가 토지를 구매하고 협상하는 위원이 되어 토지를 구매하는 데에 참여하였다. 대전선교부 부지는 최종적으로 1950년 2월 대전시 외곽 지역인 오정리에 경주 김씨로부터 부지를 구입하였다.[56]

타마자 선교사는 대전대학의 2대 학장인 타요한(John Talmage) 선교사의 부친으로 일제 강점기에 외국인으로는 유일하게 일본 변호사 자격을 획득하여 일본과 한국 내에 소재한 남장로교 선교부의 재산을 관리했다. 서의필에 따르면,[57] 2차 세계대전 중 일본제국은 한국 내에 거주하는 선교사들을 추방하고 남장로교 선교부가 소유한 토지를 몰수하기 위하여 타마자 선교사를 옥에 가두고 회유하려 했다. 하지만 타마자 선교사는 일본인에게 "죽어도 하나님이 주신 땅을 이전할 수 없다"라고 하면서 버텼다. 결국 그는 감옥에서 7개월간이나 갇혀 지내면서도 한국 내의 선교부 소유 토지와 재산을 지켜냈다.[58]

연세대학의 인요한(인돈 선교사의 외손) 교수에 따르면, 그때 타마자 선교사는 일본 정부가 광주선교부가 있는 양림동 토지를 강제로

◀ 초대 대전대학 이사회(1955). 왼쪽부터 여섯 번째에 있는 서의필 목사( 한남대학교 중
앙박물관 소장)
▶ 타마자 선교사

매입하려고 하자 그에 협조하지 않았고 그들은 타마자 선교사에게
간첩이라는 누명을 씌워 7개월간 옥에 가두었다. 그들은 이미 그 외
의 다른 미국인 선교사들을 한국에서 추방한 상태였다. 타마자 선
교사는 일제의 마지막 유혹에도 "나는 고통받고 있지만, 한국인 신
도들은 더 심한 고문을 받고 있다"라는 말로 뿌리치면서 심장병을
앓는 몸을 이끌고 스스로 감옥행을 선택했다. 인요한은 "타마자 선
교사는 한 마디로 '반골'이었습니다. 서슬 퍼런 일제의 재판정에서
도 도지사급으로 조선에 부임한 일본인 고위 관료를 이름 대신 '별
과 줄무늬'라고 불렀습니다."59) 타마자 선교사는 1942년에 일본군
전쟁포로와 교환되는 조건으로 감옥에서 풀려나와 미국으로 추방
당했다.60)

　타마자 선교사의 헌신으로 대전에 대학을 세울 수 있는 토지는
이미 준비되었지만 아직 남장로회의 최종 결정이 남아 있었다. 남
장로회 선교단은 전체 선교단 회의(Annual Meeting)를 소집하였고,

순천, 대전, 광주, 전주 4개 지역을 놓고 대학을 설립할 장소를 논의하였다. 그러자 이 회의에 참가한 지역대표자들이 각기 자기 지역으로 대학을 유치하려고 자신들의 주장을 내세우면서 서로 간에 의견 대립이 일어났다. 그러나 선교사 위원들이 현명하게 민주적 토의 진행 방법으로 회의를 이끌어 최종적으로 대전을 대학 설립 장소로 의결하는 것으로 합의를 이루었다. 서의필 교수는 1992년에 그 협의 과정을 다음과 같이 소개한다.[61]

당시 선교사 위원들은 서양식 회의 진행 과정에 익숙하지 않은 한국 사람들을 염려하여 끝까지 합의에 도달할 때까지 지속적으로 고민하고 존중해주었습니다. 인돈은 각 지방에서 온 지도자들을 이미 잘 알고 그들의 심정을 아주 잘 알았을 겁니다. 그러나 그들의 협조를 얻고 합의를 이끌어내려고 노력했고, 고생하며 설득하고 점진적으로 해결하였습니다.

물론 인돈도 전라도에서 이미 40년간 체류하면서 교육가들이나 정치가들, 종교인들을 잘 알고 있는 지역 유지였기에 합의에 반대하는 사람들과 회의하는 것은 더욱 어려웠을 겁니다. 그 자신도〔이미 전주에서〕신흥학교를 훌륭히 키우고 인재를 양성하며 정착해 있는데, 말년에 그곳을 떠나서 신생지역으로 이주한다는 것은 어려웠을 겁니다. 그러나 인돈은 하나님의 뜻이라 여기고 대전에 신생 선교부를 만들고 대학을 설립하는 일에 적극적으로 참여했습니다.

1992년에 서의필 교수가 작성한 기록에 따르면,[62] 1950년대 당시 한국인들도 대전에 대학을 설립하는 안을 적극적으로 지원하였다. 1950년 2월 목포에서 열린 남장로교 선교부 연차회의에는 대덕 군수와 행정담당관들이 직접 참여하여 대전에 대학을 설립하는 안을 적극적으로 지원하겠다는 의지를 보여주었고, 충남노회의 민 장로, 이자익 목사, 박기영 장로 등 한국인 목회자들도 적극적으로 지지하였다.

서의필은 당시 1948년 5월에 열린 2차 선교부 연차회의에 보고된 남장로교 총회 본부에 제출했던 대학 설립계획서의 세부 내용을 다음과 같이 요약하였다.[63]

## 대전대학 설립계획서 세부 내용(1948. 5)

(1) 대학의 설립 목적: 미국의 리버럴아츠컬리지(liberal arts college)를 모델로 하여 기독교 지도자와 교사, 목회자를 배출한다.

(2) 시행: 대학설립위원회는 선교부의 추천을 받아 대학설립위원회를 구성한다. 〔명단: 낙스(Robert Knox), 인돈(W. A. Linton), 호퍼(Joseph Hopper)와 폴 크레인(Paul Crane)〕

(3) 행정권한 대표: 각 선교부의 대표로 구성된 위원회의 제안으로 현재는 선교부가 대표권을 행사한다. 그러나 위원회의 시행은 5개 선교부 대표위원회와 협의한다.

(4) 대표자와 교수·행정요원: 커밍스(D. J. Cummings) 박사가 가을에 초빙 예정, 그때까지 플로렌스(Florence Root) 양이 대학설립위원으로 참여. 또한, 3명의 교육선교사로 물리화학, 생물학과 수학과를 담당할 3명의 교육선교사를 파견해줄 것을 요청한다.

(5) 예산: 1949~50년의 한국 선교 총사업비로 6만 불에 추가로 대

학설립비 2만 5천 불을 요청한다.

(6) 대학의 후보지: 광주와 전주 순서로 우선 결정한다.


그러나 대학설립 계획은 1950년 6월에 발발한 한국전쟁으로 인하여 무산되고, 1953년 7월 휴전협정 이후 1954년 5월의 8차 연례회의에서 재론된다. 서의필 선교사는 1954년 2월에 내한하였기에 5월의 연례회의에 참석하여 목포선교부 대표로 이때부터 대학설립위원회에 관여한다. 1954년 5월의 8차 선교부 연례회의는 해방 이후부터 8회째 개최된 것으로 이때 대학설립위원회가 구성되었다. 대학설립위원은 전라도의 각 선교부 대표 4인(전주, 광주, 순천, 목포)과 의료선교사 1인으로 구성되었다. 그리하여 최종 설립위원은 의료선교사 대표인 폴 크레인(Paul Crane), 전주 대표 조셉 하퍼(Joe B. Hopper), 목포 대표 서의필(John Somerville), 순천 대표 김기수(Keith Crim) 선교사와 인돈(William A. Linton) 위원장으로 구성되었다.[64]

당시 한국 남장로교 선교회는 호남지역 각 선교단의 대표자로 구성한 대학설립위원회에 대학 관련 업무를 위임하였다. 대학설립위원회는 미국 장로회의 전통에 따라서 모든 업무를 토의하고 의결하며 이행하는 과정의 업무들을 민주적인 협의 과정을 통하여 행했다. 그리하여 대학과 관련된 모든 업무, 즉 대학을 설립하고 운영하는 업무, 행정요원과 교수 채용 업무, 교직원 선발 과정, 캠퍼스의 시설 건립안과 정비, 교과과정 개설과 운영 등과 관련된 다양한 학교 업무들이 각 선교부 대표단으로 구성된 대학설립위원회의 민주적인 협의와 표결 과정을 통해서 이루어졌다.

서의필 선교사는 1954년부터 1956년까지는 대학설립위원회의 위원으로, 1956년부터 1959년까지는 대학이사회의 이사로 참여하여 대전대학 창립 과정에 크게 기여하였다. 하퍼 설립위원의 기록을 보면, 1954년 6월 첫 주에는 폴 크레인 선교사와 서의필 선교사가 대전시의 오정리에서 있을 대학설립위원회에 참석하기 위하여 목요일 아침 6시에 전주를 출발했다고 한다.[65]

〔우리가 오정리에〕 도착해 보니 인돈 부부, 피이트 미첼(Pete Mitchell)과 김기수(Keith Crim) 선교사들이 벌써 도착해 있었습니다. 우리는 목요일 오전 내내 캠퍼스 부지를 살펴보았고, 대학이 들어설 최적의 장소를 결정했습니다. 계절은 그 대학 부지가 더 매력적으로 보이게 하는 시기였지요. 우리는 여러 후보지 중에도 야산에 둘러싸인 계곡 쪽이 대학 부지로 제일 유리하다는 데 의견이 일치했습니다.

우리는 그날 오후와 저녁에는 대학에서 필요할 교수진들, 건물의 유형과 규모는 어떻게 할지 등 일반적인 사상에 대해서 의논도 하고 대학 설립에 필요한 다른 계획도 세웠습니다. 우리는 금요일 아침에 전날 선택했던 장소를 중심으로 대학 부지를 다시 살펴보았습니다. 그리고 그날 오후 우리는 다시 전주로 돌아왔습니다.

대학의 본관 건물은 대학설립위원장인 인돈 선교사가 주관하여 지은 건물로 인돈기념관으로 명명되어 지금도 대학본부로 사용된다. 인돈 선교사는 조지아 공과대학(Georgia Institute of Technology)을 졸업한 수재로 건축공학에도 안목이 탁월했다. 그는 미국의 앨라배마 출신 건축사인 찰스 데이비스(Charles Davis)에게 설계를 의뢰하여 한국식 지붕에 서양식 기와를 올리고, 내부는 최첨단의 서양식 건물을 신축하는 데 온 힘을 기울였다. 인돈 선교사는 그 사이 건강이 더욱 악화되어 1948년에 수술을 받은 후 암이 재발했고, 1955년에는 재수술을 받으면서도 오로지 하나님의 사명을 완수하고자 하는 열정과 신념으로 결국 대학본부 건물을 완공하였다.[66]

대전시 오정리에서 대학 부지를 둘러보는 대학설립위원들. 위 사진에서 서의필 선교사는 뒷줄 제일 오른쪽에 있고, 아래 사진에서도 앞줄 제일 오른쪽에 있다(1954. 6).[67]

(좌) 한남대학교 초대 학장 인돈 선교사 부부(1956-60), (중) 김기수(Keith Crim) 초대 학장 대리, (우) 2대 타요한 학장(1960-71)

▲ 미국 남장로교 한국선교회가 대전에 대전기독학관(한남대학교의 전신)을 개관할 당시 군산의 미군 기지에서 구입하여 임시 사용한 4개의 퀀셋 교실 건물(1956)(한남대학교 중앙박물관 소장 사진)

대전기독학관의 본관신축공사 현장(1955). 옆의 타원형 막사는 당시 대학의 임시 교실 겸 사무실로 사용한 것으로 군산에 있는 미군부대에서 구입하였다.

▲ 1956년에 건립될 당시 대전기독학관의 본관 모습(인돈기념관)(1956. 5. 1~1957. 9. 30). 한남대학교의 최초 신축 건물로 T자형으로 지어졌다. 이 건물은 외관은 붉은 벽돌로 지어졌고, 바닥은 당시 서양식 최신 건설기법인 콘크리트 바닥으로, 지붕은 한국식 서까래 위에 서양 기와를 얹은 한식과 서양식의 절충식으로 설계되었다. 그 후 1966년 11월 30일에 증축되어 현재의 工자 형태가 완성되었다. 工자형은 영어로 한국을 의미하는 H형이거나 도산서원의 工형의 지붕 모습으로 '열심히 공부하는 곳'을 의미할 수 있다(한남대학교 중앙박물관 소장 사진).

▼ 2023년 현재 한남대학교의 본부 행정실로 사용되는 인돈기념관. 2010년에 지붕을 한식 기와로 새로 얹었다. 1980년대까지 도서관이나 교실, 행정실로 사용되다가 1990년대부터 현재까지 대학본부와 대학원으로 사용되고 있다(한남대학교 중앙박물관 소장사진).

1954년에 대학 창립을 준비한 대학설립위원회를 기념하는 기념비가 헌정되었다. 왼쪽부터 폴 크레인(Paul Crane) 의료선교사, 서의필 교수, 김세열 총장(1995)

## 6. 장로회신학대학 시기와 4.19 역사의 현장(1959-1967)

1959년부터 1967년까지 8년 동안 서의필 가족에게는 많은 변화가 일어났다. 이 기간 동안에 서의필은 장로회신학대학에서 교육선교를 시작하였다. 그리고 이 시기에 격동기의 한국 사회를 직접 보고 겪으면서 자신이 한국인들을 위하여 할 수 있는 역할에 대해서 고민도 하고 또한 선교사로서 자신의 정체성에 대해서 되돌아보며 결국 사회사상을 연구하는 역사학자로 첫 발을 내딛는 중요한 변화를 가져오게도 된다.

1958년에 서의필 가족은 노스캐롤라이나 주의 몬트리트로 돌아가 안식년을 보냈다. 이 시기에 가족에게 좋은 소식으로 3남인 세번

(Severn)이 태어났다. 이제 그의 가족은 모두 다섯 명이 되어 서의 필 부부는 세번을 포함하여 큰아들 존과 둘째 아들 넬슨을 돌보면 서 매우 바쁜 날들을 보낸다.

서의필 교수는 그 사이에도 끝없이 질문을 던지며 기도했다. 태 평양 저편에는 영혼의 구원을 기다리고 있는 가난한 한국 사람들이 살고 있다. 1953년에 휴전한 한국전쟁에서 폐허가 된 한국에서 한 국인은 빈곤과 병마에 시달리면서도 애타게 영혼의 구원을 기다리 고 있을 것이다.

"한국인에게 가장 시급한 것이 무엇인가?"
"한국 사회를 다시 일어나게 하기 위해서 가장 시급한 것은 무엇인가?"
"그들에게 어떠한 지도자가 필요한가?"
"한국은 어떠한 미래를 바라보며 나아가야 하는가?"
"주님은 선교사들에게 어떠한 사명을 주셨는가?"

이미 오래전인 1925년에 인돈 선교사는 '선교사들이 점차 전도 하는 일을 한국인 사역자에게 넘겨주어야 할 때'가 다가올 것이며, '복음을 전하는 최선의 수단은 때에 따라 변화'한다고 예견한 적이 있다.68) 이제 한국인 교역자들이 스스로 복음을 전파하며 기독교 사회를 세울 수 있는 단계까지 왔을 수 있다. 한국에서의 1960년대 는 이미 1884년 이후 지난 70년이 넘게 헌신해온 선교사들 덕분에 기독교 신자도 늘어나고, 이제는 그들 스스로 충분히 자생할 수 있 을 정도가 되고 있었다. 또한 의료선교와 초중등학교 교육선교도 어느 정도 자리를 잡았다. 앞으로 미국 장로교 선교회는 그들의 도움이 필요로 하는 또 다른 어려운 나라들로 서서히 관심을 집중할 필요가 생길 것이었다.

그러나 한국에서는 해방과 한국전쟁 이후, 국가를 재건하고 한국 사회를 이끌고 나갈 수 있는 지도층의 젊은 인재들을 위한 대학 교육이 무엇보다도 시급한 시기였다. 그렇지 않아도 해방 이후에, 선교사들 사이에서는 기독교 지도자를 배출할 수 있는 고등교육기관을 창립하는 것이 매우 시급하다는 인식이 팽배하여 대학을 설립할 계획을 세우지 않았던가? 이 나라는 대중들의 정신적인 지도자가 되어줄 대학교육을 받은 인재가 필요한 나라였다! 서의필은 생각했다.[69)

그렇다! 우리 선교사들은 종국에는 떠날 것이다. 그리고 한국은 한국인 스스로 주체가 되어 이 나라를 이끌어나가야 한다. 그러나 지금 이 황폐한 국가를 재건할 주체적인 인재는 어디 있는가?

한국 사회를 이끌 현명한 리더가 절실히 요구되고 있다. 선교적 관점에서도 미래의 한국이 기독교 국가가 되려면 기독교 인재를 배출할 수 있는 우수한 고등교육 기관은 어디 있는가? 정신력이 강한 한국 사람들이기에 그들은 훌륭한 교육을 통해서 반드시 일어날 수 있을 것이다!

한국인들은 지난 100여 년 동안 세계열강에 시달리고 일본 제국주의에 탄압받으면서도 살아남았다. 그들은 홀로 설 힘을 비축하고 남북이 하나가 되어 자국의 영토를 지키며 행복하게 살 권리가 있다. 그들에겐 스스로 일어나 한국인으로서의 존엄성을 회복하고, 자유민주주의 국가를 세우고 역사를 돌아보며 그들의 정신적 유산을 되찾아야 할 책임이 있다.[70] 그러나 그들은 6.25한국전쟁 이후, 기아에 허덕이며 국가를 재건하고 자신들의 원기를 회복하는 데에 지쳐 있으며, 나라 안에서의 관점만 바라볼 뿐, 급변하는 나라 밖의 세계에는 관심을 둘 여유도 없었다.

젊은 인재들에겐 무엇보다도 우수한 대학교육을 받고 국가를 이끌어나갈 지도자 교육도 절대 필요할 것이다. 부디 정의로운 기독교 인재들이 나와서 성경 말씀을 굳게 믿고 성서의 진리를 개인과 가족, 사회공동체 생활에 끊임없이 적용하며, 대중들을 하나님의 사회로 이끌 수 있는 성숙한 기독교 지도자가 나와야 할 것이다. 서의필은 오랫동안의 고심 끝에 신학대학에서 기독교 목회자 교육에 참여할 것을 염두에 두고 1959년에 가족과 함께 다시 한국으로 돌아왔다.

### 1) 장로회신학대학 시기

서의필 교수는 1년간의 안식년을 끝내고 1959년에 한국으로 다시 돌아와 서울에 있는 장로회신학대학에서 1964년까지 강의를 한다. 그는 그곳에서 4년 동안 기독교 지도자에게 가장 필요한 기독교 윤리 과목을 담당하며 많은 제자를 배출하였다. 1990년 5월의 어느 날 서의필 교수는 "제가 그때 장로회신학대학에서 기독교 목회자를 키워 미래의 한국교회를 이끌어나가도록 도와줬던 일은 매우 숭고한 일이었습니다. 매일매일이 성스러운 하나님의 일들로만 이루어졌습니다"라고 필자에게 회고한 적이 있다.

1959년에 서의필 가족은 고향과 같은 목포를 떠나 서울로 이사하였다. 남장로교 선교회는 서의필 가족을 위하여 서울의 연지동에 있는 남장로교 서울 사택 대신 종로구 필운동에 있는 방이 여러 개 있는 아파트에 거주하도록 배려해주었다.[71] 이 기간 동안에 그의 가족에게 또한 기쁜 일이 생겼다. 1961년에는 4남인 월터(Walter)가 태어났고, 1963년에는 외동딸인 엘리자베스(Elizabeth)가 태어났다.

1964년에 서의필 교수가 미국 장로교 총회본부에 보낸 선교보고서에 따르면,[72] 큰아들 존(John)과 둘째 아들 넬슨(Nelson)은 서울외국인학교를 다녔다. 그리고 셋째 아들 세번(Severn)은 6세, 월터(Walter)는 3세가 된 장난꾸러기로 아주 활발하게 잘 뛰어놀았다. 이들 다섯 남매는 서의필이 한남대학교로 이전한 1968년 이후에는 대전에 있는 대전외국인학교(Korean Christian Academy/Taejon Christian International School)로 전학하였다. 그때 서진주 선교사는 자녀들이 학교에 가는 시간대에 근무하고 퇴근 후에는 자녀들과 함께 지낼 수 있도록 안배하여 자녀들이 다니는 대전기독학교에서 교육선교사로 활동하였다. 그녀는 교내 보건소에서 건강교육과 상담을 담당하였고, 필요시 영어교사를 도와주었다.

## 2) 4.19혁명과 격동기의 한국 사회

1960년대는 한국에 대격변이 일어난 시기였다. 당시 이승만 대통령(1875-1965)은 1948년부터 60년까지 12년 동안 장기 집권을 하여 국민들의 비판을 받았다. 이승만은 이미 1900년대에 배재학당을 다녔고, 독립협회 건으로 감옥에 투옥되었을 당시 감옥선교를 하던 선교사들을 통하여 기독교인이 되어 서양 문물을 접한 뒤에는 그들의 도움으로 미국 유학을 갔다. 그는 미국의 프린스턴 대학

(Princeton University)에서 박사학위를 받고 귀국한 지성인으로 미국식 자유민주주의를 한국에 처음 도입하고 한국의 서구화에 앞장선 초대대통령이었다. 이승만은 기독교 정치인이며 독립운동가로 또한 대한민국의 초대대통령으로 국민들의 존경을 받아왔지만 장기 집권이 계속되면서 정무위원들의 부정부패가 심해지고 불안정한 사회가 계속되자 국민의 거센 저항을 받는다.

이승만은 조선시대 말기에 감리교 선교사가 세운 배재학당에 입학하면서 서양 문화를 접하였다. 이승만은 조선의 구시대적 왕권체제에 저항하여 근대적인 국가로서 자주 독립체제를 주장한 독립협회(1896-1898) 활동에 참여하였다가 감옥에 가게 된다. 그는 아펜젤러와 언더우드 선교사 등 감옥선교에 앞장선 선교사들의 도움으로 옥중학당과 서적실의 도서들을 통하여 외부 소식도 접하고 학업도 계속하였다.73) 이승만은 출감 후 선교사들의 도움으로 1905년 2월 미국의 조지 워싱턴 대학(George Washington University)으로 유학 가서 학사학위를 받고 대학원으로 진학하였다.

한국에서는 1960년 3월 15일의 대통령 선거일에 여러 부정선거가 일어나자 이를 규탄하는 국민들의 대규모 항의시위가 발생하였다. 특히 수많은 고등학생과 대학생이 정의를 외치며 격렬한 시위를 벌이던 중 200여 명이 넘는 사상자가 발생하였다.74) 결국 4월 19일에는 전국적으로 10만여 명의 시민과 학생이 대통령 하야와 독재정권 타도를 외치며 강력한 시위를 벌였고, 당국에서는 비상계엄령을 선포하고 사태를 진압하려고 했다. 이렇듯 시민들의 완강한 저항에 부딪힌 이승만 대통령은 결국 대통령직을 내려놓고 미국 하와이로 망명하였다.

그러나 '서울의 봄'도 잠시였다. 1961년에 들어선 제2공화국이 불안정하게 유지되다가 사회적인 불안을 느낀 군부가 일으킨 5.16 군사쿠데타로 무너지고 만다. 1963년에는 국민의 직접선거를 통하여 군인 출신 박정희가 당선되어 반공(反共)을 국시로 하는 대통령 중심체제의 제3공화국이 탄생한다. 그 후 1972년에는 반대파의 거센 저항 속에서 장기 집권을 위한 유신체제가 세워졌고, 결국 1979년 10월 26일에 박정희 대통령이 김재규 중앙정보부장의 총에 암살당하면서 16년간의 장기 독재체제가 종식되었다. 박정희 정권은 근대화를 추진한 결과 오늘날 한국 경제의 기반을 닦은 반면에, 반공정신을 앞세운 정부 시책을 펴며 대통령의 장기 집권에 대하여 비판적인 국민들을 탄압하였다. 한국에서는 이미 1960년대에 4.19의 거를 겪으며 시민의식이 한층 고양된 젊은 세대들은 1970년대에도 정당한 시민의 권리와 정의로운 사회를 주장하며 자유민주주의를 염원하는 데모를 계속하였다.

서의필 교수는 언제나 약자 편이었다.[75] 그는 1960~70년대 한국의 격동기에 한국 사람들과 함께 지내며, 불의에 항의하고 정의를 외치는 학생들을 가까이서 지켜보았다. 그는 한국인들이 겪는 고통을 충분히 이해했다. 그리고 그들에게서 독재정권에 항의하면서 자신들의 목숨까지 바쳐서 정의를 실천하려는 강렬한 의지를 보았다. 그리고 이 나라에 정의가 살아 있다는 확신을 가졌다. 그러나 그가 할 수 있는 일은 권력에 대한 시민들의 저항 현장에 가서 그들을 지켜보고, 고통 받는 사람들을 만날 때마다 위로와 격려의 말을 건네는 것뿐이었다. 그는 외국인으로서 앞으로 나서지 않았고 뒤에서 격려하는 편에 속했다. 그는 고통 받는 한국인들에게 아무것도 해줄 수 없는 것을 괴로워했다.

그 후 그는 학생들에게 이 젊은이들을 통해서 한국의 새로운 희망을 보았다고 이야기했다.[76] 그들은 정의를 위해 용감히 나선 젊은이였다는 것이다. 사람은 누구나 동등한 인권이 있으며, 사회적 약자들도 인간으로서 정당한 권리를 박탈당하거나 부당한 일을 당하면 당당히 맞서서 시정을 요구하고 항의할 권리와 책임이 있다. 그러나 누구나 용감한 것은 아니다.

서의필은 격동기의 한국 사회를 직접 목격하면서 하나님께 간구하였다.

주님, 권력의 핍박 속에서도 정의를 위해 싸우는 이 젊은 영혼들을 도와주세요! 지도자들은 시민을 위하여 무엇을 하고 있습니까? 윗사람들께 항의하는 것이 거의 금기에 가까운 이 유교적 사회에서 얼마나 고통스러웠으면 그러한 사회적 통념을 깨고 목숨까지 바치면서 정의를 외쳤습니까? 주님, 당신은 어떠한 한국 사회를 준비하시고 계십니까?

한남대학교에 재직하게 된 1968년 이후에도 서의필 교수는 매년 4월이 되면 4.19 당시에 수집해놓았던 여러 사진과 신문 자료를 연구실 게시판에 게시하여 학생들이 볼 수 있도록 하여 그들을 일깨워주었다.[77] 

서의필 교수는 사회 격동기를 겪으면서도 고난을 극복하려 하는 한국인들의 용기와 의지가 어디에서 나왔는지 궁금했다. 그리고 한국인들이 어려움을 극복하고 그 해결 방안을 찾으려면 우선 자신들의 과거 역사와 문화를 살펴보는 것이 필요하고 또한 그 속에 해답이 있다고 생각했다. 결국 서의필은 한국인들의 사회 역사와 뿌리를 좀 더 자세히 연구하기 위해 1961년에 성균관대학교 대학원에 진학한다.

# III. 남장로교의 마지막 대학교육 선교
## (1968-1994)

이 장에서는 서의필 교수가 26년 동안 대학교육 선교사로서 젊은 이들에게 미래에 대한 꿈을 키워주고, 지도자와 교수, 역사학자 또는 사회사상가로서 대학의 창립 정신인 진리와 자유와 정의를 실천했던 발자취를 따라가 볼 것이다.

미국 남장로교는 1892년에 7인의 선교사(레이놀즈 부부, 전킨 부부, 테이트 남매, 데이비스)가 처음 내한하여 호남지역에서 선교활동을 시작한 이래, 1982년에 북장로교와 연합해 미국장로교회(PCUSA)를 형성할 때까지 100년 동안 호남지역에서 수많은 기독교인을 배출하고 한국 사회에 서양 문화를 전파하는 데 크게 기여해왔다.[78] 남장로교 선교부가 주로 담당해온 전라남도와 전라북도 그리고 대전을 포함한 충청지역의 선교활동은 1982년으로 종료되고, 미국장로회교 활동으로 이어졌다. 이에 서의필 선교사는 1982년까지는 미국 남장로교가 파송한 고등교육 선교사가 되며, 그 후 1994년에 퇴임할 때까지는 미국장로교 소속 교육선교사로 일하게 된다.

남장로교 한국선교회가 한국에서 100년이 넘도록 복음선교와 의료선교, 교육선교라는 삼각 선교를 이행하면서 한국 사회에 크게 기여한 점은 각 분야별로 각각 최고 수준에 도달할 때까지 헌신하고 최선을 다했다는 데에 있다. 당시 미국에서도 제일 우수했던 인재들로 구성된 선교사들이 호남지역에 와서 수많은 우수한 서양식 중등학교를 설립하였고 전국에서도 가장 최첨단의 서양식 병원을 전주, 군산, 목포, 광주, 순천에 설립하였으며, 수백 개의 교회를 마을 곳곳에 세워서 진실한 기독교인을 배출하였다. 그중 한국 남장로회 교육선교의 최고 정점은 1948년부터 계획하여 1956년에 호남지역을 뛰어넘어 대전에 대전대학(현 한남대학교)을 설립한 것으로 볼 수 있다.79)

서의필 교수는 1968년부터 1994년까지 26년 동안 한남대학교에 재직하면서, 남장로교 선교사의 전통을 이어받은 교육선교사로서 기독교인의 사회적 책임과 의무를 강조하였다. 그리고 사회구성원의 일원으로 사회 부조리를 비판하고 개혁하는 데 앞장서는 전통적인 남장로교 교육선교관에 더해 진보개혁적인 가치관을 동시에 견지하였다.80) 서의필 선교사는 미국 남장로교의 정통 복음선교 관점에서 성경을 하나님의 진리 말씀으로 따르면서 개인이 구원받는 것을 믿었다. 또한 여러 집단이 함께 사는 사회공동체에서는 진보적인 사회개혁 관점에서 정의로운 삶의 길을 보여주신 예수의 길을 현대사회에 재현하고 실천하였다. 이처럼 서의필 선교사는 인품이 매우 훌륭하고 의식 있는 성직자였다.

또한 서의필 교수는 1960년대의 격동하는 한국 사회에서 살았던 산증인으로 젊은이들이 스스로의 정체성을 찾고 깨우치도록 격려하며, 늘 그들과 함께하는 지지대 역할을 한 정신적 지도자였다. 그렇다고 그는 절대로 젊은이들을 선동하거나 그들을 이끌고 거리로 나서지는 않았다. 그는 오히려 젊은이들의 영혼이 발전하는 데에 더 많은 관심이 있었다. 그는 젊은이들이 지성인으로서 스스로 사회 현실을 정확히 이해하고, 모든 정보를 정확히 파악하며 자유의지를 가지고 자신들의 꿈을 실천하면서 새로운 세계를 창조해나가는 것을 원했다. 그의 선교사로서의 궁극적인 사명은 젊은이들이 스스로 깨어나 하나님이 주신 각자의 사명을 찾고 하나님의 세계로 나아가도록 도와주는 것이었다.

## 1. 복음선교를 통한 기독교 진리 전파

서의필 교수는 대학에 재직하며 역사학자로서 교육선교에 크게 기여했지만, 동시에 복음선교도 게을리 하지 않았다. 그는 기회가 주어지면 어디든지 달려가 주님의 말씀을 전파하고 성경 속의 진리를 함께 깨달을 수 있는 기회를 가졌다. 그는 특히 매년 4월 15일에 한남대학교의 개교를 축하하는 개교기념 예배에서 늘 창립 정신을 일깨우는 설교를 전하였다. 이날은 수많은 교직원과 학생이 그의 설교를 들으려고 모여들었다. 그의 설교문은 성경 속의 진리를 강조하는 복음선교 관점과 사회정의를 위하여 구성원들의 적극적인 사회참여를 격려하는 진보적 사회개혁관을 동시에 보여주었다.

서의필 교수는 설교문도 사전에 철저히 준비하였다. 그는 설교문을 먼저 영어로 작성한 후 한국인들의 정서에 적절한 표현을 살릴 수 있도록 한국인에게 번역을 의뢰하였다. 그리고 번역된 한글 설교문을 자신의 말로 재편집하고 노트에 옮겨 적는 과정을 거치며 철저히 설교를 준비하였다. 그는 설교 중 강조할 부분은 밑줄을 그어서 뚜렷이 보이도록 표시해놓았고, 뜻을 더 정확하게 전달할 주요 단어들은 한자로 표기하였다. 서의필 목사가 직접 한글로 작성한 대표적인 설교문 4편은 이 책 2부에 별도로 원문대로 수록했다.

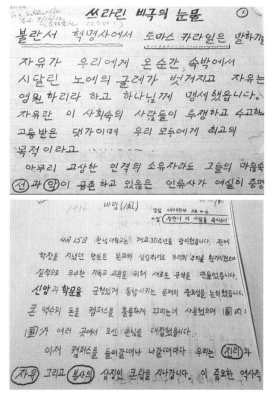

서의필 교수의 친필 설교문 "쓰라린 비극의 눈물"(1980)과 "바람"(1986)

## 2. 교육선교를 통한 진리·자유·정의 교육

이 장에서는 일화를 중심으로 서의필 교수의 교육선교 활동을 소개할 것이다. 서의필 교수는 1954년에 교육선교를 시작하여 대전대학을 설립하는 데 기여했고, 1968년에 성문과 교수로 시작하여 1994년에 퇴임할 때까지 평생 교육선교에 전념하였다. 이 장에서는 그의 대학지도자로서의 행정 경험, 학생들과 동료 교수들을 이끈 교육관과 철학, 사회의 자유민주화와 인권과 정의의 문제 그리고 남북통일 등에 관한 그의 진보적 사회개혁 관점 등을 소개할 것이다.

서의필 교수는 기독교 대학의 창립 정신인 진리, 자유, 정의를 실천하도록 수많은 젊은이를 일깨웠다. 그리고 기독교 인재로서 사회에 기여하고, 궁극적으로는 화평(reconciliation)을 통하여 평화롭게 남북을 통일하여 나라를 지키며 행복한 삶을 이룰 것을 강조하였다. 그에게 창의적인 젊은이들은 늘 깨어 있는 열린 대학에서 진리를 배우고 의견과 표현의 자유를 즐기면서, 인간의 보편성과 기본적 자유의지를 존중하고 인권을 행사할 권리를 가진 정의로운 사람들을 의미한다. 젊은이들은 사회정의를 실현하기 위해서 자유민주화 문제와 인권 문제, 통일 문제 등에 관해 사유하고 긍정적인 해결방안을 찾으려고 노력해야 할 이들이다. 그들은 늘 깨어 있는 자세로 사회개혁에 앞장서서 불의에 항의하며, 힘 있는 자들이 약자를 억압하는 것을 용납하지 않아야 한다.

### 1) 대전대학의 설립 배경과 발전

대전대학은 1956년 4월에 재단법인 미국 남장로교 한국선교회에 의해 대전기독학관으로 설립되었다. 대전대학은 1959년 2월에 정규대학으로 승격하여 대전대학으로 인가를 받고 4월에 4개 학과(성문과, 영문과, 화학과, 수학-물리과)에 480명을 정원으로 하여 개교하였다. 당시 신입생과 편입생은 필기시험과 신체검사 및 면접을 통하여 모집했다.[81]

1950~60년대 대전대학에 파견된 남장로교 선교사-교수들은 미국의 유수한 대학에서 학위를 마친 전문 학자들로서 당시 미국의 어느 대학에도 뒤지지 않는 미국식 대학교육을 유지하고 우수한 인재를 키워냈다. 대학 창립 이후 대전대학에 파견된 선교사 교수들은 인돈(William Linton) 학장과 타요한(John Talmage) 학장을 위시하여 김기수(Keith Crim) 부부, 존 무어(John Moore) 부부, 던슨(Mariam Dunson), 캐머런(Joseph Price Cameron), 프린스(Clarence E. Prince) 부부, 허니컷(Melicent Honeycutt), 시블리(Sibley) 부부, 계의돈(Robert Goette) 부부, 서의필(John Somerville) 교수 등이 있다. 또한 시간강사로 어크먼(Hilda Aukemann), 탈매지(John Talmage) 부인, 마빈(Mrs. Kellogg Marvin) 등이 있다.

대전대학은 설립 초기부터 모든 수업을 영어로 진행하였다.[82] 그리하여 학생들은 전공과목을 영어로 배우는 일종의 오늘날 '몰입식 영어학습'을 경험하게 된다. 선교사 교수들은 우수한 기독교 인재를 키워내겠다는 대학의 목표하에 최첨단의 서양식 교육을 소개했고, 소수정예의 '질적으로 내실 있고 우수하고 책임감 있는 대학'을 만들기 위하여 모든 노력을 기울였다.[83] 또한 재학생과 교직원

◀ 1968년의 한남대학교 본관 모습(인돈기념관)
▶ 2022년의 본관 모습(한남대학교 중앙박물관 소장)

모두가 기독교인이어야 했던 당시였기에 전공 교육은 '신앙과 학문'
의 관점에서 실시되는 등 매우 진정성 있는 기독교 대학의 면모를
갖추고 있었다.

　1960년대에 10년 동안 행정을 담당했던 2대 학장인 타요한 학
장에 따르면, 대전대학은 외국인 선교사 교수들뿐만 아니라 능력
있는 기독교인 한국인 교수들을 키우기 위하여 사전에 일종의 교수
훈련 과정을 시도하였다.[84] 먼저 유능한 졸업생들을 조교로 채용
하여 사전 훈련과 경험을 쌓게 한 뒤, 대학원 과정에서 학위를 얻으
면 교수로 채용하는 과정이다. 또 다른 과정은 우수한 졸업생들을
국내외에서 장학금을 주선해주고 해외 대학으로 유학시켜 학위를
얻게 한 후 모교에서 교수로 고용하여 후진을 양성하게 하는 것이
다. 이렇게 하여 대학은 우수한 교수진을 확보하는 동시에 졸업생
의 취업도 도와줄 수 있었다.[85] 그러나 그러한 혜택을 받았던 어떤
교수들은 월급과 대우가 더 좋은 다른 대학으로 옮겨가기도 하여 학
교에 피해를 입힌 적도 있었다. 그래서 대학은 교수들에게 보다 더

헌신적이고 책임감 있는 교수로서의 의무를 따를 것을 더욱 강조하게 되었다.

1967년에 하버드 대학에서 박사과정을 이수하고 있던 서의필 교수는 대전대학의 타요한(John Talmage) 학장의 부름을 받았다. 그는 박사과정을 수료하고 1968년에 대전대학의 성문과 교수로 부임한다. 당시의 대전대학은 설립된 지 12년에 불과한 신생 기독교대학이었다.

남장로교 선교회는 그동안 교정과 교실 및 기숙사 등을 건설하는 동시에 선교사 출신의 전문적인 교수진을 중심으로 내실 있는 교육과정을 운영하며 전국에서도 가장 우수한 기독교 인재를 키웠다. 특히 기숙사는 1967년에 서구식으로 남녀기숙사가 완공되기 전에는 민가와 대전기독학관 시절에 교사로 사용하던 퀸셋 교실을 사용하였다. 기숙사는 호남지역에 산재해 있던 기독교계 고등학교의 졸업생들을 배려하여 대학의 설립 초기부터 지은 것으로 보인다. 당시에는 호남지역에서 선교사들이 설립한 기독교 고등학교에서 추천제로 혹은 장학금을 지급하여 대부분의 신입생을 대전으로 유학보냈다.

서의필 교수는 1968년부터 성문과(Sacred Literature Department)에서 2년 동안 강의하였다. 당시 성문과에는 존 무어(John Moore: 모요한) 교수가 신약과 구약 성서와 기독교 이론 등을 강의하였고 서의필 교수는 기독교 윤리와 동아시아 역사와 철학을 강의하였다. 성문과는 일종의 신학교 예비 준비과정으로 만들어진 학과로 국내에서는 처음으로 일반대학의 학부과정에 개설된 학과였다. 학생들은 성서와 동서양 역사 및 철학 등 인문학 과목과 이과 과목을 필수

기숙사는 1967년에 서구식 기숙사가 지어질 때까지 민가와 교실을 활용하여 제공되었다. 1959년 당시의 기숙사는 온돌방이어서 굴뚝이 곳곳에 설치되어 있는 것이 보인다. 기숙사의 마루에서 여학생들은 환담을 하고 남학생들은 바둑을 두며 여가를 즐기고 있다(한남대학교 중앙박물관 소장 사진).

서의필 교수가 1968년에 대전대학에 부임했을 당시의 대학본부 건물(인돈기념관) 전경. 이 건물에는 대학행정실과 도서관, 연구실과 교실이 있었다. 서의필 교수는 여기서 2년 동안 도서관장으로 일하면서 도서관을 발전시켰고 강의도 했다(한남대학교 중앙박물관 소장 사진).

과목으로 수강했고, 대부분의 졸업생이 신학대학이나 대학원으로 진학하여 목회자의 길을 걸었다. 성문과는 후에 당시 일반 전공분야를 강화하던 교육부의 요청에 따라 1969년까지 운영되고 그 대신에 1970년에 국어국문학과가 개설되었다.

## 2) 대전대학에서 한남대학교로 변천 과정

1970년대가 되자 한국의 대학들은 체제 변화와 확장을 필요로 하는 격동기를 맞게 된다. 1960년대의 한국 사회는 한국전쟁 이후 베이비붐 시대가 되어 인구가 급격히 늘어났다. 사회는 인구 증가에 따른 교육 시설 건립과 국가 재건이 요구되면서 대학 교육을 받은 고급 인재들이 매우 절실히 필요하게 된다. 또한 인구 증가에 대비하여 많은 대학이 새로 창립되거나 기존의 대학들도 학과를 신설하거나 규모를 확장하여 대단위 대학으로 확장해야 하는 시기였다.

이러한 시대 변화 속에 대전대학도 변화에 대비하기 위한 대책을 강구해야 했다. 원래 대전대학은 미국의 소규모 인문대학(liberal arts college)을 모델로 하여 설립되었고, 미래 사회를 이끌 목회자들을 위한 예비 교육과 인문학과를 개설하여 우수한 기독교 인재를 길러내는 것을 목표로 하고 있었다.[86] 그러나 당시는 인구 증가에 대비하여 대규모의 종합대학 체제로 개편하는 것을 권장하는 추세여서 단과대학인 대전대학도 시대의 요청에 따라 변화해야 하는 중요한 시기에 놓이게 되었다.

대전대학은 막대한 지출이 필요한 신생대학으로 남장로교 선교회의 재정지원으로 운영되어오던 대학이었기에 단시일에 종합대학으로 확장하기에는 한계가 있었다. 당시 미국에 있는 장로교 선교본부는 미국 내의 선교 후원비가 점차 감소되는 가운데에서 해외 선교의 관심 지역을 아프리카 등 다른 대륙으로 옮기는 중이었다. 그래서 기존에 해오던 아시아 교육선교 활동은 그 규모를 대폭 줄이고 현지인들이 자립하여 운영하도록 권장하는 상황이었다.[87) 그러한 상황하에 대전대학은 대학의 규모가 비슷한 다른 대학들처럼 대규모의 종합대학교로 확장할 수도 없는 재정적인 어려움을 겪게 된다. 하지만 시대의 요구에 따라서 새로운 방안을 모색하며 변화를 찾아야 한다는 절박함이 온 캠퍼스에 만연했다.

1960년대 당시 대전대학의 2대 학장을 지낸 타요한 선교사에 따르면, 미국 남장로회 선교본부는 한국에 있는 4개 기독교 대학의 재정적인 어려움을 극복할 수 있는 방안으로 당시 미국에 있는 소규모 대학들처럼 한국에 있는 기독교 대학들도 서로 병합할 것을 제안하였다.[88) 예를 들면 '대전대학과 숭실대학', 그리고 '서울여대와 계명대학'을 묶어서 각각 하나의 큰 대학과 두 캠퍼스 체재를 만들어보자는 제안이다. 그러나 서울여대와 계명대학은 대학 통합을 반대하고 각각의 대학으로 남기를 희망하였다. 반면에 대전대학은 내부의 심한 반대가 있었지만 타요한 학장의 협의하에 숭실대학과 통합하여, 1970년에 '숭전대학'이라는 새로운 대규모 대학으로 탄생하여 국내에서는 최초로 '1대학 2캠퍼스' 체제가 형성되었다.[89)

타요한 학장은 1970년 여름부터 비공식적으로 통합을 추진해왔고 그해 9월 개강교수회의에서 대학 통합 안을 발표하였다. 그러나 대전대학에서는 많은 구성원이 두 대학의 통합을 반대하였다. 구성원들이 통합에 반대한 이유는 첫째, 교직원의 의사도 묻지 않고 재단 관계자끼리 결정하고 일방적으로 발표한 '비민주적인 결정'이었다는 것이다. 둘째 이유는 대전대학에서는 이미 구성원 대표들이 1968년부터 1969년에 걸쳐 장기발전계획을 세우고 자구책을 준비해오던 중이어서 1970~73년 사이에 새로운 대학 발전 구상이 실행될 예정으로 있었기 때문이다.90)

서의필 교수도 이때 도서관장으로 있으면서 장기발전계획을 함께 준비해왔다. 많은 교수가 관계자들을 만나고 통합 안에 이의를 제기하며 항의하였다. 하지만 이미 결정된 안건을 되돌리기는 불가능했고 결국 두 대학을 통합하는 결정에 따를 수밖에 없었다.91) 게다가 교내에서는 통합을 반대하는 학생들의 소요가 계속 발생하여 내부적으로 혼란이 가중되고 있는 상황이었다.92) 그러나 발전을 위하여 종합대학으로 확장하는 것이 필요했던 당시의 시대적인 요구에 따라서 결국 1970년 9월에 대전대학은 숭실대학과 통합하여 '숭전대학'으로 새롭게 출범하기로 합의하였다.

숭전대학은 1971년부터 1982년까지 11년간 서울캠퍼스와 대전캠퍼스로 나뉘어 총장 1명과 각 캠퍼스를 실질적으로 운영하는 2명의 부총장을 중심으로 각각 운영되었다. 숭전대학의 입학 정원은 대전캠퍼스에 180명, 서울캠퍼스에 400명으로 조정되었다. 그러나 한 대학 두 캠퍼스 체제를 운영하는 데 여러 가지 문제가 발생하였다. 1973년의 남장로교 선교보고서에 따르면 특히 대전캠퍼스의 구성원들이 하나의 대학으로 통합한 것을 여전히 정서적으로 수용하지 못하고 있었다. 또한 두 캠퍼스 사이에도 의사소통이 부족했고, 두 캠퍼스 간에 단과대학과 학과의 운영체계가 다르고 불균형하다는 문제점들이 제기되었다.93) 결국 1982년 10월에 숭전대학은 분리 승인을 받고, 1983년부터 대전캠퍼스는 '한남대학교'로 서울캠퍼스는 '숭실대학교'로 분리되어 각각의 길을 가게 된다.

한남대학교는 1982년 12월에 학교법인 대전기독학원을 설립하고 1983년부터 현재까지 대규모 종합대학교로 발전하여 중부권 최대의 사립대학교의 면모를 갖추었다. 한남대학교는 대전대학 시절부터 형성되어온 내실 있고 우수한 기독교 대학 교육의 전통을 유지하고 교육의 수월성과 우수한 도덕성을 지향하는 기독교 인재를 양성해오고 있다.

### 3) 대전대학의 창립 정신과 창학 이념

서의필 교수는 대전대학에서 한남대학교로 변해오는 과정을 겪으면서 우선 대학이 장차 나아갈 방향과 정체성을 찾는 것이 시급하다고 생각하였다. 1989년 10월에 개최된 국제세미나에서 서의필 교수는 '기독교 대학과 사회정의의 실천 과제'라는 주제하에 토론자로 나선다. 그는 지금이야말로 우리가 기댈 곳은 대학의 창립 정신을 되새기고 그 이념을 실천해야 할 때라고 강조하였다. 창립 정신인 진리와 자유와 봉사를 실천하면 기독교 대학으로서의 정체성도 자연스럽게 형성될 것이라 여겼다. 그날 서의필 교수가 지적하였듯이 이 대학은 우수한 기독교 인재를 배출하고자 하는 숭고한 이념 아래 선교사들의 열정과 헌신으로 세워진 곳이었다. 수많은 선교사가 목숨을 잃거나 병에 시달리면서도, 기독교 최고의 대학을 설립하라는 하나님의 사명을 지키며 헌신해온 대학이었다.

필자는 1992년에 서의필 교수와 함께 그동안 한남대학을 창립하는 데 헌신하였던 여러 선교사의 회고담을 실은 『나의 한남대학』(Hannam in My Life)을 편집하여 출간한 적이 있다. 그때 서의필 교

수는 아래와 같이 한남대학교의 대학교육헌장을 책의 서두에 넣을 것을 제안하였다.[94]

## 한남대학교의 대학교육헌장

1. 교훈(University Motto): 진리, 자유, 정의(Truth, Freedom, Justice)

2. 교육의 사명과 목적(Mission Statement): 한남대학교의 사명은 그리스도 정신으로 국가와 인류를 섬기는 유능한 지도자를 양성하고 기독교 세계관을 바탕으로 방대한 학문의 영역에서 새로운 지식인을 개척해내는 것이다. 학생들이 인격체를 형성하고 내면화할 수 있도록 성경에 나타난 진리, 자유와 봉사 정신을 모든 가르침과 배움의 중심에 둔다(마태복음 6:33).

3. 교육 목표(Three Goals of Education): 학문적 수월성, 우수한 도덕성, 숭고한 정신(Academic Excellence, Moral Excellence, Spiritual Excellence)

4. 기독교 교육 정신: 한남대학교 모든 구성원들은 교회와 국가와 세계를 섬기는 유능한 지도자 양성에 최선을 다한다. 교목실은 교내의 종교 활동을 조정하며 중심 역할을 하여서, 학생들을 전도하고 기독교적 세계관을 갖게 하며 사회에 봉사할 수 있도록 돕는다. 이러한 이유로 학교는 예배, 성경 공부 및 합창단을 포함한 다양한 종교 활동을 인도할 수 있는 기독교인 교직원을 임용한다.

즉, 대학의 교훈으로 성경에 기초하여 "진리가 너희를 자유롭게 하리라"는 말씀과 함께 "정의롭게 진리와 자유를 실천하라!"는 기독교 대학의 전통과 특성을 보여준다. 또한 대학 교육의 목표를 기독교 대학으로서 철저히 신앙을 지키고 학문의 요람으로서 젊은이들에게 최고의 대학 교육을 실행하며, 우수한 도덕성과 숭고한 정신을 키워주고 새로운 세계를 창조할 비전을 제시하는 데 두었다.

그 후 한남대학교의 교훈과 교육 목적은 시대가 변하면서 기독교적인 표현 대신에 일상적인 표현으로 변해왔다. 1998년 이후 한남대학교의 규정집에는 대학의 교훈으로 '진리, 자유, 봉사'가 제시되었고, 교육 목표는 '합리적인 지성인', '창의적 전문인', '선도적 세계인'을 양성하는 것으로 표기되어 있다.[95]

## 현재 한남대학교 대학교육헌장

### 제1장 총 칙

제1조(교육 이념) 한남대학교(이하 "본 대학교"라 한다)는 기독교 원리 하에 대한민국의 교육이념에 따라 과학과 학문의 심오한 진리탐구와 더불어 인간영혼의 가치를 추구하는 고등교육을 이수시켜 국가와 사회와 교회에 봉사할 수 있는 유능한 지도자를 배출함을 목적으로 한다.

제2조(교육 목적과 교육 목표) ① 본 대학교는 진리·자유·봉사의 기독교 정신 아래 새로운 지식과 기술의 연구와 교육을 통하여 지성과 덕성을 갖춘 유능한 인재를 양성함으로써 국가와 사회 및 교회에 이바지함을 목적으로 한다.

② 전항의 교육 목적을 실현하기 위한 교육 목표는 다음 각 호와 같다.

( - 중략 - )

1. 합리적 지성인 양성 2. 창의적 전문인 양성  3. 선도적 세계인 양성

서의필 교수가 제시했던 대학의 창학 이념과 교육 목표는 단순하고 분명하다. 즉, 대학은 모든 구성원이 진리와 자유, 정의를 추구하는 기독교 대학의 전통을 유지하고 우수한 도덕성과 숭고한 정신을 함양하도록 노력해야 하는 곳이다. 그는 모든 구성원이 대학을 운영하는 주인이라고 생각했다. 또한 대학의 지도자라면 구성원의 대표로서 구성원의 의견을 존중하고 구성원의 관점에서 행정을 이끌어야 한다고 믿었다. 그는 교수가 학생을 학습의 주체자로 인지하고 존중하며, 진리를 스스로 찾아갈 수 있도록 길을 제시해주는 학습자 중심의 교육을 중요시했다.

서의필 교수가 필자에게 강조했던 대학의 교육 목표는 다음과 같이 요약할 수 있다.

### 서의필 교수가 강조했던 대학 교육의 실행 목표

*학생들은 다음의 학습목표를 실행할 수 있어야 한다.

1. 대학에서 진리를 깨닫고 기독교 신앙을 실천하여 정의롭게 산다.
2. 스스로 독립적으로 깊이 사유하고 비판적인 판단력과 분별력을 키우며, 말하기 능력과 쓰기 능력을 통하여 효과적으로 의사소통하며 표현의 자유 능력을 키운다.
3. 인간의 존엄성과 존재의 가치 그리고 인권을 행사할 권리가 있음을 인지하고 지킨다.
4. 다문화 배경에서 온 사람들의 관점을 이해하고 존중하며 세계인의 관점에서 한국인으로서의 정체성을 키운다.
5. 전공 외에도 인문학 분야, 자연과학 분야와 사회과학 분야 등 학제간

분야를 융복합하여 폭넓은 교양 기본지식을 습득하여 넓은 의미에서 진리를 깨닫도록 노력한다.

6. 인문학적인 지성인이 되도록 예술과 문학을 감상할 수 있는 능력을 키우고 폭넓은 독서력을 키운다.

7. 자연을 존중하고 환경보존에 앞장선다.

서의필 교수의 첫 제자인 김조년 동문은 서의필 교수의 수업을 듣고 나면 "늘 새로운 것을 배우고 새롭게 태어나는 느낌을 얻었다"고 회고하였다.[96] 김조년은 서의필 교수의 특징과 교육관을 다음의 여덟 가지로 요약한다.[97]

1. 자신의 사상이나 가치관을 설명이나 훈계대신 늘 직접 실천하신다.

2. 사회개혁적인 면에서 그의 중심과제는 한국의 민주화, 인권 문제와 통일 문제였다.

3. 무한한 독서력과 기록을 관리하는 데 철저하였다. 타자도 한 손가락으로만 치시는데 아주 빠르게 치셨고, 언제나 정확하셨으며, 늘 복사지를 넣고 쳐서 복사본을 남기고 철저하게 기록을 관리하셨다.

4. 그가 존중하고 자주 인용하던 인물들은 다양한 분야에서 시대를 초월한 훌륭한 역사가와 철학자, 문학가와 인권운동가였다. 그가 강조하던 인물들은 간디, 솔제니친, 만델라, 투투 주교, 마틴 루터 킹과 함석헌 등으로 모두가 소외된 자들과 약자들을 대변하거나 권력과 탄압에 저항하고, 인간의 존엄성을 깨우쳐주신 분들이다.

5. 토론을 통하여 비판적인 사고와 다양한 사고방식을 기르도록 하셨고, 항상 대안적인 생각이나 의견을 제시하셨다.

6. 언제나 약속을 지키셨으며, 누구를 만날 땐 그에게 오라고 하시지 않고, 늘 본인이 "제가 바로 가겠습니다!" 하시며 직접 만나러 가셨다.

7. 언제나 빠르게 걸으셨는데, 특히 등산하실 때는 날아다닐 정도로 빠르게 걸으셨다.

8. 새로운 세계를 창조하기 위하여 언제나 새로운 정보를 얻도록 늘 노력하라고 격려하셨다.

### 4) 교육 행정가로서의 삶

서의필 교수는 1969년부터 1971년까지 도서관장으로, 1974년부터 1977년까지는 숭전대학 대전캠퍼스 기획실장으로, 1981년부터 1982년까지는 대전캠퍼스 협동부총장으로 지내며 행정 책임자로 대학에 도움을 주었다.

서의필 교수는 대학에서 지도자 역할을 매우 중요시하였다. 그는 구성원들의 대표로서 대학의 지도자는 권력을 행사하는 자가 아니라며, 구성원들의 제안이나 비판을 겸허하게 받아들이고 상대방을 배려하는 지도력을 갖출 것을 강조해왔다.

또한 구성원들에게도 비판의 원리와 책임성을 강조했다. 서의필 교수는 누구든 지도자의 의견이나 정책에 대하여 비판도 하고 격려해줄 때 대학은 발전할 수 있다고 강조했다.[98] 자신도 과거에 학교 구성원들의 의사에 반하여 행정 결정을 내렸던 행정 지도자들에게 잘못된 사례를 지적하고 함께 염려해주었던 적이 있다고 했다. 그는 "그건 비판을 위한 비판이 아닙니다. 더 나은 결과를 얻도록 도와주는 긍정적인 태도입니다"라고 지적한다.[99] 그에 따르면 우리가 주변에서 부정한 행동을 보거나 잘못된 의사표현을 듣는다면 비록 가까운 사람이어도 서로 비판하고 시정을 요구해야 할 책임이 있으며, 서로 간에 그렇게 함으로써 모두 함께 성장할 수 있다는 것이다.

그는 훗날 퇴임한 후에도 대학의 지도자에 대해 관심을 갖고 동료들에게 질문을 던지며 관심을 가져줄 것을 촉구하였다. 그는 어떤 행정책임자가 대학을 어떻게 운영하는지 늘 궁금해 했다. 그만큼 지도자의 교육이념과 정신이 한 기관을 운영하는 데에 아주 중요하며 한 기관의 미래가 달려 있다고 늘 강조하였다.[100]

대전대학에서는 창립 이후 1970년대까지 주로 선교사-교수들이 도서관장을 맡아 미국 대학의 도서관처럼 모든 시설을 체계적으로 운영하였다. 그래서 당시 국내에서 가장 앞선 도서관으로 알려졌다. 도서관의 중요한 연구 자료나 원서 교재들은 미국에서 직접 수입되어 배치되었다.[101] 모든 도서는 당시 미국의 대학도서관에서 사용하는 듀이 분류법에 따라서 주제별, 저자별 등으로 목록화되어 학생들이 도서를 쉽게 찾고 편리하게 이용할 수 있도록 구비되었다.

1969년에 도서관장 직책을 맡게 된 서의필 교수는 우선 대학생들이 읽어야 할 도서를 구비하는 데에 관심을 집중하였다. 그는 도서의 주제 분야를 더욱 확대하여 인문학 분야의 도서들을 다양하게 구비하였고, 구입한 도서들을 듀이 분류법에 따라 체계적으로 관리하도록 하였다. 또한 학문적으로 중요한 가치를 지닌 도서나 수업에서 이용될 지정도서, 참고도서 등은 별도로 보관하여 구내에서 이용하도록 하였다. 그 당시에 구입한 도서들은 중요한 가치가 있는 도서들로 지금까지도 한남대학교 중앙도서관에 보관되어 이용되고 있다. 조선시대의 중요한 한문학 자료들, 예를 들면『조선왕조실록』,『경국대전』,『목민심서』등 중요한 역사적 자료들도 거의 이 시기에 구입되었다. 또한 학생들이 다양한 사상체계를 접하고 비판적이며 열린 사고방식을 갖도록 도와주기 위하여 다양한 사회체제 및 통치 이념과 관련된 서적들도 구비하였다.

1971년은 서의필 교수가 박사 논문을 준비하는 시기이기도 하여 연구에 대한 열정이 최고조에 이르렀던 때였다. 김조년 교수에 따르면, 어느 날 서의필 교수는 한국 대학생들의 의식을 조사하기 위하여 설문조사지를 만들어 한국어로 번역한 뒤 설문지를 배포하고 설문조사를 한 적이 있다.[102] 그러나 설문조사를 실시하기도 전에 당시 반공정책에 철두철미했던 국가정보부에 설문지를 모두 회수당하고 연구가 중단되는 사건이 발생하였다.

문제가 벌어진 것은 대학생들이 존경하는 인물을 묻는 내용 중에 응답자가 선택해야 할 예시 문항 때문이었다. 그 문항은 박정희, 김일성, 김지하, 함석헌 등의 인물 중에서 고르게 하는 문제였다. 그 선택 문항 중에 당시에는 금기 사항인 북한 지도자 김일성이 첨가되어 있었기 때문이다. 후에 정보부에서는 설문지를 번역한 사람들도 조사하기 위하여 서의필 교수를 조사하고 질문하였지만, 서의필 교수는 그 사람들의 신원을 전혀 밝히지 않고 안전하게 지켜냈다. 그러나 그렇지 않아도 그동안 반정부 인사로 감시받아왔던 서의필 교수는 그 일 때문에 더욱더 당국의 요시찰 대상 인물이 되었다.[103]

그동안 서의필 교수는 진보적 사회개혁적인 가치관을 지닌 선교사로서 사회의 부정한 지도자나 독재 권력에 저항하는 민주화 운동에 관심을 갖고 행동했기에 국가정보부에 의해 감시당해왔다.[104]

그는 어떠한 부정이나 비민주적인 행위에 대해서 인간의 보편성과 기본적인 자유의지에 따라서 항의할 권리가 있다고 믿으며, 억압을 당할 때는 그에 저항하며 자신들의 인권을 행사할 권리가 있다고 믿는 진보적인 기독교인이었다.

그 후 서의필 교수는 1974년 3월부터 1977년 8월까지 기획실장으로 봉사하며 학교 행정을 도왔고, 1981년 9월부터 1983년 8월까지 협동부총장으로 학교 행정을 도왔다. 행정가로서 서의필은 늘 시대에 앞서 생각했다. 그랬기에 미래의 지도자가 될 학생들을 최우선에 두고 대학을 운영하였다. 대학의 행정가로서 그는 대학을 진리와 자유, 정의를 추구하는 대학의 창립 정신을 실천하는 장소로 여기고 혼신의 힘을 기울였다. 또한 그는 회의를 진행할 때면 자신의 서구적인 토론 중심 과정과 한국인의 동양적 결과 중심 과정의 차이를 인지하고 적절하게 융합하여 의결을 이끌어내려고 노력했다. 그는 토론을 회피하는 한국인의 입장을 충분히 고려하여 한국인들이 스스로 최종적인 결론에 도달할 때까지 충분히 협의하고 토론을 진행하였다.

1982년에 서의필 교수는 개인적인 일로 협동부총장직을 사임하려고 사임서를 제출하였으나 반려되어 1983년까지 협동부총장을 계속한 적이 있다. 그때 그가 작성된 사임서에는 그의 행정지도자로서의 철학이 잘 나타나 있기에 아래에 별도로 옮겨본다.[105]

저는 역사의 하나님, 모든 지혜의 하나님께서 우리 대학을 대학다운 대학으로 세워주시기를 계속 기도하겠습니다. 부디 우리 대학이 모든 것을 학생을 위해서 헌신해줄 것을 믿습니다. 이는 하나님께서 우리에게 주신 사명입니다.

　대전대학은 진리를 추구하는 우리의 신념을 다시 확인해야 합니다. 저는 내적 외적인 영향으로 대학의 자유가 파괴되는 것을 보면서 참 안타까웠습니다. 감시와 검열의 통제사회가 계속되는 한 우리는 대학 교육을 옳게 행할 수 없습니다. 이는 교수와 학생의 품위를 떨어뜨리고 인간으로서 배울 권리를 부인하는 행위입니다. 또한 우리 대학이 혼돈 속에서 비인간적이며 그릇된 지도자를 맹목적으로 따르는 것 같아서 안타깝습니다. 우리는 약자와 착취당하는 자들을 위해서 옳은 일에 맞설 수 있는 용기를 잃어버렸습니까?

　우리는 대학의 가치와 목표에 관해서 이상하리만큼 조용하게 있습니다. 경건한 기독교 정신과 수준 높은 교육 목표는 잊은 채 현상만 유지하기 위해서 뒤에 숨어 있기는 쉽습니다. 그럴 경우, 우리는 최악의 상황에서 윤리적으로는 무책임한 행동만 보여줄 뿐입니다. 우리는 단지 성경에서 강조하는 정의를 무시하고 대학과 사회를 부패시키고 파괴하는 데만 조력하고 압력을 행사하게 됩니다. 그렇게 되면 세상의 빛과 소금인 선남선녀들의 본성이 파괴될 것입니다.


사임서에서 그는 학생 중심의 대학, 진리와 자유와 정의가 존중받는 대학과 지도자들이 해야 할 책무를 강조한다. 또한 부정한 지도자에 대하여 거침없이 비판하고 항의한다.

서의필 교수가 행정책임자로 있으면서 기여했던 것 중의 또 하나는 선교사들이 세운 한남대학의 창립 정신을 살리고 우수한 기독교 대학으로 지속하여 발전할 수 있도록 훌륭한 교수진을 초빙하는 것을 도와준 일이다. 그 대표적인 예가 1974년에 외국에서 박사학

◀ 1974년에 채용된 김세열 교수와의 환담(1976) (한남대학교 중앙박물관 소장 사진)
▶ 명예박사학위 수여자를 축하하는 기념학술회의에서 토론에 참여한 서의필 교수(1987)
/ 뒷면에 보이는 플래카드에는 학술회의의 주제로 '평화와 정의' 그리고 '한국의 통일 문제'
가 제시되어 있다(한남대학교 중앙박물관 소장 사진).

위를 취득한 신임교수 3명을 채용하였다는 보고가 선교보고서에 기록되어 있다.106)

　서의필 교수는 동료 교수들을 늘 아꼈다. 그는 동료 교수들에게 대학에 대한 애교심을 갖도록 격려하는 것도 잊지 않았다. 동시에 교수들에게 학교를 운영하는 행정지도자의 역할과 중요성을 깊게 인지시키고 학교 일에 적극적으로 나서서 비판도 하고 도와줄 것을 주문하였다. 교내에서 동료 교수들을 만나면 그가 건네는 인사말은 "오늘은 총장한테 어떤 건의를 할 예정입니까?"였다. 이렇게 하여 서의필 교수는 교수들 스스로가 대학의 주인이 되어 대학과 관련된 일을 함께 염려하고 적극적으로 참여하도록 격려하였다. 이토록 그는 교수와 모든 구성원이 학생들의 관점을 이해하고 대학을 운영하는지, 혹은 대학의 창립 정신을 수호하고 있는지 늘 관심을 가졌다. 그는 또한 교수들의 비판정신을 존중하고 강조했다. 교수들에게는 행정지도자가 정의롭지 못한 일을 했을 경우에는 서슴없이 비판하고 시정을 요구할 권리와 책임이 있다는 것이었다. 그렇게 하여 교수들이 대학에 대해서 건설적으로 비판하며 대학의 발전에 적극적으로 참여하게 되면 자연스럽게 학교에 대한 애교심도 극대화될 것을 기대하였다.

서의필 교수의 한남대학에 대한 사랑은 퇴임한 후에도 계속되었다. 그는 늘 한남대학를 위하여 염려하고 기도드리며, 동료 교수들이 지속적으로 대학에 대한 애교심을 갖도록 격려하였다. 그는 동료 교수들에게 새로운 총장이 누구인지, 어떠한 지도자인지 늘 궁금해 하며 대학의 운영에 대해서도 물어보는 안부 서신을 보냈다. 이미 퇴임한 교수들에게도 같은 질문을 던지며, 지속적으로 대학에 관심을 갖고 대학을 적극적으로 도와줄 것을 당부하였다. 예를 들면 오랫동안 함께 지냈던 오승재 명예교수에게 1999년 10월에 보낸 서한에는 다음과 같이 쓰여 있다.[107]

저는 한남대학교를 위해 계속 기도하고 있습니다. 그리고 신임 총장을 선출하는 과정이 잘 되어 최선의 결정으로 마무리될 것을 믿습니다. 미래를 위한 뛰어난 인재를 양성하는 것이 오늘날의 가장 중요한 사명입니다. 한남대학교가 지향하는 기독교 가치관과 기독교 정신은 이미 한국 사회에 지대한 영향을 미치고 있습니다. 하나님께서 계속해서 우리 대학에 특별한 기회를 주실 것을 믿습니다. 그리고 우리는 이 부름에 충실할 것도 믿습니다.

또한 같은 해인 1999년 12월 28일자 서한에서도 한남대학에 대한 사랑과 염려하는 마음을 표현하고 있다.[108]

새해는 한남대학의 최고의 해가 되길 기도합니다. 그리고 하나님의 세계 속에 있는 성공의 요소들이 뚜렷이 드러나는 해가 되길 기도합니다. 이제 며칠 후면 다가올 이사회에서 신임 총장을 선출하게 될 때에 현명한 결정이 내려지기를 기도합니다. 새로 당선된 총장은 (우리 대학의) 핵심인 창립 정신을 강화하며, 학교의 모든 업무에 열심히 정진하실 것을 믿습니다. 부디 뛰어난 학문성과 지속적인 기독교 신앙을 근간으로 하신 분이 하나님의 위대한 은사를 활용하는 데에 최선을 다하도록 지속적으로 격려 받는 분위기 속에서 다가오는 시험과 시련을 견디면서 성장하시는 분이 오시기를 빕니다.

서의필 교수의 한남대학에 대한 기도는 2005년 2월 23일에 보낸 서한에도 나타난다.[109]

저는 앞으로 한남 캠퍼스에서 미해결된 문제들이 잘 해결되길 바라며 기도합니다. 캠퍼스 전체에 화해와 재생의 기운이 널리 퍼지기를 계속해서 기도합니다. 하나님께서 이 대학에 은혜를 주신다고 저는 확신합니다. 그분은 계속해서 창의적으로 관여해주실 겁니다.

또 다른 자료에서도 서의필 교수가 한남대학과 지도자에 대해서 염려하는 내용이 발견된다. 서의필 교수는 필자에게 보낸 서한(1997. 3. 21; 2004. 1. 6)에서도 대학의 지도자에 대해서 궁금해 하며 학교를 위해 기도드리는 것을 잊지 않았다. 1997년 3월 21일에 보낸 서한에는 대학의 신임 총장이 캠퍼스를 변화시키려고 노력하는 것을 치하하며, 새해에는 한남대가 여러 가지 문제로 어려운 가운데서도 현명하게 대처하고 변화할 수 있을 것이라는 희망적인 메시지를 전했다.110) 또한 2004년에 있었던 대학 총장 선출 시기에는 "지금은 한남의 역사에서 가장 결정적인 순간이며 또 다른 실패[부적절하게 총장을 선출할 경우]는 대학을 큰 위험에 빠뜨릴 것입니다!"라고 경고하였다.111)

## 5) 원어민 교수 초빙과 멘토 교수의 역할

서의필 교수는 우수한 교수진을 유지하기 위하여 우수한 한국인 교수들을 초빙하는 데 앞장섰을 뿐만 아니라, 영어로 수업하던 전통을 유지하도록 유능한 원어민 교수들을 초빙하는 데에도 특별히 관심을 기울였다. 당시 외국인들은 한국이라는 가난한 나라에 오기를 두려워하거나 주저하는 사람들이 대부분이어서 원어민 교수를 초빙하는 것은 쉬운 일이 아니었다. 동시에 신임 원어민 교수를 초빙하게 되면 그들이 한국 생활에 쉽게 적응하도록 도와줘야 하는 것도 그 자신의 몫이 될 텐데, 어느 누가 그러한 귀찮은 일을 자진하여 할 수 있을 것인가? 또한 신세대에 속하는 원어민 교수들은 한국에 헌신하여 복음을 전파하던 진지했던 예전의 선교사들과는 전혀 다른 세대이며 새로운 가치관을 가지고 오는 젊은 세대이므로, 그들을 초빙하는 것 자체가 큰 도전이었을 것이다.

서의필 교수가 적극적으로 노력한 결과, 1980년대에 한남대학교에 초빙된 원어민 교수들은 남장로교 선교 요원인 찰스 힐(Charles Hill), 호주 연합장로교 파견선교사인 토니 도슨(Tony Dawson), 일반인인 미국인 스티브 핀치(Steve Finch), 짐 쿼어리(Jim Query), 드미트라 게이츠(Demetra Gates), 캐나다인인 마가렛 엘리엇(Margaret

▲ 이원설 총장댁을 방문한 원어민 교수들(1988)
◀ 원어민 교수들. 앞줄 첫 번째가 힐 교수, 두 번째가 핀치 교수(1991)

Elliot) 등 10명 이상이 되었다. 이들은 부임 후 서의필 교수의 도움으로 영어교육에 적극적으로 헌신하며 영어가 강한 한남대학교의 전통을 유지해나가는 데 크게 기여하였다.

1980년대부터 2000년대까지 거의 20년 동안 한남대학교에 재직하였던 영어교육과의 스티브 핀치 교수는 자신이 한국을 사랑하도록 도와주고 한국인 교육에 헌신하도록 이끌어준 멘토 교수였다며 서의필 교수에게 감사와 존경을 표한 적이 있다. 그는 서의필 교수와의 즐거웠던 추억을 다음과 같이 회고하였다.112)

제가 서의필 교수님과 서진주 여사님을 처음 만난 것은 1984년 가을이었습니다(서진주 여사님을 빼놓고는 서의필 교수님에 대해 쓸 수 없을 겁니다). 저는 한남대학교에 영어선생님이 필요하다는 이야기를 듣고 서의필 교수님의 전화번호를 수소문하여 전화를 드렸습니다. 서의필 교수님은 당시 대학에서 외국인 교수를 채용하는 일을 담당하고 있었는데, 제가 전화를 드리자마자 그는 주저하지 않고 곧바로 저를 고용하였습니다. 당시 대학에서는 학생소요가 일어나서 저는 6주가 지나서야 한국행 비행기를 탈 수 있었습니다.

마침내 저는 한국에 갈 수 있게 되어, 그해 11월 11일 저녁에 서울에 도착해보니 서의필 교수님이 공항까지 마중 나와서 기다리고 계셨습니다. 우리는 서울에서 대전까지 두 시간 동안 기차를 더 타고 가야 했기에 저는 좀 혼란스러웠습니다. 서의필 교수님과 기차에 앉아 이야기를 나누고 있을 때, 한 소녀가 간식 판매차를 끌고 왔습니다. 서 교수님은 저에게 사이다를 마실지 물었고, 저는 사이다(사과주스로 생각함)가 정말 맛있을 것 같아서 좋다고 얘기했습니다. 서 교수님은 저에게 캔을 건네주었고 저는 크게 한 모금 마셨습니다. 저는 깜짝 놀랐습니다. 그건 사과주스가 아니라 오히려 세븐업과 아주 흡사한 음료수였습니다. 그것이 제가 한국에서 처음 겪은 문화충격이었습니다.

며칠 후 서의필 교수님은 저에게 캠퍼스를 안내해주었습니다. 캠퍼스는 언덕 위아래로 나뉘어져 있었습니다. 즉 절반은 낮은 쪽에 있고 나머지 절반은 언덕 위에 있었습니다. 언덕 쪽으로 오르려면 계단을 약 50개 정도 올라가야 했습니다. 서의필 교수님은 전문 등산가 같았습니다. 그는 저를 데리고 언덕길을 대여섯 번 정도 오르내렸습니다. 서 교수님은 언덕을 여러 번 오르락내리락 안내하면서 저를 지치게 만들었습니다. 돌이켜보면 그렇게 하여 서의필 교수님은 신임교수가 오면 그러한 과정을 감당할 수 있는지 알아내는 방법을 쓰는 것 같았습니다. 얼마 후, 제가 시험에 합격했는지 한 번 더 오르막길을 오르지 않아서 참으로 다행이었습니다.

서의필 교수님 내외분은 참 훌륭한 분들이었습니다. 그분들은 실제

대들보에 걸터앉은 찰스 힐 영문과 교수
(1989-1998 근무)

로 우리 외국인들에겐 대리 부모 같으셨습니다. 휴일에는 우리를 초대
하여 멋진 미국식 점심을 대접해주셨습니다. 그리고 오후 내내 우리는
둘러앉아 이야기도 하고 게임도 했습니다. 그분들은 고향집에서 멀리
떠나온 우리를 늘 안심시키고 환영해주셨습니다.

　서 교수님이 사시던 집은 서양식과 한국식을 혼합하여 지은 집인데,
거실이 상당히 넓고 높은 한옥식으로 거실 가운데를 가로 지르는 대들
보가 높게 떠받들고 있었습니다. 어느 날 찰스 힐(Charles Hill) 교수가
무슨 생각이었는지는 기억나지 않지만 벌떡 일어나 높이 있는 대들보
를 잡더니 그 위에 걸터앉은 적이 있습니다. 얼마 후 힐 교수가 내려오
자 서의필 교수님은 웃으며 대들보 위에 있는 먼지를 털어줘서 고맙다
고 했습니다. 모두들 실컷 웃었던 즐거운 날이었습니다.

　또한 서 교수님 내외분은 학기 중에 일주일에 한 번은 꼭 아침식사에
초대해주셨습니다. 전 매주 그날이 기다려졌습니다. 왜냐면 그날은 음
식을 나누어 먹고 친교를 나눌 뿐만 아니라 수업에 대해서도 토론할 수

있는 시간이기 때문입니다. 서로 공유하고 싶은 일이나 문제가 있으면 그때 모두 머리를 맞대고 함께 해결책을 찾아주기도 했습니다. 일종의 아침식사와 직장 일을 겸하는 시간이었습니다.

한남대학교에서 근무하던 첫해에는 사무실 공간이 부족하여, 제가 캠퍼스에 머물며 일할 수 있는 사무실이 없었습니다. 서 교수님은 그러한 상황에 대해 미안해하시며 필요할 땐 언제든지 자신의 사무실을 사용하도록 해주셨습니다. 저는 그분의 관대함이 매우 고마웠습니다. 서 교수님의 사무실에서 우리는 가끔씩 대화를 많이 나눴습니다. 교수님은 저에게 한국에 대해서도 많은 것을 가르쳐주셨습니다. 무엇보다도 제가 한국에 쉽게 적응하도록 많이 도와주셨지요. 정말 감사했답니다.

서 교수님은 운동하는 것을 좋아하셨습니다. 한남대학교 바로 옆에 있는 선교사 가족들을 위한 대전외국인학교에서 야구 팀을 몇 개나 지도했습니다. 또 언젠가 저녁때는 우리 외국인 여러 선생들도 함께 국제학교에 가서 농구시합을 한 적도 있습니다. 서의필 교수님은 우리 젊은 사람들과 어울리는 것도 마다 않으시고 즐겁게 함께 운동하셨습니다. 그분은 나이가 많으셨다고 해도 결코 만만치 않은 선수셨습니다!

또한 서의필 교수님은 마당에서 정원 가꾸는 것을 아주 즐기셨습니다. 특히 장미를 좋아했습니다. 그분은 마당에 다른 꽃도 있었지만 특히 장미를 색깔별로 다양하게 키웠습니다. 한 번은 검은 장미를 키워낼 수 있을 것 같다고 농담을 하시면서, 저에게 그곳에 있는 장미 중 가장 어두운 색의 장미를 보여주셨습니다. 그건 거의 어둡기는 했지만 검은 장미는 아니었지요!

서 교수님은 외출할 때는 항상 베레모를 착용했습니다. 당시 저는 스

서의필 교수가 애용했던 베레모(2000)

캇(Scott Stephens)과 함께 서의 필 교수님 댁 바로 옆집에서 살았습니다. 그분들은 일주일에 한 번씩 달걀을 집으로 배달해서 드셨기에 우리는 언제든지 달걀이 필요하면 그 댁에 가서 달걀을 얻어 왔습니다. 어느 날 스캇이 계란을 얻으러 갔다가 돌아오면서 주머니에서 서 교수님의 베레모를 꺼내 보여주면서 장난기 있게 웃었습니다. 그렇잖아도 스캇과 저는 서 교수님이 베레모를 잃어버리면 어떻게 반응하실지 늘 궁금해 했는데 마침 스캇이 장난을 친 겁니다. 그리고 그날 스캇은 우리 주변에 있는 외국인 친구들에게 그 얘기를 해줬습니다.

다음 날 우리는 서 교수님이 베레모를 잃어버리고 어떻게 대응하는지 바로 알게 되었습니다. 그는 그냥 옷장 서랍에서 다른 것을 하나 꺼내어 썼습니다. 그러자 스캇은 더 오기가 나서, 그 다음날 서 교수님 댁에 갔을 때 벽에 걸어둔 두 번째 베레모를 숨겨 가져왔습니다. 우리는 또다시 서 교수님이 어떻게 하시는지 보고 싶었습니다. 스캇이 이번에는 그의 집에 있는 옷장 서랍에서 세 번째 베레모를 꺼내올까 하는 생각을 했습니다. 그 서랍 안에 베레모가 더 있을 거라는 생각이 들었었지요. 어쨌든 스캇이 또다시 시도를 해서 세 번째 베레모를 몰래 숨겨왔습니다. 우리는 그것이 서 교수님이 가진 전부일 거라고 확신했습니다. 그런데 아차, 우리가 잘못 생각했습니다! 서의필 교수님은 그 다음 날 또 다른 베레모를 쓰고 정원에서 일하고 있었습니다.

우리가 졌습니다! 우리는 그 다음날 이 일을 고백하기로 합니다. 우리는 우리가 가져온 베레모를 돌려드릴 겸, 서 교수님 내외분께 그 다음 날 정오에 그들이 좋아하는 중식당으로 점심에 초대한다는 쪽지를 문 아래에 놓고 왔습니다. 우리(6~7명)는 조금 일찍 도착하여 기다리다가 서 교수님 부부가 들어오실 때 모두 동시에 모자를 머리 위에 얹고 앉아 있었습니다. 모두 신나게 웃고 떠들었습니다. 모두가 즐겁게 점심을 먹으며 즐거워했습니다! 식사 도중에 서 교수님은 우리가 4번째 모자를 가지러 오지 않아서 참 다행이었다고 하셨습니다. 왜냐하면 그것이 마지막 남은 것이었답니다! 스캇의 장난으로 우리 모두 한바탕 웃었습니다.

서의필 교수와 사모님은 정말 멋진 분들이셨습니다. 그분들은 우리 외국인들이 자신들의 집을 자기 집처럼 느끼도록 최선을 다했습니다. 많은 사람이 그분들이 주신 큰 사랑을 오래도록 기억할 것입니다.

## 3. 실천 중심의 대학 교육

서의필 교수는 1969년 이후 26년 동안 한남대학교에서 대학의 교육 목적인 진리와 자유, 정의를 실천하고 최고의 기독교 인재를 키워내는 데에 헌신하였다. 그는 학생들에게 최고의 지식을 전달하며, 학생들이 다양한 지식과 사고방식을 비판적으로 수용하고 사고하는 습관을 키우면서 지혜와 통찰력을 얻기를 바랐다. 그리고 그 배움을 다른 사람들과 나누고 실천하는 정의와 봉사의 정신으로 이어지기를 희망하였다.

## 1) 참여 중심의 토론학습법

서의필 교수는 새 학기 첫 시간이면 늘 학생들에게 한남대학교의 교훈인 '진리, 자유, 봉사'를 먼저 소개하고, 대학 교육이 궁극적으로 추구할 과제인 미래로 나아가야 할 방향을 제시하였다. 그는 창학이념인 진리, 자유, 봉사에 대하여 다음과 같이 설명하였다.[113]

> 이것은 우리가 진리를 찾으려 하는 인간, 자유를 갈망하는 자 그리고 이웃에 봉사하는 자가 되도록 나아가자는 것을 의미합니다. 훌륭한 인재가 된다는 것은 사사로운 이익을 버리고 공동체를 양성하며 공동체의 이익을 위하여 정의를 실현하는 것을 의미합니다.

즉, 대학에서 배운 최고의 진리는 인간의 보편성과 기본적인 자유의지를 갖게 할 것이며, 공동체의 이익을 위하여 정의가 실현될 때 비로소 훌륭한 인재가 탄생할 수 있다는 것을 의미한다.

그의 교실 수업의 목표는 정보를 얻고 토론 과정을 거쳐서 통찰력을 키우며 진리를 깨닫게 하는 것이었다. 그 자신 스스로도 늘 타인과의 대화를 중요하게 생각하였으며, 의견을 달리하는 사람들에게도 많은 것을 듣고 토론을 통해 배우려고 하였다. 그는 타인의 입장을 존중하면서 대화의 시작은 가볍게 하나 점점 깊이 있는 논의로 이끌어가는 화법으로 주위 사람들에게 공감을 불러일으키며 감동시켰다.

1968년에 서의필 교수로부터 기독교 윤리를 배운 김조년 동문은 그의 서양식 토의 중심 수업에서 받았던 충격적인 첫 경험을 이렇게 설명하였다.[114]

◀ 일대일 토론 결과 발표수업(1970s)
▶ 토론수업 시간(1970s)(한남대학교 중앙박물관 소장 사진)

서 교수님은 강의 시간에 매우 열정적이셨습니다. 늘 질문으로 수업을
시작하셨지요. '왜?'라는 질문은 새로운 세계를 탐구하는 데의 시발점
이라고요. 당시에 수줍어하던 저는 감히 질문도 못 하고, 토론에는 제대
로 참여할 수도 없었습니다. 그러한 수업방식은 당시 우리에겐 매우 큰
충격이었습니다. '왜?'라는 질문에 대해 해답과 결과를 듣기만 해왔던
우리 동양식 수업이 아닌, 지금 생각해보면 서양식 과정 중심 수업이었
지요. 학습에서 토론 과정 자체가 배움의 일부가 됩니다.

이렇듯 서의필 교수는 학생들에게 늘 질문을 던지며 스스로 해
답을 찾아보도록 적극적으로 참여하는 학습 방법과 토론 중심의 학
습 방법을 실행하였다. 이는 한국 상황에서는 매우 새로운 학습 방
법이었다. 학생들은 질문에 대해서 서로 토론하고 서로 경청하는
과정을 체험하면서 사고의 다양성을 이해하고 협의를 통해서 최종
해결안에 도달하게 된다. 즉 토론하는 것을 체험하는 자체가 배움
의 일종이며, 새로운 관점을 찾는 가운데서 창의성이 나오고 혁신
적인 아이디어가 생성되는 것이다.

서의필 교수의 강의는 한국 학생들에겐 익숙하지 않은 이러한 서구식 토론 중심 수업으로 진행되었다. 그의 관점에서 보면, 한국인들은 비판을 인내하지 못했다. 반면에 서양인들은 토론과 비판에 익숙하며 사람들은 어떤 의견이든 서로 다르며, 서로 일치하지 않는 것이 당연하다는 인식에서 출발한다.

토론 시간이 되면 학생들은 사고력을 넓히는 토론과 질문하기, 협의하기와 폭넓게 이해하는 과정을 구두로 표현하거나 글로 작문하여 표현하면서 '직접 말과 글로 참여하는 수업'을 만들어야 했다. 학생들은 직접 토론하고 작문을 준비하기 위하여 사전에 많이 읽고, 자료도 많이 찾고, 홀로 생각도 하고 고민도 해야 하는 과정을 거치면서 적극적으로 배우게 된다.

그리고 학생들은 스스로 해결점을 찾으려 노력하면서 주의를 집중하게 되고, 학습 내용이 주는 시사점을 깨닫고, 자신의 최종 선택이나 결정에 책임지는 성실성과 진정성을 보여주게 된다. 결국 토론학습을 통해서 학생들이 성숙한 성인으로 혹은 독립적인 자아로 진리를 분별하고 이해할 수 있게 되면 자신감과 자긍심이 생기고 자아정체성을 형성하면서 삶의 길을 넓히고 멀리 바라볼 수 있을 것이다.

서의필 교수가 제시하는 토론 주제는 다양하였다. 주로 학생들이 현실에서 미처 생각지 못했던 참신한 주제들로, 사회적 소외자와 약자를 위해 헌신했던 유명한 문학자, 사학자, 철학자나 사회운동가, 혹은 저항운동가 등과 관련된 주제들이 토론 대상이 되었다. 예를 들면, 솔제니친, 투투 주교, 간디, 마틴 루터 킹, 만델라, 링컨 등은 늘 그의 토론수업의 주제가 되었으며, 또한 당시 우리나라의

'학원민주화 문제', '사회적 소외자를 돕는 문제', '인권 문제'나 '남북 통일 문제' 등과 관련된 주제도 폭넓게 다뤘다. 그는 또한 젊은이들이 당시의 시국 관련 문제에도 관심을 갖도록 독려하고 미래에 더 나은 삶을 위해서 국가나 자신들이 나아가야 할 길에 대해서 늘 고민하고 행동하는 젊은이가 될 것을 강조하였다. 아울러 현재와 미래로 나아갈 길을 올바로 이해하기 위하여 과거의 역사와 뿌리를 잊지 않을 것도 강조하였다.

서의필 교수가 토의 중심 수업 중에 다룬 주제들은 당시 시국과 관련된 비판적인 주제들이 대부분이어서 다른 한국인 교수들의 수업과는 매우 비교되었다. 그의 과목은 때론 정보 당국으로부터 감시도 당했지만 학생들에게는 많은 관심을 받았다. 당시 1982학번 송현강 동문은 한남대학교의 역사교육과 학생으로 학생운동에 적극적으로 참여했던 편이었다. 그에 따르면 1982년 당시는 학생들이 정권에 저항하는 데모가 극심할 때였고, 학생들이 보수적인 당시 정권을 독재정권이라고 비판하기라도 하면 좌파로 몰리고 감시당한다는 소문들이 돌기도 했다.

송현강은 당시 서의필 교수의 수업에 대하여 다음과 같이 언급하였다.[115]

서 교수님은 학생들이 자유민주주의에 입각한 비판정신, 권력에 비판적인 시각을 표현할 자유, 저항하는 지식인의 삶을 정정당당하게 주장하고 실천해야 한다고 강조하시는 진보적인 교수님이셨습니다. 대단히 유명하셨습니다!

어떤 학생이든 간에 일단 서 교수님의 강의를 듣거나 가까이 지내고 나면, 진보 좌파 학생으로 변해서 나온다는 소문이 학생들 사이에는 자자했습니다.

송현강 역시 서 교수 과목을 듣고 싶고 호기심이 아주 많았지만, 영어 전공자가 아니었기에 그의 수업을 들을 수 있는 기회가 없어서 매우 유감스러웠다고 한다.

서의필 교수는 지성인으로서 적극적으로 사회문제에 참여하고 정의롭게 사회개혁을 원하는 젊은이들을 격려하는 진보적인 선교사였다. 그는 사회개혁과 진보적 비판정신에 찬성하며, 억압받는 사람들과 소외된 민중의 편에서 서 있었으며 특히 북한 대중들의 영혼을 염려하고 늘 그들을 위하여 기도했다. 그런 점에서 서의필 교수는 반공을 국시로 하고 있는 당시 상황에서 늘 정보요원들의 감시 대상이 되었다.116) 서의필 교수는 어떤 때는 불심검문을 당해서 자신의 가방에 들어 있던 책들, 특히 당시 우리나라에는 알려지지 않거나 허용되지 않던 외국 서적이나 잡지 등을 압수당한 적도 있었다. 그러나 그는 정치적인 이념이나 편견에 치우치지 않았다. 그는 사회개혁과 정의를 실현하는 데 앞장서는 기독교 정신을 실천하고자 한 진보적 사관을 지닌 선교사였고, 학생들에게는 정신적인 지도자 역할을 충실히 해낸 지성인이었다고 할 수 있다.117)

서의필 교수가 학생들에게 강조한 또 하나의 중요한 관점은 한국 학생들이 현재와 미래를 대비하여 과거의 역사와 문화의 뿌리를 잊지 않고 지켜내는 것과 스스로 자아 정체성을 찾도록 끊임없이 노력하라는 것이었다. 그는 또한 학생들이 대학에 와서도 한국 사회라는 우물 안에 자신들을 가두어놓지 말고, 삶의 지평선을 넓혀서 한국 밖에 있는 거대한 세계에 관심을 갖고 세계인의 관점에서 자신들을 바라볼 것도 강조하였다. 그리고 다른 세계와 소통하면서 자신의 전통과 문화를 다른 세계의 전통과 문화와 비교함으로써 비로소 자신의 것이 보인다는 관점도 강조한다.

## 2) 제자들의 길을 밝혀주다!

서의필 교수는 31년 동안 장로회신학대학과 한남대학교에 재직하면서 수많은 제자의 영혼을 밝혀왔다. 그중 여기서는 그의 가르침의 영향으로 새로운 세계를 개척하기 위해 평생 노력하면서 이제는 자신들의 배움과 지혜를 다른 사람들과 나누며 봉사에 앞장서고 있는 제자 두 명을 소개한다.

김조년 동문은 1968년에 대전대학(한남대학교)에서 강의를 시작한 서의필 교수의 첫 제자 중 한 명이다. 그는 1968년에 대전대학의 성문과에 입학하여 서의필 교수로부터 동양철학 과목을 이수하게 되었다. 그는 서양인 교수에게 동양의 공자와 맹자 사상을 배우는 것이 처음엔 매우 생소했는데, 『논어』와 『맹자』를 읽고 설명해주는 그의 해박한 지식에 크게 감탄하였고 많은 것을 배웠다고 한다.118)

김조년 동문은 특히 서의필 교수에게 졸업논문 작성법을 배워서 도움을 많이 받았다고 한다. 그는 논문 자료를 수집하는 방법, 참고문헌과 인용 문헌을 정리하여 인덱스카드(working bibliography)를 준비하고 논문을 실제 작성하는 방법 등을 배우면서 비로소 대학에 온 느낌마저 들었다고 한다. 그렇게 배운 논문 작성의 경험은 후에 그가 독일 대학에서 논문을 준비하는 데에도 큰 도움이 되었다고 한다.119)

김조년 동문은 서의필 교수의 영향으로 많은 깨달음을 얻고 자신이 역량과 인생의 목표를 찾아 나섰다. 그는 대학 졸업 후, 사회학과 사회사상사를 연구하고자 독일로 유학을 떠난 뒤 모교인 한남대학교로 돌아온다. 그 후 대학에서 재직하면서 평생 후진들을 양성하고 사회운동에 헌신하였다.120)

김조년 동문은 한남대학교를 퇴임하고 76세가 된 현재에도 평화 문제, 환경 문제, 민주화 문제 등 여러 분야에서 사회운동에 적극적으로 참여하고 있다. 그가 참여하고 있는 사회단체도 함석헌기념사업회, 대전환경운동연합, 삶을 변혁시키는 평화훈련, 지속가능발전협의회, 엠네스티 인터내셔널, 의료생활협동조합 등 다양하다. 그는 위와 같은 사회운동에 참여하면서 지금껏 그가 받아온 혜택들을 가능한 한 많은 시민과 나누고 있다.

김조년 동문은 2018년 여름에 서의필 교수의 90세 생신을 축하드리기 위하여 미국에 있는 몬트리트를 방문하여 서 교수께 큰절을 올렸다. 학생 때 만났던 제자가 벌써 퇴직하여 흰머리를 날리며 자신을 찾아와 한국식으로 큰절을 올리는 것을 본 서의필 교수는 그저 할 말을 잊고 눈물을 글썽였다고 한다.

서의필 교수의 제자 중 또 한 명으로 영문학과 1980학번인 박병철 동문이 있다. 박병철은 서의필 교수의 도움으로 1985년에 미국의 린치버그 대학(University of Lynchburg)에 교환학생으로 파견되었다.121) 박병철은 졸업 후 미국에서 대학원 과정에 진학하여 시라큐스 대학(Syracuse University)에서 사회학 박사학위를 받고, 현재는 펜실베이니아 주립대학(Pennsylvania State University)의 사회학과 교수로 재직하고 있다.

◀ 김조년의 서의필 교수 90세 생신 축하 방문(2018. 8)
▶ 김조년·이헌철 제자와 함께(2018. 8)

그는 미국에 살고 나서야 자신이 평생 우물 안에 갇혀 살아왔다
는 것을 깨달았다고 한다.[122) 그는 한남대학교 재학 시절에 배웠던
서의필 교수님의 깊은 가르침을 뒤늦게 깨달았다고 다음과 같이 고
백한다.[123)

서 교수님이 '선조들은 어떠한 분들이시며, 그들이 남긴 유산은 내 안에
서 어떻게 호흡하고 있는지, 나의 뿌리와 역사에 대해서 얼마나 배우는
지?'라고 질문하시며, '누구도 뿌리 없이 크게 자랄 수 없다'는 사실을
깨우쳐주시려고 부단히 노력하셨으나 나의 아둔함으로 미처 깨닫지 못
했다.

박병철은 스승인 서의필 교수가 늘 우물 밖의 넓은 세계에 대해
서 말해주시며 삶의 지평선을 넓혀주려고 부단히 노력하고 도와주
셨던 것을 뒤늦게나마 깨달았다. 그래서 그의 마음 깊은 곳에는 언

제나 서 교수에 대한 감사와 존경이 가득 쌓여 있다.

박병철은 미국에서 다양한 문화를 접하면서 자신의 정체성에 대해 고민하기 시작하였다.124) 자신이 한남대학에서 "좋은 씨앗과 정신적 자양분을 많이 받았지만 지나치게 서구 문화를 신봉하고 숭상하는 태도 또한 배우지 않았을까?" 하는 질문도 던진다. 한편 그는 "한국의 역사와 문화에 대한 자긍심을 키워줄 정신이나 사상을 배우는 데는 등한시했다"는 자책감도 느끼게 된다. 그는 오랜 고민 끝에 '자신만의 빛깔을 스스로 만들어가다 보면 정체성이 형성되리라'는 결론에 도달한다.125)

〔나는〕 자신만의 빛깔을 스스로 만들어가는 기회에 감사한다. 내 안에서 울리는 소리에 귀 기울여 듣다 보면 나는 미국의 청교도 정신이나 서부 개척주의 문화 못지않은 홍익인간 사상이나 선비 정신 등이 내 안에 온전히 살아 있으며, 오랜 소외의 잠에서 그들을 깨워야 함을 느낀다. 그들이 깨어날 때 나의 존재의 자긍심은 더 커져 있으리라 믿는다.

박병철은 이러한 생각에 도달하도록 도와준 공을 스승 서의필 교수와 한남대학에 돌리며 감사해 했다.126)

나는 한남대에서 좋은 스승을 만난 행운아라고 생각한다. 서의필 교수님 외 여러 교수님이 나에게 베풀었던 가르침을 당시는 나의 아둔함으로 인해 잘 이해하지 못했다. 내가 받은 문화유산이 나를 지켜주는 자산이 된다는 것을 25년이 지난 뒤에야 비로소 깨달았지만, 뒤늦게라도 이렇게 깨달았으니 그나마 다행이 아니겠는가?

요즈음 나는 그분들께서 나에게 하셨던 것과 똑같이 의미 있는 일을 하길 원한다. 내가 가르치는 학생들이 한 단계 더 높은 차원에서 생각하고 사물을 이해하며, 삶을 영위하고 실천할 수 있도록 돕는 일과 더불어 그들 스스로 삶을 관조하며, 자아를 발견하고 계발하는 일이 미래의 삶을 위해 얼마나 중요한지 알게 하고 싶다.

혹시 그들만이 가진 정체성의 잠재적 가치를 당장 이해하지 못한다 하더라도, 서의필 교수께서 농부가 되어 나의 마음 밭에 고귀한 씨앗을 뿌려주셨듯이 언젠가 그들의 마음속에도 싹이 자라나 훗날 크고 아름다운 열매가 맺히기를 기도한다. 나의 스승이신 서의필 교수님 이하 여러 교수님들의 유산은 이렇게 계속 전해 내려갈 것이다.


서의필 교수의 제자 사랑은 끝이 없었다. 그는 제자들을 진심으로 신뢰하고 아껴주었다. 혹시라도 제자들이 도움을 요청하면 장소와 거리를 불문하고 늘 적극적으로 도와주었다.

서의필 교수는 때때로 제자들의 결혼식에서 주례도 섰다. 제자들이 주례를 요청할 때마다 그는 마다하지 않고 달려가 감동어린 주례사를 들려주면서 제자들의 부부됨을 축복해주었다. 예를 들면 1989년 영문학과 동문인 김회연은 중앙도서관 앞 광장에서 한국식으로 결혼식을 올렸다. 필자도 그 결혼식에 참석하였는데 서의필 교수가 멋진 주례를 진행하여 참석자들을 감동시킨 적이 있다.

김회연의 결혼식은 한복을 입은 신랑신부와 서양식으로 유쾌한 주례사가 어울린 특별한 결혼식이었다. 서양식 양복을 입은 기품 있는 서양인 주례가 유창하게 한문과 한글을 섞어가며 간결하고 짧았지만 모든 사람이 오랫동안 기억할 정도로 멋진 말씀을 전달했다. 결혼식이 시작되자마자 주례는 물어보았다. "신랑신부는 모두 첫 번째이자 마지막으로 결혼하는 것이 맞습니까?" 그때 "네!" 하고 우렁차게 대답했던 김회연 동문은 졸업 후 미국으로 유학하여 신학을 공부한 뒤 현재 시카고에서 목회를 하고 있다.

### 3) 교직원들의 좋은 친구

서의필 교수는 동료 교수들과 직원들을 매우 아끼고 사랑했다. 그는 또한 길에서라도 교수들을 마주치게 되면 늘 지적 호기심을 자극하는 질문을 던졌다. "오늘은 학생들에게서 어떤 비판을 들으셨습니까?" "오늘은 학생들이 무엇을 배웠습니까?" 혹은 "학생들이 어떤 질문을 했습니까?" 그는 늘 그렇게 새로운 질문을 던지면서 교수들과 대화를 나누었다. 그러다가 연말이 다가오면 필자에게 묻던 표현은 "새해 결심서약서(New Year's Resolution)는 잘 작성했습니까?"였다. 신년이 될 때면, "새해에는 총장님께 어떤 제안을 드리겠습니까?" 혹은 "새해는 어떤 발전 계획이 실천될 것 같습니까?"라는 질문들이 계속된다.

서의필 교수는 또한 교수들에게 대학과 학생들을 위하여 항상 기도할 것을 주문하였다. 그에게는 교수라면 학생들에게 최고의 지식을 전달할 뿐만 아니라 학생들의 소리를 듣고 그들에게 희망을 주며, 미래에 적극적으로 도전할 수 있도록 정신을 일깨워주는 '스승'이어야 한다는 믿음이 있었다. 즉 교수는 우수한 전문지식을 전달하는 지식 전달자일 뿐 아니라 학생들이 지식을 지혜롭게 사용할 수 있도록 통찰력을 키워주고 나아가 다른 사람들과 함께 나누며 봉사하도록 안내하는 안내자 혹은 조력자가 되어야 한다는 것이다.

서의필 교수는 또한 교직원들에게도 일일이 관심을 갖고 존중해주었다. 국제교류부서에서 근무했던 오연철 팀장은 서의필 교수에게 부모가 자식과 대화를 잘 나눌 수 있는 방법을 배웠다고 한다.[127] 그는 어느 날 서의필 교수가 누구든지 인간의 존엄성과 자유의지를 존중해야 한다고 강조했던 대화를 지금껏 기억하고 있다. 서의필 교수는 그에게 다음과 같이 말했다.

사람들은 누구나 개인 의지를 지닌 독립적인 개체입니다. 그러므로 누구나 스스로 의사를 결정할 수 있고 선택할 자유가 있습니다. 그리고 그에 따른 책임도 있다는 것을 인지해야 합니다. 우리는 우리가 최선을 다해서 결정한 내용을 실천하기 위하여 언제나 긍정적이고 적극적인 태도로 앞으로 나가야 합니다.

그날의 만남 이후 오연철 선생은 자신의 가족에 대해서 새삼 돌아볼 기회를 갖게 되었다. 그리고 서의필 교수를 만난 뒤 그는 어느 사이 자신도 모르게 청소년기에 있는 자신의 아들을 간섭하거나 일일이 확인하고 통제하는 전형적인 가부장적인 아버지의 태도를 포기하고 있었다. 대신 아들에게 스스로 사유하고 의사를 결정하도록 기회를 주었고, 자신의 행동에 스스로 책임을 지면서 생각하고 활동할 자유를 주었다. 그러자 어느 순간 아들이 부쩍 성숙해져 있었고, 자신의 도움이 필요하면 다가와 요청하기도 하는 등 친구 같은 생각마저 들었다고 한다. 오 선생 자신도 전통적인 아버지 모습에서 탈피하니까 매우 자유스러워졌다. 스스로도 더 이상 아들에게 메이거나 통제하려고만 하던 아버지의 모습이 아닌 따뜻한 친구 같은 아버지가 된 것 같아서 아주 기뻤다고 한다. 오연철 선생은 서의필 교수 덕분에 자신의 가족에게 기적이 일어났다고 회고했다.

## 4. 세계로 향한 국제교류 전문 인재 양성

서의필 교수는 1968년에 한남대학교에서 재직하게 된 이후 줄곧 대학 교육의 국제화를 강조했다. 그는 특히 협동부총장 시절이던 1980년대에 국제교류 프로그램을 확대하여 미래지향적인 프로그램들을 개발하였다. 마침 이 당시 정부에서 좌익 연좌제를 폐지하고 일반인들에게 외국 유학과 자유 여행을 허락하여 누구나 원한다면 외국 대학으로 쉽게 유학할 수 있는 시기가 도래하였다. 서의필 교수는 한국 역사를 전공하였기에 조선시대의 쇄국정책이 나라를 매우 나약하게 만들고 결국 몰락을 가져왔다는 것과 또한 해방 이후 한국전쟁과 같은 격동기의 세계에서는 어느 나라도 홀로 존재할 수 없다는 것을 잘 알고 있었다. 그는 학생들이 세계인의 관점에서 한국을 들여다보며 자신들의 정체성을 찾도록 도와줄 수 있는 해외 유학 프로그램에 더욱 관심을 갖게 된다.

### 1) 캠퍼스의 국제화 실현

1980년대에 행정책임자로 있으면서 서의필 교수가 시도한 일 중 하나는 세계화 시대에 대비하여 캠퍼스를 국제화하는 것이었다. 서의필 교수는 한남대학교가 창립된 이후 선배 선교사-교수들이 추진해왔던 국제화 교육을 되살리고자 이를 더욱 확대하여 본격적으로 국제화 교육을 시행하였다.

서의필 교수는 국제교류 프로그램의 중심을 해외 자매대학과 학생들 및 교수들을 교환하는 국제교류 프로그램에 두었다. 그리하여 1980년대에 미국과 일본으로 교환학생들을 보내고 또 받아들이는 교환학생 프로그램을 정례화하였다. 그리고 미국 대학생을 한남대학교에 초청할 경우를 대비하여 영어로 들을 수 있는 동아시아 역사와 한국학 강의를 개설하였다.

서의필 교수는 우선 교환학생 프로그램으로서 미국의 동남부 지역에 있는 남장로교단이 세운 소규모 인문대학(Liberal Arts College) 들과 자매대학 결연을 하고 교환학생 프로그램을 시작하였다. 교환학생 프로그램은 본교 학생을 1년 동안 자매대학에 파견하여 정규 과목을 이수하게 하고 본교에 돌아와 이수된 학점을 졸업학점으로 인정해주는 국제교류 프로그램이다. 교환학생으로 파견된 학생들은 현지 언어와 문화를 익히면서 자신감을 얻고 자신들의 세계관을 넓히면서 미래를 개척하는 데 매우 적극적인 자세를 가지고 돌아온다. 이 교환학생 프로그램은 매우 성공적이어서, 교환학생으로 외국에서 살다온 졸업생들 대부분이 졸업 후에 매우 성공적인 직업 분야로 진출하고 있다. 특히 영어교사를 희망하던 교환학생들은 졸업 후 거의 전원이 영어교사 임용고시에 합격하여 현재까지도 우리나라의 영어교육에 크게 기여하고 있다.

서의필 교수가 1984년부터 1994년까지 미국에 보낸 교환학생 수는 약 100여 명이 되었으며, 한남대학교에 유학 온 외국인 학생들도 20여 명이 되었다. 당시 국내에서 이처럼 활발하게 국제교류 프로그램을 운영하던 대학은 북장로교 선교회의 언더우드(Horace Underwood Sr.) 선교사가 세운 연세대학교가 유일하였다.

또한 서 교수는 1987년에는 행정지도자를 위하여 자매대학 총장과 대표자가 참여하는 '한남대학교 국제자문회의'를 설립하도록 도와주었다. 이 회의에서 양국의 대학 지도자들은 한남대학교의 사례를 함께 연구하고, 한국학에 대한 이해도를 증진하며, 한남대와 한국에 대하여 긍정적인 관심을 갖게 되고 국제적인 이해도를 증진시켜왔다.

1985년 이후 한남대학교는 종합대학교로 확장하면서 초대 총장이 된 역사학자이며 국제교육 전문가인 이원설 총장의 국제교류 프로그램 강화와 서의필 교수의 지도로 국제교류 프로그램이 크게 활성화되었다. 1989년에는 국제교류를 전담할 독립기관으로 '국제교류부'(현 대외협력처의 전신)가 설립되어 한남대학을 글로벌 대학으로 발전시키는 중추기관이 되었다. 국제교류부에서는 교환학생 프로그램 강화, 한국학 과정 개발, 해외대학과의 자매협정, 대학의 지도자를 위한 국제자문회의 운영 및 국제 기독교 대학들과의 협력관계 유지 등 다양한 프로그램을 개발하여 실시하고 있다.

## 2) 국제교류 프로그램의 확장

서의필 교수는 1984년에는 외국인 학생들을 위하여 한국학과 동아시아역사 과정을 설립하였고, 1989년에는 새로 설립된 국제교류부를 도와서 다양한 국제교류 프로그램을 만들고 내실화하는 작업을 시작하였다. 그의 도움으로 국제교류부에서는 자매대학들과의 교류협정을 증가시키면서, 교환학생 파견연수 프로그램을 강화하였고, 외국 학생을 위한 한국학 과정을 확대하였다. 또한 교수를 위한 해외 자매대학 방문 연구과정과 행정지도자를 위한 한남대학교 국제자문회의, 국제교육 담당자들을 위한 미국 대학 방문 연구과정 등을 적극적으로 개발하였다.

특히 1989년에서 1997년까지 8년 동안 미국 대학과 자매학교 협약을 맺을 때에는 철저한 심의과정을 거쳐서 진행하였다. 서의필 교수의 도움하에 당시 국제교류부 부장이던 필자는 먼저 철저히 사전 조사를 하고 현지 담당자들과 사전 협의를 거친 뒤, 서의필 교수와 함께 미국 대학들을 방문하여 한남대의 교환학생이 수업을 받고 생활할 수 있는 여건 등을 일일이 확인하였다. 그 후 사후 조정 및 보완 과정을 거쳐서 최종적으로 자매학교와 협정서(Memorandum)를 교환해 교류 프로그램을 시작하였다. 그렇게 하여 한남대학교는 매년 40~60여 명의 교환학생을 해외의 자매대학에 파견하여 1년 동안 유학할 기회를 제공하였다.

국제교류부는 서의필 교수의 도움으로 1989년부터 1997년까지 64개의 해외 대학과 자매협정을 맺었고, 280여 명의 교환학생을 해외에 파견하였다. 또한 한남대로 유학 온 외국 학생들을 위하여 장·단기 교육과정으로 나누어 한국학 교육을 실시하였다. 2021년 현재 한남대학교의 해외 자매학교는 46개국에 걸쳐서 총 260여 개 대학교가 있다. 또한 외국인 유학생은 700여 명이 되며 2023년에는 1,000여 명으로 증가할 것으로 예상된다.[128]

1990년대에 서의필 교수와 함께 미국 대학을 방문하였던 필자는 서의필 교수에게 방문 협의 과정을 준비하고 현지 대학교 대표자들과 협상하는 전략을 배우며 매번 놀라운 경험을 하였다. 서의필 교수는 '우리 한국'과 '우리 한남대학교'를 대변하며 상대방을 설득하였으며 또한 즉석에서 현지의 대학 대표자들과 무한한 신뢰감을 쌓고 그들로부터 존경심을 얻어냈다. 서의필 교수는 그곳에서 만나는 대상이 누구든지 간에 그 사람 처지에서 이해하면서 대화를 진행하고 곧 친구가 되었다. 그는 언제나 지적으로 고양시키는 대화를 이끌며 그들의 영혼마저 올바른 길로 인도할 수 있는 준비가 되어 있는 듯 보였다.

서의필 교수는 한국에 대한 역사적인 안목과 국제교육에 대한 탁월한 감각과 비전(vision)이 있었다. 서의필 교수는 시간이 허락하는 한, 우리가 방문할 대학 관계자들에게 한국 역사와 한국학 특강을 열어주고 그들에게 한국에 대한 관심과 이해도를 증진시켜주었다. 현지 대학 관계자들에겐 매우 특별한 감동의 시간이 되었을 것이다. 이렇듯 서의필 교수는 스스로 자청하여 자신의 지식과 경험을 공유하며 남에게 '봉사'한다는 대학의 창립 정신을 미국인들에게도 그대로 보여주었다.

서의필 교수는 또한 한남대학교에서 미국 대학으로 보낼 교환학생 사전연수 시간에도 참여하여 학생들에게 해외 유학시에 절대 필요한 자신감과 자긍심을 심어주었다. 그는 사전연수를 "우물 안에서 머무는 시대에서 우물 밖의 넓은 세상으로 나아가 원대한 꿈과 배움을 실현하고 새로운 세계를 창조하라!"는 조언으로 시작하였다. 또한 학생들에게 유학 경험을 기록하여 귀국 후에 대학에 자발적으로 보고해달라는 당부도 잊지 않았다. 그의 사려 깊은 조언을 듣고 교환학생들은 한남대생으로서 자긍심과 자신감을 갖고 외국으로 유학을 떠났다.

1992년에 필자는 서의필 교수와 함께 미국의 사우스캐롤라이나주에 있는 서의필 교수의 모교인 프레스비테리언 대학(Presbyterian

College)을 방문하여 대학의 대표자들과 회의를 한 적이 있다. 마침 그 장소에는 한남대학교의 교환학생 한 명이 회의에 참여하였다. 회의 중 그 여학생은 한 학기 동안 미국 대학에서 수강한 경험과 그 곳 생활의 어려운 점 등을 발표하라는 요청을 받았다. 그녀는 토론 중심 수업이 적응하기가 가장 어렵다고 말했다. 왜냐하면 담당 교수의 영어는 미리 예습해가면 어느 정도 이해하고 적응할 수 있었지만, 동료 학생들이 토론하는 내용이나 질문은 거의 이해할 수 없었다고 지적했다.

서의필 교수는 참석자들에게 "여기서 우리는 지금 강의 중심의 수직적인 체제의 동양 문화와 토론 중심의 수평적 서양 문화의 충돌현장을 목격하고 있습니다!"라고 주의를 환기시켰다. 서의필 교수는 그녀가 어려워하는 지점을 문화의 차이에서 기인하는 것으로 해석하며 그녀의 입장을 설명하였다. 그리고 그녀야말로 그 대학의 다문화 이해 능력을 증진시켜줄 수 있는 산 증인이라는 것을 강조하였다.

서의필 교수는 또한 그녀에게 옆에 계신 대학 총장님께 건의할 내용이 있으면 말해보라고 요청하였다. 그러자 그녀는 주저하지 않고 대학의 학생 휴게실에 당구대를 설치해달라고 요청하였다. 당시의 한국에서라면 상상도 할 수 없는 일이었다. 그들도 그러한 요청이 너무 뜻밖이었는지 놀라는 듯했지만 곧 모두 웃으며 환호했다. 대학은 나중에 학생 휴게실에 당구대를 설치해주었고, 그녀는 모두가 기숙사에서 집으로 돌아가는 한적한 주말이면 혼자서 당구를 치면서 외로움을 달랬다고 한다. 그녀는 먼 외국에서 유학 온 자신 같은 학생들의 건의사항도 들어주는 미국 대학의 배려에 고마워했다.

서의필 교수가 관여했던 또 하나의 중요한 국제교류 프로그램은 대학의 지도자들을 위한 '한남대 국제자문회의'였다. 이 협의기관은 한남대학교 이원설 초대 총장이 1987년에 처음 시도한 것으로 한남대학교를 위한 자매대학 대표자들의 협의체 모임이다. 국제자문회의의 처음 1~2회는 한남대학교에서 개최되었고, 제3회는 1993년에 미국 노스캐롤라이나 주의 몬트리트에 있는 몬트리트 대학(Montreat College)에서 개최되었다. 제3회 자문회의에는 한남대학교에서 박종민 총장과 서의필 교수, 국제교류부 부장인 필자가 참가하였고, 대학의 주변에 소재한 자매학교 7개교(Montreat College, Maryville College, Presbyterian College, Lynchburg College, St. Andrews College, King College, Queen's College 등)의 총장들과 블랙 마운틴(Black Mountain)에 사는 은퇴 선교사-교수들(David Moore, David Seal, Paul Crane 선교사 등) 그리고 한남대학교 66학번 동문인 이헌철 교수(노스캐롤라이나 대학교 사회학과)가 특별히 참석하였다. 이헌철 동문은 1973년에 숭전대학(전 한남대학교)을 졸업하고 미국으로 유학 와서 정착한 동문으로, 1994년 당시에는 마침 가까운 애슈빌(Ashville, NC)에 있는 노스캐롤라이나 대학의 사회학과 교수로 초빙되어 막 이주하였을 때였다. 그는 그날의 회의에서 서의필 교수의 한남대학교 창립 배경과 창립 정신에 관한 발표를 듣고 매우 감동받고 6년 뒤인 2000년에 한남대 미주동문회를 창립하였다.

　　이날 회의에서는 이헌철 동문을 포함한 모든 참석자가 서의필 교수의 열정적인 발표에 감복하여, 한남대학교를 향하여 뜨겁게 한마음이 되었다. 참석자들은 대학의 지도자 관점에서 대학들의 여러 가지 현안에 대하여 토론도 하고, 새로 총장이 된 박종민 총장을 중

제9회 국제자문회의. 오른쪽에서 3번째가 서의필 교수(1996)(한남대학교 제공)

심으로 한남대의 미래지향적인 방향에 대하여 함께 고민하는 시간
을 가졌다. 또한 무엇보다도 대학을 대표하고 이끄는 지도자의 가
치관과 교육관을 매우 중요하게 여기는 서의필 교수는 이 회의를
통하여 박 총장에게 지도자로서의 사명과 용기를 되새기는 뜻깊은
시간을 만들어주었다. 서의필 교수의 열정과 관심은 차기 회의에서
도 계속 전승되었고 국제자문회의는 한남대학교의 총장과 지도자
들을 격려하고 지원하는 데에 큰 힘이 되고 있다.

### 3) 한국학 프로그램의 창설

1980년대에 시작된 국제교환학생 프로그램은 외국에 나가기를 원
하는 교환학생은 많은 반면, 외국에서 한국으로 유학 올 수 있는 경
우는 극히 드물어 매우 불균형한 교환학생 교류가 지속되었다. 서
의필 교수는 이러한 불균형한 학생 교류 문제를 해결할 수 있는 방
안으로 '사과와 오렌지 교환'(Apple and Orange Exchanges) 프로그

램을 제안하였다. 그렇게 하여 태어난 것이 외국인 학생을 위한 하절기 단기 한국학 집중 프로그램이다. 이 프로그램에 참여하는 학생들은 '국제교육' 학점을 얻게 된다. 대신에 한남대학은 외국의 해당 자매대학에 교환학생을 1~2명씩 지속적으로 보낼 수 있다. 이로써 불균형한 교환학생 교류 문제를 어느 정도 엇비슷하게라도 균형을 맞추도록 조절하는 국제교류 프로그램이 탄생하였다.

한국학 프로그램은 6개월~1년간의 장기 프로그램과 한 달간의 단기간 여름 집중 프로그램으로 구성되었다. 한국학 프로그램은 기초 한국어 과정, 한국 역사, 한국 문화, 한국 음악과 예술, 한국 음식 만들기 등으로 구성되었고, 주말마다 주요한 역사 유적지로 서울과 경주 그리고 비무장지대(DMZ) 등을 탐방하는 필드 트립(field trip)을 포함한 현장 체험학습도 개설하고 있다. 모든 강좌는 한국어 과목만 제외하고 영어로 진행되고 학생들은 프로그램 이수 후 3학점을 얻게 된다. 모든 교과목은 국제적으로도 수준 높은 교육 내용으로 국내 최고의 교수진이 담당한다.

서의필 교수 스스로도 한국사와 동아시아사 과목을 직접 강의하였고, 주말에는 학생들의 필드 트립도 안내하며 도움을 주었다. 그의 강의는 한국 학생과 외국 학생의 수를 동등하게 구성하여 토론 중심으로 진행되었다. 당시 필자도 그의 수업에 참여하여 함께 토론한 적이 있다. 그의 강의 첫날은 주로 다음과 같은 질문으로 시작되었다.

"오늘 여러분은 어떻게 여기에 와 있나요?"
"당신은 자신의 뿌리가 어디서 왔는지 아십니까?"

"우리 한국에 대해서 어느 정도 알고 있나요?"

"공자 사상과 한국의 홍익인간의 이념이 무엇인지 아나요?"

〔1993년 여름 한국학 특강, 한남대학교, 1993. 6. 10〕

서의필 교수는 한국에 대하여 전혀 알지도 못하는 외국 대학생들에게 충격 효과를 주고자 위와 같은 질문을 던졌는지도 모른다. 그러나 그는 곧 새로운 이야기를 소개하며 당황해하는 학생들을 안심시킨다.

내가 믿고 사랑하는 한국은 적어도 5천 년 이전에 생긴 오래된 나라입니다. 그 당시는 단군 지도자라는 선인이 직접 나라를 통치했고, 홍익인간의 이념 아래 모든 사람을 이롭게 하며 평화롭게 나라를 다스렸습니다. 국민들은 모두 평등하게 자유를 누리고 살았습니다. 싸움도 전쟁도 없는 곳에서 스스로 자신의 근본을 갖추고, 서로 존중하며 떳떳하게 사는 정의로운 나라였습니다.

그의 설명이 끝난 뒤, 학생들은 '홍익인간 개념'과 '미국의 건국개념 그리고 자유민주주의 개념'을 비교하며 장시간 토론에 들어간다. 그리고 홍익인간과 민주주의에서 나타나는 평등과 정의에 대한 개념을 더욱더 깊게 통찰할 수 있는 기회가 주어진다.

그런 다음 서의필 교수는 학생들을 한국의 마지막 왕조인 조선시대(1392-1910)로 데려온다. 고려시대까지는 어느 정도 독자적인 국가였다면, 조선시대는 새로운 국가의 이념을 중국의 주자학 또는 성리학에서 들여와 500년 동안 중국에 매우 의존적인 국가였다고 소개한다. 주자학의 영향으로 사회는 계층 간 부조리가 심해지고, 공자의 예를 숭상하는 수직적인 사회가 되어 신분계층이 뚜렷이 구분되었다는 것도 강조한다.

서의필 교수는 18세기의 조선시대가 되면 부패한 관리들이 출현하고 계층 간의 이동이 심해지는 사회변동 현상이 일어났는데 이는 필연적인 현상이라고 지적한다. 18세기 조선에는 실학사상이 들어오고 상업과 경제가 활발해지면서 중인계급이 부유해진다. 아울러 사회의 부가 창출되면서 국민의 삶에 대한 의식도 향상되는 가운데 상류계층으로 향하고자 하는 욕구가 심해지면서 부정부패가 만연한 사회가 형성된다.

또한 19세기에는 조선의 근대화에 기여했던 서양 문화의 유입과 함께 미국의 청교도 정신과 건국 정신을 근간으로 하는 미국 선교사들의 한국 상륙과 그들이 일궈낸 교육선교 사업과 의료선교 사업도 소개한다. 선교사들은 복음을 전파했을 뿐만 아니라, 일제 강점기에는 한국인들의 유일한 피난처가 되어주고 암흑과 좌절 속에서 등불의 역할을 했다. 인돈 선교사는 3.1운동을 미국에 처음 알리고 한국 독립의 필요성을 〈애틀랜타 신문〉에 기고했다. 그 후 2차세계대전이 끝나자 미국과 러시아가 한국을 남북으로 나누어 각각통치하였고, 그 뒤 5년 뒤에 한국전쟁이 발발하였다.

이와 같이 한국학 수업에서는 역사적인 사실이 소개되고 나면, 학생들은 냉전시대를 가져온 한국전쟁의 원인과 결과 그리고 한국의 장래 비전에 대하여 토론을 시작한다.

서의필 교수는 또한 외국 학생들을 위한 한국학 자료실을 구축하는 데 많은 도움을 주었다. 새로 생긴 한국학 자료실은 학생들이 중앙도서관에 가는 대신 교실 가까이에서 쉽게 영문서적들을 읽고 연구할 수 있도록 도와주기 위하여 만들어졌다. 서의필 교수는 자신이 소장하고 있던 장서 400여 권을 기증하여 한국학 자료실 설립의 기초를 제공하였다. 당시 국제교류부에서도 서의필 교수가 추천했던 중요한 영문 원서들을 해마다 해외에서 직접 구입하여 1,000권이 넘는 장서를 소장한 한국학 자료실을 구축하였다. 당시 서의필 교수가 추천한 도서들은 미국에서도 유명한 대학 출판사들로 하버드 대학, 예일 대학, 시카고 대학 그리고 미시간 대학 출판사 등에서 출판한 한국학과 관련된 중요한 전문 서적들이었다.

## 5. 소외된 자와 약자의 편에 서다

서의필은 언제나 약자 편에 서 있었다. 그는 약자를 보면 항상 마음 아파하고 도와주려고 했다. 그의 한국 선교활동을 들여다보면 마치 성경 속 예수의 삶이 현대에 재현된 듯하다. 서의필 교수는 "오른손이 한 일을 왼손이 모르게 하라!"는 예수의 말씀에 따라 거룩한 말씀을 실천하면서 남모르게 선행을 베풀었다. 그리고 우리에게 묵묵히 거룩한 말씀을 실천하면서 하나님 나라를 찾아가는 길을 일깨워주었다.

### 1) 오른손이 한 일을 왼손이 모르게 하라!

서의필 교수는 약자, 병자, 도피자 등 사회에서 소외된 자들과 사회적 피해자들이 도움이라도 요청하면 즉시 뛰어나가 조용히 도와주었다. 그는 오랫동안 한남대학에서 재직하면서도 정식 급여를 받지 않고 선교사 후원금에만 의존하여 생활하면서도 평소 검소하게 생활하며 모아둔 생활비를 아무도 모르게 필요한 학생들에게 장학금으로 지원하였다. 그 자신은 응접실에 있던 수십 년 된 소파가 아주 낡아서 불편하실까 염려되어 학교에서 교체해드리겠다고 하는 제안을 거절한 적도 있다. 그는 "우리는 어느 하나 낭비하면 안 됩니다. 이 소파는 오랫동안 저와 함께 있었습니다. 아직도 이곳을 방문하는 사람들이 편하게 앉아 쉴 수 있습니다"라고 하며 웃곤 했다.

1994년에 알려진 일이 있다. 그해에 필자는 서의필 교수를 위한 귀국환송회를 대학교 교정에서 개최하였다. 그곳에는 많은 제자들과 동료 교직원들, 이미 졸업한 제자들과 많은 지인들이 서의필 교수와 작별인사를 나누려고 참석하였다. 환송회에서는 한 사람씩 돌아가며 작별사를 이야기하는 시간이 주어졌는데, 참석자 중 40대 중반인 여성 세 명이 다음과 같은 이야기를 들려주었다.

그들은 자신들이 서 교수님 덕분에 대학을 무사히 졸업하고 오늘까지 성장한 제자들이라고 소개하였다. 그들은 모두 1970년대에 대학을 다녔는데, 집안 사정 때문에 등록금을 내지 못하여 학업을 중단할 처지에 놓이게 되었다. 그런데 그러한 사연을 알게 된 서의필 교수가 아무도 모르게 그들에게 등록금을 지원해주었고 그 덕분에 모두 대학을 졸업할 수 있었다. 그들은 서 교수님의 도움이 없었다면 대학을 졸업할 수 없었을 것이라며 흐느꼈다. 그리고 서 교수님이 주신 그 은혜를 아직도 갚지 못했는데 떠나시면 어떻게 하느냐고 송구해하며 이별을 슬퍼했다. 모든 참석자가 처음 들었던 이 일화에 놀라워했고 또한 무한한 감동을 받았다.

서의필 교수는 그렇게 자신이 한 일을 겉으로 드러내지 않았다.

그러나 그의 영혼을 울리는 내면의 도움과 봉사와 헌신에 대한 기억은 많은 사람의 마음속에 깊이 존재하고 있다. 그는 특히 당시의 남녀차별적인 한국 사회에서 여성들이 제대로 평등하게 교육을 받지 못하는 것을 늘 안타까워했다. 그는 1950~60년대에 한국에 왔던 다른 선교사들도 여성들이 한국의 유교문화권 속에서 남녀차별 때문에 어려움을 겪고 있는 것을 보고 안타까워했다고 전한 적이 있다.

1960년대만 해도 전국적으로 대학에 진학하는 여학생이 극소수에 불과했다. 대전대학도 여학생이 전교생의 10% 정도에 불과했다. 서의필 교수가 1968년 당시 재직하였던 대전대학의 성문과도 거의 대부분이 남학생들이었다. 그는 이미 한남대학교가 여성교육을 장려하기 위하여 창립 초기부터 여학생 기숙사도 건립하고, 60년대에는 특히 여성들에게 장학금 혜택을 확대하여 거의 무료로 대학을 다닐 수 있도록 지원한 일을 매우 자랑스러워했다.

서의필 교수는 또한 1998년에 제5회 한남대학교 인돈문화상을 수상하고 받은 상금 5백만 원 전액을 아무도 모르게 대학에 기부한 적이 있다. 그 당시에 그 금액은 적어도 3명의 학생이 한 학기 등록금을 낼 수 있을 정도로 큰돈이었다.

## 2) 가장 낮은 곳에서 시작하다!

서의필 교수는 학생들에게 늘 사회의 가장 낮은 곳에서 자신을 낮추고 일하는 사람들의 시각에서 이 세계를 바라보며, 세상을 바라보는 관점을 직접 느껴볼 것을 권하였다. 그리하여 학생들이 타인을 대할 때에도 상대방의 관점에서 먼저 생각해보고 존대하며 늘 겸손하게 행동할 것을 강조하였다.

　어느 날 그는 학생들에게 대학에서 제일 존경하는 사람이 누구냐고 물었다. 그러자 장내는 조용해졌고 학생들은 저마다 자신들이 존경하는 사람을 골똘히 생각해보고 있었다. 그러나 아무도 대답하지 않고 있자, 서의필 교수 자신은 이 교실을 매일 치워주는 '청소하시는 용인들'을 제일 존경한다고 하였다. 그 자리에 있던 학생들은 충격을 받았다. 너무 의외의 인물이었기 때문이다. 마침 학생들은 저마다 '… 교수님', '… 사회인', 혹은 '가족' 중 누구라고 생각하고 있었는데, 서의필 교수는 그들이 생각하지 못했던 전혀 의외의 인물을 언급한 것이었다. "용인들이야말로 우리 대학의 가장 저변에서 이 학교를 위하여 가장 중요한 일을 하시니 최고의 존경을 받으셔야 할 분들"이라는 것이었다.

　서의필 교수의 이야기는 계속된다. 그분들은 매일 학생들이 오기도 전에 학생들이 쓸 교실을 깨끗이 청소하고 학생들이 쾌적하게 수업을 들을 수 있는 환경을 만들어주신다. 그분들 때문에 학생들은 쾌적한 교실에서 활발하게 지적 작용을 하면서 진리를 배울 수 있고 창조적인 생각도 해낼 수 있다는 것이다. 그의 말을 듣고 고개를 끄덕이던 학생들이 그 후 길가에서 마주치는 용인들과 따뜻한 인사말을 주고받으며 한 식구처럼 지냈던 것은 물론이다.

　서의필 교수 스스로도 매년 여름이 되면 용인들에게 감사와 존경을 표시하기 위하여 자신의 집 정원에 그들을 초대하여 조촐하지만 따뜻한 음식을 대접하였다. 언제나 테이블 위에는 부인인 서진주 선교사가 제일 좋아하는 사과 파이가 가득 놓여 있었다. 서의필 하우스를 관리하던 정 집사는 자신이 서진주 사모님에게서 배운 서

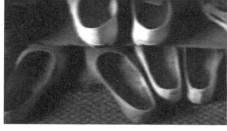

▲ 용인들과 식사하던 서의필하우스의 정원(1980s)
▼ 서의필 교수가 정원을 가꿀 때 애용하던 고무신(1970s-1990s)

양요리 중 제일 잘 만들 수 있는 요리가 사과 파이라고 자랑하면서 신이 나서 음식을 준비하였다.

용인들은 서의필 교수에게 감사하는 마음으로 늘 그날을 기다렸다. 그들에겐 맛있는 음식뿐 아니라 서의필 교수와 함께 음식을 나누어 먹으면서 여러 귀한 말씀을 들을 수 있는 소중한 기회였기 때문이다. 용인들은 그의 따뜻한 위로 말씀과 함께 인간의 존엄성을 새겨주는 말씀을 들으면서 영혼이 승화되는 느낌을 받았다고 한다. 그들은 서의필 교수와의 만남 이후 더욱더 학교를 정성껏 보살피고, 학생들이 쾌적한 곳에서 학업에 정진하도록 교실들과 건물들을 더욱 청결하게 유지하면서 자신들이 하는 일에 강한 자부심을 내보였다. 어떤 용인은 이 대학에서 자신들을 제일 인간적으로 존중해 주며 아껴주는 분이 서의필 교수라고 하며 늘 감사를 드렸다.

또한 어느 때부터는 용인들이 고무신을 신고 교정과 교실을 청소하며 자랑스럽게 일하는 모습들이 나타났다. 그들은 서의필 교수가 흰 고무신을 신고 풀을 제거하고 화초를 가꾸는 것을 보고 너무도 신기해했다. 그들은 서 교수에게 고무신을 왜 그렇게 좋아하시느냐고 질문했다. 그랬더니 서의필 교수는 "세상에 이 고무신처럼 그렇게 편하고 실용적인 신발을 보지 못했어요! 발을 물에 적시지 않고 장시간 일하려면 이 한국 고무신이 최고입니다!"라고 하시며 웃으셨다고 한다. 그의 모습에 감동받은 용인들은 어느 사이 자신들도 그 자랑스러운 한국 고무신을 신고 일하고 있었다.

### 3) 알트만 교수와 일본의 외국인 지문 날인 거부운동

서의필 교수는 언제나 사회적 약자 편에, 사회의 부조리와 차별에 저항하는 사람들 편에 서서 그들을 격려하고 도와주었다. 다음은 1990년에 일어났던 일이다. 당시 일본에서는 1980년대에 지문 날인을 강요한 외국인등록법에 저항하여 외국인들, 그중 특히 재일교포가 중심이 되어 강력한 항의 시위가 계속되었다. 미국인인 알트만(Harry Altmann) 교수도 이 저항운동에 동참하기 위하여 일본을 떠나야 했고, 서의필 교수가 그를 도와주게 된 일화가 있다.

당시의 상황을 간단히 소개하면 다음과 같다. 1980년대에 일본에서는 외국인을 차별하여 거주등록증에 지문을 날인하는 것을 반대하는 인권회복 운동이 일어났다. 일본 정부는 1952년에 외국인 체류자들에게 지문을 날인하도록 의무화하는 외국인등록법을 제정하고, 외국인 거주자들에게 지문 날인을 의무화하기 위하여 1952년 이후 3년마다 지문을 날인하도록 요구해왔다.

그러나 1980년대에 들어서 여러 곳에서 이의를 제기하는 항의가 계속 일어났고 지문날인제도의 수정이 불가피하게 되었다. 일본에 제일 많이 거주하고 있는 외국인이 재일교포였고 그들이 제일 큰 피해자였다. 그들을 중심으로 지문 날인 거부운동이 확산되었고, 많은 일본인 지식인과 법률가까지도 이 거부운동에 동참하여 지원하였다. 그러자 일본 정부는 1982년부터 5년마다 날인하게 하였고, 1987년부터는 처음 한 번만 지문을 날인하도록 변경하고 완화하려고 하였다. 그러나 지문 날인 자체를 없애는 것을 희망하는 외국인들은 1987년에 완강하게 지문 날인을 거부하였다. 외국인에게만 요구하는 '외국인 차별' 행위라는 것이다. 항의의 표시로 어떤 이는 자진하여 일본을 떠났고, 어떤 이는 지문 날인을 계속 거부하다가 거주등록증을 재발급받지 못하고 추방당하기도 했다. 결국 일본 정부는 외국인들의 거센 항의 속에서 수많은 재판 과정을 거쳐 1993년부터 지문날인제도를 완전 폐지한다.

시코쿠 학원대학 교수인 미국인 선교사 알트만 박사도 1989년에 일본의 거주등록증을 재발급받아야 했는데 재일교포들이 주가 되어 지문 날인을 거부하는 운동에 동참하여 일단 일본을 떠나기로 결심했다. 그는 일본에서도 소수인 미국 장로회 기독교대학으로 시코쿠 학원대학에 파견된 선교사로 20여 년 동안 물리학을 가르쳐왔었다. 시코쿠 학원대학은 한남대학교와 1978년에 자매대학 결연을 하고 매우 친밀하게 국제교류 프로그램을 운영해온 기독교 대학이다.

알트만 박사는 지문을 등록하면 거주등록증을 쉽게 재발급받을 수도 있고, 일본을 떠나지 않고 그대로 거주할 수도 있었다. 그러나

▲ 동료들과 함께 있는 알트만 교수
(1991)
▼ 일본에서의 외국인 차별 반대 시
위 현장(1980-1993)

신실한 기독교 선교사였던 그는 일본 사회의 제도적인 외국인 차
별, 특히 재일교포를 향한 외국인 차별에 대한 항의의 표시로 지문
날인을 거부하였다. 그리고 그는 일본 정부에 대한 항의 표시로 일
본을 떠나는 길을 선택하였다.

서의필 교수는 알트만 교수의 상황을 알게 되자 그가 잠시라도
한남대학교에 머무를 수 있도록 적극적으로 도와주었다. 그리하여
알트만 박사는 일본 정부가 지문날인법을 폐지한 1993년까지 한남
대학교에서 강의를 하였다. 이 기간 동안에 그는 영어교육과에서 영
어회화와 작문을 지도하고 대학원에서 물리학을 가르쳤다.

서의필 교수는 알트만 박사의 멘토 교수가 되어 그가 한국 문화
에 쉽게 적응할 수 있도록 성심껏 도와주고, 한국과 일본에 얽힌 역
사적인 지식들도 알려주었다. 그의 도움으로 알트만 박사는 학생들

의 성경공부 모임에도 참석하여 한국 학생들과 교류도 하고 대전외국인학교 내의 외국인 교회에서 설교도 하며 자신의 경험을 공유하였다. 서의필 교수는 또한 알트만 박사에게 가능한 한 많은 곳을 안내하며 한국에 대하여 알 수 있도록 도와주었다. 주말이면 근처에 있는 계족산과 계룡산 등으로 함께 등산을 가기도 했다.

알트만 박사가 일본의 지문 날인을 거부하는 운동에 동참한 것은 한 개인으로서 드러낼 수 있는 작은 의사 표현일 것이다. 그러나 일본의 외국인등록법의 가장 큰 희생자는 재일 한국인이었고, 그들이 차별당하고 고통스럽게 살고 있음을 목격해온 알트만 박사는 한국인을 위하여 지문 날인 거부운동에 작은 힘을 보태기 위하여 지문 날인 거부운동에 참여했다고 훗날 필자에게 설명한 적이 있다. 결국 지문 날인 거부운동은 일본 사회의 외국인과 관련된 여러 문제를 해결하는 시발점이 되었고, 일본 사회가 국제화되고 다문화 국가로 성장하는 데에 크게 기여한다.

알트만 박사는 지문날인법이 폐지된 1993년에 일본으로 돌아가서 시코쿠 학원대학에서 강의를 계속하였다. 그러나 안타깝게도 그로부터 몇 년 뒤 알트만 박사는 학생들과 산행 중에 실족사하여 명을 달리하였다.

## 6. 사회참여를 통한 실천적 지식인의 길

서의필 교수에게 한국은 동생이 한국전쟁에 참전했다가 사망하였던 슬픈 기억이 있는 나라, 전쟁의 폐허 속에서 미래가 보이지 않는 나라였다. 부패한 정부 지도자와 그에 저항하는 국민들이 있는 나라, 전쟁으로 인하여 이산가족의 슬픔을 안고 있는 나라, 전제정치 아래 신음하며 가난하게 살고 있는 북한 민중들이 살고 있는 나라였다.

한국어에 유창한 그는 한국에 살면서 사회문제에 많은 관심을 갖는다. 그는 사회적으로 소외된 자들을 위로하고, 정의를 찾고자 저항하는 사람들을 찾아가 격려했다. 그리고 한국이라는 자유민주 국가에서 태생한 노동자 운동, 농민 운동, 참교육 운동 등에도 많은 관심을 갖고 배우고자 했다. 혹자는 이야기한다. "서의필 교수는 자유민주적 관점에서 진보적이고 개혁적이며 창조적인 사상을 갖고 사회개혁을 추종하신 분"이라고. 또한 어떤 이는 그를 '공산주의를 신봉하는 좌파'라고 평가하기도 한다. 그러나 이는 그의 종교적인 관점에서 보면 하나님을 신봉하고 말씀대로 살고자 한 그였기에 무의미한 구별이며 정치적인 이념일 뿐일 것이다. 그가 만일 좌파들을 도와줬다면, 어떤 정치적 이념에 동참하여 그들을 도와준 것이 아닌, 사회적인 소외자이거나 도움을 요청하는 이들을 늘 도와주신 예수의 행적을 따르기 위한 행위로 보인다.

서의필 교수는 하나님의 사명을 따르며 예수의 삶을 실천하려고 한 불굴의 의지가 있는 선교사였으며, 정의로운 사회를 만들기 위하여 사회개혁을 외친 사회운동가였고, 진리·자유·봉사의 정신에 따라서 새로운 세계를 창조하도록 젊은이들을 가르친 지성인이었다. 그는 거대한 사회에서 억압당하는 소외자와 약자와 병자를 도와주고, 그들에게 강한 자긍심을 세워주며, 스스로 독립된 개체로서 존경받고 성숙한 인간으로 살 수 있도록 정신적인 힘이 되어주고자 했다. 또한 그는 지식인으로서 사유하고 사회의 부조리를 보

면 비판하고 표현할 자유를 누리면서 인간의 기본적 자유의지를 존
중하였다. 그리하여 최고의 지식을 흡수하는 가운데 진리를 깨닫고
지혜와 통찰력을 얻어 실천하는 참 지성인이었다.

요약하면 서의필 교수는 어느 특정 정치이념이나 정치활동에 치
우치지 않고 정치와 종교를 철저히 분리하여 기독교인으로서의 사
명을 이루려고 한 선교사였다. 그는 기독교인으로서 진리를 추구했
고 진리가 우리의 영혼을 자유롭게 한다는 것을 믿었으며, 사회의
부조리와 부패를 보면 과감히 대응하여 정의로운 사회를 찾고자 한
용감한 지성인이었다.

### 1) 죄수들을 위로한 감옥선교

한국에서는 130여 년 전에 감옥선교가 시작되었다. 당시 서울에 거
주하던 선교사들은 매주 한 번씩 한성감옥을 찾아가 그곳에 갇힌
죄수들과 애국자들을 위로하고, 성서와 기독교 관련 서적을 나누어
주며 전도를 시작하였다. 그 당시 감옥선교에 적극적으로 참여하였
던 선교사는 '한국인보다 더 한국을 사랑한 외국인' 선교사들로 잘
알려진 벙커(Dalziel A. Bunker, 1853-1932), 아펜젤러(Henry Gerhard
Appenzeller, 1858-1902), 언더우드(Horace Grant Underwood, 1859-
1916), 헐버트(Homer B. Hulbert, 1863-1949) 등이었다.[129]

예를 들면, 조선 말기인 1898년에 독립협회사건 이후 이승만을
비롯한 사회지도자급 애국지사 수십 명이 구속되어 한성감옥에 갇
힌다. 그때 앞서 언급한 선교사들이 매주 감옥을 방문하여 함께 예
배를 드리고, 수백 권의 종교서적(약 294종 523권)을 넣어주며 그들
을 전도하였다. 당시 많은 애국자가 감옥에서 세례를 받고 개종하

였는데 이승만, 이상재, 남궁억, 이원긍, 유성준, 김정식, 김린, 홍재기, 민국선, 신흥우 등과 같은 미래의 한국 지도자들이나 선구자들이 그들이다.130)

감옥선교는 1950년대에도 이어졌다. 6.25전쟁 당시 부산으로 피난 갔던 한남대학교 초대 학장인 인돈 선교사도 그곳에서 군인들뿐 아니라 전쟁 포로를 대상으로 선교를 했다.131) 또한 한남대학교 2대 학장이었던 타요한 선교사와 김아열(Bruce A. Coumming) 선교사도 거제도 포로수용소에서 수용소가 철거될 때까지 군목으로 있으면서 복음선교 활동을 펼쳤다.132)

서의필 교수는 오래전에 선배 선교사들이 하였던 감옥선교를 계승하듯 주기적으로 공주교도소를 방문하여 하나님의 존재를 알리고 영혼이 구원받을 수 있는 길을 안내하였다. 당시 공주교도소에는 수십 명의 미전향 장기수들이 복역하고 있었다. 이들은 한국전쟁이 끝난 뒤 북한으로 가지 못한 채 남한에 남겨졌으나 남한 사회를 거부하고 미전향한 장기수로 평생 감옥에 살면서 남한 사회에서는 잊힌 사람들이었다. 대부분의 남한 사람들은 이들의 존재조차 알지 못했고, 그들은 사회적으로 매우 소외당하며 살고 있었다.

당시 한국 사회는 한국전쟁 이후 반공을 국시로 하여 좌파들을 단속하고 멀리하던 민감한 시기를 보냈기에 일반인들이 미전향한 북한 장기수들을 만나거나 위로한다는 것은 상상도 할 수 없는 일이었고 사회적으로도 금기시되는 행동이었다. 그러나 서의필 교수는 평생 감옥에 감금된 채로 극도의 외로움과 고통 속에 비참하게 지내고 있는 사회의 소외자들을 그냥 내버려둘 수 없었다. 그들도 소중한 생명이요 존중받아야 할 대상이었다. 그 누구도 정치적 이

넘 때문에 차별받거나 고통받는 피해자의 삶을 산다는 것은 옳지 않았다. 그 누구도 타인의 삶의 권리를 짓밟을 수 없다. 하나님 앞에 선 모든 인간이 평등하고, 자신의 가치를 존중받고 행복하게 살 권리가 있는 것이다.

서의필 교수는 묵묵히 그러나 꾸준하게 공주교도소를 방문하여 미전향 장기수들을 만나고 전도하였다. 그에게는 그들의 영혼을 위로하며 절망 속에서 희망을 줄 수 있는 용기가 있었고 하나님의 세계를 알려줘야 한다는 사명감이 있었다. 그에게 무엇보다도 중요한 것은 하나님을 모르는 장기수들이 하나님 앞에서 하루라도 빨리 거듭나고 영생을 누릴 수 있는 기회를 갖도록 하는 것이었다. 당시 주위 사람들은 그의 모습에서 수천 년 전에 소외자들의 영혼을 위로하던 예수의 모습을 연상하였다.

## 2) 5.18광주민주화운동

1980년 5월 18일에 일어났던 광주민주화운동은 서의필 교수에게 큰 충격을 안겨주었다. 서의필 교수는 광주 소식을 듣고 당시 광주에 머물고 있는 미국 선교사들의 안위가 매우 염려되었다. 광주는 남장로회 한국선교부가 한국 선교의 초기 시절인 1904년에 유진벨 (Eugene Bell) 선교사와 오웬(Clement Owen, 오기원) 의료선교사를 필두로 광주의 양림동에 선교부를 개척하고 선교 활동을 시작한 유서 깊은 곳이다.133) 아래에는 필자가 들었던 서의필 교수의 광주 방문 상황을 소개한다.

5.18 당시 광주 소식을 듣게 된 서의필 교수는 광주에서 시위를 하던 대학생들과 광주에 살고 있던 선교사들의 안위가 매우 걱정되

었다. 그는 즉시 지인과 함께 대전에 있는 성심당 빵집에 들러 식빵을 수십 개 구입하여 광주로 향한다. 광주에 도착한 그의 일행은 그곳에서 한국어에 능통한 서양인을 알아보고 주변에서 달려온 뉴스위크지 기자 등 해외 언론사들이 파견한 외국인 기자들과 합류한다. 서의필 교수는 자신을 가로막은 군인들에게 유창한 한국어로 간곡하게 설명하였다.

> 지금 이 광주 안에는 불쌍한 한국인들뿐 아니라, 멀리 수천 킬로 떨어진 외국에서 와서 굶고 있는 선교사들도 있습니다. 그들은 당장 오늘 먹을 빵이 필요합니다. 나는 그들이 지금 바로 먹을 수 있도록, 오늘 아침에 구운 이 식빵들을 대전에서 가지고 왔습니다. 지금 바로 이 음식을 전달해줘야 합니다! 어떻게 하면 우리가 광주 시내로 들어갈 수 있습니까?

그러자 어느 군인도 그의 진실한 설명과 안내를 부탁하는 간곡한 요청을 거부할 수 없었다. 군인들은 곧 서의필 일행과 해외 언론사 기자들을 총알이 날아다니는 광주 시내로 안내하였고, 서의필 교수는 광주시에 거주하던 선교사들에게 대전에서 가져간 빵을 전달해줄 수 있었다. 동시에, 함께 있던 미국 언론사 기자들도 안전하게 현장을 돌아보며 취재하고 사진도 촬영하여 생생한 기사들을 즉시 미국으로 전송할 수 있었다고 한다. 당시 한국 내에서는 모든 언로가 봉쇄된 상태여서 한국인들보다 해외에 있는 한국인들과 세계인들이 더 빨리 광주 소식을 접하였다. 당시에 현장을 취재할 수 있었던 외신기자들 덕분이다.

당시 미국에서 광주에 대한 소식을 저녁 뉴스로 접하게 된 필자

광주여 무등산이여
아아 우리들의 영원한 깃발이여
꿈이여 십자가여

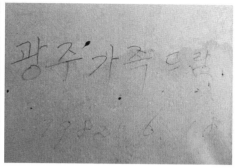

서의필 교수는 광주에서 도움을 주었던 가족들이 보내온 액자를 자신의 연구실에 보관하였다(1982).〔내용: 김준태의 시, "광주여, 무등산이여! 아아, 우리들의 영원한 깃발이여! 꿈이여! 십자가여!"〕

를 포함한 많은 한국 유학생들은 군인들과 시민들이 총격전을 벌이는 장면을 보고 한국에 전쟁이 일어난 줄 알고 많이 염려하였다. 그래서 모두 한국에 있는 가족들에게 국제전화를 걸어 확인하려고 하였다. 그러나 서울에 있던 가족들은 광주에서 사태가 일어난 것을 전혀 모르고 있었다. 당시 모든 언로가 차단된 상태였기에 광주를 제외한 다른 지역에서는 전혀 상황을 파악하지 못했고 시위가 진압되고 난 뒤에 발표된 뉴스를 접하고 알게 되었다고 한다. 해외에 거주하던 사람들에게는 군인들이 트럭 위에 젊은이들을 가두어놓고 폭력을 가하는 장면들이나 시민들이 경찰서 무기고에서 무기를 탈취하여 군인들과 총격전을 벌이던 장면들이 그야말로 큰 충격을 안겨주었다.

5.18운동이 지난 얼마 후 서의필 교수는 광주를 피하여 도주해

온 어느 시위대원을 도와주게 된다. 그는 아무도 모르게 그 시위대원을 자신의 집 거실 안쪽 서재에 2주 동안 숨겨주다가 해외로 탈출할 수 있도록 도와주었다.[134] 이는 부인인 서진주 선교사 외에는 아무도 알지 못했던 일로 당시 집안일을 돌보던 정 집사조차도 시위대원의 존재를 알지 못했다고 한다. 서의필 스스로도 그 사람의 신원조차 모른 채 단지 그가 안전하게 지내고 떠날 때까지 도와주었을 뿐이었다. 서의필은 그 일에 대해 다음과 같이 설명하였다.[135]

저는 그가 누구인지, 어디에서 왔는지, 어떤 일을 한 사람인지 그리고 어디로 갈 것인지도 몰라요. 쫓기며 숨겨주기를 바라는 사람에게 우리는 자세한 것을 묻지 않는 것이 원칙이지요. 나도 제 아내도 아무것도 그에게 묻지 않았어요. 그냥 쫓기는 사람이니 안전하게 있을 곳이 필요하구나 하는 정도만 굳게 마음에 간직하고 있었습니다.

우리 집에서는 우리 두 부부만이 그 사람이 우리 집에 머물고 있다는 것을 알았습니다. 우리 아이들도 그가 우리 집에 있는 것을 몰랐어요. 특히 우리가 목포에서 생활할 때부터 우리를 도와서 한 식구처럼 일하신 정덕순 아주머니도 그가 우리 집에 숨어 있는지 전혀 몰랐지요.

그러다가 언젠가 그는 우리 집을 떠났어요. 아마 부산을 통하여 해외로 나갔을 겁니다. 그런 비슷한 이야기를 들었어요. 그 뒤로도 그가 누구인지 모르고, 그도 우리에게 어떤 연락을 한 적이 없어요.

1980년 5월 18일에 시작된 광주민주화운동(1980. 5. 18~5. 27)은 당시 계엄령을 선포하고 집권하고 있는 군부정권에 항의하는 대학생들의 시위가 전국적으로 심해지자, 시위를 진압하기 위하여 광주시에 공수부대를 투입하면서 촉발되었다. 왜 하필이면 광주가 목표가 되었는지는 아직도 의문으로 남아 있다.

군인들이 대학생 시위대를 폭력으로 탄압하자 3일 뒤인 5월 21일에는 시민들이 시위에 동참하며 범시민연대가 형성되었다. 그리고 일부 시민들이 근처의 경찰서 무기고에서 무기를 탈취하고 군인들과 총격전을 벌이면서 양측에서 수많은 사상자가 발생하는 비극적인 사태로 확대되었다. 여기서 특이할 점은 일반인의 무기 사용을 금지하는 당시 한국 사회에서 집권세력에 저항하여 일반 시민들이 무력을 사용하여 저항한 선례를 남긴 것이다.

광주항쟁은 5월 27일까지 10일 동안 계속되면서, 당시 정부 추산으로는 170명이 사망하고 수천 명의 부상자가 발생하였다고 보고되었으며, 비공식적으로는 군인과 경찰 26명의 사망자를 포함하여 훨씬 더 많은 사망자와 부상자가 발생하였다고 보고되었다.[136] 그렇게 위험한 상황 속에서 시민자유위원회와 시민협상위원회가 구성되면서 이들의 중재하에 사태는 겨우 진정된다. 그리하여 감금된 사람들을 석방하고 서로의 보복을 금지하며, 무기를 반환하기로 하고, 더 나아가 희생자의 장례 처리 문제와 부상자 치료 지원과 희생자 가족에 대한 보상 등 다양한 요구조건을 해결하는 것으로 협의하고 일단락되었다.

## 3) 행동하는 지식인

서의필 교수는 40년 동안 격동기 속의 한국 사회에서 살아오면서 '한국인보다 더 한국을 사랑했던 외국인'이었고, 특히 어려운 시기마다 한국인 곁을 지켜주며 함께하던 지성인이었다. 그는 1960년대에는 4.19의거와 5.16군사쿠데타를 지켜보며 한국인들이 정의로운 사회를 외치며 저항하는 현장에서 함께 있으며 그들을 격려하였다. 그리고 1980년대의 광주민주화운동 시기에는 시위대의 안위를 걱정하고 기도하면서, 도움이 필요한 사람들을 적극적으로 도와주었다.

서의필 교수는 군인들의 "독재정치는 민주주의의 죽음을 의미하며, 새로이 돋아나는 희망의 싹을 뿌리로부터 뽑아내는 행위"라고 규탄한 적도 있다.[137] 서의필 교수는 사회의 지도층인 지성인들이라면 독재정치가 인권을 유린하고 폭력을 사용하여 시민을 억압하는 사회를 보면 그 반민주적 행위를 비판하고 시정을 요구할 용기와 책임감이 있어야 한다고 주장해왔다. 지성인들이야말로 인간의 존엄성을 훼손하는 사회현상에 적극적으로 대항하고 사회정의를 구현하는 데 앞장설 수 있는 그룹이라는 의미일 것이다.

1990년대에 서의필 교수가 필자에게 보낸 서한에는 1970년대와 1980년대에 일어났던 일들을 되새기고 사회정의를 세우려고 하는 지성인들을 격려하는 내용이 담겨 있다.[138]

요즘 한국에서 일어나고 있는 여러 가지 사회문제, 특히 대통령과 정당이 보여주는 어리석음과 부도덕한 기사들을 보니 안타깝습니다. 이는 1970년대와 80년대에 전 국민이 폭행을 당했던 그 시절을 떠올리게 합니다. 그러나 나는 새로운 역사를 창조하는 일이 탈선하지 않도록 목소리를 높이고 투쟁하는 용감한 사람들이 있음에 용기를 얻습니다.

서의필 교수는 사회 비판의 목소리를 내다가 정보 당국의 감시

대상이 되기도 했다. 김조년 교수는 "서의필 교수는 여행하는 중에 종종 검문을 받았다. 특히 서울에 갈 때는 자주 그랬다. 그가 가지고 있는 가방 속에는 어떤 성명서나 외국의 보도자료들이 들어 있을 때도 있었는데 그것들을 압수당할 때도 있었다"139)라고 회상하였다. 그러나 서의필 교수의 현 사회에 대한 관심은 줄지 않았다. 그의 입장에서는 사실에 대한 더 많은 정보를 얻고 배우는 데 게을리 하지 않아야 하는 것이 지성인의 임무였을 것이다. 심지어 5.18광주민주화운동 이후 서의필 교수는 요주의 인물로 지목되어 당국의 감시를 받았다. 또한 그에게는 체류비자도 3개월밖에 주어지지 않아서 3개월마다 비자를 갱신해야 하는 불편을 감수해야 했다.140)

서의필 교수는 또한 주위에 있는 외국인 교수들에게도 한국 사회에 대하여 사실을 정확하게 파악하고 올바르게 인식하며 살도록 독려하였다. 1990년의 어느 날 서의필 교수는 외국인 교수들과 제자들과 함께 드미트라 게이츠(Demetra Gates) 교수의 학교 사택에서 미국의 시사 잡지를 읽고 토론하는 모임을 가졌다.141) 당시에는 언론의 검열과 통제가 심해서 〈타임스〉지나 〈뉴스위크〉지 등 외국 언론들이 정부에 불리한 내용을 실을 경우, 정부가 나서서 그 부분을 삭제하고 시중에 유통하던 시절이었다. 서의필 교수는 지금은 탄약창 저장고로 사용되고 있는 곳으로 당시 계족산 장동에 있던 미군 미사일 부대에 가서 원문이 삭제되지 않은 외국 시사 잡지를 구해서 여러 사람과 나누어 읽었다.

그러던 차에 토론회가 있었던 다음 날 문제가 생겼다. 그 다음 날 게이츠 교수가 강의를 끝내고 집에 돌아와서 보니 놀랄 일이 벌어진 것이다. 아파트의 출입문 열쇠가 망가진 채 문이 열려 있는데

다가 온 집안이 엉망진창이 되어 자신이 키우던 고양이만 구석에서 떨고 있었다. 옷장과 장롱 속에 있던 옷가지들도 모두 바닥에 흩어져 내던져 있었다. 게이츠 교수는 큰 충격을 받았다. 그녀는 즉시 서의필 교수한테 연락하여 도움을 요청하고 파출소에 신고하였다. 그러나 누구의 소행인지 추적하는 것은 불가능했다. 모두 짐작은 갔지만 확인할 방법이 없는 범죄가 벌어진 것이다.

그 당시 30대 초반의 젊은 여교수로 이러한 사태를 처음 겪은 게이츠 교수는 두려움에 떨며 그 후 몇 주 동안 이웃에 사는 동료 교수의 집에서 머물면서 안정을 취했다. 서의필 교수는 이 일을 대학에 즉시 보고하고 교수 아파트 관리를 더욱 철저히 해달라고 요청하였다. 대학의 시설팀은 곧 아파트 출입문을 새로 교체하고 내부 가구들도 원상 복귀하는 등 내부를 원래대로 정리 정돈해주고 게이츠 교수를 위로하였다. 게이츠 교수에게는 언론과 집회의 자유가 억압당하고 통제되는 사회, 개인의 삶이 존중되지 않는 사회 그리고 사생활도 침해될 수 있는 한국 사회를 직접 체험하는 계기가 되었다.

## 7. 서의필하우스와 자연환경 보존

서의필 교수가 가족과 함께 26년 동안 살았던 한남대학교 교내의 선교사촌에 있는 서의필 교수의 자택은 현재 '서의필하우스'로 명명되어 보존되고 있다. 서의필하우스는 현재 한남대학교 인돈학술원의 사무실 겸 '남장로교 선교역사기록물 자료관'(Southern Presbyterian Christian Archives)으로 사용되고 있다. 이 선교역사 자료관은

서의필 가족이 거주(1968-1994)했던 한남대학교 안의 선교사촌과 서의필하우스

미국 남장로교 한국선교회가 1890년대부터 1990년대까지 호남지역과 대전에서 펼쳤던 귀중한 선교 역사 기록물들을 보관하고 있다. 이곳에는 선교사들의 선교보고서, 선교회 연례회의록, 개인 선교보고서, 개인 서한들, 고문서와 고서적과 고예술품 등 매우 중요한 선교 역사 기록물들이 있다. 현재 인돈학술원이 관장하고 있는 선교사촌에는 총 6채의 선교사 사택과 관리동이 있으며 그중 서의필하우스와 인돈하우스, 크림하우스는 2001년에 대전광역시 근대문화유적 제44호로 지정되어 보존되고 있다.[142]

　인돈학술원은 서의필 선교사가 한국에서 40년의 선교활동을 종료한 해인 1994년 9월에 선교사들이 세운 창립 정신을 계승하고, 남장로교 선교 역사 자료관을 설립하여 자료들을 보존하며, 대학의 기독 정신을 교육하고 연구하는 학술연구원으로 설립되었다. 인돈학술원은 한남대학교의 창학 이념인 '진리·자유·봉사'의 기독 정신을 바탕으로 하는 기독교 교육과 연구 활동을 지원하고, 미국 남장

로고 선교 역사 자료를 수집·정리·연구하며 번역·출판하는 업무를 관장하고 있다. 인돈학술원은 남장로회 선교사들이 남긴 기독 정신과 전통을 계승하여 한남대학교가 기독교 대학으로서 미래를 위한 기독교 인재를 키워내는 데 핵심적인 역할을 하고 있다.

서의필하우스는 1955년에 건립되었다. 대학 설립을 위임받은 초대 학장 인돈(William A. Linton) 선교사가 대전선교부의 선교사촌을 짓기 위하여 설계부터 완공까지 관여하며 심혈을 기울여 1955년에 건립한 3동 중에 가운데에 있는 집이다. 남장로교 선교회는 그 후 대학에 관여할 선교사가 증가함에 따라서 1958년에 3동을 더 건립하여 선교사촌을 보강하였다. 현재도 당시의 모습이 그대로 보존되어 있다.

참고로 우리의 옛날 궁궐은 『삼국사기』에 제시된 대로 '누추하지 않으나 품격이 있으며, 화려하나 사치스럽지 않은 집'을 지향하였다. 서의필하우스도 외관은 ㄷ자형의 기와집 한옥의 모습으로 흙벽돌을 쌓았으나 누추하지 않았고, 기와지붕을 올려서 양반집 같이 품격이 있었다. 그러나 내부는 서양식 설계에 따라서 벽난로가 있는 거실, 서재, 주방과 식당, 서양식 화장실과 욕실, 침실, 지하층의 방 등을 포함하여 화려하지만 매우 실용적으로 지어졌다. 대신 거실은 한옥의 사랑채처럼 높은 천장에 대들보를 노출하고, 바닥에는 한식의 온돌을 깔아서 겨울철 추위에 대비하였다. 거실에 사용된 대들보와 목재는 군산선교부가 폐쇄되면서 그곳에 있던 한옥과 이미 폐쇄된 옛 관헌에서 사용하던 대들보와 목재를 대전으로 옮겨와서 올린 것이다.143)

| 1 | 2 |
|---|---|
| 3 | 4 |
| 5 | |
| 6 | |

1 지붕을 새로 올린 뒤의 서의필하우스(2000s)

2 서의필하우스 거실(1990s)

3 서의필하우스의 서재에서 자료를 정리하던 서의필 부부(1989)

4 서의필하우스 입구(1980s)

5 서의필하우스 안마당(1980s)

6 서의필하우스의 겨울(1990s)

## 1) 선교역사기록물 자료관의 설립 배경

서의필하우스는 1960년대부터 1994년까지 서의필 교수 가족들이 살던 모습이 그대로 보존되어 있다. 가족들이 사용하던 생활도구와 각종 서적, 편지, 가구, 그림, 도자기 등이 원형대로 보존되어 있다. 서의필하우스는 인돈학술원의 사무실이 있는 주 건물로, 미국 남장로회 선교회의 한국 선교 역사자료들을 보관한 일종의 '남장로교 선교역사기록물 자료관'으로 활용되고 있다.

선교역사 자료관의 자료들은 1892년의 구한말 이후부터 남·북 장로교단이 통합된 1982년까지 호남지역에서 선교사역을 실천한 남장로회 선교사 450여 명과 관련된 선교부 연례회의록과 임시회의록, 선교보고서, 선교사들 간에 주고받은 개인 서한들 그리고 기타 중요한 고문서들을 포함하고 있다.144) 이 문서들은 1892년 이후 한국에서 활동한 남장로교 선교사들의 선교정책, 선교관, 선교사업, 일반선교 방향, 의료사업과 교육사업 등을 이해할 수 있는 귀중한 자료들이다.145) 이 자료들은 "미국 남장로교 선교사들이 한국에서 활동한 것을 알려주는 일차 자료로서 그 당시 한국 사회를 연구하는 데 매우 중요한 자료"가 되고 있다.146)

서의필 가족은 한국 남장로교 선교회가 1892년부터 1982년까지 호남지방을 중심으로 선교활동을 펼친 선교자료들을 30여 년(1960~90년대까지)에 걸쳐서 수집하고 정리하였다. 서의필 가족은 기록을 중시하고 후세를 위하여 자료들은 보관해온 역사학자 가족 그 자체였다. 특히 부인 서진주 선교사는 초기 선교사들이 작성하였던 영문 기록과 서한들이 모두 필기체로 쓰여 있기에 후세인들이 읽을 수 없을 것을 염려하여 수집된 자료들을 타자기로 작성하여 기록으로 남겼다. 그녀는 외동딸인 엘리자베스와 함께 남장로회 선교사들의 행적과 선교 기록을 수집하였고, 타자기로 작성된 기록과 함께 선교사들이 남긴 행적을 쉽게 찾을 수 있도록 그 자료들을 목록화하여 별도로 서지 목록도 만들었다.[147] 필자의 기억으로는 서의필 교수와 서진주 선교사는 한국을 다녀간 선교사들의 기록과 자료를 확인하기 위하여 대학 방학 기간과 안식년 때가 되면 미국을 방문하여 전국에 산재해 있는 선교사들의 후손들과 묘지까지 찾아가면서 기록을 확인하고 자료들을 고증하며 기록을 남겼다.

## 2) 서의필하우스와 주변 환경

서의필 가족이 1968년부터 1994년까지 26년 동안 살았던 서의필하우스와 주변에 있는 7,000여 평의 선교사촌(mission compound)은 나무와 숲이 우거지고 갖가지 동물이 서식하는 아름다운 환경이었다. 서의필 교수는 아름다운 자연을 주신 하나님께 늘 감사하며 선교사촌에 있는 정원과 나무들을 아끼고 보호하였다.

서의필 교수는 특히 자신의 ㄷ자형 주택 안쪽에 있는 정원에 철마다 꽃이 필 수 있도록 나무와 꽃을 정성스럽게 가꾸었다. 그는 특히 아내 서진주 선교사를 위하여 해마다 5월이면 예쁜 장미를 키워 선교사 사택 주변을 장미 향기로 가득 차게 하였다.

정 집사는 서의필 교수에게 딱 한 번, 그것도 내심으로, 화가 났다가 스스로 풀은 적이 있었다는 이야기를 필자에게 들려주었다. 그녀에 따르면, 그녀는 마침 며칠 전에 안쪽에 있는 꽃밭 한구석에 채소밭을 만들기 위해 밭을 정리해놓았다. 그런데 그것을 전혀 모르던 서의필 선교사가 장미나무를 사가지고 와서 그곳에 한가득 심어놓았다. 자신의 채소밭이 없어진 것을 알게 된 정 집사는 내심 화가 났다. 그러나 곧바로 서의필 선교사로부터 사모님이 좋아하시는 장미를 힘들게 구해서 심었다며 아주 즐거워하시는 말씀을 듣고 나서 스스로 화를 풀게 되었다. 정 집사는 사모님이 좋아하시는 장미를 심어주려고 하는 서 선교사님의 마음을 알기에 오히려 감동받았다고 한다. 그녀는 다음과 같이 회상했다.

저는 서 선교사님처럼 부인을 아끼는 한국 남자들은 본 적이 없어요! 사모님을 정말 사랑하세요! 한국 남자들은 아내한테 명령이나 하고 대접만 받으려고 하잖아요? 선교사님은 참말로 훌륭하세요! 또 선교사님처럼 정원과 나무를 잘 가꾸고 아끼는 사람은 세상에 또 없을 거예요!

선교사촌 주위는 미국 노스캐롤라이나의 전원 지역을 모델로 하여 형성되었다. 정원 곳곳에는 미국에서 수입한 소나무와 플라타너스가 심겨 있고, 해마다 갖가지 미국 꽃들이 피어나서 미국의 노스캐롤라이나 주에 있는 마을을 연상시켰다. 또한 7,000여 평의 넓은 선교사촌은 오래된 나무와 숲이 우거져 있는 조용한 쉼터 같은 곳이어서 새들의 휴식처로도 유명했다. 서의필 교수 가족, 특히 엘리자베스와 월터는 1968년부터 90년대까지 주변에서 관찰되는 새를 기록하여 서재의 문 뒷면에 붙여놓았었다. 당시 그의 집을 방문하는 사람들은 누구든지 문 위에 기록되어 있는 쪽지를 볼 수 있었는데, 1993년 당시 그곳에 기록된 새 종류만 해도 올빼미와 솔부엉이, 새매 등 52종이나 되었다.

서의필 교수는 캠퍼스와 선교사촌 주위의 자연을 보존하는 데에 특히 심혈을 기울였다. 1989년에 한남대학교 시설관리팀 직원으로 근무를 시작한 이주섭 선생은 어느 날 선교사촌의 나무들과 주변 환경을 정리하기 위하여 상의드릴 겸 서의필 교수댁을 방문한 적이 있었다.[148] 그때 이주섭 선생은 서의필 교수의 자연에 대한 관심과 혜안에 매우 놀랐고 크게 감동받았다고 한다. 그는 서의필하우스의 지붕이 다칠까 염려되어 집 주변에 있는 나무를 베어낼 계획을 말씀드렸다. 그러자 서의필 교수가 다음과 같이 대답했다고 한다.

> 우리는 자연과 함께 살고 있습니다. 나무와 풀과, 새와 지렁이와 함께 삽니다. 개미도 같이 사는 곳, 흙이 건강해야 나무도 살고, 우리 인간도 삽니다. 우리는 생명이 있는 자연을 보존해야 합니다. 어느 나무 하나도 함부로 베어버리지 말고 소중히 해야 하지요. 이 학교 안에 있는 자연도 생명이 있으니 우리가 잘 지켜야 합니다!

그리고 서의필 교수는 이주섭 선생에게 대학의 자연환경 보존과 유지에 노력할 것을 당부하였다. 서의필 교수는 계속해서 이야기하였다. "우리가 이 정도까지 나무를 키우려면 얼마나 많은 시간이 걸립니까? 베어 없애기는 몇 분도 안 걸리지요!"

서의필 교수는 이주섭 선생에게 자연이 주는 선물에 감사함을 늘 잊지 말 것을 당부하면서, 잠시 보여줄 것이 있다고 하며 그를 사택 안쪽으로 데리고 갔다. 서의필 교수는 "여기서 버려진 나무를 가지고 이렇게 이용했습니다. 여기 이 책장과 이 옷장도 제가 직접 만들었어요"라고 하며, 옆에 있는 정갈한 책장과 옷장을 가리켜 보여주었다. 이주섭 선생에 따르면, 서 교수님은 어느 것 하나 버리는 것 없이 소중하게 생각하시고 자연이 주는 선물이라고 여기시며 감사해 했다고 한다. 이주섭 선생은 서 교수님한테서 절약하며 청빈하게 사시는 선비의 모습을 엿보았고 매우 감동을 받았다. 그는 다음과 같이 이야기하였다.[149]

서 교수님은 자신의 삶의 영역을 아주 소중히 여기시고 보존하셨습니다. 그리고 제가 저녁을 대접해드리겠다고 제안하니까, 거절을 못 하시더니, 서 교수님 당신은 "소식하기 때문에 단일품으로 5천원 이하 되는 것만 먹겠습니다"라고 하며 저의 제안을 받아들이셨습니다. 그분은 저의 그 어떤 작은 호의에도 감사해 하셨습니다.

서 교수님은 큰 꿈을 단계적으로 실현하려는 분이셨습니다. 우리에겐 실천하려는 꿈을 가진 자가 필요하다고 하셨습니다. 누구든, 어디서 일하든 간에 처음부터 끝까지 큰 꿈을 가지고 창의적으로 실천해야 한다고 강조하셨습니다.

그때의 인연으로 이주섭 선생은 서의필 교수를 더 자주 찾아뵐 수 있었다. 그는 서의필 교수의 영향으로 학교를 아끼는 마음이 더욱 충만해졌고 누구보다도 교내의 자연환경을 보존하고 관리하는 데에 앞장서게 되었다.

선교사촌의 안쪽에는 7개의 사택 외에 1,000여 평의 유휴지가 있었는데 선교사들은 그곳을 텃밭으로 이용하였다. 1960~70년대에 그곳에 살던 김기수 선교사와 모요한 선교사, 계의돈 선교사 등 여러 선교사가 그곳을 나누어 각자 원하는 채소들을 직접 재배하였다. 서의필 교수의 이웃집에 살던 계의돈 선교사 가족도 싱싱한 딸기를 재배하여 여럿이 나누어 먹곤 했다. 계의돈 선교사는 어느 날 자신이 가르치던 학생의 어머니가 아프게 되자 당시 시중에서는 구할 수 없었던 싱싱한 서양 딸기를 학생 어머니에게 한 바구니 보내주었다고 한다.[150]

서의필 교수는 자신의 텃밭을 학생들에게도 개방하여 함께 채소를 키웠다. 학생들은 그곳에서 흰 고무신을 신고 땀을 흘리며 열심히 일하는 서의필 교수를 보고 크게 감동을 받았다고 한다. 그들은 곁에서 서 교수를 보고 따라서 일하고 열심히 채소를 가꾸면서 참 노동의 가치를 배웠다. 학생들은 동시에 살아 있는 미국 문화와 영어를 익힐 수 있는 체험학습이라고 즐거워했다.

## 8. 교육선교의 종료(1994)

1994년 4월 2일 서의필 교수는 40년간의 한국 선교를 마감하며 동시에 26년 동안 정들었던 대학을 떠나는 퇴임식에 참석하였다. 그는 퇴임식에서 유창한 한국어로 또박또박 외쳤다. 그의 짧지만 강렬한 퇴임사는 교직원들과 학생들이 참여한 대강당을 숙연하게 하였다. 그들은 서의필 교수가 평생을 이 세 단어, '진리, 자유, 정의'를 구현하는 데에 앞장서 왔음을 이미 잘 알고 있었다. 그리고 이 단어들을 강조하면서 일깨워줄 분이 떠나셔서 없어지는 것을 매우 슬퍼했다. 눈시울을 적시는 이들도 있었다. 그의 퇴임사를 요약하면 아래와 같다.

40년 전 이 땅에는 6.25전쟁으로 폐허가 된 마을 뒷산 그리고 복숭아

과수원이 있었습니다. 하나님은 그때까지도 전쟁시에 사용하던 참호에서 아이들이 뛰어놀던 이 허허벌판에 당신의 사랑과 은총을 부여하셨습니다. 1880년대에 선교를 시작한 서양 선교사들은 전라도에서 최북단이라고 할 수 있는 이곳 '오정리'로 인도하신 하나님의 계시를 깨달았습니다. 가난과 병마에서 우리가 딛고 일어설 길은 이곳에서 참된 기독교 지도자들이 빨리 나와서 미래의 젊은이들과 약자들에게 봉사하며 하나님의 올바른 나라를 일구는 것이었습니다.

우리 선조들은 열심히 기도했습니다. 그들은 미군이 쓰던 막사에서 학생들이 수업을 듣게 하며 대학교 건물을 짓기 시작했고, 남녀를 구별하는 전통사회 문화를 존중하여 남녀기숙사를 구별해서 각각 세웠습니다. 도로 포장이 안 된 신작로가 정문과 옆에 있는 여자기숙사까지 이어졌는데, 비가 오면 흙탕물에 빠지고 바람 많은 더운 날엔 먼지에 싸여 앞이 보이지 않을 정도였습니다. 그래도 기독교인 대학생들은 하나님의 소리를 듣고 진리를 찾기 위해 전국에서 모여들었고, 자신들의 사명을 찾기 위해 열심히 공부했습니다. 그들은 시대를 앞서가는 깨어 있는 젊은이들이었고, 아주 똑똑한 수재들이었습니다. 제1회 전국대학 학사 자격고시에서는 졸업생 전원이 우수한 성적으로 합격하여 전국에서 최고의 대학이 되어 전 국민을 놀라게 했습니다. 기적이 일어났습니다!

한남대학은 이렇게 선배 동문들의 초석 아래 튼튼히 세워졌습니다. 그리고 우리는 진리와 자유와 정의가 살아 있는 대학을 만들기 위해 매진해왔습니다. 부디 하나님이 세우신 이 대학을 계속해서 진리와 자유, 정의를 위해 깨어 있는 대학으로 만들어주십시오! 우리는 매일 배워야 합니다. 그리고 매일 거듭나야 합니다. 하나님이 주신 사명에 따라서 새 역사를 창조해야 합니다!

저는 1968년에 대전대학에 와서 이제 퇴임합니다. 돌이켜보면, 지난 26년 동안 저는 제가 한남대학교에 드린 것보다 오히려 더 많은 것을 배우고 얻었습니다! 여러분 감사합니다!

서의필 교수의 퇴임식에는 수많은 교직원과 제자, 지역사회 인사와 목회자가 참여하였다. 모두 서의필 교수에게 존경을 표하며 작별인사를 나눴다. 서의필 교수를 기억하는 방식도 모두 각자의 인연에 따라 다르며 특별했다. 분명한 것은 모두 서의필 교수의 사랑과 겸손함을 그리워할 것이고, 평생 기억할 한남대학교의 영혼의 지도자로 그를 마음에 담아두고 있었다.

서의필 교수를 기억하는 교직원들과 학생들은 이렇게 회고한다. 서의필 교수는 하나님 앞에서는 모든 만민이 평등하다는 믿음을 갖고 그에 반하는 그 어떤 불의에도 도전해야 한다는 용기와 정의감을 가졌던 '젊은이'였다. 그는 또한 창의력에 근간이 되는 다양한 사고방식을 분석하고 분별할 수 있는 능력을 키우기 위하여 모든 과목에서 최상의 진리를 찾고 학습할 것을 강조하였다.[151] 서 교수는 "자극과 비판이 없으면 완전한 교수나 학생이 될 수 없다!"며 늘 열린 사고방식을 갖도록 강조하였다. 그리고 "강의 전에 계속하여 새로 나온 자료를 읽어야 한다!"며 교수들에게 늘 새로운 수업을 창출해낼 것도 강조하였다.

서 교수에게는 궁극적인 배움의 끝은 없으며, 늘 새로운 것을 배우기 위하며 깨어 있는 삶이어야 했고, 배우는 과정 자체가 곧 삶이었다. 그는 "사람이 배움이 없으면 살 수 없습니다! 그리고 역사를 바로 알아야 내일을 살 수 있습니다!"라고 힘주어 말했다.[152]

▲▲ 서의필 선교사 부부의 한
국 선교 40주년을 기념하면서
교수들과 함께(1994. 4. 2)
▲ 서의필 선교사 부부 한국
선교 40주년 기념 축하예배 및
퇴임식에서(1994. 4. 2)
▼ 귀국 환송회(1994. 4. 2)

서의필 교수는 학생들에게 설명 대신 몸소 뛰어다니며 실천하는 선생의 모습을 보여주었다. 그는 성숙한 성인, 스스로 모든 일을 긍정적인 방향으로 해결할 수 있는 성인이 필요하며, 지성인이 꼭 해야 할 일은 '실천하는 것'이라며 자신이 실천의 모델이 되었다. 그리고 대인관계에서는 늘 타인의 입장에서 생각하고 남의 말을 경청하고 존중하며, 인간의 기본적 자유의지를 존중하고 적극적으로 약자와 소외자를 돕고 봉사하는 삶을 강조한다. 결국 실천하는 지식인이 될 때에 학생들은 자존감을 형성할 수 있고, 스스로의 인생을 개척해나가면서 새로운 미래를 창출하게 되리라고 예견한다.

김조년 교수는 서의필 교수를 "하나님의 사명을 철저히 이행하신 분"으로 평가한다.[153] 그는 서의필 교수가 삶의 목적을 (1) 당신이 창조된 목적을 실현하는 것, (2) 생명, 자유, 사회 그리고 자기 결정에 대한 자신의 권리를 표현하는 것, (3) 평화를 위하여 일하도록 위임받은 임무를 실현하는 것으로 삼고 살아왔다고 요약했다.[154] 김조년 교수의 지적대로, 서의필 교수는 가는 곳마다 "생명과 자유와 사람이 사람답게 사는 세상을 만들고, 평화로운 사회"를 만들려고 노력했다. 그리고 평화를 방해고 인권 유린을 하는 사회, 인권을 행사할 권리와 자유를 억압하는 사회는 하나님의 뜻에 어긋나므로 저항하고 시정을 요구해왔다. 서의필 교수는 또한 약자와 빈자를 차별하는 것은 모든 사람이 평등하게 존중받아야 할 권리를 박탈하는 것이라고 강조한다.[155] 그의 말대로 우리는 정의로운 사회에 도달할 수 있도록 끊임없이 노력하고 배우면서 의식이 확산되도록 노력하며 새로운 미래를 창출해야 할 것이다.

서의필 교수를 한 마디로 묘사하기는 실로 어렵다. 혹자는 얘기

한다. 서의필 교수는 인권운동가, 실천적 지식인, 자연을 사랑하는 농민, 노동의 가치를 존중하는 인문학자, 학생을 진심으로 사랑하고 도와주시는 교수님이라고. 그러나 무엇보다도 그는 오른손이 하는 일을 왼손이 모르게 하는 기독교인, 자신을 가장 낮추며 약자와 빈자를 도우신 예수의 길을 보여주신 분이었다. 그는 자신이 "한국에서 가장 뜻있게 배운 교육은 한국 사람들에게서 배웠다"며 자신의 배움의 공을 한국인들에게 돌리신다. 학교에서도 가장 어려운 일을 하는 청소 요원들을 가장 존경한다는 서 목사님!

서의필 교수는 대학의 모든 구성원을 위하여 늘 기도하셨고 지금도 구성원들의 마음에 늘 함께하고 계신다. 그는 성경의 진리, 자유, 정의를 실천하시며 행동으로 보여주었던 이 시대의 큰 어른이셨다.

## 9. 한남대학교 마지막 방문(2014)

서의필 교수는 퇴임 후 20년만인 2014년 9월, 86세가 되던 해에 한남대학교를 다시 방문하였다. 이때의 방문 목적은 한남대학교의 초청으로 대학 창립기념관에 서의필 홀을 개관하고 기념하는 것과 귀중한 소장품들을 대학에 기증하기 위해서였다. 모든 행사를 시작하기 전에 서의필 교수는 새로 건립된 정성균 선교사 기념관 창립 예배에서 설교를 하였다. 한남대학교는 마침 해외 선교사로 방글라데시에 파견되었다가 파키스탄에서 숨진 정성균 동문을 기념하기 위하여 국제선교관을 건립하였다.

서의필 교수는 한국에서 마지막이 될지도 모를 이 설교에서 한남대학의 창립 정신을 강조하며, 남북통일을 향하여 새 역사를 창조할 것을 주문하였다.

이렇게 아름다운 캠퍼스에서 교만하거나 이기적이거나 부자가 되려 하지 마세요. 특히 소외된 자, 가난한 학생들을 더욱 잘 보살펴주세요!

특히 우리는 통일을 향해 나아가야 합니다! 저도 매일 아침에 눈을 뜨면 북한의 동포들을 위해 기도합니다. 남과 북이 제발 서로 싸우지 말아야 합니다! 우리는 같은 민족입니다! 서로 친구가 되어야 합니다. 우리는 평화를 통해서 남북 통일하여 모두가 고통 없이 행복하게 살 권리가 있습니다!

한남대는 내 인생을 대변하는 하나의 작품과도 같습니다. 설립 초기에 갖은 고생을 하며 세운 이 대학이 지금은 한강 이남에서 최고의 사립대로 자리매김하고 있습니다! 한남대학은 한강 이남에서 최고의 대학을 의미합니다. 언젠가는 한강 이북에서 최고의 대학으로 '한북대학'이 북한에도 만들어지기를 기대합니다.

항상 감사하게 생각합니다. 앞으로도 진리, 자유, 정의와 봉사를 통한 창학 이념에 따라서 더욱 우수한 대학으로 나아가 국가와 사회와 교회에 봉사할 수 있는 유능한 기독교 지도자를 배출합시다. 그동안 저는 제가 가르친 것보다 더 많은 것을 배웠습니다. 그리고 제가 드린 것보다 더 많은 것을 받았습니다. 감사합니다.

서의필 교수는 대학이 미래를 위하여 "우수한 젊은 인재를 훈련시키는 제일 중요한 임무"를 가지고 있음을 강조했다. 그리고 한남대학교의 기독교적 가치관과 진정성이 한국 사회에 심오한 영향을

▲◀ 서의필 교수의 마지막
설교(2014. 9. 19)
▲▶ 예배 후 교직원들과 함
께(왼쪽부터 신동호, 오승재,
김남순, 양희정)
◀ 서의필 홀에서
▼ 한남대학교 마지막 방문
을 월터, 엘리자베스와 함께
(2014)

끼쳐왔다고 칭찬하며 더욱 격려하였다. 마지막으로 그는 하나님께
서 이 대학에 이 특별한 기회를 지속적으로 부여하시도록 간구하며,
한남인들이 하나님의 부르심에 지속적으로 믿고 따르도록 기원하
는 마침 기도를 드렸다.

정선균 선교관에서 예배가 끝난 뒤 서의필 교수는 새로 건축된
대학의 창립 56주년 기념관으로 이동하였다. 한남대학교는 기념관

의 대공연장을 '서의필 홀'이라고 명명하고 그에게 헌사하였다. 또한 건물 입구에 이를 기념하기 위하여 기념식수도 하며 그에게 무한한 감사와 존경을 표했다.

이번의 2주간의 방문 동안 서의필 교수는 한남대 선교사촌에 위치한 자신의 옛 집인 '서의필하우스'에서 따님 엘리자베스, 아들 월터와 함께 머물렀다. 행사가 끝난 다음 날 서의필 교수 일행은 1954년인 58년 전에 한국에 첫 선교 사역지였던 목포지역과 또한 40년 동안 한 가족처럼 지냈던 정 집사의 산소가 있는 진도를 방문했다.

마지막 한국 방문이 될지도 모를 그의 이번 방문에서 서의필 교수는 그동안 서의필하우스에 소장되어 있던 자신의 귀중한 소장 자료를 한남대학교에 기증하였다. 그가 평생 소장하던 소중한 개인 예술품 3점이다. 첫 번째 작품은 18세기 조선시대 후기의 대표 화가 중 한 사람인 심사정의 정통 진경산수화이다. 두 번째 보물은 '일청한 삼국대지도'로 1895년에 일본에서 제작한 지도이다. 이 지도는 특히 독도와 고려해협(대한해협)이 표기된 귀중한 19세기 말의 지도이다. 세 번째 보물은 추사 김정희의 액자와 현판이다(이 책의 3부에 자세히 묘사했다). 특히 심사정의 진경산수화는 조선시대 정통 산수화의 계보를 후대까지 계승한 동시에 당시 현대적인 감각을 도입하여 새로운 기법으로 묘사한 국보급 수작으로 현재 국립박물관과 간송미술관 등 전국에 몇 점만 남아 있는 귀한 작품이다.

이미 이전에도 서의필 교수는 사학자의 안목으로 수집해왔던 매우 귀중한 문화제급의 삼국시대 유물들, 조선시대의 무술훈련도 팔사품도 병풍, 조선왕조실록과 수백 권의 한국학 관련 도서들을 한남대학교에 기증하여 후세의 젊은이들에게 남겨주었다. 그렇게 하

조선 후기의 대표 화가 심사정(1707-1769)의 진경산수화(한남대학교 중앙박물관 소장)

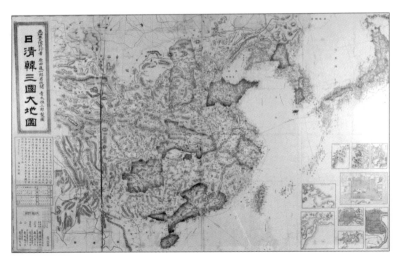

일청한 삼국대지도(1895). '쓰시마 해협' 대신 '조선해협'으로 표시된 귀중한 자료이다(한남대학교 중앙박물관 소장).

서의필 박사 기탁자료 특별전 개최(2015)

서의필 교수가 기증한 가야
고분의 토기들(삼국시대)과
고려청자(한남대학교 중앙
박물관 소장)

여 그는 우리 젊은이들이 우리의 뿌리와 역사를 정확히 알고 지켜야 함을 과제로 남기고 떠나갔다.

2015년에 한남대학교 중앙박물관은 그의 방문을 기념하여 그가 기증한 여러 소장품을 준비하여 '특별전'을 개최하였다. 그날은 서의필 교수가 역사적으로나 예술적으로나 관심사가 아주 다양하다는 것을 보여주는 소장품들이 전시되었다. 예술품들, 양반 가문의 분재기와 족보 등의 고문서들, 전라도 지역에서 출토되었던 삼국시대의 도자기들, 선배 선교사들의 유품들과 기록들 그리고 그의 육성 녹음테이프 등 그에게 감사드리고 또한 그를 기억하기 위하여 준비된 이 특별전은 많은 사람의 관심을 불러일으켰다.

# IV. 자유 통일을 향한 새로운 세계 창조와
## 은퇴 시기(1994-현재)

서의필 교수에게 1994년의 퇴임은 직장에서의 공식적인 퇴임일 뿐, 그의 한국인과 한남대학에 대한 사랑과 헌신에는 퇴임이 없다는 것을 보여주었다. 그는 퇴임 후 20여 년이 지난 이후까지도 한남대학교의 국제교류 프로그램을 계속 도와주었다. 또한 미주 한남대학교 동문회를 창립하도록 미국에 거주하는 한남대학교의 동문들을 독려하였다. 또한 평화를 통한 남북통일을 염원하며 북한의 폐결핵 환자와 간염 환자들을 치료하고 의약품을 지원하는 '조선의 그리스도인 벗들'(Christian Friends of Korea) 단체의 의료선교 활동을 적극적으로 지원하고 있다.

## 1. 부모의 마음으로 지원하는 국제교류 프로그램

서의필 교수는 은퇴 후에도 자신이 거주하는 노스캐롤라이나 몬트리트를 중심으로 근처에 있는 한남대학교의 자매대학들과 끊임없이 연락을 주고받으면서 국제교류 프로그램을 지원하였다. 또한 자동차로 적게는 2시간 많게는 6시간 이상 걸리는 곳을 직접 운전하여 방문하고 그 대학에 파견된 한남대학교 교환학생들을 격려하는 것도 잊지 않았다. 서의필 교수가 자매대학을 방문하여 교환학생들을 만나서 격려하고, 동시에 마치 자식을 맡기는 한국의 전통적 아버지처럼 해당 대학의 관계자들에게 교환학생에 대한 배려를 부탁하는 모습은 미국의 그 어느 대학에서도 볼 수 없는 광경일 것이다.

2003년 5월의 어느 날 린치버그 대학(Lynchburg College)에서 교환학생으로 유학하고 있던 한남대학교의 강택은 학생은 대학 캠퍼스에서 서의필 교수를 만나 뵌 날을 생생히 기억했다.[156] 그는 그때의 감동스러운 순간을 지금도 잊지 못한다.

영어만 들리는 캠퍼스에서 갑자기 친숙한 한국어를 듣게 되니까 너무 반가웠습니다! 그때 서의필 교수님은 저에게 아버지같이 따스한 말씀을 해주시고 염려해주셨습니다. 그리고 유창한 한국어로 '밥은 잘 먹고 다니는지', '불편한 점은 없는지', '수업은 잘 따라가고 있는지', '생활에 어려운 점은 없는지' 하고 다정하게 물어보셨는데 전 눈물이 핑 돌았습니다.

서의필 교수는 강택은에게 미국인과 '상호 교류하는 삶'의 중요성을 강조하며, 현지 문화를 익히는 데 더욱 열심히 노력하도록 격려하였다. 그리고 대학 당국에 건의할 내용을 생각해보고 귀국하기 전에 학교 당국에 전달하고 오라는 당부까지 하였다.

서의필 교수는 물론 그 뒤에 한국의 학부모처럼 린치버그 대학의 대표자들을 만나서 강택은 학생에 대해 물어보며 더욱 관심을 가져주기를 부탁하였다고 한다. 그것을 모르는 채, 강택은은 남은 유학 기간 동안 더욱 열심히 공부하였고, 린치버그 대학 당국으로부터 더 많은 관심과 사랑을 받고 잘 지내다가 돌아왔다. 그가 그곳을 떠날 때는 너무 정이 들어서 마치 고향을 두고 오는 것처럼 서운했다고 한다. 그는 귀국 후 졸업해 현재는 유능한 영어교사로 일하며 한국의 영어교육 발전에 크게 기여하고 있다.

서의필 교수는 은퇴 후에 또한 한남대학교와 관련된 행정가들과 교직원들, 제자들이 몬트리트에 있는 자신의 집을 방문하면 늘 반갑게 맞아주고 대학에 대해 함께 고민하는 시간도 가졌다. 한남대학교에서도 신임 총장이 해야 할 첫 번째 업무는 미국을 방문하여 서의필 교수께 문안 인사를 드리는 것이 관례가 될 정도였다. 그동안 김세열 총장, 이상윤 총장, 김형태 총장, 이덕훈 총장이 총장으로 임명된 후에 곧바로 미국의 켄터키 주 루이빌(Louisville)에 있는 미국장로교총회본부(Presbyterian Churches of USA)를 예방한 다음 노스캐롤라이나의 몬트리트로 이동하여 서의필 교수를 찾아뵙고는 한남대학의 비전을 함께 의논하였다.

또한 한남대학교의 국제교류팀의 김원배 팀장은 2000년에 자신의 '직원을 위한 해외연수 프로그램' 장소를 특별히 노스캐롤라이나 주에 있는 애슈빌(Ashville)로 선택하고 6개월 동안 체류하였다.[157] 그는 애슈빌에 있는 자매대학인 노스캐롤라이나 대학에서 국제교류와 관련된 연수를 받으며 동시에 서의필 교수를 자주 찾아뵙고 국제교류와 관련된 업무를 의논드렸다. 그는 또한 이 기간 동안에 서의필 교수와 함께 근처에 소재한 자매대학들을 방문하여 국제교류 업무를 진행하였다. 그들이 자동차로 함께 이동해 방문한 대학들은 몬트리트 대학(Montreat College)에서 시작하여 킹 대학(King College), 메리빌 대학(Maryville College), 프리스비테리언 대학(Presbyterian College)과 버지니아 주의 린치버그 대학(University of Lynchburg) 등으로 총 주행거리만 해도 거의 2,000Km 이상이 되었다. 김원배 팀장은 다음과 같이 회고하였다.[158]

서 교수님과 함께 자매대학들을 방문하면 국제교류와 관련된 협의가 늘 아주 순조롭게 잘 진행되었습니다. 그 대학 관계자들은 저를 마치 자기 대학의 한 가족처럼 대해주고 환영해주셨습니다. 미국은 제겐 아주 낯선 곳인데도 마치 고향집에 온 것처럼 포근하게 느껴지고 낯설지 않았습니다. 모두 서 교수님 덕분입니다!

## 2. 미주동문회 결성

서의필 교수는 은퇴 후에도 그의 제자들이 새로운 세계를 창조하고 앞서나가도록 이끌었던 영적 지도자였다. 그가 시작한 또 하나의 중요한 사명은 미국에 거주하는 한남대학교 동문들을 하나로 연결시켜 고국에 있는 대학의 발전을 기원하면서 동시에 미국에서 새로운 삶을 시작한 동문들이 서로를 지원하고 버팀목이 될 수 있게 해줄 '미주동문회'를 만들도록 도와주는 것이었다.

때마침 1992년에 대전대학(한남대학교 전신)의 66학번 이헌철 동문이 서의필 교수가 사는 몬트리트에서 가까운 애슈빌의 노스캐롤라이나 대학 사회학과 교수로 부임했다. 서의필 교수는 1994년에 근처에 있는 몬트리트 대학에서 개최될 '한남대학교 국제자문위원회'에 이헌철 박사를 초청하였다. 그곳에서 이헌철 박사는 20년 만에 여러 선교사-스승들과 재회하는 기쁜 시간을 가졌다. 또한 한남대학교에 대한 애교심과 열정이 되살아남을 느꼈다. 그 후 그는 미국에서 모교를 위해 할 수 있는 일들에 대해 생각해보았고 그 어떤 공동체라도 만들어야 한다는 열정을 품게 되었다.159)

한남대학교 국제자문위원회 회의에 참가했을 때, 이헌철 동문은 서의필 교수의 한국과 한남대의 역사와 현황을 회고하는 발표를 듣고 가슴이 뭉클해지고 눈시울이 뜨거워짐을 느꼈다. 한편 그는 또한 미주 동문으로서 자괴감도 느꼈다고 한다.160)

〔나는〕 서의필 교수의 해박한 지식과 정열이 넘치는 말씀에 감동하였다. 〔서 교수님은〕 말씀 도중에 1970년대, 80년대의 고난과 질곡의 한국 사회를 말씀하시면서 목이 메어 말을 잇지 못하는 것이 아닌가? 나 역시 가슴이 뭉클해지고 눈시울이 뜨거워졌다. 순간이지만 말할 수 없는 충격을 받았다. 저분은 저렇게 한국을 사랑하고 한남대를 위하시는데, 나는 무엇을 하는가? 나는 누구인가? 창피함과 자괴감을 느끼지 않을 수 없었다. 그리고 나는 무엇인가 해야겠다고 생각하고 다짐하면서 집으로 돌아왔다. 그날 내 마음 밭에 한남대 미주동문회의 씨앗이 뿌려졌다.

그 후 이헌철 동문은 서의필 교수와 다시 만난다. 그는 서의필 교수의 애정 어린 말씀과 한남대의 창립 정신에 관한 힘 있는 말씀을 듣고는 미주동문회를 결성해야겠다는 각오와 다짐을 한다.161)

그리하여 그는 1998년부터 미국에 흩어져 있는 동문들의 주소와 연락처를 모으기 시작하였다. 그가 더욱 감사한 일은 대전대학 1회 졸업생으로 미국에서 오랫동안 목회를 해오던 강형길 동문이 1970년대 말에 동문회를 조직하기 위해 모아두었던 주소록을 보내주고 힘을 실어준 일이다.162) 드디어 이헌철 동문이 오랫동안 수고한 끝에 미주 동문 숫자가 100명을 넘어서게 되었다. 그리하여 2001년에는 동문회 구성을 위한 사전 모임을 열었다.163)

사전 모임은 서의필 교수와 은퇴한 선교사-교수들이 블랙 마운틴으로 미주 동문들을 초청하여 '은사와의 만남' 시간을 갖는 것으로 준비되었다. 서의필 교수는 다음과 같이 초대장을 보냈다.164) 이 글은 서의필 교수의 대학 교육에 대한 생각과 가치관을 보여주는 귀한 내용이기에 여기에 전문을 옮겨본다.

1950년대 후반 한적한 오정골에 대전대학이 세워졌습니다. 한국 국민들이 동란의 황폐한 참상으로부터 복구를 위해 노력하던 그때에 세워진 이 배움의 전당은 교회와 나라 그리고 세계를 위해 일할 훌륭한 지도자 양성을 위한 대담한 시도를 의미했습니다. 설립자들은 이것을 하나님께서 맡겨주신 사명으로 알았습니다. 그 결과, 대학의 문을 들어선 모든 이가—교수와 학생 할 것 없이—자유, 진리, 봉사에 헌신하도록 선도되었습니다.

오늘날 학교의 이름은 바뀌었습니다. 그러나 설립 이념에 대한 우리의 헌신이 지금보다 더 중요한 적은 없었습니다. 지난날 교정에서 귀한 시간을 보낸 우리는 목적과 나아가야 할 방향을 잃은 듯 보이는 이 세상에서 곧 우리가 창조하는 소수의 일부분인 것을 깨달아야 할 때입니다.

한남의 졸업생들은 대학교와 우리가 살고 봉사하는 공동체에 대한 개인과 공동의 책임을 재점검해볼 때입니다.

올 7월 말 미국에 거주하는 졸업생들의 모임을 소집할 생각입니다. 단순히 과거를 회상하거나(중요한 일이지만) 노스캐롤라이나의 선선한 서부 산맥에서 교제를 즐기자는 것이 아닙니다. 이 모임은 우리의 마음과 생각과 영을 한층 되살아나게 하고 한 가족의 일원으로서의 의식을 높이도록 도울 것입니다.

궁극에는 이 모임에서 축적된 지혜는 우리가 인류 봉사를 위해 주신 하나님의 선물을 앞으로 어떻게 유용하게 쓸 수 있을까 이해하는 데 도움을 줄 것입니다. 더 나아가서, 교육의 질을 향상시키고 세계 각지에서의 봉사를 위한 각오를 넓고 깊게 함과 아울러 한반도의 평화와 화해와 통일을 위해 일한다는 것이 무엇인지를 나타내도록 오정골 대학의 지도자들에게 촉구할 수 있는 더 효과적인 방법을 우리가 찾도록 해야겠습니다.

7월에 뵙게 되길 고대하면서
2002년 서의필 드림

드디어 2002년 7월 29일~31일에 미주동문회의 예비모임 격인 '은사들과의 만남' 모임이 블랙 마운틴에 있는 크라이스트마운트 교회(Christmount Assembly) 훈련원에서 2박 3일 동안 열렸고, 13명의 동문이 참가하였다. 블랙 마운틴은 애칭으로 '장로교 천국'(Presby-terian Heaven)이라고 부르는 곳으로 흡사 우리나라의 지리산에 있던 선교사 휴양지 주변 모습을 닮은 아름다운 산악 지역에 있다. 이곳은 오래전에 빌리 그래함 목사의 주선으로 한국에서 은퇴한 남장

제자들을 위하여 설교를 준비하고 있는 서의필 교수(2002. 7)

로교 선교사들이 살 수 있는 은퇴자 마을이 형성된 곳으로, 당시에는 30여 가족이 살고 있었다.

사전 모임에는 은퇴한 선교사로서 타요한 학장, 모요한 교수, 서의필 교수 부부가 참석하여 13명의 제자와 오랜만에 만나서 감동적인 회포를 나누었다. 동문들은 오랫동안 한국과 한남대학교를 위해서 헌신하신 은사 선교사-교수님들로부터 한국에 대한 회고담을 듣고 감동도 받고, 대학의 창립 정신을 되새길 수 있는 귀한 시간을 가졌다. 그들은 동문으로서 장차 한남대학교를 위해서 할 수 있는 여러 일에 대한 생각을 함께 공유하고, 미래에 대한 계획과 포부를 서로 나누기로 약속하고 헤어졌다.

그로부터 3년 후 2005년 12월 9일~10일에 로스앤젤레스에서 한남대 미주동문회 창립총회가 열렸다. 창립총회에는 미국 전 지역에서 34명의 동문이 모였고, 또한 동문회 창립을 축하하기 위하여 한남대학교의 이상윤 총장과 한상봉 총동문회장, 김원배 국제교류 팀장이 한국에서 와서 참석하였다. 미주동문회는 미국을 4개 지역 으로 나누어 지역 동문회를 구성하고, 지역 동문회가 돌아가면서 2 년마다 차기 동문회를 개최할 것을 결의하였다.

제2회 미주동문회는 2007년 8월 10일~11일에 뉴욕에서 개최 되어 63명의 동문과 모요한 교수 부부와 서의필 교수, 한남대학교 이상윤 총장 등이 참여하여 성황리에 끝났다. 회의 전날에는 '사은 의 밤' 시간으로 서의필 교수와 모요한 교수 부부의 회고담과 한남 대학의 장래 비전에 대하여 듣는 시간을 가졌다. 2회 동문회는 이헌 철 초대 회장과 김광석 뉴욕동문회장이 주관하였고, 차기 2대 동문 회장으로 곽성국 동문, 사무총장으로 송민용(공인회계사) 동문이 선 출되었다. 이 회의에 참가했던 동문들은 외로운 미국 생활에서 삶 을 좀 더 보람 있고 신바람 나게 살아갈 수 있는 힘을 얻게 되었다면 서 이별을 아쉬워했다.[165]

제3회 미주동문회는 2009년 8월 7일~8일에 시카고에서 개최 되었는데, 이 모임 역시 모든 사람에게 뜨거운 감동을 주며 대성공 을 거뒀다.[166] 이 모임에는 총 75명의 동문이 참여했고, 서의필 교 수와 허니컷(Honeycutt) 교수, 프린스(Prince) 교수 부부 등 은사 선 교사들과 한국인 은퇴 교수들인 유인종, 이재우, 김봉호 교수 그리 고 한국에서 한남대학교 대표자들(김형태 총장, 김정곤 기획조정처장, 이병철 대외협력처장, 김원배 국제교류팀장 등)이 참여하였다. 총회 전날 인 '사은의 밤' 시간은 특히 의미 있는 시간으로, 동문들은 서의필 교수와 허니컷 교수, 프린스 교수로부터 대학의 창립 목적, 초기의 학교 분위기 등에 대한 회고담을 들으면서 다시 한번 한남대의 존재 이유를 생각하는 귀한 시간을 가졌다.[167] 제3회 대회에서는 미주 동문들의 글을 모아『미주 속의 한남인』이라는 책을 출판하기로 결정하였고, 드디어 여러 동문의 노력으로 2010년에 동문회의 소중한 책이 출판되었다.

서의필 교수는 동문회가 끝난 뒤에 제자인 김회연 목사가 시카고에서 시무하는 교회에서 특별 설교를 하여 많은 사람에게 감동을 주었다. 이때 예배에 참석하였던 이헌철 동문도 "개인적으로는 동문 김회연 목사님께서 시무하시는 교회에서 서의필 목사님의 은혜 넘치는 설교를 듣게 된 것"을 잊을 수 없었다고 회고하였다.[168] 필자의 기억으로 김회연 동문은 1989년에 서의필 교수의 주례로 한남대 교정에서 한국식으로 결혼식을 올렸던 바로 그 동문이다.

## 3. 자유 통일을 향한 새로운 세계 창조

서의필 교수는 6.25전쟁 이후 분단된 국토에서 사랑하는 한국인들이 더 이상 분단의 아픔 속에 괴로워하지 않고 남북이 평화롭게 통일되어 행복하게 사는 날이 오기를 늘 기도해왔다. 평화적 방법으로 남북이 통일되도록 평생 기도해온 그는 은퇴 후에 북한 대중들을 도울 수 있는 방법으로 북한 의료선교에 참여한다. 이제 그에게 주신 하나님의 사명은 가난과 병에 시달리는 환자들을 도와서 그들이 건강을 되찾도록 돕고 영혼을 치유하는 길을 안내하라는 새로운 소명임이 분명하다.

## 1) 유진벨 재단과 '조선의 그리스도인 벗들' 활동

유진벨 재단은 한국 선교사 배유지(Eugene Bell) 목사의 외손 인세반(Steve Linton, 1950년생) 박사가 중심이 되어 블랙 마운틴에 살고 있던 한국 파견 선교사들이 1995년 12월 19일에 함께 설립한 국제 NGO(Non-governmental organization) 대북지원 단체이다. 인세반 박사는 1995년 8월에 이북 함경북도 지방을 강타한 태풍과 수해로 이북에 6만여 명의 수재민이 발생했을 때 미국에서 평양신학교 동문 모임에서 특강을 한 일이 있었다. 그는 1989년에 콜롬비아 대학의 한국학연구소의 부소장을 지낸 북한 전문가로 잘 알려져 있었다. 그는 1979년에 세계탁구대회에 비공식 대표 자격으로 평양을 처음 방문한 이래 지금까지 북한을 80회 이상 방문하였다.

인세반 박사는 1992~1994년에 세계적인 부흥사 빌리 그래함(Billy Graham, 1918-2018. 서의필 목사의 동서) 목사의 고문이자 통역관으로 그래함 목사와 함께 김일성을 두 차례나 면담하여 북한에서 민간단체로서 의료선교 활동을 할 수 있는 공식적인 허락을 얻어냈다. 그래함 목사는 미국의 20세기 대표적인 목회자로서 유진벨 재단과 '조선의 그리스도인 벗들' 재단이 북한에서 합법적으로 의료선교 활동을 할 수 있도록 결정적인 도움을 준 것으로 보인다. 그는 한국에서도 1973년과 1984년에 두 번이나 서울에서 대규모 전도대회를 개최하여 복음을 전파한 유명한 전도사이다. 1973년 당시 서울의 여의도 집회에는 130여만 명이 참여하여 금세기 최대의 기독교 전도대회라는 기록을 남겼다.

그 후, 인세반 박사는 1995년에 그의 외할아버지인 배유지 선교사의 한국 선교 100주년을 기념하여 '유진벨 100주년 기념재단'을 창립하고 북한 의료선교 활동을 시작하였다. 이때 서의필 목사는 그 재단의 이사로 참여하였다. 인세반 박사는 그 후 '유진벨 재단'의 회장 겸 이사장으로 북한 의료선교 활동을 전개하며 주로 국내외의 한국인들에게 후원금을 모집하였다.

1995년에는 미국을 중심으로 '조선의 그리스도인 벗들'(Christian Friends of Korea)이라는 새로운 비영리단체가 구성되어 미국에 있는 은퇴한 선교사들과 그 후손들이 북한 의료선교 활동에 참여하게 된다. '조선의 그리스도인 벗들'은 주로 미국인과 미국 정부기관 및 국제기관의 후원을 받아서 운영하여 유진벨 재단과 구별된다. 그러나 두 재단은 북한 의료선교 활동에 공동으로 참여하는 것으로 알려져 있다.

1995년 이후 '조선의 그리스도인 벗들'의 설립 초창기에는 주로 한국 은퇴선교사들인 베티 린턴(Betty Linton) 선교사, 서의필 선교사, 토플(Toffle) 의료선교사, 윌슨(John Wilson, Jr.) 의료선교사 등이 북한 의료선교 활동에 참여하였다. 그러나 그 후에는 주로 선교사들의 2~3세 후손들이 적극적으로 참여하여 사업을 크게 확장하고 병자와 약자를 도우며 인류애를 실천하고 있다.

'조선의 그리스도인 벗들'은 북한에서 현재까지 27년째 활발한 의료지원 활동을 펼치고 있다. 초창기에 유진벨 재단과 '조선의 그리스도인 벗들'은 북한에 곡물지원 사업과 의료품들을 지원하였으나, 곧 북한에 폐결핵과 간염에 의한 폐해가 매우 심각한 것을 발견하고 폐결핵 환자와 간염 환자들을 집중적으로 치료할 수 있는 병원을 중심으로 의료지원 활동을 실천하고 있다.

1997년 이후 '조선의 그리스도인 벗들'은 북한의 평안남북도와

황해남북도를 중심으로 결핵 환자와 간염 환자를 위한 결핵치료센터와 간염치료센터를 건립하고, 수술실과 연구실을 재건하였다. 그리고 결핵병원 13곳과 요양소 63곳에 결핵약, 현미경, 이동 x-ray 검진차 등 결핵 퇴치에 필요한 전반적인 물품을 지원하였다. 또한 폭증하는 간염 환자에 대비하여 의약품 및 의료 장비, 수술실, 직원 훈련 등 의료 현장 개선 및 치료소를 건설하면서 다양한 방면에서 지원 사업을 실시하였다.

또한 '조선의 그리스도인 벗들'은 환자들의 건강한 식이요법과 깨끗한 물을 섭취하는 데 관심을 두고 그와 관련된 사회활동도 진행하였다. 윌슨 선교사는 광주제중원에서 근무하였던 우월손(John Wilson, Sr.) 의료선교사 부부에게서 광주에서 태어났다. 그는 소아과 의사가 되어 해방 후에는 순천애양원에서 환자들을 돌보고 은퇴한 후에는 몬트리트에서 자연농법을 개척하여 건강한 채소를 키우는 공동체를 만들어 이웃과 서로 나누는 삶을 살았다. 필자도 1997년에 몬트리트를 방문하여 윌슨 선교사에게 자연농법과 과학적인 지식을 배운 적이 있다.

윌슨 선교사는 북한 의료선교에 참여하여서 북한 환경에 적합한 저비용 비닐하우스와 온실재배 기술을 개발하여 보급하였다. 그는 한 개당 30달러가 소요되는 플라스틱 통 400개를 지원하고 병원 주변에 온실 200여 동을 설치하는 것을 지원하였다. 그가 소개한 농업 재배기술은 북한에 처음으로 소개된 최첨단 선진 농법이었다. 그의 노력 덕분에 북한의 폐결핵 환자와 간염 환자들은 추운 겨울에도 싱싱한 채소를 먹을 수 있게 되었다. 이처럼 추운 겨울에도 온실에서 유기농 채소를 재배하여 결핵 환자들이 골고루 영양소를 섭

도시에서도 이 비닐하우스가 유용할까?

▲ 윌슨 선교사가 북한에 보급한 온실의 내부 모습
▼ 미국 몬트리트에서 윌슨 선교사가 만든 비닐하우스 시범 농장을 살펴보고 있는 서의필 목사

취할 수 있도록 도와주려는 그 배려는 '조선의 그리스도인 벗들'만이 할 수 있었던 특별한 의료지원이다.

또한 2006년에는 인요한(연세대학교 세브란스 병원 외국인 진료소장)의 형 제임스 린턴(James Linton)이 북한의 환자들이 안전한 물을 마실 수 있도록 지하수 개발회사를 설립하여 환자들에게 깨끗한 물을 제공하고 있다. 인요한 교수도 역시 북한 의료지원 체재를 만드는 데 크게 기여하였다. 그는 1997년에 북한의 병원에 환자 이송용 구

급차(앰뷸런스)를 기증하여 위급한 환자들을 조속히 이송하고 치료할 수 있도록 도와주었다.[169] 인요한 교수는 1960년대에 부친인 휴 린턴(Hugh Linton) 선교사가 택시를 타고 광주로 이동하던 중 교통사고로 크게 다쳤을 때 응급치료도 받지 못한 채 사망하였던 슬픔을 겪은 적이 있었다. 그래서 그는 1995년에 골든타임에 환자를 살릴 수 있는 환자 이송용 구급차를 직접 제조하기로 하고 모친인 배티 린턴 선교사가 운영하던 순천의 결핵진료소 병원 뜰 안의 차고에서 한국형 구급차를 만들어 국내에 처음으로 보급하기도 했다. 이제 그의 도움으로 북한의 환자들도 제시간에 병원으로 이송되어 치료를 받을 수 있게 되었으니 참으로 다행이었다.

## 2) 통일을 위한 실천 활동

서의필 교수는 1996년부터 2007년까지 북한을 수차례 방문하여 현지 동포들에게 여러 물품과 의료품을 직접 전달하였다. 그는 북한에 지원되는 여러 곡물과 의료물품이 북한 동포 병자들에게 모두 지원되는 것을 직접 확인하던 재단의 원칙에 따라 몸소 의료물품들을 가지고 가서 그들에게 전달하였다. 그의 일행은 미국에서 출발하여 중국을 통해서 입국해야 하는 멀고도 힘든 여정도 마다않고, 북한의 현장까지 달려가 황해도와 평안도에 있는 의료기관들을 방문하였다.

1997년 당시 북한을 방문했던 서의필 교수의 전언에 따르면, 추운 겨울 날씨가 1년의 거의 절반 정도 계속되는 북한지역에서는 결핵 환자들이 매우 많았고 영양결핍에 시달려서 치료가 더욱 어려운 상황이었다. 겨울엔 특히 항산화식품과 비타민을 제공받을 수 있는

▲ 황해도 소재 결핵요양병
원 방문(1997)
▼ 의료품 전달(1997)

싱싱한 채소도 구할 수도 없으며, 대부분의 일반인조차도 심각한
기아와 굶주림 속에 어려움을 겪고 있었다.

　서의필 교수는 남한에서도 북한 동포 돕기에 앞장서기를 촉구하
였다. 1997년에 필자에게 보낸 신년 서신에서 서의필 교수는 "저는
남북한의 모든 한국인들을 위하여 기도드립니다. 그리고 새해에는
남북 간의 화해가 이루어져서 통일에 도달할 수 있는 굳건한 길이
열리기를 간절히 기도합니다"라고 기원하였다.170) 그리고 그는 남
한에서도 우선 민간 차원에서 특히 종교계와 교육계에서 북한 동포
들을 도와주는 일에 앞장서도록 격려하였다. 한남대학교도 공식적
으로 2003년 4월부터 전 교직원이 후원금을 모아 보내며 재단의

활동에 동참하고 있다.171)

　서의필 교수는 또한 북한을 왕래하면서 자기 일처럼 안타까워하며 온 힘을 다해서 이산가족들의 아픔을 달래주었다. 전쟁과 정치적 이념으로 분단된 국가에서 수백만의 가족이 강제로 사랑하는 가족과 헤어져야만 했고 서로 연락도 단절되어 있던 분단의 아픔 속에 있는 슬픈 나라, 더 늦기 전에 가족들이 재회할 수 있도록 통일이 절실한 나라가 바로 한국이었다. 살을 에는 듯 고통스러운 가족이 이별한 슬픔을 누가 달래줄 것인가?

　한남대학교에서 서의필 교수와 오랫동안 함께 지낸 동료인 오승재 교수는 1950년에 발발한 한국전쟁 때 바로 아래 동생과 헤어져 남북 이산가족으로 살고 있었다. 그런데 1990년 미국의 '미주민족문화예술인협회장'이 북한의 문인들과 교류면서 오승재 교수의 친동생을 만나고 자유기고가로서 〈한겨레신문〉에 동생의 생존 기사를 올린 일이 있었다.172) 그때 서의필 교수는 이들 이산가족의 아픔을 자기의 고통으로 삼고 같이 슬퍼하였다.

　따라서 서의필 목사는 유진벨 재단과 '조선의 그리스도인 벗들' 재단의 이사로 북한의 의료선교 사업을 위하여 북한을 방문할 때마다 오승재 교수의 동생을 생각하고 그의 동생 전화번호를 알아내어 그 집까지 방문해서 그 가족들과 사진을 찍어 오기까지 했다. 이런 일은 폐쇄된 북한 사회에서 결코 있을 수 없는 일이었다.

　그 후 서의필 교수는 북한을 왕래하면서 오승재 교수의 가족들이 서신이라도 주고받을 수 있도록 적극적으로 중재하였다. 이는 외국인들이 방문 일정이나 이동하는 교통수단 등 모든 것을 통제를 받아야 하는 북한 사회에서는 결코 쉬운 일이 아니다. 서울에 있는

▲ 평양에서 오승재 교수의
동생 가족과 함께(1999)
▼ 평양에서 오영재, 송숙녀
부부 방문(1999)

오 교수의 또 다른 동생은 서의필 교수의 도움에 감사하며 북에 있
는 오영재 시인에게 다음과 같이 편지를 적어 보냈다.173)

북한 결핵 환자 위문차 평양을 포함해 결핵병원이 있는 곳을 두루 방문
해온 대전 한남대 서의필 교수를 통해 전달된 형님의 서신과 조카의 편
지는 우리 온 가족들을 너무도 기쁘게 해주었습니다.

오승재 교수 부자가 몬트리트에서 서의필 교수의 가족을 방문하였다(1998).

　다행히 서의필 교수가 북한 의료선교 사업을 위해 북한에 왕래
하면서 중재에 나서서 남북의 두 가족이 서신을 교류하고 서로의 안
부를 물을 수 있는 감격스러운 만남이 이루어졌다.

　그 후 오승재 교수 가족은 2000년 여름에 서울에서 개최된 제1
차 이산가족 상봉 때 50년 만에 극적으로 동생과 재회할 수 있었다.
그의 동생 오영재 시인은 북한에서 여러 역경을 이겨내면서 뛰어난
문학적 재능으로 국가의 대표적인 계관시인이 되었고, 남쪽에 있는
어머니를 그리워하는 수많은 시를 발표하며 분단의 아픔과 고통 속
에 살아왔다.

　그러나 안타깝게도 오영재 시인은 자신이 그토록 그리워하던 어
머니와 가족들을 다시 만나보지 못한 채 2011년 가을에 76세의 나

이로 쓸쓸히 세상을 떠났다. 국가적으로도 더욱 슬픈 일은 남한에 있던 오승재 교수에게도 남북 이산가족의 짧았던 재회의 기쁨이 다시 주어지지 않은 점이다. 남북 이산가족들은 또다시 헤어지면서 지금까지 서로 간에 연락이 두절된 상태로 분단의 아픔 속에서 헤어진 가족들을 그리워하고 있다.

## 4. 영원한 한국 사랑과 헌신의 기도

서의필 교수는 26년 동안 헌신해온 한남대학교에 대한 사랑을 퇴임 후에도 지속하였다. 그는 한남대학교를 위하여 늘 염려하고 기도드렸다. 그곳은 정의로운 기독교 인재를 키우기 위하여 그의 젊음과 사랑을 바친 곳이었다. 그는 동료 교수들에게 새로운 총장이 누구인지, 어떠한 지도자인지 늘 궁금해 했고, 대학의 운영에 대해서도 물어보는 안부 서신도 보냈다. 이미 퇴임한 교수들에게도 같은 질문을 던지며 대학에 지속적으로 관심을 갖도록 당부하였다. 예를 들면, 1999년 10월에는 오랫동안 함께 지냈던 오승재 교수에게 다음과 같은 서한을 보냈다.[174]

저는 한남대학교를 위해 계속 기도하고 있습니다. 그리고 신임 총장을 선출하는 과정이 잘 되어 최선의 결정으로 마무리될 것을 믿습니다. 미래를 위한 뛰어난 인재를 양성하는 것이 오늘날의 가장 중요한 사명입니다. 한남대학교가 지향하는 기독교 가치관과 기독교 정신은 이미 한국 사회에 지대한 영향을 미치고 있습니다. 하나님이 계속해서 우리 대학에 특별한 기회를 주실 것을 믿습니다. 그리고 우리는 이 부름에 충실할 것도 믿습니다.

또한 같은 해인 1999년 12월 28일자 서한에서도 한남대학교에 대한 사랑과 염려하는 마음을 표현했다.[175]

새해는 한남대학의 최고의 해가 되길 기도합니다. 그리고 하나님의 세계 속에 있는 성공의 요소들이 뚜렷이 드러나는 해가 되길 기도합니다. 이제 며칠 후면 다가올 이사회에서 신임 총장을 선출하게 될 때에 현명한 결정이 내려지기를 기도합니다. 새로 당선된 총장은 (우리 대학의) 핵심인 창립 정신을 강화하며, 학교의 모든 업무에 열심히 정진하실 것을 믿습니다. 부디 뛰어난 학문성과 지속적인 기독교 신앙을 근간으로 하신 분이 하나님의 위대한 은사를 활용하는 데에 최선을 다하도록 지속적으로 격려 받는 분위기 속에서 다가오는 시험과 시련을 견디면서 성장하시는 분이 오시기를 빕니다.

서의필 교수의 한남대학교에 대한 기도는 2005년 2월 23일에 보낸 서한에도 나타난다.[176]

저는 앞으로도 한남 캠퍼스에서 미해결된 문제들이 잘 해결되길 바라며 기도합니다. 캠퍼스 전체에 화해와 재생의 기운이 널리 퍼지기를 계속해서 기도합니다. 하나님께서 이 대학에 은혜를 주셨다고 저는 확신합니다. 그분은 계속해서 창의적으로 관여해주실 겁니다.

또한 필자에게 보낸 서한(1997. 3. 21과 2004. 1. 6)에서도 서의필 교수는 대학의 지도자에 대한 염려와 함께 학교를 위해 기도드리는 것을 잊지 않았다. 1997년 3월 21일에 보낸 서한에는 신임 총장이 학교를 변화시키고자 하는 노력을 치하하며, "HNU와 관련된 여러 가지 문제에 대한 상당한 우려에도 불구하고 저는 올해가 아주 좋은 해가 될 것이며 현명하게 그 변화가 이루어지기를 희망합니다" 라고 격려하였다.177) 또한, 2004년의 대학 총장 선출 시기에는 "지금은 한남의 역사에서 가장 결정적인 순간이며, 또 다른 실패는 〔부적절한 총장을 선출할 경우〕 대학을 큰 위험에 빠뜨릴 것입니다!"라고 경고하였다.178)

오늘도 서의필 교수는 몬트리트에서 한국과 한국의 젊은이들을 위하여 기도하고 있다. 그는 2000년에 방영된 KBS 성탄특집 프로그램에서 한국의 젊은이들이 무조건 서양 문물만 추종하지 말 것을 강조하였다.179)

우리 젊은이들이 서양화하거나 또는 한국 문화를 무시하거나 하는 것은 위험합니다. 우리는 우리의 뿌리를 알아야 해요. 뿌리를 모르고, 역사의식 없이는 새 역사를 창조할 수 없습니다.

그의 기도는 계속된다. 유창한 한국어로 이어지는 그의 기도는 누구나 쉽게 이해할 수 있다.180) 오늘의 기도는 KBS 특집을 보고 있는 모든 젊은이를 위해서 드리는 기도이다.

하나님께서는 인간을 창조하셨습니다. 그리고 새 역사의 창조에 매일매일 참여하라고 하셨습니다. 이 얼마나 기쁜 일입니까?

우리의 세계를 아우르시는 주님, 우리 모두 다 하나님의 뜻대로 살며, 모든 문제를 정의롭게 해결할 수 있도록 지혜와 능력을 베풀어주소서. 한반도에서 정의로운 사회, 통일된 남북한이 되어 우리 민족이 고통에서 신음하지 않고 정의롭게 살 수 있도록 인도하여 주옵소서. 우리 주 예수 그리스도의 이름으로 기도합니다. 아멘.

미국 노스캐롤라이나 주의 몬트리트와 블랙 마운틴은 한국에 파견되었던 장로교 선교사들이 은퇴 후 모여 살고 있는 선교사들만의 고향이다. 사람들은 이 지역을 '장로교 천국'(Presbyterian Heaven)이라고 불렀다. 이곳에는 2000년대까지 30여 가족이 살았으나, 지금은 20여 가족과 그 후손들이 살고 있다. 우리나라에서 선교활동을 하며 거의 일생을 보냈던 선교사들과 그 후손들은 지금도 한국을 위해 헌신하고 봉사하며 북한선교에 앞장서고 있다. 마을 안에는 남장로회가 세운 몬트리트 대학(Montreat College)도 있고, 그 캠퍼스 중앙에는 서진주 선교사의 부친 넬슨 벨 선교사를 기념하는 넬슨 벨 도서관도 있다.

선교사 가족들은 한국에 대한 사랑과 애정이 극진한 만큼 서로를 극진하게 아끼면서 행복한 노년을 보낸다. 그들은 매주 일요일에 교회에 나가서 함께 예배드리고, 또한 크리스마스도 함께 보낸다. 요양원에서 지내는 선교사들도 점심을 함께 먹으며 한국에 대한 추억을 공유하면서 한국을 그리워하고 지낸다. 특히, 추수감사절과 크리스마스 때는 모두 한자리에 모여 하나님의 은혜에 감사 기도드리며 서로에게 축복을 빈다.

2000년 12월에 공영방송 KBS가 남장로교 선교사들의 은퇴 후

▲ 타요한 선교사와 설대위
의료선교사 부부(2000)
▼ 증손녀의 탄생을 축하하
는 서의필 목사

생활을 소개하는 특별한 성탄 프로그램을 방영하였다.181) 이 프로
그램은 우리나라에도 널리 알려진 선교사들의 퇴임 후 생활을 보여
주었다. 서의필 교수도 이 프로그램에서 자신의 일상생활을 보여주
며 한국에 대한 변함없는 사랑을 드러내고 우리 젊은이들에게 미래
비전을 들려주었다. "인간답게 살면서 새로운 세계를 창조합시다!"
안타깝게도 2022년 현재는 이미 고인이 되어 이곳 블랙 마운틴 공
원 묘원에 묻힌 선교사들도 있다. 남장로교 선교사들 중에는 한남
대학교에 헌신하였던 인돈 부부(Lintons), 구레인(Paul Crane) 의료

선교사, 설대위(David Seal) 의료선교사, 윌슨(John Wilson) 의료선교사, 모요한(John Moore) 교수가 이곳에서 영면하고 있다.

1892년에 한국에 선교사를 처음 파견한 남장로교 선교회는 이곳 몬트리트에 본부를 두고 선교사 훈련 과정을 거쳐서 한국에 선교사를 파견하였다. 서의필 교수가 부인 서진주 선교사를 처음 만난 곳도 이곳이고, 은퇴 후에 거주하고 있는 곳도 바로 이곳이다. 2006년 8월 26일에는 사랑하는 서진주 선교사가 79세에 지병으로 세상을 떠나 서의필 교수와 가족 그리고 한국에 있는 많은 이에게 슬픔을 안겼다. 그녀는 서의필 교수에게는 50여 년을 함께했던 평생의 동역자였고, 자녀들에게는 사랑하는 영원한 어머니, 정 집사에게는 영원히 존경하는 헌신의 대표자요 사랑하는 사모님이셨다. 서의필 교수는 먼 길 가는 사랑하는 아내가 염려되어, 주님만 믿고 따르라는 잠언(3:5-6)에 있는 말씀을 묘비에 옮겨놓고 간절히 기도드렸다.

---

Trust in the Lord with all Thine Heart,
Lean not unto thine on understanding
In all thy ways acknowledge Him,
And He shall direct thy paths.
(proverbs 3:5-6)

마음을 다하여 주님께
의지하세요!
안다고 하지 말고
모든 일을 그에게 맡기세요.
그가 갈 길을
인도해주십니다.

---

한편 한남대학교에서도 같은 해 8월 31일에 서진주 선교사를 위

한 추모예배를 드리고 그녀의 한국 선교 일생을 추모하였다. 추모예배는 제자인 이문균 목사의 인도로 오승재 교수의 특별기도와 김조년 교수의 회고 말씀으로 이어졌다.

그해 9월에 서의필 교수는 한남대학교에 감사 편지를 보냈다. 그는 편지에서 감사 말씀을 전하면서 동시에 한남 가족들의 영혼을 위해 기도하는 것도 잊지 않았다. 다음은 그의 편지를 요약한 것이다.

한남 가족 여러분께.

그동안 안녕하셨습니까? 며칠 전에 있었던 저의 아내 버지니아의 장례에 위로의 조문과 조의금을 보내주신 것에 진심으로 감사드립니다. 이곳 미국 몬트리트에서 있었던 장례식에 참석하여주신 김득룡 교수와 한남대 졸업생 세 분, 또한 한남대학에서 함께 추모예배를 드려주신 여러분 그리고 염려하시며 진심어린 사랑의 조의문을 보내주신 한남의 모든 식구, 많이 위로되고 힘이 되었습니다. 저와 저의 가족은 여러분과 같은 훌륭한 친구들을 만나게 된 것에 감사하고 있습니다.

여러분도 잘 알고 계시듯이 저와 저의 아내는 한국에서 한남대에서 지낸 26년을 포함하여 40여 년을 보낼 수 있는 특권을 누렸습니다. 여러분 모두는 항상 저희를 가르쳐주셨고 격려해주셨으며 어려운 시절도 함께 나누며 보냈습니다. 제가 아내와 함께 1954년 2월 24일에 인천항에 도착했을 때는 한국에서 이렇게 큰 즐거움 속에서 지내면서 여러분과 같은 동료와 친구들을 만나게 될 줄은 전혀 생각지도 못했습니다. 앞으로도 여러분에게 더욱더 많이 배우고, 말씀도 듣고 함께 일할 수 있게 되기를 기대합니다. 저는 이번 가을에 잠시 대전을 방문할 예정입니다. 그때 저희 가족 같은 여러분 모두를 다시 만나 뵙고 감사의 말씀 드리고 싶습니다. 여러분도 미국에 오실 일이 있으시면 꼭 연락 주십시오. 다시 만나 뵙게 되기를 기대합니다.

저의 아내는 아시아에서 거의 모든 일생을 보냈습니다. 유년기의 14년은 의료선교를 담당하셨던 부모님과 함께 중국에서 살았고, 한국에서는 저와 함께 40년을 보냈습니다. 또한, 2차 세계대전 직전에는 두 달 동안 평양외국인학교에 다녔습니다. 제 아내의 기독교 신앙과 사랑 그리고 한국인에게 헌신하고 아끼는 마음은 늘 한결같았습니다. 이제 하나님께서 그녀를 데려가셨습니다. 뒤에 남은 우리도 한남대학교와 지구 곳곳에서 하나님의 목적을 이루는 데에 헌신하며 살아야 할 것 같습니다.

2006년 9월
서의필 드림


서의필 교수는 그 후 슬픔을 이겨내고 북한 의료선교 지원활동과 한남대학교를 위한 일도 계속하며 바쁘게 지냈다. 2014년에는 마지막이 될지 모를 한남대학교의 재방문도 이뤄냈다. 앞에서도 이미 소개했지만, 그의 방문은 많은 사람에게 재회의 기쁨과 축복을 안겨준 특별한 방문이 되었다. 모든 사람이 그의 만수무강을 빌고 존경과 사랑을 안겨드렸다. 지금도 그들은 서의필 교수가 95세가 되는 2023년에도 더욱 건강하시고 행복한 날들로 가득하시기를 기도드리고 있을 것이다. 다시 뵈올 날을 기대하면서.

서의필 교수는 현재 외동딸 엘리자베스와 같이 즐겁게 지내고 계신다. 그가 살고 있는 집은 장인인 넬슨 벨 선교사가 남겨준 아름

▲ 자택의 입구에서 인사하는 서의필 교수(2009. 8)
▼ 크리스마스를 기다리는 서 교수댁 식탁(2018)

다운 2층 목조집이다. 그의 집에는 '牧師 徐義必'이란 문패가 붙어 있다. 그리고 그 옆에는 언제나 마당으로 뛰어나가 정원 일을 할 때 신고 갈 하얀 고무신이 놓여 있다. 오래전 한국의 대전에 있는 서의 필하우스에서도 신었던 그 고무신! 학교 용인들이 그를 본받아 신기 시작했던 그 고무신이다. 가장 낮은 곳에서부터 시작하라는 검소함과 겸손의 대명사! 그리고 그는 어떠한 흔적도 뒤에 남기려고 하지 않았다.

하촌 서의필(夏村 徐義必), 그는 가장 낮은 곳에서 살려고 애썼던 가장 고귀한 선교사였다. 그는 사회에서 가장 어려운 계층에 있는 사람들과 함께하며 고통과 어려움을 감내하였다. 그리고 약자와 병자를 격려하며, 숭고한 인간성과 자긍심을 심어주던 그였다. 그는 약자와 병자 그리고 감옥수, 정치 사범 등 사회적 소외자들과 함께 하셨던 예수님의 길을 묵묵히 걸어왔다. 공자보다 더 공자 같고, 어느 역사학자보다 더 역사적 혜안을 지닌 역사학자! 우수한 기독교 인재를 키워 사회를 이끌 지도자를 도우라는 하나님의 사명을 지킨 교육선교사! 누구든 몇 분만 이야기해도 남을 배려하고 존중하는 그의 마음과 사랑을 즉각적으로 느낄 수 있다.

서의필 선교사는 하나님의 부름에 응답하여 1954년에 사랑하는 미국 고향과 가족을 떠나, 수천Km 떨어진 낯선 동양의 작은 나라에 와서 40년 동안 선교활동에 헌신하였다. 그는 한국전쟁의 폐허와 변혁의 격동기를 체험하면서 한국인들의 어려움과 고통과 함께하며 26세의 젊은이가 66세가 될 때까지 젊은이들의 길을 안내하였던 선지자였다.

오늘도 서의필 교수는 젊은이들과 함께, 그의 마지막 염원인 평화를 통한 남북통일을 기원하며 기도하고 있다. 대한민국의 미래 지도자들을 위해 한평생을 바친 서의필 교수님! 그는 지금도 새 역사를 창조할 남북통일을 향해 기도한다. 그의 소리가 들리는 듯하다. "백두산에서 한라산까지, 만세!"

▲▲ 90회 생신을 축하드리며 온 가족과 함께(2018. 8)
▲ 자녀들과 함께. 왼쪽부터 월터, 존, 세번, 서의필, 엘리자베스, 넬슨(2018. 8)
◀ 사랑하는 딸 엘리자베스와 함께, 만세!(2017)

제2부

# 서의필 목사의 설교문(1980-1986)

"젊은이의 나라, 새로운 세계를 창조하자!"

몬트리트의 자택에서 손자와 산책하며(2000년대)

제2부에는 서의필 목사가 직접 작성한 대표적인 설교문 4편을 원문대로 수록하였다. 서의필 목사의 설교문은 성경 속의 진리를 강조하는 복음선교 관점과 사회정의를 위하여 구성원들의 적극적인 사회참여를 격려하는 진보적인 사회개혁관을 보여준다.

　서의필 목사는 설교문을 사전에 철저히 준비하였다. 그는 설교문을 먼저 영어로 작성한 후, 한국인들의 정서에 적절한 표현을 살릴 수 있도록 한국인에게 번역을 의뢰하였다. 그리고 번역된 한글 설교문을 재편집하여 자신의 노트에 다시 옮겨 적는 과정을 거치며 설교를 준비하였다. 또한 설교 중에 강조할 부분은 밑줄을 그어서 뚜렷이 보이도록 표시해놓았고, 뜻을 더 정확하게 전달해야 할 주요 단어들은 한자로 표기하였다. 여기서는 독자를 위하여 한문으로 쓰인 부분은 한글로 표기하고 괄호 안에 넣었다.

# 1. 쓰라린 비극의 눈물(1980)

"오직 공법을 물같이, 정의를 하수같이 흘릴지어다."(아모스 5:24)

불란서 혁명사에서 토마스 카알라일은 말하기를 자유가 우리에게 온 순간 속박에서 시달린 노예의 굴레가 벗겨지고 자유는 영원하리라 하고 하나님께 맹세했습니다. 자유란 이 사회의 사람들이 투쟁하고 노력하며 고통받은 대가이며 우리 모두에게 최고의 목적이라고.

아무리 고상한 인격의 소유자라도 그들의 마음속에 선과 악이 공존하고 있음은 인류사가 여실히 증명하고 있습니다. 우리는 이 역사의 와중에서 인류의 발전을 위하여 크게 공헌한 위인이라도 권력을 쥐면 부패해지고 결국엔 비인도적 탄압 정책을 쓴다는 것을 알고 있습니다.

복지국가라고 하는 현 사회에서도 우리는 마음에 잔인성이 깃들어 있어 인간의 진실을 외면해왔습니다. 저는 인간의 본성을 깊이 통찰하고 보다 나은 삶을 위해 노력한 **톨스토**이나 **도스토예프스키**

및 **솔제니친**과 같은 러시아 작가에 대하여 많은 관심을 갖고 있습니다. 이들 모두가 무한히 고통을 받았고 그들의 사상은 부단히 억압을 받았습니다. **도스토예프스키**는 1849년 28세가 되던 해인 12월 22일 아침, 20여 명의 정치범과 함께 러시아의 상트페테르부르크(St. Petersburg)에서 사형을 언도받았습니다. 황제의 특사로 풀려나게 된 그는 오늘날 우리에게 불후의 명작을 남기게 됩니다. **카라마조프가의 형제들**을 보면 한 가난한 사람이 여인숙에서 주정꾼에게 쫓겨나는 장면이 있습니다. 가난한 사람이 매를 맞자 아홉 살 먹은 큰아들이 쫓아와서 "아버지! 아버지!"하고 울부짖으며 아버지를 껴안고 때리는 주정꾼으로부터 아버지를 끌어당기는 모습을 볼 수 있습니다. "가요, 아빠! 이분은 나의 아빠예요. 용서해주세요! 예?" 그는 울면서 그의 아버지를 용서해달라고 빌었습니다. 그리고 그 아이는 때리는 사람을 잡고 그의 손에 입을 맞추었습니다. 끝으로 불행을 당한 그는 말하기를, **부자가 아닌 남들에게 멸시당하는 우리들의 아이**, 즉, **가난한 자**의 아이들이기 때문에 비록 아홉 살이라 하더라도 결국, 정의가 무엇인지 알게 된 것입니다. 부자가 이와 같은 것을 어떻게 알겠습니까? 부자가 사는 동안 이러한 **쓰라림을 맛본 적이 있을까요?** 환언하면, 강자의 손아귀에서 놀아나는 약자는 쓰라린 비통의 눈물을 흘린다는 것입니다.

작년(1979) 8월 11일 서울에서 있었던 어린 여공의 죽음은 전국적으로 충격을 주었습니다. 이 사건의 전모는 하나님과 후세 역사만이 알 것입니다. 우리는 **이제** 막 피어나는 젊은 여성의 죽음에 애도(哀悼)와 경악을 금치 못하는 바입니다. 우리는 이와 같은 비극적 상황과 몰이해, 사태의 근본적인 해결책이 강구되지 않는 현실에 대해 깊이 느끼는 바가 있어야 할 것입니다. 강자들이 일생에 단 한 번인 생명을 귀중히 여긴다면, 보다 넓은 아량이 필요합니다.

**마틴 루터 킹** 목사는 "어디서나 불의가 정의를 구축하고 있다"라고 말했습니다. 우리는 김경숙 양의 죽음에서 연유된 눈물의 의미를 깊이 인식하고 이 사건을 계기로 전 국민이 반성하여 전화위복의 계기로 만들어야 할 것입니다. 참고로, 1960년 4월 30일자 UPI 기자가 본 "이 정권 몰락의 인과"에 대해 잠깐 언급하고자 합니다.

무엇이 이 정권의 몰락을 초래하였는가? 전 생애를 한국의 독립 쟁취를 위하여 바친 이 박사가 이렇게 그가 사랑하고 또 그를 아끼는 국민들에 의하여 추방되었는가? 이에 대한 근본적인 해답은 아마도 망각이라는 것으로 낙착될 것이다. 이 박사는 지금부터 65년 전, 그가 20세의 청년으로 일제에 항거하는 학생 투쟁에 뛰어들음으로써 그의 혁명적 생애의 첫걸음을 내디뎠다는 사실을 망각하였다. 이 박사는 서울과 기타 도시들의 거리에서 정의를 위하여 시위하는 청년 학도들의 얼굴, 얼굴에서 65년 전 이상주의자였던 청년 이승만의 얼굴과 그의 동지들의 얼굴을 보지 못한 것이다. 그는 젊음이 무서운 무기로 화할 수 있다는 것, 특히, 그것이 부정에 의해 만들어질 때 강력한 무기가 될 수 있다는 사실을 잊었던 것이다.

**학생들의 궐기는 여러 해를 두고 쌓이고 쌓인 정의감의 폭발이었다.** 선거 부정은 관행의 한 연장이었으며 이제 새삼스러운 것은 아니었다. 부패는 기정사실이었다. 문제는 얼마만큼 알고 있느냐 하는 데 있는 것이 아니라 어떤 연줄로 얼마만큼의 운동(자)금을 쓸 용의를 가지고 있느냐 하는 것이었다.

건국 당시부터 가난했던 한국은 어쩌면 한국 전쟁과 미국이 부어넣은 수십억 불의 원조로 구제된 것인지도 모른다. 그러나 부유층은 날이 갈수록 더욱 부유해지고 정치적 부정은 자꾸만 쌓여갔다. 그리하여 경찰을 정치적 설득 및 억압 수단을 위한 도구화한 정치적 봉건제도가 발전하기에 이르렀다. 정적들은 투옥 또는 기타 방법으로 제거되었으며 야당지의 탄압이 시작되었다. 각종 사업, 정치, 심지어는 학교들까지도 부패에 오염되었다.

미국 건국 초기 80여 년간을 돌이켜볼 때 모든 사람이 평등하게 태어났다고 주장해도 대다수의 흑인들은 많은 억압을 받았습니다. 수백만의 흑인 노예들은 착취당하고 결국엔 잘못된 제도 속에서 죽어갔던 것입니다. 미국민의 진실된 혼이 죄악에 물들여졌습니다. 드디어 하나님께서 이 노예들의 울부짖음을 들으셨습니다. 노예해방운동이 일어나고 용감한 링컨 대통령이 1862년 9월 22일에 노예해방을 선언했습니다.

미국사의 가장 어두운 시대, 남북 간에 피나는 전쟁이 벌어졌습니다. 쮸리아 하우 여사는 전 국민의 자유를 위해 십자가를 졌습니다. 하우 여사는 새벽에 기침하는 순간부터 하나님의 영광을 기리는 찬송가를 작사하기 시작했습니다. 그것이 바로 "The Battle Hymn of the Republic"(주: 자유를 갈망하는 노예들을 해방시키는 하나님이 오신다는 뜻)입니다.

100년 후 마틴 루터 킹 목사가 분연히 일어나 워싱턴으로 행진했습니다. 그리고 그는 "나는 꿈이 있다"라는 유명한 연설을 했습니다. 그는 천민 사회에서 태어나 아직도 고통과 멸시를 당하는 흑인입니다. 링컨 기념관 앞에서 **킹** 목사는 다음과 같이 역설했습니다.


이 순간 어려움과 좌절감에 빠지더라도

아직까지 나에게는 꿈이 있다.

나는 꿈을 갖고 있네.

어느 날 이 나라가 떨치고 일어서서

이 나라가 믿고 있는 주의의 진정한 의미대로

살아가는 것이니.

우리는 이러한 진리를 당연한 것으로 떠받치리라.

모든 인간은 동등하게 태어났다고.


나는 꿈을 갖고 있네.

어느 날 조지아의 붉은 언덕 위에

옛날 노예였던 자의 아들과

옛날 소유했던 자의 아들들이

함께 모여 한자리에 앉기를, 형제애의 식탁가에.


나는 꿈을 갖고 있네.

어느 날 미시시피 주마저도

한때는 억압의 열기로 땀 흘리던 주였지만

이젠 자유와 정의의 낙원으로 바뀌기를


나는 꿈을 갖고 있네.

나의 어린 자녀들이

어느 날엔가는 이 나라에 살면서
그들의 피부 색깔이 아닌
가슴 속에 담긴 마음으로
평가받게 되는 날이 오기를.

마틴 루터 킹 목사의 생애는 기독교 박애정신 그대로입니다. 그
는 문제 해결에서 평화적인 방법을 주장해왔습니다. 그는 위협과
구타를 수없이 당했으며, 투옥당하기도 했고 결국엔 피살당했습니
다. 그러나 그는 희망을 잃지 않고 모든 사람이 정의롭게 사는 사회
구현에 몸을 바쳤습니다. 그와 동료들이 좌절할 때면 다 함께 자유
구현의 노래를 합창했습니다.

두렵지 않네. 두렵지 않네.
오늘 우리는 두렵지 않네.
오, 우리는 이 마음속에 확신이 있네.
언젠가 승리의 날이 오기를.

주전 8세기 전 하나님께서는 '아모스'란 선지자를 이스라엘로 보
내셨습니다. 당시 이스라엘은 경제적으로 부유한 시대였습니다. 대
외 무역이 활발했고 이와 곁들여 사회악도 늘어만 갔습니다. **부익부
(富益富) 빈익빈(貧益貧)의 시대**였던 것입니다. 신흥 부호들은 전국
에 군림하고 있었으며 대단위 상가와 호화저택을 마련했습니다. 경
제적으로 어려운 많은 농민들이 도시에 몰려왔으나 도시에서 생활
은 조잡하고 더러웠습니다. 즉, 농민들은 도시에서 관리와 상인들

의 속임수와 탐욕을 보았습니다. 농민들은 권력자와 고생하는 빈민들의 차이점을 발견했습니다. 그것은 새로운 혁신을 요구하게 했습니다. **아모스**는 지배자와 부유층을 꾸짖고 그들의 부정과 비도덕성 및 빈민 탄압에 대해 준엄한 심판이 있음을 알렸습니다.

하나님은 은혜로우시며 자비로우시고 공의로우신 분이다. 그러나 너희들은 너희 세도의 근본을 망각하고 특권을 남용하며 권리에 따른 책임을 잊었느냐? 너희들은 수없이 경고를 받았음에도 불구하고 자만과 교만에 젖어 악한 길에서 벗어나려 하지 않았다. 따라서 너희는 물론 전 백성이 고통을 당할 것이며 세상은 혼란해질 것이다.

설상가상으로 **아모스**는 종교단체의 타락상도 보았습니다. 많은 신자들이 집회에 참석하여 헌금을 바치고 찬송하고 기도하나 그것은 하나님을 잊어버리고 자기도취에 빠진 공허하고 형식적이며 의미 없는 예배에 불과한 것이었습니다.

종교는 결국 부패하게 되고 종교 지도자들은 현상 유지를 바랐으며, 억압받고 학대받는 가난한 자와 눌린 자를 위하여 변호하려 하지 않았습니다. 계속해서 아모스는 외쳤습니다.

"사람에게 죄를 짓는 것이 하나님께 죄를 범하는 것이다."

**아모스**의 말씀은 인권을 위해 투쟁하거나 정의로운 사회구현을 위해 꾸준히 전진해야 할 책임을 우리 기독교인에게 일깨워준 것입니다.

새로운 사회는 그의 백성을 통하여 역사하시는 하나님의 힘으로 바뀌게 될 것입니다. 아모스 5장 24절을 찾아봅시다. 봉독하면,

"오직 공법을 물같이, 정의를 하수같이 흘릴지어다."(아모스 5:24)

이 역사의 시점에서 혁신의 필요성은 명백해졌습니다. 지금 사회는 아모스 시대와 흡사한 점이 많이 있습니다. 우리는 자기도취에 빠져 남을 비난하는 데 급급했습니다. **도스토예프스키**는 모든 인간의 마음속엔 선과 악이 교차되어 있다고 말했습니다. 즉 이 세상에서 악의 원천은 인간의 마음속에 있는 잔인하고 파괴적이며 폭력적이고 거역하는 것을 기뻐하는 것이라는 것입니다. 이제 새 학기를 맞아 우리 모두가 자문자답을 해봅시다.

첫째: 우리의 희망은 무엇입니까?
둘째: 우리의 삶과 인간의 역사과정에서 하나님의 섭리를 발견했습니까?
셋째: 우리의 생활, 학교와 사회와 세계 속에서 **하나님의 역사가** 무엇을 의미하며, 하나님께서 어떻게 **사회정의를 구현하시** 며, 이 현실에서 우리가 사회에 어떻게 참여하기를 바라고 계십니까?

19세기의 **톨스토이**는 이 사회의 유형을 다음과 같이 분류했습니다.

첫째: 명예와 정의가 없는 사회, 정의가 축출되고 교활과 잔인이

판치는 사회

둘째: 옳고 그른 기준이 모호한 사회. 따라서 높은 사람은 잘못도 없고 그들을 비판해서는 안 되는 사회

셋째: 지도자는 잘못도 없고, 국민들은 오직 복종해야만 하는 사회

넷째: 지도자들이 고매한 인격을 갖추지 못한 사회 즉 사랑, 자비, 자신의 과오 등을 인정치 않는 사회

다섯째: 국민에겐 의무만 강요하고 사고력을 인정치 않는 사회

우리는 희망적인 사회, 다시 말하면 하나님의 진리와 정의가 깃들어 있는 사회를 만들어야 합니다. 이것은 이 대학 내에서 우리 생활의 **최대 공약수**이며, 이 세상에 존재하고 있는 한 이루어야 할 것이며 또한 이루어질 것입니다. 우리가 슬픔에 어린 눈물과 생존 그 자체를 위협받는 한, 새로운 사회는 건설될 수 없습니다. **우리는 꼭 불의를 이 세상에서 몰아내야 합니다!**

끝으로 알렉산더 솔제니친의 말을 인용하겠습니다.

우리는 몇몇 사람이 대다수 국민의 권리를 대신한다는 것을 위험천만하다고 생각합니다. 악을 보고 방관하거나 표면에 부각시키지 않으려고 숨기는 것은 죄악을 심어 수천 개의 열매를 얻으려는 것이나 진배없습니다.

# 2. 새로운 역사의 창조(1984)

"사람아, 주께서 선한 것이 무엇임을 네게 보이셨나니,
여호와께서 네게 구하시는 것이 오직 공의를 행하고, 인자를 사랑하며,
겸손히 내 하나님과 함께 행하는 것이 아니냐!"(미가 6: 8)

기원전 8세기 후반 이스라엘의 지도자들은 그들 국가의 '부'와 '번영'을 자랑하고 있었습니다. 그들은 재앙의 벼랑에 처해 있었습니다. 수년 동안 통치자와 정치가, 실업계의 거물들과 사사들 그리고 가르치는 선생들이나 설교가들은 민중들을 파멸로 이끌고 있으면서도 건강한 사회(곧 복지국가)를 창조한다고 떠들어대고 있었습니다. 이때 민중들이 이해할 수 있는 용어로 항변했던 평민 태생의 한 사람이 바로 미가(Micah)라는 분이었습니다. 예언자 미가는 지도층의 **부정**과 **부패**와 **사치스러운** 생활들을 고발했습니다. 예언자 미가는 "당신들은 **민중을 착취하고 정의에 대한 요구를 무시했기 때문에 벌을 받게 될 것이고 이 민족은 외세에 의해 궤멸될 것이다**"라고 말했습니다. 어떠한 민족이나 어떠한 사람도 미가의 경고를 등한시할 때 역사의 묘지로 향하게 됩니다.

1984년에 기독교 신앙은 삶의 도전과 문제들로부터 격리되는

것이 아니라 역사의 주이신 **예수** **그리스도**가 인간으로 우리들을 찾아오신 복음에 비추어서 그대로 삶의 도전과 문제들을 해결하는 데 도움이 될 수 있도록 우리들의 희망을 **강렬하게** 해야 합니다.

일부 사람들은 인간사 복잡한 것들 가운데 모든 문제나 성가신 일들로부터 인간들을 해방시키는 철학으로서 기독교를 이해하는 것 같습니다. 아마도 이러한 사람들은 기독교 윤리가 십자가에 의해 특징지워진다는 사실을 망각한 것인지도 모릅니다. 십자가란 새로운 종류의 공동체를 창조하고 근본적으로 새로운 종류의 삶으로 이끌어감으로 인해 사회에 위협을 가하는 사람에게 내리는 형벌과도 같은 것입니다.

우리는 도덕적으로 사회 정의의 문제에 대해 무감각하며 냉담해져가고 있습니다. 우리는 타 도시나 외국인들에게서는 결점을 용이하게 찾아내면서도 우리 자신들의 입장을 등한시합니다. '부'와 '권력'을 쟁취하기 위한 투쟁 속에서 우리는 남들에 대해서는 소홀합니다. 자신들의 사적인 물질적 욕구를 채우기에 여념이 없는 동안에도 줄곧 "우리가 종교적인 사람들이다"라고 믿어버립니다. 교회는 구약성서의 예언적인 말씀의 심판에 대해 복종하기를 거부하기 때문에 그들은 점점 더 현상 유지에 도전할 능력을 잃어갑니다.

만약에 지도자들이 민심에 귀를 기울였다면 과거 우리의 역사는 어떻게 변했을까요? 지바고 박사는 다음과 같이 말합니다. "권력을 손에 쥔 인간들은 절대 확실의 신화를 창조하기를 간절히 바란다. 그래서 그들은 진리를 외면하는 데 전력을 다한다." 이제 20세기 역사에서 민중들을 수난에 빠뜨린 가혹한 잘못들과 새롭게 역사를 창조해야 할 필요성을 강조했던 3가지 경우들을 조사해보도록 합시다.

첫째, **베트남의 경우**입니다. 이 경우는 미국(美國)이 그들의 패권을 유지하기 위해 대리국가를 어떻게 이용했는가 하는 예를 잘 보여주는 경우입니다. 그렇지만 미국이 개입되기 전 그러니까 세계 제2차 대전이 종식되고 독립을 위한 **베트남** 사람들의 염원에 어떠한 일이 발생했는지를 생각해보아야 합니다. 얄타협정에 따라서 영국(英國)은 **남부 인도차이나**에서 일본인(日本人)들의 무장을 해제하고 그들을 본국으로 송환하며 질서를 회복시키라는 임무를 할당받았습니다. 그런데 **영국**은 **프랑스** 식민도당이 일본 점령군과 협력했던 사실에도 불구하고 오히려 그들의 임무를 **프랑스** 식민제도의 재건으로 해석하는 쪽을 택했습니다. **영국군**은 이미 일본(日本)이 무장을 해제했고 **베트민**의 통제하에 베트남이 통일된 것을 알았습니다. 그러자 영국(英國)은 **일본군**을 재무장해서 **호지명** 세력의 **사이공**(Saigon) 지배를 강압적으로 부인하는 가운데 영국군을 증강하기 위하여 일본을 이용하기 시작했습니다. 그래서 무력의 힘으로 영국(英國)은 **프랑스**가 돌아올 때까지 **사이공** 점령을 지속시켰습니다.

**베트남**에서 프랑스가 패배하자 미국(美國)은 1954년 **제네바** 조약에 서명하는 것을 거절하였고 **사이공**에 지독한 예속 정부를 통하여 이전의 **프랑스** 반대 세력의 저항을 탄압할 것을 기도했습니다. 그것이 실패하자 미국(美國)은 1962년에 **베트남**을 아주 침략했습니다. 그것은 완전한 침공이었습니다. 미국(美國)은 **베트남** 민중들의 호응을 받지 못하던 정부를 지원했고 마침내 미국(美國)의 고객이던 **디엠**(Diem) 대통령을 살해하고 이어서 미국(美國)의 명령에 따르길 거부했던 후임 정권을 전복시켜버렸습니다.

군과 경찰 그리고 정보 요원과 비밀경찰 요원들의 훈련을 포함한 미국의 원조 계획은 너무나도 빈번하게 고문과 잔학한 행위를 양민들에게 가하도록 독재 정권에게 장비와 기술들을 제공하는 결과를 빚고 있습니다. 베트남에서 Diem 대통령의 군대는 미국의 고문을 받아 훈련되었고 필요한 장비를 갖추고 있었습니다. 비밀경찰은 한 미군 장성이 고안해낸 것이었습니다. 이같이 미국(美國)이 훈련한 군대는 평화스러운 지역에서 시작해 광범위하게 탐색을 실시해서 수천 명을 체포하고 대포에 의해 수백 명을 살해했습니다. 한국이나 미국(美國)과 같이 베트남은 평화를 사랑하는 민중들이 살고 있었고 또 지금도 살고 있습니다. 그런데 1960년대에 그 나라는 종종 양민들을 희생시키면서 미국에 의한 새로운 군사장비 기술을 시험하는 장소로 사용되었습니다. 존슨(Johnson) 대통령은 그가 베트남에서 행하고 있는 일을 미국(美國) 국민이 이해하거나 알기를 원치 않았습니다. 그리고 한 사람의 국민으로서 대부분의 미국인들은 너무 게을러서 알지 못했거나 또는 너무나 오만방자해서 알 필요조차 없다고 생각했던 것입니다.

에릭 프롬(Erich Fromm)은 세도의 오만함을 기술하는 가운데 다음과 같이 말하고 있습니다. "일부 사람들은 남을 지배하길 원한다. 남을 지배할 수 있도록 하기 위해 그들을 종속시키고 그들 스스로 생각할 수 있는 능력을 방해하고 그들의 창의성을 제거하며 일정한 경계선에 그들을 가두어두려 한다."

레바논 전쟁에서도 가장 수난을 당하는 것은 빈번히 양민이라는 사실을 우리들에게 아주 분명히 보여주고 있습니다.

1968년 3월 16일 아침, 베트남에서 한 미국 보병중대는 밀라이(My Lai) 마을로 들어갔습니다. 그들은 베트콩을 찾고 있었는데 한 사람도 발견하지 못했습니다. 그들이 발견한 것은 단지 비무장한 여자들과 아이들 그리고 나이 많은 사람들뿐이었습니다. 그런데 얼마 지나지 않아서 이들 외국군 병사들은 5~6백 명의 양민을 살해해버렸습니다.

도무지 이상한 것은 이 사건이 보도된 때는 일 년이 더 지난 뒤였다는 사실입니다. 많은 사람들은 일어나고 있는 일의 중요성을 깨닫지 못하므로 이 같은 죄악은 자인하지 않았습니다. **아직도 인간은 살인을 하고서도 그가 살인을 했는지 알지 못합니까?** 어느 정신의학자는 말했습니다. "악이란 우리들이 죄를 인정하려 하지 않기 때문에 발생하는 것이다"라고…. 악은 우리들의 병든 이기심을 옹호하거나 변호할 목적으로 남을 파괴하기 위해 권력을 사용하는 것입니다. 악이 존재하는 곳에는 거짓이 있습니다. 미가 시대에도 그러했고, 오늘날까지 그것은 발생하고 있습니다.

둘째, 광주(光州)의 경우입니다. 1980년 5월 16일 그러니까 계엄령이 전국에 확대 실시되기 전에 광주시(光州市) 학생들은 교내 시위를 벌이고 있었습니다. 그러고 나서 각 대학의 3만여 학생들은 전남도청 앞의 분수대에 집결했습니다. 뒤이어 그들은 횃불 시위행진을 하였습니다. 평화적인 시위였습니다. 경찰과의 충돌도 전혀 없었습니다.

학생들은 **민주화** 정책의 가속화를 위한 바람을 질서정연하게 표명하기를 원했던 것입니다. 시위 도중 학생들은 시위를 중단하고 면학에 전념할 것을 결의함과 동시에 정부로부터 확고한 답변을 기다리기로 했습니다.

18일 오후 3시 공수부대가 학생들의 동요를 진압하기 위해 도시로 진입해 들어왔습니다. 공수요원들은 M-16 소총에 대검을 착검하고 곤봉을 들었습니다. 학생들을 분산시키기 위해 그들은 남자나 여자 할 것 없이 모두에게 곤봉을 사용했습니다. 많은 학생들이 뒤에서 곤봉에 맞아 쓰러져 마구 피를 흘렸습니다.

5월 27일 새벽 2시 더 이상의 피 흘릴 것을 염려했던 수습위원회의 노력과 인내를 완전히 무시한 가운데 군대는 화염을 발사하며 공격을 개시했습니다. 그 부대는 또다시 거리를 점령했고 마치 정복자의 군대가 적진지를 되찾는 것 같이 도시를 장악해버렸습니다. 열흘 동안 거리를 가득 메운 민주주의를 위한 외침은 너무나 많은 선혈과 야만적 행위를 보여준 장소에서 이제는 영원히 침묵해야 될 것 같이 보였습니다.

왜 광주는 6.25 이후 한국에서 가장 잔악한 비극의 현장이 되었습니까? 어째서 군대는 이러한 피비린내 나는 사건을 야기시키고 학생들과 애국적 시민들에게 책임을 지우려고 꾀했습니까? 어째서 그렇게 많은 사람들이 그토록 잔악하고 장기간에 걸친 소외와 고독한 감방생활을 겪어야 하는 것입니까? 왜 사건 보도는 삭제되고 검열당해야 하는 것입니까? 어째서 그토록 많은 의로운 분들이 그렇게 오랫동안 고통당하고 계셔야 합니까?

악은 우리들의 죄를 인정하지 않으려 하기 때문에 발생합니다. 또한 악이 존재하는 곳에는 거짓이 있습니다.

셋째, 필리핀의 경우입니다. **필리핀**과 미국 사람들은 금세기를 통해 아주 밀접한 유대를 맺어오고 있습니다. 그렇지만 두 나라 간에는 상당히 심각한 문제들이 많이 있었습니다. 현재까지 매우 중요한 문제들 중 하나로서 필리핀에 있는 미국의 군사 시설에 대한 문제입니다. **마르코스**의 전략은 미국(美國)이 필리핀 영토를 사용하는 조건으로 가능한 한 많은 군사 및 경제 원조를 얻어내려는 것입니다. 이와는 반대로 필리핀 민족주의자들은 이러한 미군 기지들이 해로운 결과를 초래하므로 걷어치워야 한다고 주장하고 있습니다. 미국(美國)은 미래의 전략을 결정함에 있어서 필리핀 사람들의 의사에 신중하게 귀를 기울여야 하겠습니다. 미국(美國)의 군사기지에 반대하는 이유는 주로 다섯 가지가 되는 것 같습니다.

첫 번째 주된 이유는 외국 군사 시설의 존재는 필리핀 민족주의에 대한 모독이고 또한 그 나라 주권의 침해라는 것입니다. 1905년에 미국은 필리핀을 장악하고 나서 영토의 대단히 넓은 면적을 군사 보류지로 정해 따로 떼어놓았습니다. 금세기에 걸쳐 민족 주권의 투사들은 이러한 기지들의 철거를 요구했습니다. 1933년에 미국 의회가 필리핀 독립을 위한 법안을 승인했을 때도 미국은 그 군사 기지들을 폐지하지 않고 존속시킬 것을 허락했습니다. 그러나 필리핀 입법부는 이를 받아들이지 않았습니다. 그들은 말하기를 "미국 의회의 결정은 필리핀 독립과는 모순되는 것이며 민족의 존엄성을 유린하고 불화를 유발하는 것"이라고 했습니다.

이러한 군사 기지들은 모든 **필리핀** 국민들이 지난날 미국 식민주의를 생각나게 할 뿐더러 계속해서 그 국가가 신식민주의에 젖어들도록 합니다. 우리가 사려 깊은 필리핀 사람들의 견해를 주의 깊게 듣는다면 잘 알 수 있습니다. 군사기지 기능 중의 하나는 내적 또는 외적 우려에서 나온 미국(美國)의 경제적 이익을 보장하기 위한 것이라고 그들은 말하고 있습니다.

두 번째 이유는 이러한 기지들이 **필리핀** 내정에 미국(美國)의 개입을 불러들인다는 것입니다. 미군의 기지 사용료는 매년 **1억 달러**입니다. 이 가운데 절반이 넘는 액수는 군사원조 형태로 지불됩니다. **필리핀** 하원의원의 한 사람은 다음과 같이 말합니다. "이 같은 군사원조는 정부가 책임이 없어도 좋은 것으로 만들어버렸다. 정부가 국민의 여망을 수렴해서 통치를 하기보다는 오히려 군사적 힘으로 다스릴 수 있게 되었다." 군사기지가 가져다준 실제적 결과는 국내의 폭력을 심화시킨 것이었습니다. 왜냐하면 군사 원조는 평화적인 방법을 통해서 온건한 변화의 추구를 더욱더 힘들게 하기 때문입니다.

세 번째, 일부 **필리핀** 사람들은 군사기지들이 그들 국가를 공격권에 포함시킨다고 믿고 있습니다. 현재 그들은 미국이나 어떠한 다른 나라들도 그들 내정에 간섭하지 못하도록 보장받을 길을 모색하고 있습니다. 동시에 그들은 그들 영토가 다른 나라의 내정에 끼어들기 위한 발사대가 되는 것도 원치 않습니다.

넷째, 만일 전시일 경우 군사기지는 외국의 공격을 불러들이는 자석과 같이 작용하여서 핵에 의한 파멸을 불러들인다는 관심이 높아가고 있습니다. 전 **필리핀** 상원의원 한 분은 세계 2차 대전 때, 그의 조국에 미군 기지가 주둔함으로 일본(日本)의 공격을 끌어들였다는 점을 지적하면서, 일본(日本)이 왔지만 필리핀은 무서운 결말을 막을 만한 힘이 없었다고 말합니다.

오늘날 **필리핀**이 **소련**의 목표물로 부상하게 된 것은 미국 핵무기의 현존입니다. 미군 기지의 기능 중 하나는 **필리핀**을 외국의 침략으로부터 보호한다는 것입니다. 그렇지만 엄밀히 말해서 핵무기의 존재는 반대의 여파를 일으킬지도 모릅니다.

마지막으로 미군 기지는 주변 마을에 상당히 비도덕적인 영향을 주고 있습니다. 그곳의 외국군 요원들은 경제적으로 가장 압박을 받는 지방에서 온 **필리핀** 여자들의 몸과 마음을 착취하고 있습니다. 이들 지역에서는 이루 말할 수 없는 **타락**과 **소외**와 **착취**와 **고통**이 매일 같이 발생하고 있습니다. 외국인들은 필리핀 여인들에게 굴욕을 주고 원치 않았던 혼혈아들이 거리를 활보합니다. 여인들은 집에서 하는 낙태 수술로 죽어갑니다. 미군이 이 지역에서 일으킨 도덕적 타락은 외국인들만을 어지럽히는 것이 아니라, **필리핀** 사회에 암적인 영향을 끼치고 있습니다.

이상의 3가지 경우는 모두 **군부**와 **힘없는 자들**의 **고통**과 **권력가들의 오만함**을 포함하고 있습니다. 강대국들이 중히 여기는 표본을 우리가 그저 따르기를 원치 않습니다. 강대국들은 "그들의 패권을 유지하려는 망상에 사로잡혀 있으며 무기 경쟁에서 이기면 승리할 것이다"라고 믿고 있습니다. 그들은 승리를 위해 도덕의 훌륭한 교훈들을 철저하게 무시하고 점점 더 많은 사람들에게 밝혀지지 않는 피해를 입히게 합니다. 무기 경쟁을 가속화시키는 주된 요인은 이익 목적입니다. 우리는 역사의 이러한 흐름을 바꾸어야 하겠습니다. 그렇지 않으면 우리 모두는 서기 2000년이 도래하기 전에 **멸망**할 것입니다. 우리 모두 한 정신의학자의 말씀을 주의 깊게 생각해보도록 합시다.

각기 모든 개인 구성원들로서 남자나 여자나 중요 부분을 이루고 있는 전체 집단의 행위에 대해 참으로 그 자신들의 책임을 다할 때까지는 어떠한 집단이든 필연적으로 파렴치하고 사악하게 남아 있게 될 것이다.

**요한 바오로 2세**는 U.N. 연설에서 "무기 경쟁은 인류에게 내린 가장 큰 저주 중의 하나입니다. 그리고 그것이 가난한 자들에게 가하는 피해는 참기 어려운 것입니다"라고 말씀하셨습니다. 무기 경쟁은 가난하고 힘없고 고통받는 자들에게 가하는 침략 행위입니다.

우리는 새로운 역사를 창조할 수 있는 긍정적인 방법들을 찾아야만 할 것입니다. 저는 오늘 '한국민족교회협의회'의 최근 회합에서 발표한 제안들을 여러분들에게 권하고 싶습니다. 그들은 **민족 민중 평화**의 전망에서 한국 민족교회에 대해 논하는 가운데, 첫째로 **민족 분단의 극복을 이야기했습니다.**

통일이 우리 민족의 최대의 과제이며 민족 통일이 이루어지지 않고는 진정한 민족의 발전이 이루어질 수 없습니다. 통일은 민족의 역사적 염원이므로 분단의 고정화에서 오는 통일 논의에 대한 터부의식을 제거하며, 개방사회와 민주주의 사회의 기초를 확립해나가야 합니다. 이것을 위해 전 민족이 자주적으로 참여해야 하며, 자유로운 통일 논의의 분위기가 마련되어져야 합니다.

둘째로 민중에 대한 신뢰를 언급합니다.

역사의 추진력은 민중에게 있습니다. 교회는 마땅히 민중과 함께하며, 인간의 기본적 자유와 권리를 침해하는 권력에 대항하여, 인권 운동을 전개하고 노동자와 농민의 삶 속에서 하나님의 모습을 찾습니다. 또한 이 땅의 억눌리고 가난하고 소외된 민중과 함께 하나님의 선교를 이루어나갈 것이며 가진 자의 권력과 물질에 대하여 민중이 하나님의 실체임을 증거할 것입니다.

셋째로 이 땅에 평화를 갈구합니다.

한국 교회는 하나님이 주신 이 땅의 생명을 지켜가기 위해서 평화를 절실한 선교적 과제로 인식합니다. 한반도를 둘러싸고 신냉전 체제가 새로이 군사적 긴장을 높이면서 이제 이 민족의 운명은 미소 강대국의 핵무기에 의해 그 사활이 걸려 있습니다. 강대국의 전략적 이해관계에 따라 이 민족이 그 희생물이 되고 한반도가 핵무기의 시험장이 된다면 이 민족의 생존은 더 이상 불가능한 것입니다.

그러기 때문에 우리들에게 있어서 **평화**는 정권 유지를 위한 거짓 구호로서가 아니라 바로 **생존의 문제**입니다. 그러나 군사력과 핵무기의 균형 속에서의 평화란 거짓 평화이며 냉전 논리와 정권 안보의 연장선상에서 민족 분단을 영구화하고 민중에 대한 탄압을 합리화시켜주는 구실이 되고 있습니다. 우리는 전쟁을 원하지 않습니다. 그렇다고 해서 이러한 거짓 평화를 현실로 받아들이지도 않습니다. 교회는 진정하고 참된 평화, 즉, **민족의 통일이 이루어지고 민중에 대한 억압이 종식됨**으로써 모든 전쟁의 가능성이 원천적으로 제거된 **참된 평화**를 기원합니다.

제국주의의 침략 대상으로서, 동서 냉전의 희생물로서 점철되어온 이 민족에게 있어서 이러한 참된 평화의 실현은 **한국 교회가 포기할 수 없는 과제**입니다.

# 3. 화평케 하는 일(1985. 4. 19)

지금으로부터 25년 전 이 땅에 살고 있는 사람들은 평화를 사랑하고 정의를 갈망하던 대학생들의 무참한 죽음에 애도를 표했습니다. 3.15부정선거에 항의하면서 자유당 정권의 부패와 독재에 종말을 요구하면서 전국 각지에 있는 수만 명의 학생들이 번져 오르는 저항에 참여했습니다. 4.19 아침의 거대한 플래카드는 다음과 같이 외치고 있습니다.

민주 위한 학생 데모 총칼로 막지 말라!
협잡과 부정 선거를 규탄한다!
데모가 이적(利敵)이냐, 폭정(暴政)이 이적(利敵)이다!
시민들이여, 정의를 찾자!

한국의 젊은이들은 그들 조국의 양심을 대변해서 용감하게 외쳤습니다. 그러나 그날이 끝나기도 전에 무장 경찰의 폭력은 타락한 독재정권을 보호하면서 잔인하게도 수많은 사상자를 만들었습니다. 조선일보에 의하면 그날 저녁까지 115명이 살해되고 730명이 다쳤다고 합니다. 결국 이 정권은 타도되었습니다. 그것은 독재와 부패와 잔혹성을 넘어선 정의와 용기와 자유의 개선을 의미하는 위대한 승리였습니다. 그러나 평화에의 길은 결코 쉬운 길이 아닙니다.

1980년 5월 27일 광주에 갔던 우리 학교 학생 한 사람은 그 이후 그를 계속 악몽에 시달리게 만든 무참한 광경을 목격했다고 합니다. 삼천 명의 전투경찰이 그곳에 투입되었습니다. 평화적으로 저항하는 자들을 고립시키기 위해 모든 길은 차단되었고, 그들이 피신하지 못하도록 최루탄 가스가 사람들의 무리 속에 뿌려졌습니다. 서울로부터 삼천 명의 공수부대원이 추가로 투하되었습니다. 이들은 총검으로 눈에 띄는 사람을 죽이기 시작했습니다. 그들은 마약 중독제를 먹은 자처럼 무자비한 만행을 저질렀습니다.

곧 거리는 피로 물들고 죽은 시체는 군대 트럭에 실렸습니다. 공수부대원들은 시민의 집 대문과 울타리를 부수고 집안으로 그들은 추격했습니다. 몇몇 여학생이 그들에게 끌려 나가 그들 총검에 의해 희생되었습니다. 한 여학생을 죽이고 있는 공수부대원에게 저항하던 70세의 노파도 거리에서 죽임을 당했습니다(세계에서 가장 강력한 한 나라의 명백한 지지 위에 잔혹한 살생이 계속되었습니다). 얼마나 무서운 하루입니까? 확실히 하나님께서는 우리를 잊고 계셨습니다.

3주 전에 우리는 예수님의 예루살렘 입성에 관해 읽었습니다. 유대인은 오랫동안 그들의 메시아(Messiah)를 기다렸습니다. 그러나 많은 이가 예수님이 누구이신지를 알지 못했습니다. 종교적 유대인 열심당원은 그들이 로마에 대항하여 대중적 반란을 일으킨다면 하나님께서 그들이 새 시대로 돌입하는 것을 중재하신다고 믿었습니다. 그들에겐 무신론자를 없애는 것이 하나의 종교적 의무였습니다. 물론 유대인이 무장 반란을 원했던 것은 아니었습니다. 제사장 귀족은 반대하였습니다.

예수님께서 실제로 취하셨던 행동의 과정은 모든 집단을 만족시키지 못했습니다. 그분은 전쟁과 폭력의 길을 확고히 거부하셨습니다. 그분의 비폭력의 선택은 그의 성무(聖務)기간 내내 모든 점에서 분명했습니다. 모든 것을 주겠다고 한 사탄의 유혹을 거절하시고 친구와 원수를 위하여 무제한의 사랑을 보여주시고 죽음을 선택하셨습니다.

예수님께서는 3년의 성무기간 동안 약한 자, 가난한 자, 병든 자 그리고 고통받는 자와 함께하시며 자신을 고통받는 종의 역할(Role of the Suffering Servant)과 동일시하셨습니다. 그분은 구속을 실행하고 하나님 나라의 일을 성취하려는 죄지은 자와 인간의 요구를 동일화하셨습니다. 예수님의 발자취를 따라가려는 사람들은 그리스도의 구속적 고통을 함께 나누어야 할 책임이 있습니다.

노벨평화상 수상자인 투투(Tutu) 주교는 "고통을 외면한 교회는 교회의 속성에서 가장 본질적인 것을 빠뜨리고 있다"고 말했습니다. 예수님께서는 "네 십자가를 지고 나를 따르지 않는 한 나의 제자가 될 수 없다"고 하셨습니다. 따라서 제자의 직분은 십자가를 의미합니다. 하나님 자신과 같은 교회는 결코 중립적일 수 없습니다. 그것은 가난한 자와 압박당하는 자와 소외당한 자들 편에 서 있어야만 하는 교회인 것입니다.

예수님은 역경과 고통 속에서 사시면서도 만나는 사람마다 그들의 인간으로서의 존엄성을 구원해주시려고 도와주셨습니다. 하나님은 우리의 방식처럼 악을 복수로 갚으려고 오시지 않았습니다. 그분은 누구나를 막론하고 은총으로 죄인을 의롭게 하시려고 오셨습니다.

요한복음 8장에서 알 수 있습니다. 간음의 현장에서 잡혀 굴욕을 당하며 돌로 처형당할 처지에 놓인 죄 많은 한 여자 얘기입니다. 그녀가 고소자들에게 이야기를 마친 후 예수님께서는 그녀를 보시고 물으십니다.

"너를 정죄한 자가 없느냐?"
"없습니다."
"나도 너를 정죄하지 아니하노니, 다시는 죄를 짓지 말라!"

이 얼마나 강함과 애정 어린 유연함의 아름다운 혼합입니까? 아무도 돌을 던지지 않았습니다. 처음 그녀를 비난하던 목격자는 그들 스스로의 양심을 바라보며 그들도 스스로의 죄에 대한 목격자임을 알게 되었습니다. 개인의 죄는 큰 사회적 죄의 뿌리입니다. 다른 사람을 비난하는 것은 얼마나 쉬운 일이며 우리 스스로의 양심을 살펴보는 것은 얼마나 어려운 일입니까? 구조적 부정의와 제도화된 폭력, 사회적 죄를 비난하는 것은 얼마나 쉬운 일입니까? 이런 죄는 어느 곳에나 있습니다.

그러나 이러한 사회적 죄의 뿌리는 어디 있습니까? 우리 모든 사람의 마음속에 있습니다. 오늘날 하나님의 부르심은 '회개하라'는 것입니다. 저도 회개합니다. 저는 가면을 벗어버리고 하나님의 용서를 구해야만 합니다. 왜냐하면 저 자신이 저의 창조주의 이웃과 사회에 죄를 범했기 때문입니다.

동아시아에서 오랫동안 살았음에도 불구하고 저는 한국인과의 관계에서 거만함과 문화적 무감각과 터무니없는 우행을 보여주었음을 고백합니다. 기독교의 사랑의 윤리는 그 사회의 다른 구성원을 거부하고 소외하거나 혹은 굴욕으로 이끄는 행위를 하지 않을 것을 강조합니다. 예수 그리스도는 인간의 존엄성을 경시하지 않으셨습니다.

1985년 하나님께서는 우리 기독교 학교가 사회의 평화를 위한 일에 참여하도록 우리를 부르고 계십니다. 우리는 개인적 구속을 위한 지속된 관심을 갖도록 부름을 받았으며, 사회봉사하는 삶을 위해 변화하도록 부름을 받았습니다. 우리는 소금과 빛과 변화의 대행자로서 복잡한 사회 속으로 가라는 부름을 받았습니다. 가난한 자, 약한 자, 힘없는 자를 위하여 정의를 찾아주신다는 하나님의 공약을 우리는 따를 것입니다. 예수 그리스도는 가난한 자의 편에 서 계시며, 부자를 낮추시고 가난한 자를 높이시며 일하고 계신다는 것을 알려야 합니다.

이곳에 있는 우리 모두는 평화를 사랑하는 사람입니다. 아무도 지금 밖에 나가서 사람을 죽일 것을 생각지 않습니다. 그러나 사실상 우리는 사회에서 일어나는 폭력과 살인에 기여를 하고 있는지도 모릅니다. 경제적 구조는 수백만 명의 인명을 파괴할 수 있습니다. 미국에서의 노예제도가 확실히 그러했습니다. 합법적 구조와 악법은 인간성을 왜곡하고 침해하고 파괴합니다. 유신체제가 그것을 증명해주었습니다.

오늘날 중남미나 남아프리카 등 세계 곳곳에서 폭력과 죽음이 자행되고 있습니다. 제도화된 인종차별주의와 정의와 평화의 문제가 심각합니다. 인종차별주의는 그리스도 안에서 생명의 충실함에 저해되는 것이며 그것을 부인하는 것입니다. 따라서 기독교인과 교회는 그리스도에게 복종하며 모든 형태의 인종차별주의에 반대하고 이러한 부정의 죄악스러운 제도에 대항하여 싸우는 자들을 지지해야 하며 복음의 이단적인 곡해를 하려는 어떤 신학적으로 정당화하는 태도나 인종차별주의를 고발하도록 부름받았습니다.

이 대학 사회에서는 화평케 하는 일에 무한히 기여할 수 있습니다. 이곳은 노동자, 농민, 여자, 젊은이 등 모든 사람이 말할 수 있는 권리가 보장되는 사회이어야 합니다. 독재권력에 대항하여 민주의 편에 서서 문제를 해결하는 과정에 모든 사람을 참여하도록 권면하는 곳이 되어야 합니다. 젊은이들이 사랑받고 존중받는 장소가 되어야 합니다.

오늘의 교회는 학생이나 청년에 대한 이해가 부족합니다. 한국 청년들은 사회문제를 대하는 태도가 매우 진지합니다. 이것은 어떤 형태로든지 국가 발전에 기여할 수 있는 길로 이어져야 합니다. 정치 사회구조의 문제로부터 출발하지 않으면 오늘날 청년들이 왜 좌절하고 있는가, 왜 저항하고 있는가의 문제를 이해할 수 없습니다. 교회는 청년에게 초점을 맞추어 그들이 적극적으로 참여할 수 있는 기회를 제공해야 합니다.

교회에서는 전쟁에 반대하는 것만으로 충분하지 않습니다. 우리는 평화를 믿어야만 하며 적극적으로 화평케 하는 자가 되어야만 합니다. 오늘날 군비확장 경쟁은 국가와 생명의 피를 말리고 기근, 문맹, 질병 같은 중요한 문제를 극복하는 데 사용해야 할 귀중한 자원을 소모시킬 뿐입니다.

교회는 군국주의에 의해 우리 사회가 지배되는 것을 막아야 합니다. 군사정권은 민주적 발전을 손상시키고 부패시키며 기본적 인권의 침해를 당하고 있는 제3의 계층에 고통을 주고 있음을 인식해야 합니다. 고통당하는 자를 돕고 약한 자들에게 힘을 주고 가난한 자와 억압받는 자를 옹호해주고 소리를 빼앗긴 자의 영감에 소리를 주고 화평케 하고 일치를 도모하는 장소가 되어야 합니다.

우리 모두 함께 문제를 살펴보고 모든 일을 위하여 참된 평화와 정의를 위한 탐구에 앞장서서 우리의 삶을 재인식합시다. 기도합시다.

하나님 아버지, 이제 당신이 오셔야 할 시간입니다. 우리의 시간이 다 가고 우리의 세상이 끝나가고 있습니다. 당신께서는 우리에게 생명을 주셨지만 우리는 그것을 파괴시키고 있습니다. 우리를 용서해주십시오. 우리에게 평화를 믿는 신앙을 허락해주시고 화평케 하는 일에 참여할 용기를 주십시오.

우리의 원수에게도 평화를 허락해주시고, 죽음의 공포로부터 우리를 구원해주십시오. 그리스도와 함께 동행할 수 있도록 또한 원수를 사랑할 수 있도록 우리를 준비시켜주옵소서. 예수님 이름으로 기도합니다. 아-멘!

# 4. 바람(風)(1986. 4. 19)

"청건대 이 사람을 죽이소서."(예레미야 38:4-6, 4절)

4월 15일 한남대학교는 개교 30주년을 맞이하였습니다. 전에 학장을 지냈던 한 분은 본교의 설립취지로 우리의 주의를 환기시켰으며 질적으로 우수한 기독교 교육을 위하여 새로운 공약을 만들었습니다. 신앙과 학문을 균형 있게 통합시키는 문제의 중요성을 논의했습니다. 큰 액수의 돈을 캠퍼스를 훌륭하게 꾸미는 데 사용했으며, 국내(國內), 국외(國外) 여러 곳에서 오신 손님을 대접했습니다.

이제 캠퍼스를 들어갈 때나 나갈 때마다 우리는 '진리'와 '자유' 그리고 '봉사'의 상징인 큰 탑을 지나갑니다. 이 중요한 역사적 순간에 우리는 잠시 멈추어서 이러한 가치들이 우리의 캠퍼스에 성실하게 반영되고 있는지를 우리 자신에게 물어보아야만 합니다.

자주 '진리를 왜곡'하고 '자유를 부정하며' '민중(the people)을 위해 일하는 대신 그들을 억압하는 것'을 지향하는 사회에서 '진리, 자유, 봉사'의 진정한 의미는 무엇입니까? 우리의 기독교 신앙은 진실한 것입니까? 아니면, 그것이 우리에게 이익을 줄 때만 작용하는 단순한 위장에 불과한 것입니까? 저는 모든 해답을 찾았다는 자만심과 확신을 지닌 자로서 여러분에게 말하는 것은 아닙니다. 그러나 이 시간 저의 깊은 우려를 표명하는 바입니다.

최근 몇 해 동안 우리는 '많은 사악한 행위를 목격하고서도 침묵을 지켰습니다.' 우리가 현상 유지를 지지하는 것은 무력함과 비겁함의 결과입니까? 아니면 하나님의 진리가 의미하는 것에 단순히 장님이 되어버린 것입니까? 우리는 하나님께서 가난한 자와 약한 자와 없는 자의 편에 서 계신다는 사실을 잊었습니까? 우리의 학원과 국가와 세계를 괴롭히는 구체적인 문제에 어떤 분명한 반응을 보이고 있습니까?

기원전 7세기 중반에 예언자 '**예레미야**'가 태어났습니다. 현대의 기독교인은 조용히 지배자에게 복종할 것을 택하고 **예레미야**의 말씀과 행동은 쉽게 잊어버리기를 원합니다. 그는 정부가 옳은 일을 행하고 정의를 위하여 일하고 민중의 이익에 관심을 갖도록 끊임없이 정부에게 도전했습니다. **예레미야**는 '왕을 비난하고 그의 정치적 실수를 꾸짖으며 공공연하게 그의 대외정책'을 공격했습니다. 결국 이 예언자는 체포되어 국가보안법 위반의 혐의로 고소되어 사형을 선고받았습니다. 오늘날 그는 문제를 일으키는 자, 좌익 또는 공산주의자로 몰렸을 것입니다. 정보 요원들에게 고문을 당하리라는 것은 의심의 여지도 없습니다. 거짓 자백서에 서명하도록 강요당했을 것입니다.

안보(安保)는 모든 나라의 중요한 관심사입니다. 그러나 오늘날 안보는 국민들(the people)의 복지와 반대되는 여러 가지 의미를 가지고 있습니다. 2차 세계대전 직후, 미국(美國)은 국가보안기관을 개발했습니다. 미국의 방식을 따라서 많은 미국의 우방 국가들이 강력한 국가 보안기구와 중앙정보 요원을 개발했습니다. 이 군사 집단과 보안 집단은 미국으로부터 훈련과 재정 원조를 받았습니다. 한국뿐만 아니라 '이란' '베트남' 그리고 '필리핀'을 생각해보십시오.

국가안보 철학의 기본 전제는 매우 잘 알려져 있습니다. 첫째, 세계는 東과 西 즉 공산주의와 자본주의의 두 진영으로 나뉘어져 있다고 합니다. 둘째, 이 대립된 갈등의 결과 전면전(Total War)의 상태가 존재하고 있고, 이러한 상황에서는 군부만이 나라를 움직일 수 있다고 합니다. 셋째, 적으로부터 국가를 방어하기 위하여 군부나 보안대의 권위자는 시민의 권리를 제한할 수 있고 정부 구조를 바꾸어버릴 수도 있다고 합니다. 그들의 적을 '국가의 적'으로 정의하며 그들의 철학에 관계없이 무조건 공산주의자라고 부릅니다. 넷째, 보통 사람들은 너무나 단순하고 어리석기 때문에 쉽게 반정부주의자 말에 속아버린다고 합니다. 따라서 군부나 군 출신 중심 정부에 불찬성하는 사람들로부터 그들은 보호를 받아야만 한다는 전제입니다.

국가 안보라는 독트린하에 군사화는 점차 만연해가고 있습니다. 군사비 예산과 무장 세력이 계속해서 팽창하고 있습니다. 군부는 전 정부와 경제계와 다른 민간 기관의 보직을 점령하고 있습니다. '라틴 아메리카'와 몇몇 아시아 국가에서 군부는 자신을 문명의 방어자이며 공산주의 침투로부터 기독교를 수호하는 자라고 주장합니다. 군부는 보수주의자인 친정부 집단에게 자유를 허용하는 반면에 진보주의자를 고립시키고 그들 중 몇몇을 철저히 감시하여 기독교회를 분열시키라는 지시를 받습니다. 이 체제는 '반(反)민주적'이며, '민중의 힘을 억압'하고, '참된 자유와 기독교의 적'임이 분명합니다. 군부 전체주의는 우상숭배를 금하라는 성서의 말씀을 위반하고 있습니다. 이 체제하에서 '정부는 학원 자율화'를 억누르고 '학문의 자유'를 보장해주지 않으며, 전 교육과정을 사상 통제와 행동 조작으로 바꾸어버리려고 시도합니다.

세계교회협의회(WCC)가 발표한 평화와 정의에 관한 성명서에 잠시 여러분의 주의를 기울이시기 바랍니다.

'억압'과 '외세의 간섭' 그리고 급상승하는 무기 예산을 정당화시키는 국가 안보라는 개념의 심한 오용은 심각한 문제이다. 주권과 안보에 대한 다른 사람의 정당한 권리를 무시하거나 부인하는 한, 어떤 국가도 안정을 유지하고 있다고 할 수 없다. 따라서 안보는 국가의 공통사업으로서만 실현될 수 있다. 또한 안보는 정의와 분리해서 생각할 수 없다. '국가의 공통 안보'라는 개념은 '국민 안보'의 개념에 의하여 강화되어야만 한다.

국민을 위한 참된 안보는 모든 국가를 위한 사회 경제적 정의뿐만 아니라 자력의 권리를 포함하는 인권과 그것을 보장하는 정치 토대의 존중을 요구합니다.

저는 시민을 감시하는 정부 비밀요원이 오늘날의 한국 사회를 침해하고 있다는 사실에 심심한 유감을 표합니다. 군부와 보안요원은 감시를 통하여 사고하는 이성을 파괴하고 양심을 중화시키고 타락시키려고 합니다. 기독교적 관점에서 우리는 이것을 단순한 정보수집 과정으로서가 아니라 '사회에 대한 정신적 모독'으로서 간주합니다. 그것은 한편으로는 개인의 성품과 주체성에 대한 모욕(侮辱)이며, 다른 한편으로는 사회의 성품과 주체성에 대한 모욕이기도 합니다. 그것은 의식적으로 사람을 위협하고 모독하여 용기를 잃게 하려고 하는 것입니다. 사복 정부요원이 학생으로 직원으로 또는 다른 형태로 사회에 침투할 때, 그것은 거짓 멤버가 그 사회를 교란시키고 있음을 의미합니다. 그곳에서 거짓이 싹트고 공포와 불신이 자라납니다. 그리고 사회 전체는 의심으로 오염됩니다.

교묘하게 계획된 정부의 프로파간다와 감시 그리고 정보 통제는 진리를 통제하려는 전체주의의 강요를 대표합니다. 여러분이 미국의 수도 워싱턴에 있는 미 중앙정보부를 방문한다면 여러분은 요한복음의 "진리를 알지니 진리가 너희를 자유롭게 하리라"고 하는 말씀이 출입구에 쓰여 있는 것을 볼 수 있을 것입니다. 심지어 악마의 세력까지도 성경을 인용하고 있으니 얼마나 이상한 일입니까?

한 현대 신학자의 지혜를 우리 함께 상기해봅시다. "진실은 통제될 수 없고 냉소적으로 취급당할 수 없으며 즉시에서 거짓이 드러나지 않는 세력을 위하여 조작될 수도 없다. 이것은 감시요원, 바로 허위의 명수라는 사실에서 잘 입증되고 있다."

우리는 이제 우리의 태도를 분명히 해야만 합니다.

첫째, 교육은 창조성을 고무하는 하나의 다이내믹한 과정입니다. 그것은 자유로운 상황에서 수행되어야만 합니다. 우리는 이것을 세뇌 과정으로 만들거나 의존성을 배양시키려는 어떠한 시도에도 반대합니다.

둘째, 진리를 탐구하는 데 제한을 받지 않고 자유로운 분위기에서 의사소통이 이루어지고, 사회의 모든 구성원이 현 사회의 문제를 개방적으로 토의하는 배우고 가르치는 풍토를 조성하려는 노력에 갈채를 보냅니다.

셋째, 한남대학의 전 구성원이 국민들의 생활과 국가의 경제, 정치, 사회 운명에 영향을 미치는 문제와 씨름하며, 의견을 서로 나누고 표명해야 할 책임이 있다고 생각합니다. 이 사회의 양심이 구속을 받아서는 안 됩니다.

넷째, 믿음과 지성을 지닌 사회로서 우리는 외세든 한국 정부든 다른 세력이든 간에 민중을 해하는 데 힘을 사용하는 집단에 강력히 반대해야만 합니다. 우리는 무력한 자와 억압당하는 자의 편에 서야 합니다.

다섯째, 우리는 모든 형태의 전체주의 특히 인간의 정신을 침해하고 인권을 짓밟고 진리와 자유와 정의를 경시하는 군부 통제의 현 형태를 고발합니다.

여섯째, 정의와 함께하는 평화의 성서적 비전(vision)은 우리 시대에 절실합니다. 평화는 정의롭지 못한 기반 위에서는 실현될 수 없습니다. 이 학원과 사회에서 우리가 하는 모든 행동은 이러한 관점을 반영해야만 합니다. 평화는 모든 개인의 인간성과 존엄성에 경의를 표하며, 모든 이를 위한 정의를 토대로 하는 새 질서를 필요로 합니다. 예언자 이사야의 말씀에 의하면 '평화는 공의의 결과'라고 합니다.

제3부
# 서의필 교수의 종교·인간·사회

# I. 백두에서 한라까지

## 1. 백두에서 한라까지 자비를 베푸소서!

학계든 종교계든 정치계든 아니 그 어떤 분야의 영역에서든 간에 처음부터 끝까지 일관된 철학을 견지해가며 살아가는 사람을 찾아 보기란 쉽지 않다. 젊었을 때 꽤나 진보적이었던 사람도 늙으면서 보수주의자로 변신해 있는 경우가 비일비재하다. 특별히 거대한 자 본주의 체제 속에서 경제적 이해타산에 따라 이리 몰리기도 하고 저리 몰리기도 하는 작금의 황금만능주의 시대에서는 더더욱 그러 하다. 그야말로 수많은 철학과 사상의 격변 속에서 어느 한 사람이 자신의 일생을 통해 처음부터 나중까지, 더 나아가서 삶을 마치는 순간까지 선한 영향력을 유지하며 행사하기란 정말로 쉽지 않은 일 이다.

그런데 20대 중반의 젊은 나이에 한국 땅을 밟기 시작한 때부터 평생을 한국에서 살면서 그리고 은퇴 후 고국으로 돌아간 이후까지도 조금도 변함없이 한반도에 대한 일관된 관심과 사랑과 기도로써 살아온 분이 있으니 그분이 바로 여기 소개하는 서의필 교수이다. 그는 자신의 이름 뒤에 붙는 호칭이 매우 다양하다. 한국에서 그는 미국 남장로교 한국선교부 소속의 선교사로 평생을 살았다. 선교사라는 큰 범주 안에서 기본적으로 그는 목사이다. 그런 가운데 장신대에서의 강의를 필두로 한남대학에서 은퇴할 때까지 대학교수로 봉직하였다. 또한 하버드 대학에서 학위를 받은 박사이기도 하다. 따라서 서의필 교수가 달려온 평생의 발자취를 찾아보고자 하는 이 책에서는 그때그때의 형편과 맥락에 따르는 합당한 호칭이 달리 쓰일 수 있음을 미리 일러둔다.

필자가 서의필 교수를 맨 처음 만나게 된 것은 1973년 3월 한남대학 신입생이었을 때이다. 그 무렵에는 숭전대학교[1]라는 교명으로 학교 규모가 그리 크지 않았다. 학교 건물이라고 해야 한국식 기와지붕을 한 현재의 대학본부 건물인 인돈 홀과 탈메이지 홀, 채플 강당과 원래는 여학생 기숙사였던 것으로 현재는 김기수 기념관으로 불리는 'History Building'이 전부가 아니었을까 한다. 오정골[= 고을] 속에 야트막한 소나무 야산을 등지고 있는 남향의 고즈넉한 캠퍼스는 학과를 불문하고 모든 학생과 교수가 서로 다 알고 지내는 분위기였다. 그런 가운데서도 유독 자주 눈에 띄는 한 미국인 교수가 있었으니 그분이 바로 서의필 교수였다. 특히나 겨울철이면 검정 코트에 검정 베레모를 즐겨 쓰고 다녔던 영문과의 서의필 교수를 이제 갓 들어와서 아직 영문과 전공으로 나뉘지도 않았던 시절 필자는 빈번히 만날 수 있었다. 나중에서야 알게 된 일이지만 그 무렵은 서의필 교수로가 하버드 대학에서 박사 논문을 한창 진행 중이었던 시기였다. 박사 논문이 후기 조선시대의 사회변동 현상을 조사 분석하는 것으로서 조선의 족보를 기본 자료로 했다는 것을 알게 된 후에야 비로소 서의필 교수가 왜 초면인 사람들한테마다 본관이 어디냐고 자꾸 물어보곤 했는지 이해가 되었다. 논문을 한참 쓰고 있던 바로 그 당시 하버드 대학의 족보 박사로서 온통 그의 뇌리에는 18세기 조선시대의 족보 나무 그림(tree diagram)2)들로 빼곡히 채워져 있었을 테니까 말이다. 우스갯소리지만 당시 한남대생 중에 영어단어 'genealogy'(족보학)를 모르면 간첩일 정도였는데, 이는 오롯이 서의필 교수의 조선시대 족보 연구 덕분이다.

서의필 교수는 대단히 외향적인 성격의 소유자이다. 어느 특정 공간에 앉아서 조용히 성서 한 권만을 텍스트로 삼는 선교사가 아니었다. 그 대신 그는 한국 민중3)들의 삶의 현장으로 들어가 그네들의 실질적인 삶의 모습을 보고 듣고 함께 고뇌해가며 그 현장에서 들려오는 하나님의 음성을 직접 듣는 가운데 하나님 나라를 이 땅에 건설하고자 했던 선교사였다. 따라서 그의 선교 현장은 비단 교회만이 아니었다. 대학 캠퍼스가 선교지였고 때로는 민중들의 시위 현장이 선교지였으며, 또한 때로는 재판정도 그에게는 선교 사역지가 되곤 하였다. 그의 발길이 닿는 곳이라면 그곳이 어디가 됐든 그는 늘 하나님과 함께하는 현장이고자 하였다.

1989년 5월 9일 그의 제자들이 중심이 되고 동료 교수들이 뜻을 모아 베푼 회갑연이 있었다. 전국에서 모여든 지인들이 함께하는 이 자리에서 서의필 교수의 인생 한 사이클을 축하하는 의미로『종교 인간 사회 – 휴머니티의 회복을 위하여』제하의 준비된 논문집을 봉정하였다. 실로 서의필 교수의 삶을 한마디로 압축해서 말하고자 할 때에 이 책 제목만큼이나 더 적확하게 표현할 수 있을까 싶을 정도로, 선교사로서 그는 기독교로 대변되는 종교와 더불어 인간과 사회라는 이 세 가지 개념적 실체를 휴머니티로 묶어내고자 하는 삶을 살았다. 1989년 5월 20일 아마도 회갑연에 참석했던 모든 이에게 공히 보내는 감사 편지4)에서 그는 그때까지 35년 동안 한국에서의 삶의 궤적을 회상하면서 앞으로의 여생을 더 살아갈 동안 견지해야 할 자신의 신념 내지는 철학을 피력해놓았다.

서의필 교수는 처음부터 한국에서의 삶을 하나님에게 부여받은 특권으로 생각했다. 목포 스테이션에 배속받아 한국 실정에 대한 기본적인 적응 교육을 마치고 그 후 서울에서 몇 년을 산 것 빼고는 줄곧 대전에서 지냈다. 그는 틈날 때마다 한국의 구석구석을 다 누비며 다녔고 그래서 아마도 가보지 않은 곳이 사실상 거의 없을 정도라고 회상하고 있다. 버스를 타기도 하고 기차를 타기도 하고 때로는 걸어서 산을 넘고 강을 건너기도 하고 또 배로 비행기로 어디든지 다 가보았다. 그렇다고 그냥 팔도강산 유람만 하러 다닌 것은 아니고 전국 각지의 한국 민중들을 만나보러 다닌 것이다. 특별한 사람만이 아니라 가능한 한 모든 사람을 다 만나보고자 했다. 갓난아기를 비롯해서 어린이들, 청장년들, 학생들, 교사들, 공무원들, 노인들, 노동자들, 시위자들, 사무원들을 만나 그들과 대화하는 가운데 그들의 삶과 생각을 함께 나누곤 하였다. 그러는 가운데 마침내 한국이란 나라에 가장 큰 보물이 있다면 그것은 바로 다름 아닌 한국의 '민중들'임을 발견한다. 그는 자신의 인생행로에서 만났던 모든 한국 민중에게 감사하고 한국 사회의 어마어마한 창조적 잠재력을 생각하면서 한국의 미래를 낙관적으로 보았다.

분명코 그는 회갑에 이르기까지 한국과 한국 민중들을 사랑했다. 한국 민중들 또한 그때까지 그를 아끼고 존경했다. 그러나 그에게 회갑은 끝이 아니었다. 편지에서 그는 앞으로 한국 땅에서 무엇을 어떻게 더 할 것인가에 대해 고뇌하며 다짐한다. 대학교수로서 교수학습 과정을 더욱 향상시킬 뿐만 아니라, 선교사로서 하나님의 형상대로 지음받은 모든 이의 권리가 존중받는 사회를 만들고자 노력할 것이며 평화와 정의, 화해와 통일로써 정점을 이루는 해방운동에 격려를 보내고자 하는 확고한 신념을 표명한다. 한국에서의 삶을 한국 민중들의 삶과 동일시하고 한국의 고난을 자신의 고난으로 여겼던 서의필 교수는 앞으로 해야 할 그 일을 혼자 하는 것으로 생각하지 않았다. 한국 민중들과 더불어 함께 해야 할 것으로 인식하고 있었다. 그래서 그는 서로를 위해 계속 기도하기를 원했다. 계속해서 서로를 자극하고 도전하며, 가난하고 억압받는 이들의 편에 서기를 원했다. 그리고 사회의 완전한 구원을 위한 일을 할 때 한결같이 휴머니티의 본이 되자고 했다. 서의필 교수의 그 편지[5]는 다음과 같은 짧은 간구의 기도로 끝을 맺는다.

생명의 주여! 백두에서 한라까지 자비를 베푸소서!
("May the Lord of Life be gracious to you and to the Korean community from Paektu to Halla-san.")

이처럼 회갑을 맞으며 몸소 밝힌 서의필 교수의 소회 내지는 삶의 철학은 그날 그가 받은 책자의 제목『종교 인간 사회 - 휴머니티의 회복을 위하여』와 놀라우리만큼 일치한다.

서의필 교수는 한국 선교 사명을 다 마치고 1994년 7월 고향인 미국으로 돌아갔다. 미국 남장로교 세계선교본부가 있는 노스캐롤라이나 몬트리트에서 한국 선교를 마치고 돌아온 다른 선교사들과 이웃하면서 여생을 지내고 있다. 하지만 서의필 교수의 미국 생활에서는 거자일소(去者日疏)가 통하지 않는 듯하다. 한국에 있었을 때와 조금도 다름없이 지금까지도 그에게 한국은 '우리나라'6)이다. 그것도 백두에서 한라까지 전부를 아우르는 통일 한국이 그의 나라인 것이다.

지금도 그의 몬트리트 집을 가보면 '牧師 徐義必'(목사 서의필)이라는 문패가 걸려 있을 정도로 과거 평생 한국에서 헌신했던 선교사로서의 끈을 놓지 않고 있다. 이 책은 청년 서의필이 한국 선교사가 되기로 결단할 때부터 시작해서 목사와 교수로 40년간의 한국 선교활동과 그 후 미국으로 돌아가서까지도 CFK7)를 중심으로 쉬지 않고 한국의 민주화와 통일을 위해 기도하고 있는 서의필 교수의 이모저모를 조명해보고자 한다. 선교사로, 목사로, 박사로, 교수로, 인권운동가로 활동했던 그의 일생을 다각도로 조명하기 위해 국내에 남아 있는 자료를 가능한 한 모두 참고하고자 했으며 이해를 돕기 위해 필요한 부분에서는 자료의 원본에서 영어를 직접 인용하기도 하였다. 개략적인 자료는 아래와 같다.

- 미국 남장로교 한국선교부 기록물
- 서의필 교수의 서신 및 이메일
- 서의필 교수의 설교문

- 서의필 교수의 강연/발표
- 서의필 교수의 강좌: 영어 스피치
- 서의필 교수의 박사 논문
- 서의필 교수의 대담/논문
- '조선의 그리스도인 벗들' 소식지
- 서의필 교수의 선교보고서
- 서의필 교수 소장 5.18 관련 자료

## 2. 고요한 아침의 나라로 부름받아 나선 이 몸

1954년 26세에 선교사로 한국 땅을 밟은 서의필 교수는 미국 사우스캐롤라이나 출신으로 아버지 월터 서머빌(Walter G. Somerville)과 해티 노팅엄(Hattie R. Nottingham) 사이에 여덟 자녀 중 다섯째로 태어났다. 아버지는 사우스캐롤라이나의 거스리스(Guthries) 지역에서 작은 교회를 담임하는 목사였으며 어머니는 특별히 다른 직장 없이 목사인 남편을 내조하는 교회 사모로 대가족을 돌보며 바쁘게 지냈다.

20세기 전반기 특히나 1929년 미국을 강타한 대공황기를 살아낸 남부의 시골 목회자 가정의 이들 가족은 그리 넉넉한 경제적 환경을 담보 받지는 못했던 것 같다. 서의필 교수의 어린 시절 이야기를 들어보면 식구들 모두가 집 안의 텃밭에서 간단한 농사도 곁들여가면서 자급자족하는 삶을 살았다고 한다.[8] 비록 물질적으로는 좀 부족한 듯해도 이들 가정은 부모를 비롯해서 아이들 모두가 화목한 분위기 속에서 자유분방한 가운데 장로교 집안의 철저한 책임의식을 갖추고 있었던 것으로 보인다. 요즈음 시대의 한국에 빗대어 볼 때 서의필 교수는 결코 일류 대학에 진학하기 위해 어렸을 적부터 공부에만 내몰렸던 아이가 아니었다. 총명했던 그는 공부도 물론 잘했겠지만 집안일도 적지 않게 하면서, 또 밖에 나가서는 또래들과 좋아하는 야구나 미식축구도 하면서 소년 시절을 보냈다.

특별히 그가 살던 사우스캐롤라이나는 이른바 딥사우스(deep South) 지역으로 플랜테이션 농업으로 흑인들이 많이 거주함과 동시에 흑백 인종분리 정책이 옹호되는 지역이었다. 그런 가운데서 남부의 보통 백인 가문들과는 달리 서의필 가문은 흑인 이웃들과 원만한 관계를 유지하고 살았다. 아버지와 어머니의 경우 여느 백인들처럼 흑인들을 노예로 삼아 부려본 적이 없을 뿐만 아니라 교회에 오는 흑인들에게 조금의 편견도 없이 백인들과 동등하게 대했다고 한다. 소년 서의필 자신에게도 흑인 친구들이 유난히 많아 그들과 함께 나가 놀기 일쑤였다.[9] 이런 점으로 미루어볼 때, 그는 진정한 예수 사랑 정신이 철저하게 배어 있는 가정환경 속에서 어린 시절을 보낼 수가 있었고, 따라서 흑인이냐 백인이냐, 유대인이냐 이방인이냐, 혹은 프로테스탄트냐 가톨릭이냐 같은 차별은 옳지 않으며, 이는 오히려 기독교 예수 안에서의 휴머니티로 채워져야 할 것임을 자연스럽게 체득할 수 있었던 것이다.

서의필 교수는 초등학교에서부터 고등학교까지의 교육을 온전히 사우스캐롤라이나에서 받았다. 비유컨대 그는 서울이나 아니면 적어도 수도권 정도의 앞선 문화에 노출된 적이 없는 한마디로 말해서 그저 시골 출신의 학생이었을 뿐이다. 게다가 대학까지도 사우스캐롤라이나 클린턴(Clinton)에 있는 프레스비테리언 대학(Presbyterian College)[10]에 진학한 것을 보면 그야말로 그는 철저한 딥 사우스 출신이었다. 즉 태어나서 자라고 교육받은 곳이 지역적으로 보나 문화적으로 보나 변방이었다. 비록 대학에서 공부한 분야가 화학이긴 했어도 남부의 장로교 목회자 가정에서 자연스럽게 숙성된 기독교 정신과 그 자신이 대공황 이후 총체적으로 어려웠던 환경 속에서 체득한 가난한 사람들끼리의 인간애 등을 느끼면서 신학을 공부하기로 결심하고 조지아 주에 있는 콜롬비아 신학교에 진학해 1953년 목사가 된다.

다른 한편으로 부인인 서진주(Virginia Bell Somerville) 여사의 가정 또한 만만치 않은 독실한 기독교 집안인 것을 알 수가 있다. 그녀의 아버지 넬슨 벨(Nelson Bell)은 의사로서 일찍이 중국에서 선교를 하고 있었다. 그에 따라 자녀들 모두가 중국에서 태어나게 되었으나, 다만 서진주 여사의 경우만은 당시 중국 내의 전시상황으로 인해 부모가 미국에 돌아와 있을 때인 1927년 6월 16일 버지니아 웨인스보로(Waynesboro)에서 태어났다. 그 후 다시 부모님을 따라 중국에 가서 사는 동안 평양으로 가서 1940년 13세 때 한 학기 정도 평양외국인학교에 다닌 적이 있다. 서진주 여사의 가족과 관련해서 참고할 만한 사항으로는 언니인 루스 벨(Ruth Bell)이 세계적인 복음 전도자로 알려진 빌리 그래함 목사의 부인이라는 것이다. 말하자면 서의필 교수는 루스 벨의 제부가 되면서 빌리 그래함 목사의 동서가 되는 셈이다.

이처럼 서진주 여사도 독실한 기독교 집안에서 태어나 선교사인 부모님을 따라 중국에 가서 어린 시절을 보냈고 또 동아시아의 미국 선교사들 자녀 대부분이 다녔던 평양외국인학교의 경험들로 인해서 해외 선교사가 되겠다는 꿈을 키워나가지 않았을까 추측할 수 있다. 그런 연유인지는 몰라도 서진주 여사는 휘튼 대학 인류학과에서 공부를 마치고 난 뒤 곧바로 해외 선교사로 나가기 위한 준비로서 존스 홉킨스 대학에서 간호학을 공부하였다. 간호학 공부를 마친 뒤 원래는 부모가 있었던 중국으로 가서 선교활동을 하고자 했다. 하지만 1950년대 초 한국전쟁 등 중미관계가 최악일 때라서 중국에서의 선교활동은 포기할 수밖에 없었다. 그 대신에 한국 전주예수병원에서 간호사로서 의료선교의 꿈을 펼치기로 하고 1953년 가을에 떠날 예정으로 한국행을 준비하고 있었다.

이 무렵 청년 서의필은 콜롬비아 신학교에서 공부하는 중에 주변의 한국 학생에게 한국전쟁에 관한 많은 이야기를 듣고는[11] 특히 전쟁 후에는 한국의 재건에 많은 선교사가 필요할 것이라고 생각하게 된다. 게다가 서의필 목사에게 한국은 전쟁 중 자신의 동생이 전사한 나라이기도 했기 때문에 선교지 결정에 각별한 마음이 움직였을 것이다. 이런 상황에서 1953년 여름 서의필 목사는 한국행 선교사 준비를 하기 위한 과정의 일환으로 노스캐롤라이나 몬트리트의 선교교육원에 들어왔는데 이때 서진주 여사를 만나게 된다. 서로 알지 못하고 각자 별도로 한국행 선교사가 되겠다는 꿈을 품고 있던 차에 만나게 된 이들은 만난 지 23일 만에 전격적으로 결혼을 결심하고 한국행을 잠시 미룬 상태에서 1953년 11월 6일에 결혼식을 올린다. 1954년 1월 어느 날 미국을 출발한 이들 부부는 42일간의 긴 항해 끝에 2월 24일 인천항을 통해 고요한 아침의 나라 한국에 첫발을 내딛는다. 이들의 한국행 결심의 일단을 엿볼 수 있는 대목을 인용해본다.

이 나라에 와서 선교사역에 목숨 바치기로 한 우리의 결심은 개인적 욕망이나 친구들의 압력으로 인해서나 아니면 어떤 개인적 이득 때문에 한 것이 아니었습니다. 만일에 이런 동기로 한 것이라면 실로 맨 정신 가진 사람치고 그런 결정을 내릴 사람은 아무도 없을 것입니다. 고요한 아침의 나라에 우리가 오게 된 것은 하나님 앞에 드린 수많은 숙고와 기도와 성찰의 결과입니다. 자유의 나라(미국)에서 배를 타기 전 여러 달 동안 우리 둘은 하나님께서 우리가 한국에서 사역하기를 원하신다는 확고한 확신을 갖고 있었습니다(I. 3-1: 1955년 2월 21일자 선교보고서에서).

(Our decision to come to this country, and to give our lives to this work, was not made on the basis of personal desire, pressure from friends, or thought of personal gain. Indeed, no sane individual would choose such a life if moved by these motives. Our presence in the Land of the Morning Calm is the result of much thought, prayer, and heart-searching before God. For many months prior to our sailing from the Land of the Free, both of us had the firm conviction that God wanted us to serve in Korea.)

여기서 보듯이 서의필 교수 부부의 한국행 선교사의 꿈은 어느 날 하루아침에 이루어진 것이 아니고, 결혼 전까지 각자가 독실한 기독교 집안 전통과 기독교 학교에서의 충실한 교육을 통해 오랜 세월에 걸쳐 준비된 것이었음을 알 수 있다. 또한 이 둘이 만나서 같이 한국으로 가기로 결심하는 과정에서도 그 어떤 세상적인 이해

관계로 한 것이 아니고 하나님 앞에서 기도하는 가운데 그리고 심사숙고 끝에 내려진 일생을 건 결단이었음을 알 수 있다.

## 3. 선교보고서 들여다보기

서의필 목사는 1954년 2월 24일부터 시작해서 40여 년에 걸쳐 한국에서 선교사 생활을 하였다. 선교사들 대부분이 그러하듯이 서의필 목사도 편지 형식으로 본국의 미국 남장로교 해외선교부에 보고서를 보낸 바 있다. 실제로 언제까지 어느 정도의 선교보고서를 보냈는지 그 전체를 알 수는 없으나 인돈학술원에 남아 있는 자료 중 현재까지 수집된 바에 따르면 1955년부터 1963년까지 총 여덟 차례에 걸쳐 선교 보고를 한 것으로 파악된다. 보고서의 발신 날짜와 발신지 및 수신지를 중심으로 한 보고서 목록은 아래의 〈표 1〉과 같다.

1954년 2월 24일 한국에 도착한 것을 고려할 때, 서의필 목사의 1955년도 보고서는 선교사로 한국에 온 지 거의 1년 만에 쓴 최초의 것임을 알 수 있다. 그리고 아래 표에서 보듯이 1956년과 1958년의 보고서는 누락되어 있는데 그 이유를 현재로서는 알 길이 없다. 한편으로 특이한 점은 1959년의 경우 한 해에 두 차례에 걸쳐 선교 보고를 한 셈인데 그 해는 선교사로 한국에 온 후 처음 맞는 휴가로 1년간 미국에 체류했기 때문이다. 다른 한편으로 아래의 선교보고서 목록만을 보더라도 서의필 목사는 목포에서 4년여 간 선교활동을 마치고 1958~59년 한 해 동안 미국에서의 휴가 이후 곧바로 서울로 옮겨갔음을 알 수 있다. 위의 목록 순서에 따라 연차별

## 〈표 1〉 선교부 보고서 목록

| 발신 날짜 | 발신지 | 수신지 |
|---|---|---|
| 1955. 2. 21 | 전남 목포 양동 86번지 | 미국 테네시 주 내슈빌 |
| 1957. 9. 8 | 전남 목포 양동 86번지 | 미국 테네시 주 내슈빌 |
| 1959. 8. 30 | 미국 노스캐롤라이나 주 몬트리트 | 미국 테네시 주 내슈빌 |
| 1959. 12. 12 | 서울 종로구 연지동 1-1 장로교 선교부 | 미국 테네시 주 내슈빌 |
| 1960. 12. 7 | 서울 종로구 연지동 1-1 장로교 선교부 | 미국 테네시 주 내슈빌 |
| 1961. 12. 5 | 서울 종로구 연지동 1-1 장로교 선교부 | 미국 테네시 주 내슈빌 |
| 1962. 12. 6 | 서울 종로구 연지동 1-1 장로교 선교부 | 미국 테네시 주 내슈빌 |
| 1963. 12. 5 | 서울 종로구 연지동 1-1 장로교 선교부 | 미국 테네시 주 내슈빌 |

로 서의필 목사의 선교보고서 내용을 개략적으로 요약해봄으로써 그의 한국 선교 초창기, 즉 1954년 목포 스테이션 소속 선교사 활동에서부터 1963년 서울의 장신대 교수로서의 선교활동까지 이모저모를 살펴보고자 한다.

### 1) 목포 스테이션에 닻을 내리고

보고서: 1955년 2월 21일자 선교보고서

보낸 곳: 한국 전남 목포 양동 86번지(1955. 2. 21)

받은 곳: 미국 테네시 주 내슈빌(1955. 3. 2)

아내 서진주(Virginia)[12]와 함께 1954년 선교사로 미국을 떠나온

지 거의 1년여 만에 보내는 선교보고서로 아래와 같은 중요한 사항을 포함하고 있다.

가. 한국의 선교사역은 한국을 섬기라는 하나님의 원하심에 대한 굳건한 확신에서 비롯된 것이며, 따라서 버지니아(Virginia)와 함께 하나님 앞에 깊은 숙고와 기도, 성찰 가운데 이루어진 것이다.

나. 미국에 남아 있는 부모님과 주일학교 교사들, 목사들, 교회 직원들 그리고 여타의 모든 믿음의 벗들의 도움과 지원에 감사드린다.

다. 미국 남장로교 한국선교부의 사역 현황과 지역 소개

(1) 한국 사역은 3개의 주요 분야에서 이루어지고 있다.

- 복음사역
- 의료사역
- 교육사역

(2) 사역지는 5개의 스테이션[13]으로 구성되어 있다.

- 전주 스테이션: 가장 크고 오래된 스테이션으로 초등학교에서 고등학교까지의 미션스쿨 운영. 크리스천 의사, 간호사, 의료기술자를 양성하는 메디컬 센터, 전후 재건을 위한 엠프티 프로젝트

- 광주 스테이션: 결핵병원 운영. 여자고등학교(수피아), 중앙성경학교

- 순천 스테이션: 남녀공학 고등학교 운영. Wilson Leper Colony 운영

- 대전 스테이션: 가장 최근에 개설된 스테이션으로 대전에 가을 무렵 교양과정 대학(대전대학)이 개교될 예정

미국 남장로교 한국선교부 5개 스테이션[14]
(서의필 목사, 1955년 2월 21일자 선교보고서)

- 목포 스테이션: 시내 인구 11만여 명의 한반도 남서부 끝단의
  항구도시로 사람들 대부분이 어부들이나 교외 지역에서는 농
  부들이 벼농사도 지음. 목포 인근에 150여 개 유인도가 있으
  며, 이 중에서 20여 개 섬에는 교회가 있으나 나머지 섬에는
  전혀 복음의 손길이 미치지 못한 곳임

라. 목포 스테이션에서 함께한 사역자들(1955)

- Rev. R. K. Robinson
- Miss Margaret Hopper
- Miss Ada McMurphy
- Miss Cora Wayland

마. 한국 도착 후 1년간 직접 사역 현장에 가지 않고 한국어 공부에 몰두
   하고 있다. 복음을 들어보지 못한 많은 (한국) 사람에게 전도할 수
   있도록 한국어를 조속히 습득하고자 하오니 (미국) 성도 여러분의
   지속적인 기도를 부탁드린다.

바. 1954년도 한국에 온 첫해(1954)에 첫째 아들 조니(Johnny, 생후 5

개월 됨)가 태어났다.

서의필 목사가 선교지 목포 스테이션으로 파송된 후 미국 남장로교 선교본부로 보낸 최초의 선교보고서이다. 따라서 부인인 서진주와 함께 선교사로 지원할 때의 확고한 신념을 소상히 밝히고 있는 것과 동시에 물심양면으로 선교 지원을 아끼지 않는 미국의 모든 후원자에게 감사의 인사도 잊지 않았다. 이 보고서를 통해서 미국 남장로교 해외 선교의 목표를 명시적으로 알 수 있는데, 한국 선교의 3박자라 할 수 있을 정도로 복음사역과 의료사역, 교육사역이 상보적 분포 속에 있으면서 서로 긍정적 효과를 이루어내고 있음을 알 수 있다. 여타의 스테이션에 관한 간략한 소개를 한 다음, 서의필 목사 자신이 속한 목포 스테이션의 선교사역에 관해서는 비교적 소상하게 밝히고 있다. 목포라는 도시의 위치와 인구를 비롯해서 도시적 특성까지 상술하면서 특히 목포 스테이션에서 함께 사역하는 선교사들까지 구체적으로 알리고 있다. 마지막으로 서의필 선교사 본인의 경우 이제 막 신참 선교사로서 지난 1년 동안 한국어 공부에 집중적으로 노력하고 있음을 보고한다.

## 2) 벽파진의 파고를 넘어

보고서: 1957년 9월 8일자 선교보고서
보낸 곳: 한국 전남 목포 양동 86번지(1957. 9. 8)
받은 곳: 미국 테네시 주 내슈빌(1957. 9. 16)

서의필 목사는 목포 인근의 작은 섬들을 사역지로 하고 있기 때문에 여타의 다른 미국 선교사들이 주로 지프차(jeep)를 타고 다니는 것과는 달리 대부분 배를 타고 다니고 있다고 보고한다.

　가. 1950년대 후반 한국 해안의 교통수단 실태에 대한 설명이 꽤 상세한데 이는 서의필 목사가 목포 앞바다의 여러 섬을 오가며 직접 목격한 것들을 근거로 한다.

　　(1) 타고 다니던 선박은 길이가 15~18m 정도의 작은 것들인데 규정상으로는 50~60명 이상을 승선시키지 못하도록 되어 있으나, 실제로는 보통 100명 이상씩 승선시켜 운행하고 있다.

　　(2) 선박의 도선사들은 비교적 인근의 지리와 해류에 대한 경험이 풍부한 것 같으나 대개의 경우 선장은 비상시에 대한 준비를 해놓지 않고 있다. 사고시에 필요한 구명정도 충분치 않다.

　나. 벽파진 선박 침몰 사건

　　1957년 8월 어느 일요일 목포를 향해 운항 중이던 어느 한 선박이 침몰하는 사건이 발생하였다. 진도의 벽파진항을 출항한 이 배는 그날 선장이 이 수로를 처음 운행해보는 날이었는데, 이를 기념키 위해 선상에서 술 파티를 열기까지 하였다. 그때 조류가 아주 심한 좁은 수로를 지나던 순간 선장이 배를 너무 가운데 쪽으로 틀다가 그만 바위에 충돌하면서 발생한 이 사고로 인해 그 해역에서 40여 명이 인양되었다. 이 사고로 죽은 사람들 대부분이 나의 담당 교구 내에서 살던 사람들이었다. 어느 한 가족은 5명 전원이 몰살당하였으나 죽은 이들 중 기독교인이 몇 명 정도 있었는지는 알려지지 않았다.

다. 1957년 무렵 한국의 기독교인 수는 전체 인구의 4% 미만이며, 특히
　도서지방은 1% 남짓 정도이다.

이 서신에서 보고하고 있는 것처럼 1957년 서의필 목사는 전남
목포 스테이션 소속 선교사로서 위험천만한 작은 배를 일상으로 타
고 다녔다. 또한 실제로 선박 침몰사건을 목격하면서까지 기독교의
불모지였던 한국의 도서지방 사람들에게 복음 전파의 사역을 감당
해낸다.

### 3) 첫 휴가를 마치고

보고서: 1959년 8월 30일자 선교보고서
보낸 곳: 미국 노스캐롤라이나 주 몬트리트(1959. 8. 30)
받은 곳: 미국 테네시 주 내슈빌(1959. 9. 4)

1958년 후반기부터 1959년 여름까지 1년여 간 미국에서 휴가를 보
낸 뒤, 다시 한국으로 돌아가는 여정 속에서 9월 10일 기차로 노스
캐롤라이나 애슈빌을 떠나 시카고를 거쳐서 9월 13일 샌프란시스
코에 이를 것이고, 여기서 9월 18일 정오 SS HIMALAYA 호를 타고
한국을 향할 일정을 알리고 있다.

가. 이 무렵 국제적으로는 1959년 9월 15일 예정의 소련 공산당 서기장
　흐루시초프의 미국 방문과 더불어 미국의 아이젠하워 대통령과의
　회담에 관심이 집중되고 있다.

나. 한국에 돌아가게 되면 이제는 서울의 장로회신학대학(Seoul Pres-
　　byterian Theological Seminary)에서 강의를 담당케 되었으며, 따
　　라서 한국에 도착한 후에는 바로 서울에 집을 구해놓고 목포에서 서
　　울로 이사해야 한다.
다. 미국에서 1년 휴가차 체류하는 동안 물심양면으로 도움을 준 사람
　　들에게 일일이 감사의 뜻을 표명한다.


　이 선교보고서는 한국이 아니라 미국 내에서 보낸 것으로 되어
있다. 이는 서의필 목사가 1954년 2월 24일 한국에 온 이후 4년 반
만에 처음으로 1년간 미국에서 휴가를 보내고 있던 중 보낸 것으로
간략한 보고서이다. 한국으로 돌아가게 될 일정으로 노스캐롤라이
나 애슈빌에서 기차를 타고 시카고를 거쳐 샌프란시스코까지 가게
되고 9월 18일에서야 샌프란시스코에서 선박편으로 한국을 향해
떠날 것임을 소상히 밝히고 있다. 특기할 만한 것으로는 당시에 미
국을 방문한 소련의 흐루시초프가 미국 대통령 아이젠하워와 회담
한다는 소식까지를 편지에서 언급하고 있는 점이다.
　선교사라고 해서 세상 돌아가는 소식, 특히 국제정세를 모르고
있거나 혹시 알더라도 애써 세상일에 무관심한 척해서는 안 된다는
것을 서의필 목사는 자신의 선교사 초기 젊은 시절부터 시사하고 있
는 듯하다. 즉 선교 대상이 세상 속의 사람들이라면 그 사람들이 살
고 있는 세상을 정확히 알고 있어야 하는 것은 그에게 필수였다. 세
상과 담을 쌓는 선교가 아니라 오히려 세상 속으로 들어가 세상을
변화시키고자 하는 그의 선교 철학의 기저를 보는 듯하다.
　다른 한편으로 이 편지 메시지에서 중요한 것은 그동안 목포 스

테이션 소속으로 인근 도서지방을 중심으로 하던 복음사역에서 교
육사역으로 전환될 것이며 또한 사역지도 목포가 아닌 서울의 장로
회신대학이 될 것임을 보고하고 있다. 따라서 한국으로 귀국한 후
에는 곧바로 서울로 이사해야 할 일이 남아 있게 된 셈이다.

### 4) 목포에서 서울로

보고서: 1959년 12월 12일자 선교보고서
보낸 곳: 한국 서울 종로구 연지동 1-1 장로교 선교부(1959. 12. 12)
받은 곳: 미국 테네시 주 내슈빌(1959. 12. 18)

지난번 미국 내에서 보냈던 서신 이후, 한국 도착 소식을 전하는
목회 편지이다. 10월 중순 한국에 도착한 후 곧바로 목포로 내려가
서 짐을 풀고, 다시금 살림살이를 챙겨서 11월 4일 서울로 이사 왔
다는 소식이다. 이때는 이미 자녀가 셋이었으며, 조니(Johnny)와 넬
슨(Nelson)은 다시 한국어를 익히기 시작했고 막내인 세번(Severn)
은 첫돌이 되어가면서 겨우 걸음마 수준임을 소상히 전하고 있다.

가. 이 무렵, 즉 1959년 가을 한국의 장로교가 둘로 쪼개지게 되었다.
분열되어야 할 〔신학적인〕 어떤 특별한 이유도 없이, 양측 간의 와전
된 사실과 비방, 다툼과 증오심 및 상호 비꼬기 등으로 사태는 비극
적으로 치달아가고 있다. 이와 같은 상황은 진정한 기독교와 성령의
사역적 관점에서 볼 때 분명코 본질에서 벗어난 일이다.

나. 이러한 사태와 관련해서 미국 선교부는 양측에 대해서 중립을 견지

하고자 애써왔으며 화해를 시도해보았으나 그 노력은 실패로 돌아
간 것 같다.

다. 서울 시내 택시 운전사와 영생에 관해 이야기해본 일이 있는데 기독
교인들의 삶 속에서 본이 될 만한 것을 찾을 수 없다는 다소 부정적
인 반응을 얻었다.

그리스도의 살아 있는 증인이 되지 못하는 작금의 기독교 현실이
안타까우며, 특히 구세주 오심을 축하하는 계절에 즈음해서 공허한
말과 헛된 약속으로 진절머리 나는 이 세상에 성령 충만한 제자의
삶과 날마다 하나님의 사랑이 넘치는 삶이 넘쳐날지언정 허언과 울
리는 꽹과리로 요란해서는 안 될 것이다.


미국에서의 휴가를 마치고 10월 중순경 한국에 돌아오자마자
서둘러 11월 4일 서울로 이사한 사실을 보고하고 있다. 한국 기독
교계의 특기할 만한 소식으로 한국의 장로교가 1959년 둘로 쪼개
졌다는 사실도 알리고 있다. 여기에 명시되지는 않았지만 오늘날 한
국 장로교의 주요 두 교단인 예장 통합 측과 예장 합동 측의 분열을
서의필 목사가 본국에 보고하고 있는 것이다. 서 목사는 이 보고서
에서 지적하듯 분열이 신학적 이론 내지는 신념의 근본적인 차이로
인한 갈라섬이 아니고 매우 비본질적인 것에서 비롯된 비극으로까
지 기술한다. 동시에 이러한 상황을 목도하는 가운데 미국 남장로교
한국선교부에서는 중립적인 입장에서 화해를 시도해보지만 별다
른 효과는 없었던 것으로 보인다.

다른 한편으로 이 서신을 통해서 서의필 목사의 선교 스타일을
엿볼 수 있는 대목이 눈에 띈다. 서울 시내에서 택시를 타고 가면서

도 택시 운전사에게 먼저 말을 걸어 기독교에 대한 생각을 함께 나누는 장면이 떠오른다. '예수 그리스도가 어떤 분인지 가르쳐줄 터이니 교회로 나오시오'식의 전도가 아니고 일상적 삶의 현장에서 언제든지 예수를 증거하겠다는 자세가 돋보인다. 그러면서 자연스럽게 한국 민중들이 생각하고 있는 예수와 한국 민중들이 품고 있는 교회 내지는 기독교에 대한 인식 및 태도를 파악해보고자 하는 시도도 하고 있다. 여기서 엿보게 되는 서의필 목사의 현장 중심적 선교방식이 그 후 평생 대학교수를 하면서도 어느 특정한 시간이나 장소, 또는 특정한 사람을 가리지 않고 언제 어디서나 또 누구한테나 필요한 곳이라면 달려가 그들의 신음 소리, 그들의 외침 소리, 절규하는 소리와 함께하는 삶을 살아낸 것과 무관하지 않다.

### 5) 4.19혁명이 가리키는 기독교

보고서: 1960년 12월 7일자 선교보고서
보낸 곳: 한국 서울 종로구 연지동 1-1 장로교 선교부(1960. 12. 7)
받은 곳: 미국 테네시 주 내슈빌(1960. 12)

이 보고서는 크리스마스 시즌을 맞이해서 서울에서 서의필 교수 가족 5명이 미국 선교부에 보내는 예수 탄생 축하 메시지로서 상호 간에 수천 마일씩이나 떨어져 있음에도 구세주 탄생으로 인하여 서로 가까이 할 수 있음을 새삼 실감하고 있다. 이 보고서는 크게 나누어볼 때 그 전반부에는 1960년 한 해 동안 가족들에게 벌어진 자세한 현황을 흥미롭게 전하고 후반부에는 1960년도 자신이 서울에서 직접 목격한 4.19혁명에 관한 소회를 전한다. 선교사로 한국에 온 뒤 대한민국의 수도 서울에서 목격한 성난 대학생들이 중심이 된 거국적인 데모 현장, 이는 아마도 그때까지 서의필 교수가 살아오면서 최초로 경험한 것일 터이다. 이 선교보고서의 상세한 내용은 아래와 같다.

가. 서의필 교수의 가족에 관한 소식
- 세번(Severn, 2세): 우리 집에서 완전 꼬마 개구쟁이인 데니스; 장난기 넘치는 눈과 웃음; 한국어와 영어가 섞여 있는 횡설수설 소리는 이해가 안 됨.
- 넬슨(Nelson, 4.5세): 얼굴에 깊은 보조개를 갖고 태어난 코미디언; 백만 불짜리 미소; 형이 학교 간 사이 낮 동안 좀 외로움을 타고 있음.
- 조니(Johnny, 6세): 금년에 서울외국인학교 1학년에 입학했으나 오른팔이 부러진 상태임; 오른팔 치료가 잘 되었고 공부하는 데에 몹시 열중하고 있음.
- 버지니아(Virginia[서진주]): 집에서 [서의필 교수 포함] 4명의 남자애들 뒷바라지하고 여러 가지 선교 및 지역사회 활동으로 인하여 바쁨.
- 존(John[본인]): 장로회신학대학에서 기독교 윤리 과목을 1960년 3월부터 강의 시작. 장신대 학생 수는 1960년 12월 현재 235명이며 이들 미래 한국의 영적 지도자가 될 젊은이들과 함께하고 있는 것 자체를 좋은 기회로 인식하고 있음.

나. 서의필 교수가 겪은 4.19혁명

4.19혁명은 한국에 파송되어온 선교사로서 서의필 교수가 직접 목격한 한국 현대사의 결정적인 현장이었다. 이 학생 혁명에 대해서 그는 장차 한국 사회의 지도자들이 될 대학생들이 자신들의 삶과 자유, 안보 등을 갈망하고 있었으며, 이들의 모든 행동은 이와 같은 갈망에 대한 내적 동요를 시사했던 것으로 평가하고 있다. 그러나 "이승만 정권의 몰락과 함께 각종 우상과 이미지, 과거의 인습 등등이 무너졌음에도 불구하고 4월 혁명 이후의 한국 사회는 매우 어수선한 가운데 공산주의다 불교다 세속주의다 물질주의다 하는 등등의 수많은 어떤 '이즘'들이 난무하고 있다. 혁명 이후 시대의 경제적 빈곤과 열악한 의료 현실에 직면한 새 정부(=민주당 정부)는 이러한 난제들을 해결하고자 하는 그 어떠한 계획도 세울 수조차 없는 지경이었고, 그러는 가운데 한국 민중들은 젊은이나 늙은이나 모두가 염세주의의 심각한 우려 속에 혹한의 겨울철을 맞고 있다"라고 기록하고 있다.

한국에 와서 한국의 언어와 역사, 문화 등을 공부하고 있는 가운데 그가 맞은 4.19는 한국 민중들의 반독재 민주주의를 향한 거대한 활화산의 분출을 목격한 것으로 한국 사회의 민주화와 인권 회복 문제는 그 후 내내 그의 선교사역의 핵심 주제어가 되었다고 해도 과언이 아니다.

다른 한편 1960년도의 크리스마스에 즈음해서 서의필 교수는 크리스마스의 의미를 다음과 같이 자문자답해봄으로써 편지의 말미를 장식한다.

1960년도의 크리스마스는 무슨 의미가 있는 것일까요? 분명코 우리는 만민에게 해당되는 기쁜 소식을 한국에서 전할 사명이 있습니다. 4.19 혁명으로 인해 야기된 한국인들의 공허한 마음은 채워질 것입니다. 기독교의 교회가 해줄 수 있는 것이 있을까요? 그리스도가 궁핍한 이들 개개인에게 뭐라도 해줄 수 있는 것일까요? 확언컨대 예수는 뭔가의 도움을 주셨고 또 지금도 주고 계십니다. 그렇지만 한국 민중들한테 이를 입증하기 위해선 우리에게 '안락한 기독교'[만 가지고는 안 되고 그] 이상의 것이 필요할 것입니다.

(What does Christmas 1960 mean? It means most assuredly that you and I have a Mission in Korea... to tell glad tiding which shall be to all men. The vacuum created in the hearts and minds of men during the April Revolution is going to be filled. Does the Christian Church have anything to offer? Can Christ do anything for these individuals in need? Most assuredly He has done something and is doing something but it will take more than a "reclining Christianity" on our part to prove this to the Korean.)

이런 가운데 찾아온 1960년도의 크리스마스가 한국 사회에서 무슨 의미가 있는지에 관한 본질적 물음에 직면한 서의필 교수는 그럼에도 선교사로서 모든 이에게 기쁜 소식을 전할 사명을 갖고 있음을 고백한다. 4.19혁명으로 인해 야기된 한국 민중들 마음속의 공허함은 어떻게 메꾸어질 것인지, 또한 바로 이런 때에 교회가 해줄 수 있는 것이 과연 있기나 한 것인지, 당장 궁핍함에 직면한 이들을 위해서 예수 그리스도는 무엇이라도 해줄 수 있을 것인지 등의 여러 문제를 제기해보면서 한국의 기독교가 단순히 개인적 성공 내지는 복만을 간구하는 '안락한 기독교'(reclining Christianity) 정도로만 머물러 있어서는 안 되고 그 이상의 게 필요하다는 것을 미국 남장로교 선교본부에 보고하고 있다.

여기서 보듯이 서의필 교수는 4.19민주혁명을 그저 한국 민중들만의 문제일 뿐 미국인 선교사인 자신과는 아무 상관이 없는 일로 치부하지 않고 이 혁명이야말로 오히려 하나님 나라를 선포하고 전파하는 사명이 관여해야 할 문제로 인식한다. 따라서 4.19혁명 이후의 한국이 매우 혼란스럽고 어려운 정국임에도 결코 비관적이거나 염세적인 것으로 포기하지 않고 선교사로서 예수로 인한 소망의 빛을 찾고자 한다. 한국에서 겪은 4.19혁명을 통해서 그는 한국에서 '진정한 기독교'란 무엇인가에 대한 깊은 성찰을 하면서 남은 세월 동안 자신의 선교 철학 내지는 선교의 방향을 스스로 정립해나갔을 것이다. 소위 말하는 '싸구려 은혜'나 '싸구려 복'을 구하는 선교에 대해서는 '아니오'로 배격하면서 고난의 한국 역사와 더불어 '가난하고 헐벗고 억눌려왔던 한국 민중들과 함께하는 선교'에 '예'라고 응답하는 결정적 계기가 되었을 것이다.

목포 앞바다 도서지방에서 힘겹게 살아가고 있는 한국 민중들의 진면목을 20대 후반에 보아왔고 30대 초반 이번에는 사회의 민주화와 민족의 통일을 요구하는 젊은 대학생들의 목숨을 건 혁명을 직접 목도한 가운데 그의 선교는 한마디로 현장의 '민중들과 함께 울고 웃는 선교'로 승화해간다. 그는 예수 그리스도가 그랬듯이 늘 우리 사회의 약한 자, 가난한 자, 병든 자, 고통받는 자와 함께하는 선교를 택했다. 이러한 맥락에서 서의필 교수는 구약성서 중에서도 특별히 기원전 800년 전 이스라엘의 선지자 아모스의 사회정의를 위한 외침 소리에 각별히 주목하였다. 반사회적인 불의와 착취, 사치스런 생활을 구가했던 기득권층과 특별히 부정직하고 타락한 반민중적인 정부를 맹목적으로 지지했던 종교 지도자들에 대한 아모스의 신랄한 비판에 근거해서 서의필 교수는 한국 사회의 반민중적·비민주적 정권에 대해서 비판하는 것을 서슴지 않았다. 그는 이때부터 특별히 한국 사회의 민주화와 함께 통일된 한국을 위한 기도를 멈추지 않았다.

## 6) 시대적 도전과 그리스도의 의미

보고서: 1961년 12월 5일자 선교보고서
보낸 곳: 한국 서울 종로구 연지동 1-1 장로교 선교부(1961. 12. 5)
받은 곳: 미국 테네시 주 내슈빌(1961. 12)

지난해에 이어 다시금 크리스마스 시즌을 맞이해서 서의필 교수 가족이 분주하게 지내온 한 해를 돌이켜보면서 1961년도에 받은 축복과 은혜에 감사하는 선교 서신이다. 특히 서의필 교수는 장신대에서 기독교 윤리 과목을 강의하면서 한국의 미래 지도자가 될 수많은 젊은이를 도우면서 대화할 수 있게 된 기회를 갖게 됨에 감사하고 있다. 특별히 장신대에 관해서는 12월 21일 개최 예정인 졸업식에서 269명 등록 학생 중 75명이 졸업할 예정이라는 것과 이들 졸업생들의 경우 목사 안수를 받기 전까지 적어도 1년여 정도 개교회로 나아가서 봉사하기로 되어 있다는 것을 전해준다. 1961년도 선교보고서도 크게 볼 때 서의필 교수의 가족 근황을 알리는 전반부와 선교사로서의 한국 선교 1년에 관한 소회의 일단을 피력하는 후반부로 나누어볼 수 있다.

가. 서의필 교수의 가족에 관한 소식
- 버지니아(Virginia): 가사 일로 분주한 나날을 보내고 있으며 [본인인] 존(John) 이외에도 4명의 사나이를 돌보고 있음.
- 조니(Johnny, 7세): 서울외국인학교 2학년으로 4명의 자녀 중 가장 신중한 아이이고 책읽기와 수집하는 것에 관심이 많음.
- 넬슨(Nelson, 5세): 낙천적인 아이로 낮에는 형을 몹시 그리워하며 명년에 학교에 가면 형과 함께할 수 있게 될 것을 고대하고 있음.
- 세번(Severn, 3세): 미래의 전미 럭비선수 같음. 대개는 한국 사람들 앞이긴 하지만 어쨌든 청중 앞에서 뭔가를 보여주기를 좋아함.
- 월터(Walter, 3개월): 9월 9일 태어났는데, 완전 잠꾸러기이고 벌써부터 진정한 서의필 핏줄임을 입증함.

나. 인류에게 소망을 회복해줄 강림절을 맞고 있다. 금년 한해도 한국에 있는 우리 모두에게는 많은 것을 의미하는 강림절로, 잠시 멈춰서 이 혁명의 시대 여러 사건과 다가올 1962년의 도전을 고대해본다.

다. 이 자그마한 나라에서의 여러 가지 문제가 정치, 경제, 사회, 도덕적으로 어마어마하게 다가오고 있으나, 하나님의 구속사를 통해 이적을 일으키고 있고 또 향후에도 동양의 그 어떤 위대한 철학이 해낼 수 없는 불가능의 기적을 가능케 할 예수 그리스도로 인하여 우리는 이 난제들에 직면할 수 있다.

4.19혁명의 1960년 이후 새로운 한 해였던 1961년을 마무리하

는 입장에서 서의필 교수는 계속되는 혁명의 시대를 맞고 있는 한국 현대사 속에서 예수 그리스도의 의미를 찾고자 하는 고뇌를 하고 있다. 특별히 이 보고서에서는 1961년 5월 16일 박정희가 주동이 된 이른바 5.16군사정변에 관한 직접적인 언급은 없다. 이에 관한 모든 것이 '이 혁명의 시대'라는 말 한마디로 압축되어 있다. 다시 말해서 서의필 교수에게 1961년은 혁명의 시대였으며, 이 시대에 닥쳐올 여러 가지 도전—'1962년의 도전'—을 예수 안에서 준비한다. 1960년대 한국 사회의 민주주의와 남북통일을 향한 열망의 분출로 일어난 바로 1년 전의 4.19혁명 정신이 군인들에 의해 완전히 궤멸되어버린 엄청난 사건이었음에도 이에 대한 서의필 교수의 침묵이 어떤 의미에서는 좀 의아한 측면이 있다. 그렇다고 해서 한국 사회에서의 이 중차대한 문제를 애써 외면하거나 도외시했던 것은 아니다. 5.16의 여파로 "정치, 경제, 사회, 도덕적인 여러 가지 문제가 어마어마하게 다가오고" 있다는 것을 예견한다. 선교사인 그는 이러한 시대적 도전에 직면해 있는 '이 자그만 나라'에서의 문제들이 궁극적으로는 예수 그리스도의 구속사와 권능으로 극복될 것임을 확신한다.

## 7) 안락한 크리스마스에 대한 고뇌

보고서: 1962년 12월 6일자 선교보고서
보낸 곳: 한국 서울 종로구 연지동 1-1 장로교 선교부(1962. 12. 6)
받은 곳: 미국 테네시 주 내슈빌(1962. 12)

가. 크리스마스 시즌을 맞이하면서 예수 그리스도께서 이 땅에 오심의 의미를 깊이 성찰하는 보고서이다. 일반적으로 이 시즌에는 보통 먹고 마시고 놀고 하면서 왕족처럼 지내지만 다수의 세상 사람들은 아직도 최소한 하루 한 끼라도 먹어보자고 밤낮으로 투쟁하고 있는 극빈자들임을 기억해야 할 듯하다.

나. 경제적 안정을 이룬 우리로서는 중세시대 영주처럼 가지고 있는 재산에 만족하면서 다른 사람들은 어떻게 살고 있는지 잊어버리고 있다. 이들의 삶에 대한 우리의 책임 또한 망각하기 십상이다. 순례자였던 우리 조상들의 교훈, 즉 모든 선한 선물은 다 하나님으로부터 나온 것이라는 진리의 말씀을 잊어버리기가 얼마나 쉬운지 모른다.

다. 이번 크리스마스 시즌을 맞이해서 1962년 금년 한 해 동안 받은 무한한 선물에 감사하고 특히 우리 생명의 원천이 되는 선물로서의 하나님의 아들〔예수 그리스도〕에게 감사한다.

라. 따라서 우리의 이웃이나 마을에서, 나라에서 아니 전 세계에 걸쳐 다수의 사람이 죄에 빠져 있고 무지로 눈이 멀어 있으며, 질병으로 마비되어 있고 빈곤으로 아무 소망이 없는 상황 가운데, 그저 우리 가족들하고만 성벽〔집안의 벽〕 안의 멋진 벽난로에 둘러앉아 있는 것으로 만족해하는 크리스마스라면, 그런 크리스마스는 우리에게 그리 큰 의미가 없다.

마. Mr. Kim 이야기


서의필 교수는 우리 주변의 가난하고 병들고 소외된 사람들에 대한 연민 속에서 기독교인들이 무엇을 어떻게 해야 할 것인지 고뇌하며 한국 선교에 임해왔다. 그가 직접 겪은 '미스터 김'(Mr. Kim)이라는 사람 이야기를 이 서신에서 발췌하여 정리해보면 다음과 같다.

미스터 김(Mr. Kim)은 1950년 한국전쟁 당시 동부전선에서 한국 육군 수도사단이 북한군에게 밀릴 때, 목숨 바쳐 싸우는 대신 부대를 탈영한 사람이다. 이때부터 그의 인생은 매사가 꼬이게 되는데 징역형으로 감옥살이도 했고 출옥 후 일자리를 찾으려 했지만, 더 많은 교육을 받고 추천서까지 갖춘 젊은이들이 수두룩한 판에 탈영병으로 감옥까지 갔다 온 사람을 기용하려는 곳은 아무 데도 없었다. 가족도 없고 먹을 것도 없고 친구도 없는 이 미스터 김에게 할 수 있는 유일한 대안이라고 해야 또 강도짓밖에는 없었고 그로 인해 재차 감옥에 갔다 온 사람이다.

　1년 전 이 사람이 우리 집에 왔을 때는 두 번째 감방살이에서 풀려난 뒤였다. 그런데 현실적으로 그 사람을 위해 어떤 직장도 마련해줄 수 없었다. 그저 따스한 옷 몇 벌만을 건네주고 하나님의 크신 선물에 대한 말씀을 해드렸지만, 가족도 없고 친구도 없고 경제적 안정도 없이 이 어두운 세상 속으로 다시금 내몰려야만 했던 사람에겐 말씀이 별 의미가 없어 보였다. 며칠 전에 그 사람은 춥고 굶주린 채로 또다시 우리 집에 왔다. 그의 전과 기록으로 인해 직장을 잡기란 불가능하고 또 불명예 제대로 인해 군에 다시 복귀할 수도 없는 처지였는데 용케도 교도소 밖에서 365일을 견디고 살아남았던 것이다. 다시금 약간의 옷가지를 주고는 하나님의 구속사적 사랑을 확신시켜주려 했지만 그 사람에게 너무나도 해줄 게 없었던 것에 대해 마음이 편치 못했다.

우리나라에서뿐만 아니라 전 세계에 걸쳐서 '미스터 김'처럼 삶의 어두움 속으로 내몰린 사람들이 적지 않다. 서의필 교수는 크리스마스를 맞는 우리가 세상의 빛으로 오신 예수 그리스도의 복음으로써 구원받지 못한 분들에게 다가갈 수 있는 기회를 하나님께서 주셨다고 고백한다. 그러면서도 그는 흔히 보듯이 크리스마스의 외적인 축제 분위기에 도취되는 것을 경계하고 있다. 믿는 사람들끼리만의 크리스마스, 성공한 사람들끼리만의 크리스마스, 배부른 자들끼리만의 크리스마스 그리고 따스한 벽난로 앞에 앉아서 행복감을 느끼기만 하는 이른바 '안락한 크리스마스'에 대해 깊이 고뇌하고 있다. 어떻게 해서라도 가난하고 병들고 소외되고 억압받고 있는 우리의 이웃과 함께하는 크리스마스가 되기를 소망하는 기도를 선교본부에 보고하고 있는 것이다.

## 8) 장로회신학대학 소식

보고서: 1963년 12월 5일자 선교보고서
보낸 곳: 한국 서울 종로구 연지동 1-1 장로교 선교부(1963. 12. 5)
받은 곳: 미국 테네시 주 내슈빌(1963. 12)

가. 한국의 제3공화국 탄생에 관해서

세간의 관심은 불원간—이 서신 발송 1주일 후쯤—에 한국의 제3공화국 탄생 축하행사에 집중될 것이다. 한국의 새 정부 탄생은 전 한국인과 미국인에게 매우 중요한 의미가 있다. 이는 새 정부가 어떠한 노선을 취하느냐의 여부에 따라 38선 이남의 2,700만 한국 민중의 운명이 달려 있을 뿐만 아니라, 총체적인 동서냉전 갈등의 중요한 열쇠가 되기 때문이다. 그러나 선교사 입장에서 볼 때 새 정부 탄생의 진정한 의미는 2,000년 전 베들레헴 마구간에서 탄생한 예수 그리스도와의 연관 속에서만 찾을 수 있을 것이다.

나. 장로회신대학학 소식

1963년도 장로회신학대학(=장신대) 졸업생은 60여 명 정도 되며, 이들이 학교를 떠나 한국 사회의 영적 지도자가 될 것이기 때문에 이 역사적 졸업 행사는 국가발전에 크게 이바지할 것으로 인식된다. 즉 이들 졸업생들은 남한 사회 전체에 걸쳐서 하나님의 양떼를 칠 목사들이 될 것이며, 이로써 이 땅의 사람들에게 인간의 생명은 하나님이 부여한 것으로 단순한 물질적 차원 이상의 것이라는 점과 모든 소망은 예수 그리스도 안에 있음을 확신시켜줄 것이다.

금년도 장신대 학생 수는 250명으로 이들은 매일 수업에 성실히 임하고 있다. 화요일 오전부터 토요일 정오까지 수업이 있으며 대부분의 학생은 주말에 나가 서울 인근의 교회에서 설교도 하고 여러 가지로 도움을 주기도 한다. 본인은 강의로서 주로 기독교 윤리 과목을 담당해왔으며, 거기에다 추가로 도서관 사서로도 근무하였다.

다. 가족 관련 소식

버지니아(Virginia)는 집에 있으면서 존(John, 서의필 교수 본인)과 자신의 다섯 애들을 돌보는데다가 수많은 손님치레까지 하느라 정신이 없다. 조니(Johnny)와 넬슨(Nelson)은 각각 4학년과 2학년으로 서울외국인학교에 다니고 있는데 조니는 학교에서 하는 컵 스카우트(Cub Scout) 활동으로 새로운 것에 대한 지속적인 호기심과 도전을 보이고 있고 넬슨은 우표 수집에 큰 즐거움을 느끼고 있다. 세번(Severn)과 월터(Walter)는 집에서 너무나도 심심해서 온갖 몸부림을 다 치고 있다. 지난 3월에 엘리자베스(Elizabeth)가 태어나서 우리 가족에게는 큰 변화가 있었다.

이와 같이 1963년도의 선교보고서는 새로 들어서게 될 한국 정부에 관한 소회와 장신대 소식 그리고 자신의 가족 소식 순서로 구성되어 있다. 그러면서 서의필 교수는 마지막으로 1963년도 한 해 동안의 풍성했던 축복에 감사드리면서 기도로 1964년 새해를 맞이할 것을 요청한다. 그동안 길을 찾아 나섰음에도 오랫동안 좌절 속에 있었던 한국 민중들이 1964년에는 구세주의 가르침에 동참함으로 그 소망이 이루어지기를 기도하는 것으로 보고를 마친다.

# II. 서의필의 이모저모

## 1. 서의필 교수의 언어관

서의필 교수는 1928년 1월 13일 사우스캐롤라이나 거스리스에서 태어났다. 태어난 그 지역은 50% 정도의 흑인과 나머지 50% 정도의 백인으로 구성되어 있는 남부의 다인종 사회였다. 유년 시절을 남부지방에서 살았기 때문에 그는 자연스레 남부 특유의 말투인 이른바 사우선 드러얼(southern drawl)을 익히게 되었으며, 따라서 뉴욕이나 보스턴 사람들의 악센트는 갖고 있지 않다.[15] 그의 유년 시절은 1929년 대공황의 여파가 여전했지만 그래도 공립학교 교육만은 온전했던 것 같다. 적어도 제도적으로는 모든 학생이 나랏돈으로 고등학교까지 무상 교육을 받을 수가 있었다. 또한 교사들도 나름 교육적 사명감을 크게 갖고 있었으며 학생들 각자에 대한 복지적 차원의 관심도 계속 유지되었다. 그럼에도 실제로는 학교 설비가 매우 빈약했고 교사들의 급료도 넉넉할 수 없었다.

결과적으로 대공황 이후라는 시기적 관점과 미국 남부의 시골이라는 지역적 관점을 모두 고려해볼 때, 서의필 교수의 청소년 시절 당시 흑인, 백인 가릴 것 없이 전반적으로 지역민들 모두가 충분한 교육을 받지 못했던 것으로 파악된다. 그런데도 놀라운 것은 그 사람들의 일상 속에서 서로 간의 의사소통에는 아무런 문제가 없었다는 점이다. 서의필 교수가 예로 든 당시의 생생한 미국 남부 영어의 일부를 소개하면 다음과 같다.16)

- You uns come.
- We ain't goin t' town today.
- Yaz ma'm, thaz right.
- Us folks ain't a goin nowhur.
- Swing low, sweet chariot Comin fuh de carry me home.

영어교육을 정식으로 받은 우리로서는 믿기지 않을 정도의 엉터리 영어이다. 발음은 차치하더라도 철자와 문법 어느 한 곳 성한 데가 없는 문장들이다. 미국 동북부의 아주 세련된 이른바 규범에 맞는 표준영어가 아니고 이처럼 비문법이 난무하는 남부 영어의 환경 속에서 그는 자랐다. 그렇다고 그의 어린 시절 좋지 못했던 언어 환경이 그의 교육과 성장에 전반적으로 걸림돌이 되었을 것으로 보지는 않는다. 역설적이긴 하지만 그 시절 남부의 상황이 그에게는 오히려 보편적 인간애에 대한 깊은 통찰력을 키울 수 있는 계기가 되었다. 즉 문법에 맞는 영어라고 해서 그 자체만으로 삶에서 문제의 본질이 되는 것은 아니었다. 비록 받은 교육이 미천해서 그 영어가 다소 미흡하긴 해도 그 나름 사람들끼리의 무난한 의사소통을 통해서 서로 간의 휴머니티와 동정심으로 더불어 살아가는 삶의 현장을 그는 똑바로 목격했다. 그는 이런 환경에서 자연스레 인간의 존엄성에 대한 소중한 마음을 싹틔워나갈 수 있었다. 이 시기에 삶의 현장에서 보고 느끼고 직접 겪었던 일들이 그 후 그의 인생 전체를 지배하는 삶의 철학으로 자리 잡는다.

이처럼 그의 성장 과정과 그 환경을 보면 비록 영어라는 그의 모국어 이야기이긴 하지만 언어와 삶의 현장이 서로 유리되어서는 그 어느 쪽도 온전해질 수가 없다는 가정을 해보게 된다. 다시 말해서 언어 없는 삶의 현장을 상상할 수 없듯이 삶의 현장 없는 언어 또한 있을 수 없게 되는 셈이다. 위에서 인용한 영어가 비록 북부의 이른바 표준영어라는 잣대로 보면 많이 부족하고 흠이 있어 보일지라도 다름 아닌 바로 그 영어가 당시 남부 사람들―흑인이든 백인이든―에게는 인간미 넘치는 그들의 삶을 담보해주었던 것이 분명하다. 거꾸로 그들의 삶과 유리된 영어란 언어로서의 존재 이유를 상실하게 되는 것이다.

서의필 교수는 언어학자는 아니다. 그러나 자신의 유년 시절과 소년 시절에 걸친 직접적인 삶의 현장에서 그는 언어학습과 관련된 나름의 철학, 즉 언어관을 확보해두었다. 'Creating a Context for Learning to Speak English'라는 제목의 강연에서 그는 외국어 학습에 관한 다음과 같은 두 가지 가설을 제안한다.

• 외국어 학습에 대한 언어 능력은 세상의 여타 다른 지역에서 일어나

고 있는 것에 대한 참되고도 한결같은 관심을 통해 강화된다.

(The linguistic capacity for learning foreign languages is re-
inforced by a genuine, sustained interest in what is happening
in other parts of the world.)

- 좀 더 나은 사유를 하지 않고, 학생들의 (학습) 욕구에 대한 좀 더 사
  려 깊은 접근을 하지 않으며 또 비판과 비평 그리고 개혁에 대한 더
  큰 열린 마음이 없는 한 현상 유지의 영구화를 피할 수 없다.

  (Unless there is better thinking, unless there is a more thou-
  ghtful approach to the needs of students, and unless there is
  a greater openness to criticism, review, and reform, we will be
  unable to avoid perpetuation of the status quo.)

이 가설에서 보듯이 서의필 교수의 언어관은 결코 촘스키식 언
어 능력(competence)의 문제에 기반을 두고 있지 않다. 언어와 관
련한 그의 주요 관심사는 오히려 언어 수행(performance)에 있다.
그의 첫 번째 가설을 보면 인간의 언어 능력은 이미 전제되어 있는
것이고 이 언어 능력이 제대로 작동하려면 그에 합당한 콘텍스트가
주어져야 한다는 것이다. 그런데 이 콘텍스트라는 것이 현실적으로
는 바로 세상사로 대변될 수밖에 없는데, 이 세상사에 대한 지속적
이고도 진정성 있는 관심이 뒷받침되지 않고서는 언어 학습이 불가
하다는 논리이다. 이를 우리 입장의 영어 학습과 관련해서 구체적
으로 말하자면 이른바 문형 연습이라는 것을 배격하는 편에 있다.
이는 통제된 상황에서 미리 정해진 응답만을 하는 것이기 때문에
결코 창의적이지 않다는 것이다. 그 대신 진정성 있는 영어학습의

효과를 위해서는 실생활에서 수시로 바뀌는 상황에 따른 원자료(raw data)를 사용해야 한다는 것이다.

또 이와 직접적으로 연관되어 있는 것이 그의 두 번째 가설이다. 즉 실생활 중심의 영어 학습이라는 첫 번째 가설이 실제로 작동하려면 여태까지 누적되어온 고정관념에서 탈피해야 한다. 그런데 이를 위한 행동에 들어가기 전에 먼저 필요한 것이 있는데 그게 바로 사유(thinking)라는 것이다. 물론 이 사유는 기본적으로 학습자인 학생 중심의 사유를 기반으로 해야 하는 것을 전제한다. 학생들의 학습 욕구에 대한 면밀한 분석을 한 다음 마지막으로는 이를 실행에 옮기는 것이 중요하다. 그런데 이 단계에서 결정적으로 요구되는 것이 있는데, 이는 다름 아닌 열린 마음이다. 변화를 향한 열린 마음이 필요하고 이를 위해서는 영어 학습과 관련된 기존의 현상 유지 정책에 대해서 먼저 비판할 줄 알아야 한다. 즉 서의필 교수에게 언어관은 언어 그 자체에만 국한되어 있는 것이 아니라 인간의 사유 능력과 열린 마음, 더 나아가서는 비판 능력과 함께 가야 하는 것을 기반으로 하고 있다.

다시 말해서 기존의 질서에 순응만 해서는 개혁을 할 수 없다는 주장이다. 그동안 한국의 영어교육도 많이 변화된 것이 사실이다. 서의필 교수가 이미 오래전에 언급했던 영어 학습과 관련된 지적과 개선 제안이 부분적으로는 받아들여진 듯하다. 1990년대 초 한국의 대외 개방정책과 그 후 이어지는 국제화 시대의 조류를 타고 여러 가지 형식적인 개혁이 영어교육 분야에서 이루어진 바 있다. 그럼에도 아직까지 현실적으로는 영어교육의 기본 틀이 전통적 문법 교육에 기반하고 있음을 부인할 수 없다.[17]

영어 학습에 관한 서의필 교수의 두 가설은 한마디로 말해서 전통적 영문법 중심의 학습을 배제하는 것이다. 학습을 통해 배운 문법이지만 실제로는 작동이 되지 않는 '죽은 영어'가 아니라 실제 세상 속 삶의 현장에서 작동되는 영어, 다시 말해 '산 영어'를 살려내고자 해야 한다는 것이다. 언어 학습에 관한 그의 이 두 가설을 놀랍게도 그 자신이 한국어를 배울 때 철저하게 적용했다.

그는 1954년 목포 스테이션으로 파송받아왔을 때 선교사로서 다른 어떤 일보다도 우선적으로 한국어 공부에 몰두했다. 물론 미국 남장로교 한국선교부의 한국어 학습 매뉴얼에 따라 의무적으로 해야 하는 일이긴 했어도 그는 특별히 목포의 신안 앞바다 유인도들을 오가며 스스로를 섬사람들의 토속적 한국어에 직접 노출시켰다. 1950년대 중반 특히 섬사람들의 경우 문맹률이 적잖이 높았을 것인데 이들에게 배운 한국어를 과연 신뢰할 수 있을까 하는 의문이 생길 수 있겠지만, 이는 서의필 교수의 두 가설 앞에서 무의미할 뿐이다. 기우에 불과하다. 그를 아는 사람들은 다 알고 있듯이 그의 한국어 구사는 그에게 비록 외국어이지만 사실상 거의 완벽하다. 실로 그의 말과 글 속에서 사용되는 한국어 어휘의 상당수는 한문에서 나온 것들이고 문장의 구성 역시 교육받은 한국인 못지않은 고급 수준을 견지했다. 그가 유소년 시절 겪었던 대공황의 가난 속에 미국 남부의 어려운 환경에서도 훌륭한 영어를 배워냈던 것처럼 한국에서도 전후 지난한 삶을 영위해가는 무학의 섬사람들과 직접 부대끼면서 배워낸 한국어이지만 결과적으로는 최고급의 한국어를 훌륭히 습득해내는 데 성공할 수 있었다. 그 자신의 언어관을 뒷받침하는 언어 학습 가설이 적중했던 것이다.

서의필 교수의 한국어 학습은 단순히 한국어 습득만의 목표가 아니었다. 수천 년 한자문화권의 영향을 받은 한국의 역사와 문화를 이해하고자 할 때 한문 공부는 필연적일 수밖에 없었다. 목포 생활을 하면서 그는 한국어와 더불어 서당에 가서 한문을 배웠다. 물론 천자문부터 배우기 시작했지만 그 후 논어와 맹자의 단계까지도 갔다고 한다. 그렇지 않고서야 성균관대학에서 동양철학을 전공하고 더 나아가 하버드 대학에서 동아시아의 역사 관련 박사 논문을 쓰기란 불가능했을 것이다.

나는 1995년 여름 어느 날 그가 살고 있던 노스캐롤라이나 블랙마운틴의 집을 방문한 적이 있다. 그때 함께 갔던 필자의 딸 지혜에게 "하루에 한자 500개씩 공부하라"고 하는 서의필 교수의 권면의 말을 옆에서 직접 들은 바 있다. 물론 특별히 면학을 당부하는 강조어법으로 한 말이겠지만, 그래도 일단 한문에 관한 지식이 어지간하지 않고서는 할 수 없는 말이다.

## 2. 영어 스피치 클래스

1970년대의 한남대 영문과는 미국인 교수들에게 원어로 듣는 강좌가 많았다. 영문과의 실용영어 과목 중 가장 흔한 과목은 예나 지금이나 영어회화로 어느 대학에나 개설되어 있지만, 당시에 영어 스피치 과목이 개설된 대학은 그리 흔치 않았다. 그런 가운데 한남대학에서는 바로 이 영어 스피치 과목이 있었을 뿐만 아니라 그것도 다름 아닌 하버드 대학 박사인 서의필 교수가 직접 가르치는 과목이었다는 점에서 학내외적으로 크게 주목을 받았다.

먼저 이 강좌에는 교재라는 것이 없었다. 그때그때의 형편에 따라 주어지는 제목을 준비해서 직접 연설해야 한다. 물론 절대로 쉬운 과정이 아니다. 일반 영어강좌에서 흔히 강조되는 이른바 영문법과는 전혀 무관한 강좌이다. 또한 영어 학습의 향상을 위한 기존의 어떤 교수법과도 별로 관련이 없다. 한국의 전통적 교육 시스템이라는 관점에서 보면 아주 낯선 방식의 수업이었다.

영어 스피치라는 과목명에서 '영어'라는 언어적 측면보다는 오히려 '스피치'라는 장르적 측면에 더 큰 비중을 두고 있었다. 영어를 먼저 학습해서 스피치를 하는 것이 아니고 반대로 먼저 스피치를 준비해 행함으로써 결과적으로 실질적인 영어 능력을 향상시키는 식이다. 따라서 이 강좌에서는 성공적인 학습 성과를 거두기 위해서 다분히 공자의 '학이불사즉망'(學而不思則罔)[18]을 늘 염두에 두지 않을 수 없었다.

### 1) 게티즈버그 연설(Gettysburg Address)

실제로 수업에 들어가면 맨 먼저 에이브러햄 링컨의 게티즈버그 연설을 다룬다. 이 연설은 2~3분 남짓의 아주 짧은 연설이지만 적어도 두 가지 점에서는 독특하다. 첫 번째는 미국의 남북전쟁(1861-65) 최대의 격전지인 펜실베이니아 게티즈버그에서 행한 연설로 민주주의의 정의를 말할 때 흔히 인용되는 그 유명한 말이 들어 있다는 점이다.

국민의, 국민에 의한, 국민을 위한 정부는 이 지상에서 결코 사라지지 않을 것입니다.

(that government of the people, by the people, and for the peo-
ple shall not perish from the earth.)


영어 스피치 수업의 첫 시간을 이 연설로 시작하는 의미가 무엇
일까. 서의필 교수는 이 강좌에서 스피치의 도구인 영어 그 자체보
다는 스피치의 내용을 더 강조했고, 그 내용을 통해서 당시만 하더
라도 군부독재 치하에 있었던 한국의 미래 지도자가 될 젊은 대학
생들에게 민주주의 정신을 심어주고자 했다.

그가 평소에 좋아하고 또 즐겨 썼던 한자가 있다면 옳을 '의'(義)
자와 백성 '민'(民) 자가 아니었을까 생각한다. 1975년 4월에 있었
던 일이다. 그러니까 4.19혁명 15주년이 되는 4월이었다. 그 무렵
의 대학생들만 하더라도 4.19혁명이라는 것을 전해들은 지식으로
인지할 수는 있어도 몸소 겪은 학생들은 드물었다. 매년 봄 이맘
때쯤이 되면 서의필 교수는 자신의 연구실 문 바깥쪽 면에 1960년
4월 26일자 〈조선일보〉 1면 전부를 차지했던 '만세(萬歲)! 민권(民
權)은 이겼다!' 제하의 기사를 붙여놓았다. 오고가며 지나가는 학생

〈조선일보〉 1960년 4월 26일자 1면

들에게 보라는 뜻이었을 것이다. 이런 식으로라도 민주주의의 승리 내지는 민주주의의 부활 같은 개념을 나라의 지도자가 될 것으로 믿고 있는 학생들에게 어떻게 해서든지 직간접적으로 각인시키고 자 했다. 같은 맥락에서 이 영어 스피치 시간도 내용적으로는 사실 상 민주주의 의식화 시간이나 다름없었던 것 같다.

이 강의의 두 번째 특징으로는 게티즈버그 연설을 다루다 보니 영어의 어휘 수준이 만만치 않았다. 꽤 고급의 추상적 개념의 어휘 들로 촘촘하게 포진되어 있는 이 연설문은 문장의 구조를 보더라도 그리 간단하지 않았다. 이중, 삼중의 복합문으로 구성되어 있는 것 들이 다반사이다. 예를 들어 이 연설문의 맨 첫 문장만을 보아도 그 러하다.

> 87년 전 우리의 선조들은 자유에 기반하고 모든 인간은 평등하게 태어 났다는 명제를 신조로 하는 새로운 나라를 이 대륙에 세웠습니다.
> (Four score and seven years ago, our fathers brought forth, upon this continent a new nation conceived in liberty and dedi-cated to the proposition that all men are created equal.)

미국 역사 이야기이지만, 이를 통해 결국 '자유'와 '평등'의 개념 화가 중요했던 것이다. 이렇게 시작되는 이 연설문을 학생들은 일 단 익혀야 하고 준비되는 대로 강의 시간에 칠판 앞 연단에 나가 각 자가 1863년의 링컨이 되어 보는 것이다.

## 2) 'I Have a Dream' 연설

이 게티즈버그 연설 강의가 끝나면 이어서 미국의 흑인 민권운동가 마틴 루터 킹 목사의 'I have a dream' 연설을 다룬다. 이 연설은 링컨의 게티즈버그 연설로부터 정확히 100년이 지난 1963년 8월 28일 워싱턴 D.C. 링컨기념관 앞에서 행해진 것이다. 1960년대 미국을 대표하는 민권운동가 킹 목사의 연설, 이 연설 강의를 통해서 서의필 교수가 민권의식을 학생들에게 심어주고자 고심했던 흔적이 역력하다. 좀 긴 이 연설 중에서도 특별히 도입부에 해당하는 첫 부분을 통해서 민권의식 내지는 민주주의의 본질을 생각하고 내재화할 수 있도록 설계된 강좌였다.

> 이 나라 역사상 자유를 위한 가장 거대한 시위로 역사에 남게 될 오늘 여러분과 함께하게 된 것을 기쁘게 생각합니다. … 백 년이 지난 뒤에도 흑인들은 여전히 미국 사회의 한 귀퉁이에서 고달프게 살아가고 있습니다. 그들은 자기네 땅에서 유배당한 것입니다. 그래서 오늘 우리는 이 끔찍한 현실을 알리기 위해 이 자리에 나온 것입니다.
>
> (I am happy to join with you today in what will go down in history as the greatest demonstration for freedom in the history of our nation. … One hundred years later the Negro is still languished in the corners of American society and finds himself in exile in his own land. So we've come here today to dramatize a shameful condition.)

이런 내용의 강의를 통해서 통상 민주주의 1등 국가로 알려진 미국이라는 나라조차도 민권의 확립 내지는 민주주의가 본래부터 뿌리내렸던 것이 아니고 또 어느 날 하루아침에 거저 달성된 것도 아니라는 점을 자연스럽게 터득하게 된다. 오히려 오랜 세월에 걸쳐 있는 난제일 뿐만 아니라 여기서 보듯이 100년 이상의 세월이 흘렀음에도 아직까지 미완으로 남아 있는 민주주의를 위해 대규모 시위가 일어나고 있는 모습을 생생하게 다룸으로써 민주주의란 대가 없이 오는 것이 아니고 쟁취의 대상물이며 이를 위한 각고의 세월이 필요하다는 것을 인식하게 된다. 특히 1974년 민청학련 사건[19]을 계기로 발동된 일련의 긴급조치를 통해 한국 사회 전체가 전체주의 통제하에 있었던 바로 그 시절 그 무렵의 강의 시간을 활용해서 자연스럽게 자유란 거저 쉽사리 얻을 수 있는 선물이 아니며, 오히려 투쟁을 통한 쟁취의 산물로 이 자유를 쟁취하기 위해 때로는 목숨까지도 바칠 수 있는 것임을 역설했다.

### 3) 'Reflections on Freedom' 연설

다른 한편으로 이 강좌에서는 종종 서의필 교수 자신이 직접 작성한 연설문이 발표되기도 했다. 현재 남아 있는 그의 연설문으로는 'Reflections on Freedom'이 있다. 이 연설문의 첫 단락은 이렇게 시작된다.[20]

> 자유라는 용어가 시사하는 것보다 더 많은 선망의 대상이 되는 재산은 없습니다. 자유의 목표는 모든 이의 이득을 증진시켜줌으로써 얻어지는 것이며, 그로써 전체로서의 사회 에너지를 고양시켜줍니다. 이런 관점에서 볼 때 민주주의라고 하는 것은 개인적 자유의 훈련을 위한 이상

적인 조건을 제공해주는 정부체제를 말합니다.

(There is no more enviable estate than that suggested by the term "freedom." Freedom attains its goal by advancing the interests of all and thereby heightening the energies of society as a whole. ... Viewed from this perspective, that we call "democracy" is a system of government which provides ideal conditions for the exercise of individual freedom.)

역시 자신의 이 연설에서도 '자유'의 소중함과 개인적 자유를 행사하기 위한 이상적인 정부체제가 곧 '민주주의'임을 역설한다. 이 연설에서 그는 자유 사회를 건설하는 데에 기여할 수 있는 3개의 주요 기관으로 교회와 대학과 문학/예술의 세계를 지목하고 이들 세 기관 각각이 민주주의 발전에 감당해야 할 당위성과 그 역할을 명시하고 있는 것이 돋보인다. 자유의 개념으로 시작하는 이 연설문이 자유라는 단어로 끝맺고 있는 점 또한 매우 인상적이고 긴 여운을 남긴다.

자유란 쉽게 찾아오지 않습니다. 자유란 선물이 아닙니다. 자유란 모든 개인의 노력과 희생으로써 얻어지는 것입니다. 어떤 이들은 자유를 위한 투쟁을 하다 죽기까지도 합니다. 이는 자유를 향한 인간의 욕구가 물과 공기와 음식에 대한 인간의 욕구만큼이나 억제할 수 없는 강렬한 것이기 때문입니다. 자유가 울려 퍼지게 합시다!

(Freedom does not come easily. Freedom is not a gift. Freedom is one that is obtained by the every individual's effort and sac-

rifice. Some people even die in their struggle for freedom. This
is because the human need for freedom is as unquenchable and
as strong as the human need for water, for air and for food. Let
freedom ring!）

서의필 교수의 이 '자유' 정신과 '민권' 그리고 '민주주의'에 대한
확고한 신념은 알게 모르게 학생들의 의식화 과정에 결정적인 영향
을 주었을 것이다. 민청학련 사건으로 정국이 뒤숭숭하던 1974년
4월 어느 날 한남대학(=당시에는 숭전대학)에서도 민주주의를 요구
하는 학생들의 교내 시위가 있었다. 학생회가 주도했던 시위로 거
의 모든 학생이 참여했지만 매우 평화롭고 질서 정연했다. 종합대
학인 숭전대학교로 개명된 초창기였다는 것을 감안할 때, 아마도
개교 이래 한남대학 역사상 가장 큰 규모의 시위였을 것이다. 그 당
시 일련의 긴급조치들로 인해 엄중했던 시국을 고려한다면 학교 당
국에서도 적잖은 우려가 있었을 것이다.

이 일로 인해 이한빈 총장은 서울에서 급거 대전에 내려와 학생
처장이 배석한 가운데 몇몇 시위 주동 학생과 총장실에서 대화를 하
게 되었다. 이한빈 총장은 그 자리에서 학생들의 시위에 크게 노했
고 반면에 학생들은 큰 의견충돌 없이 총장의 견해를 듣는 것으로
그쳤다. 이한빈 총장은 시국 문제와는 별도로 학교의 최고경영자 입
장에서 학생들의 반정부 시위로 인해 혹시라도 숭실대학과의 통합
이후 이제 막 비상하려는 숭전대학의 꿈이 꺾이는 것은 아닐까 하
는 우려가 앞섰을 것이다. 어쨌든 당시 이한빈 총장은 학생들의 존
경과 신뢰를 크게 받고 있었기 때문에 그 선에서 마무리되었지만,

이와 같은 대규모 반정부 시위가 교내에서 가능했던 것에는 그 기저에 인권과 민주주의의 전도사 서의필 교수의 영어 스피치 강의를 통한 끊임없는 '민주주의 의식화 교육'이 큰 몫을 했다.

## 3. 조선 향반사회의 성격과 구조

서의필 교수는 1974년 하버드 대학에서 박사학위를 받았다. 아마도 그를 한 번이라도 만났던 사람들은 초면에 "본관이 어디이십니까?"라는 그의 물음에 적잖이 당황했던 경험이 있을 것이다. 사실 요즈음은 누구나 자신의 본관을 특별히 의식하며 살지도 않을뿐더러, 더욱이 젊은이들의 경우에는 어쩌면 본관이라는 것 자체가 뭔지도 잘 모를 수 있기 때문이다. 그래서 그런지 흔히 서의필 교수라고 하면 '하버드 박사'는 기본이고 대뜸 '족보 박사'로까지 떠올린다. 실제로 그는 하버드-옌칭 연구소(Harvard-Yenching Institute)에서 한국사를 공부하는 가운데 18세기 조선시대의 사회변동사를 연구하여 1974년 박사학위를 받았다. 여기서는 서의필 교수의 박사학위 논문을 개괄함으로써 그가 이해하는 조선시대의 향반사회를 들여다보고자 한다.

- 논문 제목: Success and Failure in Eighteenth Century Ulsan
  - A Study in Social Mobility -
  「18세기 울산지역의 흥망성쇠: 사회변동성향 연구」
- 논문 목차(Table of Contents)
  Introduction

- 총 쪽수: 178쪽

총 178쪽으로 이루어진 이 논문은 조선시대 울산지역의 족보 분석을 통한 그 지역민들의 신분 변동의 경향과 성격을 규명함으로써 조선 후기 전체의 사회상까지도 엿볼 수 있는 중요한 업적으로 평가받는다. 전체 조선사회의 구조를 견고하게 뒷받침했던 통치 철학을 유교라고 할 때 이 유교철학에 대한 심오한 이해 없이 이 논문을 쓰기란 상상하기 힘들다. 실제로 이 박사 논문의 참고문헌을 보면 알 수 있는데, 하버드 대학에서의 박사학위 공부를 위한 기초가 이미 그 이전 성균관대학에서의 동양철학 석사학위 과정에서 견고하게 닦여 있었다. 박사 논문의 참고문헌에는 사마천의『사기』를 비롯해서『논어』,『맹자』등의 사서삼경과 정도전의『삼봉집』, 정약용의『목민심서』, 이중환의『택리지』및『조선왕조실록』,『경국대전』,『동국여지승람』등 조선을 이해하기 위한 필독서들이 다수 포함되어 있다. 이처럼 단단한 유학의 기초 위에서 서의필 교수는 당시로서는 가장 방대한 호적을 수집해 분류하고 이를 체계적으로 분석해놓은 셈이다. 이를 위한 자료로는 18세기 울산지역의 여러 성씨를 대표하는 호적, 대동보, 세보, 족보 등과 관공서에서 발간된 수많은 읍지와 여러 학자의 논문들로 구성되어 있다.

특별히 서의필 교수의 이 박사 논문이 크게 주목받았던 것은 그 연구방법론에서이다. 당시만 하더라도 일본인 학자 시카타 히로시 (Shikata Hiroshi)의 1930년대 연구업적 이후 최초로, 그것도 가장 방대한 호적조사를 기반으로 해서 조선사회를 분석했기 때문이다. 좀 더 구체적으로 말하자면, 이 논문은 18세기 울산의 향반들이 지배하고 있었던 3개의 읍에서 나온 호적상의 증거를 엄밀하게 조사해 낸 결과물이다.

이 논문에 따르면 조선의 한양 중앙정부에 양반이 있었다면 지방에는 향반이 있었다. 다시 말해서 향반이란 지방의 토호세력을 중심으로 하는 귀족층에 해당한다. 양반의 정치경제적 영향력이 매우 컸던 것에 반해서 향반의 경우는 그 영향력이 군 단위 정도로 그치는 것이었다. 그럼에도 양반과 향반은 각각 그 나름의 관할 지역과의 관계 속에서 지향하는 목표와 권력 장악이라는 관점에서 공통점이 많았다.

조선왕조의 지배 이데올로기인 유학은 향반에게도 그 지역사회 최고의 지위를 차지하게 함으로써 엄청난 수의 중인과 노예를 장악할 수 있게 해주었다. 대부분의 선도적 향반 가문들은 그 지역에 뿌리를 깊이 내리고 있었기 때문에 주기적으로 발생하는 국가적 재난 및 위기에도 흔들리지 않고 잘 버텨낼 수가 있었다. 예를 들면 임진 왜란 이전부터 18세기에 이르기까지를 보더라도 이들 지방 향반들의 지도력이 견고하게 유지되었는데, 이는 향반들에게 향반이란 지위 자체의 현상 유지가 결정적으로 국가와의 협력관계 속에서 가능했기 때문이다. 반대로 중앙정부의 입장에서는 전쟁이나 천재지변 같이 국가의 기능이 심각하게 붕괴될 때를 대비해서 지방 귀족들의 협력이 기본적으로 중요했다.

그런데 조선 건국의 기본 정신이었던 유교사상을 바탕으로 한 철저한 신분사회가 어느 시점부터는 붕괴되기 시작한다. 따라서 그 이전까지만 해도 양반과 향반은 각기 자기네 기득권 신분의 현상 유지만 잘하면 되었지만, 전쟁과 같은 주요 재정적 위기에 직면할 때마다 국가는 전국적 규모의 공출제도를 실시하지 않으면 안 되게 되었다. 바로 이때 하층민들은 나라에 곡식을 내놓는 대신 자신들의 신분 변경 및 신분 상승을 요구하게 되었다. 특별히 18세기 중엽 이후 무명 신분의 사람들이 향반계급으로 들어오게 된 것은 그동안 독점적 권력을 향유해왔던 기존의 옛 향반 가문의 지위가 붕괴되면서 가능해졌다. 다른 한편으로는 중앙정부 관료집단의 부정부패가 심해지면서 기존의 엄격했던 사회적 지침들이 더욱 무너져갔다. 이런 식으로 개국 초기에 형성된 사회구성의 틀은 붕괴되기 시작했고 엄격했던 신분 간의 경계가 불분명해진 반면 신분 유동 가능성이 높아지면서 계급의식까지도 함께 고양되었다.

곡식 공출제도를 통해서 국가 재정난을 즉각 해소할 수 있었지만, 다른 한편으로 이 제도는 강제노역과 군역, 세금 등의 의무를 평가하는 정상적인 과정을 위태롭게 하였다. 더더욱 심각했던 것은 이 공출제도로 매매를 통한 신분 상승이 합법화되었고 전통적 조선 사회의 구조가 크게 훼손되었다는 점이다. 18세기 울산의 인구조사 기록을 면밀하게 살펴보면 위조나 변조 같은 것을 통해 사회적

'성공'을 이룬 사례들이 적지 않게 드러나는데, 이는 정다산의『목민심서』에 기술되어 있듯이 관 기강의 붕괴와 함께 당시 광범위하게 퍼져 있었던 지방 관리들의 부정부패와 그 맥을 같이 한다. 이러한 위조와 변조, 부정부패 등과 같은 문제가 가장 심했던 기관이 다름 아닌 바로 인구조사국이었던바, 울산에서의 그러한 불법적 활동을 양적으로 찾아낸다는 것은 사실상 불가능했다. 이는 곧 호적에 관한 정확한 평가를 더욱 어렵게 했고 울산의 실질적 인구환경에 관한 견해를 흐려놓는 경향이 아직까지도 남아 있다.

엉터리이고 불법적이긴 하지만 이런 식으로 사회계층 밑바닥에서부터 신분 상승은 광범위하게 일어났다. 이와 같은 불법행위는 천민신분에서 평민계급으로 승진할 때 절정을 이루게 되는데, 이때 이들은 바로 본관이라는 것을 처음으로 만들어놓는다. 이에 관해서는 18세기 이전의 울산 사회와 관련해서 좀 더 면밀한 연구 검토가 요구된다. 그러나 최종적인 분석에 따르면 이들의 신분 상승이 확실한 성공 대신에 좀 모호한 성공에 그친다. 이는 이전에 노예였던 이들에게 세금과 부역, 군역 등과 같이 감당하기 힘든 부담이 여전히 지워졌기 때문이다. 더군다나 이들의 신분 상승이 어느 정도 이루어졌을지라도 지배계급의 향반들이 이들을 이용할 수 있는 권한 및 능력이 상실된 것은 아니었기 때문이다.

기록에 따르면 이보다 더 두드러진 성공 사례들이 있는데, 천민들이 향반계층으로까지 승격된 경우도 적지 않았다는 것이다. 즉 무명의 가문에서도 신흥 향반들이 생겨난 셈인데, 시카타 히로시의 대구지역 유학 연구의 결과와 흡사하게 이는 울산지역의 유학 인구 급증에서 그 원인을 찾아볼 수도 있다. 그러나 이들의 성공이 과도

하게 평가되어온 측면이 없지 않아 괄목할 만한 유학 인구의 증가 하나만을 가지고 그 원인을 찾아서는 안 될 것이다. 이와는 달리 서 의필 교수의 연구 분석을 종합적으로 살펴본 결과에 따르면 이들 향반사회의 성장은 다음과 같은 몇몇 요인에서 비롯되었다.

- 향반의 자연적 증가
- 합법적 채널을 통한 신분 상승
- (향반) 자격인증의 서류 위조

이 중에서 특별히 문제가 되는 것은 바로 서류 위조에 의한 신분 상승의 경우인데, 이로 인해서 적어도 호적만을 가지고서는 원래의 합법적인 귀족들과 불법적으로 생겨난 귀족들 간의 구분이 없어지 게 된 점이라는 것이다. 서류를 위조해 도망쳐 나간 노예들 때문에 원래 귀족들의 물질적 손실이 상당하게 되었고 그 결과에 대해서는 19세기의 인구등록에 관한 조사를 통해 알 수 있다.

이를 실증적으로 파악해보기 위해 이 박사 논문은 울산 북부지역 의 읍면에서 나타나는 조선 후기 양반의 동향을 면밀히 검토한다. 그 결과 위의 세 가지 성장 요인의 관점을 입증할 수 있는데, 18세 기 울산지역에서도 향반사회의 계급의식이 강화되고 있었고 이는 바로 족보 편찬의 확산으로 명백하게 확인되었다. 예를 들어 1729 년 북부 울산의 엘리트들은 생원이나 진사, 무과시험 합격자 및 우 수한 백성들의 후손들이었다. 서 교수의 논문은 이처럼 상당한 정 도의 사회적 신분 상승의 사례들을 포함해서 사회 전체적으로 광범 위한 신분 이동이 있었음을 밝히고 있다.

하지만 그럼에도 흥미로운 것은 이들이 과연 권력의 정점에 서서 기존의 전통적 사회구성에 어떤 거시적인 영향을 행사했는지는 뚜렷하지 않다. 이들 신흥세력의 등장에도 기존의 씨족 연대와 효과적인 귀족 관계 네트워크로 인해 옛 귀족들의 지도력은 유지될 수가 있었다. 이와 같은 연구를 마치면서 서의필 교수는 19세기의 신흥 가문들이 궁극적으로 권위 있는 자리까지 뚫고 들어가는 데 성공했는지의 여부 문제를 추후의 연구과제로 남겨놓고 다만 전통적인 향반의 성공을 변동해가는 사회 속의 안정화적 존재로서 보고 있다.

## 4. 회갑연에서 일어난 일

때: 1989년 5월 9일 저녁 5~6시경
곳: 한남대학교 선교사촌 서의필하우스 마당

서의필 교수의 회갑연은 좀 남다른 측면이 있었다. 1980년대 후반만 하더라도 평생을 한 대학에서 봉직했던 교수가 회갑연을 하려면 시내의 어느 한 호텔을 잡아서 화려하게 하는 경우가 대세였지만, 서의필 교수는 그러지 않았다. 회갑연 장소가 호텔이 아니라 다름 아닌 자신의 집 앞뜰이었다. 그러나 그 자신이 목사로서 또한 교수로서 평생 한국 땅에서 살면서 한국 민중들과 더불어 고뇌해왔던 삶의 궤적을 고려한다면 그 집 마당 앞뜰이 오히려 더 잘 어울리는 장소가 아니었나 생각한다. 때는 계절의 여왕인 5월의 아흐렛날, 땅거미가 질 무렵 전국에서 100여 명 남짓의 사람이 모여들었다.

회갑연이라고 해서 흔히 보는 거창한 행사는 아니었고 그저 조촐하게 진행되었다. 영문과 여학생 4~5명이 축가를 불렀고 동네 노인 두어 명이 서의필 교수에 관한 회고담을 했던 정도로 기억한다. 확실한 것은 이런 행사 때에 흔히 보듯 어떤 높은 분들이 나와서 무슨 무슨 축사니 격려사니 하는 것들이 전혀 없었다는 것이다. 학계에서든 교계에서든 그 어떤 곳에서든 간에 서의필 교수의 업적이라거나 아니면 조금이라도 돋보일 만한 그 어떤 사안에 대한 언급이 전혀 없는 회갑연이었다. 역시 소박하고 겸손한 서의필 교수다운 회갑연이었다.

이어서 식사 시간에는 야외의 출장뷔페식이었기 때문에 참석자들은 각자가 여기저기 돌아다니면서 지인들과의 담소도 함께 곁들였다. 이 자리에 모인 사람들은 어떤 식으로든 서의필 교수와 직간접적으로 연관이 있는 사람들이었을 것이다. 한남대학교의 제자들 및 동료 교수들이 대체로 많았겠지만, 1954년 이후의 한국 현대정치사 속에서 핵심적 주제어였던 민주주의와 인권운동에 관련된 지인들도 꽤 있었던 것으로 기억한다. 특별히 기억나는 인물 중에는 벌써 오래전 작고한 전남대학교 영어교육과 명노근 교수도 자리를 함께했다. 이전에 필자와 대화할 때 종종 거론되었던 분인데 서의필 교수는 이날 그를 필자에게 소개해주는 것을 잊지 않았다. 그 당시 그는 서의필 교수와 5.18광주민주화운동과 관련해서 상호 친밀한 교류가 있었다.

식사를 끝으로 서의필 교수의 조촐한 회갑연은 막을 내렸는데, 이때 그동안 제자들이 중심되어 출판한 서의필 선생 회갑기념논문집 『종교 인간 사회』가 참석자 모두에게 한 권씩 배포되었다. 1988

년 출판된 이 책자는 전국에 흩어져 있는 그의 제자들이나 동료 교수들 27명이 각자 준비한 논문을 모아서 만든 것이다. 이 책의 맨 마지막에는 '서의필 선생님을 생각하며'라는 편집후기가 나오는데 그 첫머리의 일부만 보더라도 서의필 교수의 인간적인 면모를 알 수 있다.

> 우리는 일생 동안 많은 사람들을 만난다. 그중에 어떤 사람들은 평안과 위로를 주는 반면에, 어떤 사람들은 불안과 그리고 모멸감 따위의 느낌을 주기도 한다. 한 인간이 잠시 동안 평안과 위로를 주는 경우를 우리는 흔히 경험하지만 그러나 긴 기간 동안, 더욱이 일생 동안 위로와 평안을 다른 사람에게 주는 이를 만나기는 무척 어렵다. 그래서 우리는 그런 사람 만나는 것을 일생의 중대사로, 동시에 무엇과도 바꿀 수 없는 큰 행복으로 여긴다. 우리는 오늘 중대하고도 행복한 순간을 맞이하고 있다. 그것은 우리가 서의필 선생님을 스승으로 모시고 있다는 사실 때문이다.

26세의 나이에 선교사로 온 서의필 교수가 한국에서 회갑이 될 때까지 35년에 걸쳐서 만난 사람들은 셀 수 없이 많을 것이다. 이날 회갑연에 참석한 이들은 물론이거니와 참석하지 못한 모든 이에게 공통적으로 서의필 교수는 그냥 '교수'나 '선생' 정도가 아니라 '스승'이었음을 선포하는 글로 이해한다. 그는 교실에서는 강의를 통해서 그리고 교회에서는 설교를 통해서 진리와 정의를 알려'주었다.' 그뿐만이 아니라 그가 가는 곳 그 어디서라도, 그곳이 몸소 찾아간 감옥에서든 계엄군과 맞서 싸우는 시위 현장에서든 그는 민중들에게 위로와 용기를 심어'주었다.' 그는 은퇴한 후까지도 북한을 찾아가 생명과 소망을 나누어'주었다.' 그것도 쉬지 않고 평생 동안을 그렇게 해'주었다.' 어떤 사람은 어느 특정한 사람이나 특정한 곳을 평생 찾아가주기도 한다. 또 다른 어떤 사람은 모든 사람과 모든 곳에 걸쳐서 일시적으로 찾아가주기도 한다. 그러나 서의필 교수는 이곳 한국에서 사는 동안 평생을 고난 속의 한국 민중들에게 언제 어디서나 찾아가 위로와 평안을 '주었다.' 그는 20세기 후반을 한국에서 한국 민중들과 더불어 살아낸 '스승'이었다.

이 책의 편집후기 말미에서 자유, 정의, 인권, 민주, 평화 그리고 해방으로 표현할 수 있는 서의필 교수의 기본 철학이 1980년 광주 민주항쟁21)으로 말미암아 새로운 전기를 맞게 되었다는 점을 진단하면서 아래와 같이 기술하고 있다.

무고한 사람들이 중형을 받고 감옥으로 가는 상황에서, 양심수들의 재판정을 쉬임없이 방문하고, 그들의 주장을 검사들의 논고와 비교해 들으면서, 피고인들의 가족을 만나고 그들이 평상시에 살았던 생활을 바라보면서 한국에서의 생활을 마무리하는 길을 찾게 된다. 즉 한국인을 위하는 가장 바른 길은 양심수들과 함께하며, 소외받는 계층과 함께하는 것이라는 인식이다. 여기에서 그는 미국인으로서 미국이 한국인에게 행한 일을 반성하고 성찰하면서 자신의 신념에 따른 속죄의 길을 걸어가려는 결심을 한 듯하다.

서의필 교수의 삶은 제사장이나 레위인 같은 삶을 거부하고 착한 사마리아 사람의 삶을 살아낸 느낌이다(누가복음 10:25-36). 5.18

을 못 본 척 못 들은 척하면서, 또한 교회와는 아무 상관이 없는 척하면서 그 처절했던 시절에 '오직 예수! 믿음! 충성! 은혜!'만을 외쳐 댔던 대부분의 한국 목사와는 달랐다. 독재를 타도하고 민주주의를 요구하며 장갑차와 맞서 싸우다 죽어가는 학생들, 잡혀가 중형을 받고 감옥살이를 하는 사람들이 수두룩한 상황에서 여느 때처럼 그저 교실에서 영어회화나 영어 스피치를 가르치는 것만이 능사는 아니었다. 그는 예배당 대신에 감옥으로 달려갔다. 그는 연구실 대신에 재판정으로 달려갔다. 달려가서 그들의 아픔과 슬픔과 고난을 함께하며 위로와 평안을 주고자 하였다.

지식인으로서의 서의필 교수는 국가적 차원에서 미국이란 나라가 과연 한국이란 나라의 진정한 이웃으로 자격이 있는가에 대한 근본적인 물음을 제기하였다. 2차 세계대전 후 독립한 신생국가 한국에 대해서 미국은 민주국가로의 한국을 지원하는 것을 표방해왔다. 한국의 거의 모든 시스템을 미국식으로 개조해왔고 그에 걸맞게 민주주의 체제를 공고히 해오고 있었다고 믿었던 사람들에게 5.18에서 보였던 미국의 태도는 실망을 넘어 분노까지 일게 했다. 서의필 교수도 미국이 민주주의를 요구하는 한국 민중들의 목숨 건 투쟁에는 외면하고 거꾸로 민주주의의 요구를 억압하고자 출동한 한국 군부의 손을 들어준 것으로 확신하고 있었다(II. 6-7: 1996년 3월 14일자 편지[22]). 미국의 제3세계를 향한 대외정책이 결국은 제3세계 민중들에 대한 자본주의적 착취에서 나오는 미국의 국가이익에 기반하고 있다(서의필, 1983)는 점을 개탄하면서 서의필 교수는 미국의 대한반도 정책에 항의하고 비판하지 않을 수가 없었다.

회갑을 맞이한 서의필 교수의 삶을 기리는 뜻으로 출판하는 책

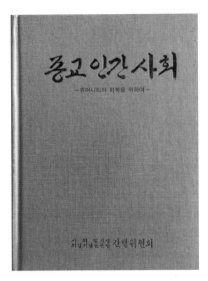

『종교 인간 사회 – 휴머니티의 회복을 위하여』, 서의필 선생 회갑기념논문집 간행위원회, 1988

의 제목을 정하는 데 그가 평생 일관되게 관심을 쏟아온 종교와 인간과 사회에서의 휴머니티의 회복을 중요하게 고려하였다. 그 결과 회갑기념논문집 간행위원회는 최종적으로 책의 제목을『종교 인간 사회 – 휴머니티의 회복을 위하여』로 채택하고 1988년 출판한다.

이 책은 주제별로 4부로 나뉘어 있고 총 논문 27편으로 구성되어 있으며 710쪽에 달한다.

## 5. 회의록을 통해 보는 서의필 목사

미국 남장로교 한국선교부의 회의로는 매년 개최되는 연차대회(annual meeting)가 있고 그 사이사이에 수시로 열리는 임시위원회(ad interim committee=AIC)가 있다. 서의필 선교사가 맨 처음 한국

선교부 회의에 참석한 것은 1954년 5월 6일부터 14일까지 전주에서 개최된 제8차 전후(postwar) 연차대회이다. 같은 해 2월 24일 고요한 아침의 나라에 입국한 지 2개월 남짓한 즈음이다. 목포 스테이션 대표로 참석한 그는 모든 것이 낯설 때임에도 연차대회의 순서 순서에 따라 맡은 바 역할을 충실히 감당해냈다. 5월 13일 목요일에는 아침 예배를 인도했고 5월 14일 금요일에는 회의를 주재하는 가운데 부인인 서진주 여사가 그 당시 런던에서 열리고 있는 빌리 그래함 복음 전도대회에 관한 소식을 보고함23)으로써 이들 부부는 한국선교부 선교사로 최초의 공식적인 자리에서 선을 보였다.

그 이듬해 광주에서 개최된 1955년 미국 남장로교 한국선교부 연차대회에서는 그의 역할이 전보다 더 비중 있고 다양해졌다. 예를 들면 선교부의 공천위원회 위원장으로서 보고를 담당했고 재정위원회 5인 중 한 사람으로 참여하기까지 하였다. 이미 현 한남대학의 전신인 대전대학의 7인 설립위원 중 한 사람이었던 서의필 선교사가 1955년도 연차대회에서 교육위원회 소속 목사에 편입되어 있었던 점 또한 조금도 이상하지가 않다. 이 무렵 선교부의 임시위원회가 네 차례(1955년 8월 29일; 10월 12일, 1956년 1월 31일; 3월 26일) 정도 개최되었는데 이때도 목포 스테이션 대표로 라빈선 목사와 함께 빠짐없이 참석한 것으로 기록되어 있다.

1956년 6월 14일부터 20일까지 광주에서 개최된 연차대회 기록에 따르면 서의필 목사는 주로 하는 일이 한국어 공부이며 부수적으로 전도사역도 감당한 것으로 되어 있다. 미국 남장로교 한국선교부에 파송되어오는 다른 모든 선교사와 마찬가지로 서의필 목사도 처음 3년간은 한국어 공부에 전념해야 했다.24) 따라서 그에게 부여된 전도사역이라는 것도 별도의 사역으로 맡겨진 임무였다기보다는 한국어 몰입 교육의 실질적 장소 역할을 톡톡히 해내지 않았을까 추측해본다. 게다가 1956년도의 이 대회에서 서의필 목사는 한국선교부 재산위원회 소속위원으로 봉사하기도 했다. 다른 한편으로 서진주 여사의 경우도 한국어 공부를 주로 한 것으로 보고되어 있는데 특히 언어위원회의 기록에 따르면 당 해에 한국어 공부 1년차 시험에 합격한 것으로 나타난다. 추가로 서진주 여사는 본인의 전공을 살려서 목포 스테이션의 공중보건 간호사역도 충실히 감당하였다. 그러나 여기서 서의필 목사 관련 보고사항 중 가장 돋보이는 것은 공천위원회의 보고로서 한남대학(당시로는 대전대학) 설립을 위한 대학위원 7인의 명단25)에 들게 되었다는 점이다. 그 후 1956년 10월 1일부터 4일까지 대전 스테이션의 인돈 목사 사택에서 열렸던 임시위원회에도 목포 스테이션의 라빈선 목사, 맥머피(Miss Ada McMurphy) 선교사와 동행해서 참석했고 10월 2일 오후 2시 회의에서는 휴회 기도를 담당한 것으로도 알려져 있다.

한국에 파송받아 목포 스테이션 소속 선교사로 사역을 담당해온 서의필 목사는 처음부터 사실상 모든 회의에 참가하면서 맡은바 각종 소속의 위원에 들어가 자신의 역할에 최선을 다했다. 이런 가운데 1957년 2월 12일에도 임시위원회가 열렸다. 이번에는 루이스 밀러 선교사 집에서 개최되었는데 여기서 서의필 목사의 휴가 문제가 처음으로 거론된다. 선교사들의 휴가 배정에 관한 목포 스테이션의 질의가 있었고 이때 서의필 목사와 서진주 여사의 휴가 계획에 관한 지침이 제시되었다. 이들의 휴가는 1959년 대신에 1958년 6월 1일 이후로 떠날 것과 (1년) 휴가에서 돌아오면 즉시 원래의 사역지에 복귀해야 한다는 점을 명시해서 이들의 휴가원을 세계선교부에 요청키로 하였다. 이 대목에서 '1959년 대신에'라는 말이 좀 의아해 보인다. 보통의 경우라면 휴가 기간만 정확히 명시하면 될 법한데 굳이 이 말이 삽입되어 있는 것이다. 필자의 추측에 불과할지 모르지만 아마도 서의필 교수와 서진주 여사 이들 부부가 제시한 원래의 휴가 신청서에서는 1959년부터 휴가를 가고자 했던 것이 아니었을까 한다. 그런데 이때 선교부 전체의 휴가 일정상 이들의 휴가 일정이 좀 당겨지는 쪽으로 조정된 것으로 여겨진다. 미국 남장로교 선교부에 보낸 서의필 목사의 1959년 8월 30일자 선교보고서에 따르면 휴가를 마치고 한국으로 돌아가게 되는데 10월 초순경 도착할 것으로 언급한 것으로 보아[26] 이들의 휴가는 대충 1958년 9월 말 전후로부터 1년간이었던 것 같다.

한편 한국선교부의 1957년 연차대회는 1957년 5월 24일(금)부터 전주에서 개최되었다. 역시 목포 스테이션 대표로 이 대회에 참석한 서의필 목사는 5월 25일(토) 회의에서 목포 정명중학교에 관한 안건을 낭독한 바 있다. 정명중학교 교장인 이봉왕 장로를 대신한 보고로 내용인즉 정명중학교의 추가 시설 요청과 함께 여자고등학교의 설립허가 신청을 하기 위한 승인을 해달라는 요구사항이었다. 이때 이 안건은 선교부 교육위원회로 이관되었다. 1903년 미국 남장로교 한국선교회가 목포에 설립한 정명(여자)중학교에 이어서 1962년에는 정명여자고등학교까지 설립 인가를 받아 오늘에 이르고 있는 것을 보면서 그 설립 초기 과정에서 서의필 목사도 일정 부분 기여했던 점을 알 수 있는 대목이다. 이 전주 연차대회 이후 이듬해 연차대회까지 서의필 목사는 두 차례의 임시위원회에 더 참석하는데 이는 각각 1957년 10월 1일~2일 순천과 1958년 2월 4일~5일 광주에서 개최된 위원회이다.

미국 남장로교 한국선교부의 1958년도 연차대회는 5월 7일부터 12일까지 광주에서 개최되었다. 앞서 언급했던 서의필 목사 부부의 첫 휴가 출발 바로 직전의 연차대회로 서의필 목사에 관해서 비교적 많은 것이 논의되고 보고된 대회였다. 이 대회의 기록에 따르면 5월 8일(목) 오전 9시 아침 기도회에 서의필 목사 부부가 참석했고 5월 9일(금) 오전 6시 45분 아침 예배에서 정명중학교 교장 이봉왕 장로를 소개하였다. 한편 5월 11일(일) 오후 9시에는 양림교회에서 선교사들이 모두 참석하는 환영예배가 있었는데 이 예배에서 서의필 목사가 설교를 담당하였다. 연차대회의 보고 시간에 목포 스테이션에서는 서의필 목사와 서진주 여사가 (1958년) 6월 1일 이후 휴가를 떠나게 될 것이며 이들이 휴가에서 돌아오면 즉시 원대복귀할 것임을 보고하였다. 선교부 언어위원회에 따르면 당시 서의필 목사가 한국어 과정 3년차에 있는 반면에 서진주 여사는 2년차에 있음을 보고하였다. 반면에 서의필 목사는 교육위원회 위원장으로서 선교부 교육에 관한 전반적인 것을 보고하였다.

1959년 6월의 연차대회 기록에 따르면 휴가 중인 서의필 목사 부부에 대한 간략한 보고가 있는데 이들이 한국에 돌아와 집을 구하는 대로 서울로 이사할 것이며 서의필 목사는 총회신학교(General Assembly's Seminary)에서 강의를 맡게 될 것임을 밝히고 있다. 휴가를 떠나기 전에는 휴가를 마친 뒤 즉시 원대복귀하기로 되어 있었으나 이 연차대회의 보고에서처럼 서의필 목사의 경우 선교부의 내부 사정에 따라 사역지 변경이 발생한 것 같다. 다만 이 연차대회에서 보고된 총회신학교에서가 아니라 서의필 목사의 선교보고서(I. 3-3: 1959년 8월 30일자)에서는 서울장로회신학교(Seoul Presbyte-rian Theological Seminary)에서 강의하기로 되어 있다고 함으로써 학교명을 둘러싼 혼선이 빚어지고 있는데, 당시 1959년도 대한예수교장로회가 극심한 분열의 과정에 휩싸여 있었던 일과 무관치 않다.27)

1959년 가을 미국에서 휴가를 마치고 돌아온 서의필 목사 부부는 1960년도 연차대회부터는 서울지역 거주자 자격으로 참석하게 된다. 1960년 6월 9일부터 16일까지 전주에서 개최된 연차대회에서는 대회 중 일부 한국인들의 데모가 발생한 바 있다.28) 이를 저지하기 위한 임시조치로 경호단을 구성하였는데 이 경호단의 일원으로 서의필 목사는 회록서기(recording secretary)의 임무를 맡아 했다. 이 무렵 2차례의 임시위원회가 있었는데 그 하나는 1960년 12월 15일~16일 순천에서 열렸고 다른 하나는 1961년 2월 2일~3일 목포에서 열렸다. 이 두 임시위원회에 서의필 교수는 서울 스테이션 대표로 참석한 바 있다. 이와 동시에 그는 1960년 6월에서 1961년 6월까지 1년에 걸쳐서 선교회 재단법인 위원으로 봉사한 바도 있다.

다른 한편으로 이 무렵 선교부에서는 호남지방의 신학교 문제로 갈등을 빚고 있었다. 호남지역에 두 개의 신학교가 있었는데 하나는 순천의 매산신학교(Maisan Seminary)이고 다른 하나는 광주의 호남성경학원(Honam Bible Institute)이다. 그런데 호남성경학원은 호남지방 전역을 담당할 요량으로 교명을 호남신학원(Honam Theolo-gical Institute)으로 개편했고, 이를 기반으로 매산신학교와 합병을 하고자 하는 과정에서 순천과 광주 양측 간의 생각이 일치하지 않아 발생한 문제이다. 이 문제를 조정하고 해결하기 위한 5인 특별위원회29)가 구성되었는데 여기에 서의필 목사도 참여하여 이 문제를 심도 있게 다루었다.

연차대회 보고서의 기록물에 의거할 때 서의필 교수의 선교부 내 활동이 대체로 1960년대에 들어서면서부터는 다소 줄어드는 경향이 있다. 이는 아마도 각 선교 스테이션에 따른 선교적 특성과도 연관 있어 보인다. 전라도 지방을 전진기지로 한 미국 남장로교 한국선교부의 활발한 선교활동에 비해서 서울의 경우는 대체로 장신대를 중심으로 한 교육사역이 사실상 선교의 전부였을 것이기 때문이다. 장신대 교수로 선교 사명을 감당하게 된 서의필 교수는 1964년 전주에서 개최된 연차대회(1964. 5. 9~16)에 참석하고 여기서 부인 서진주 여사와 함께 1964년 7월 1일 이후 휴가를 떠날 수 있다는 허가를 받는다. 1958년의 1차 휴가에 이어 이번에 2차 휴가를 받게 되는 셈인데 이번에도 마찬가지로 '휴가에서 돌아오는 대로 선교지 원대복귀'라는 점이 명시되어 있다. 그 후 1965년부터 1967년에 이르기까지의 연차대회 기록에 서의필 교수 부부에 관한 기록은 전무하다. 아마도 이 기간 중에 하버드 대학에서의 석사 공부 때문일 것이다.30) 이에 관해서는 1967년 서울에서 개최된 연차대회(1967. 5. 11~15)의 기록에서 서의필 교수와 서진주 여사가 휴직으로 처리되어 있는 것으로 보아서 알 수 있는 대목이다. 이에 따르면 1958년 1차 휴가에 이어 1964년에도 2차 휴가로 떠났지만 하버드 대학 공부로 인해 1년 이상의 장기간에 걸친 공백으로 인한 선교부의 조치였다고 추측된다.

서의필 교수 부부는 1968년 서울 연차대회(1968. 5. 13~16)에 참석함으로써 그동안 몇 년에 걸친 선교활동 공백을 다시 채운다. 이 대회에서의 대전 스테이션 보고에 따르면 서의필 교수는 대전대학(Taejon Presbyterian College, 현재의 한남대학교) 교수로 그리고 서진주 여사는 교육사역을 맡아 하는 것으로 되어 있다. 게다가 서진주 여사는 장로교 의료센터 이사 역할까지 맡고 있는 것으로 기록되어 있다. 여기서 특기할 만한 사항으로는 서의필 교수를 위한 주택 관련 안건이 논의된 것이다. 아마도 1968년부터 대전대학에 근무하게 됨에 따라 주택을 마련해줘야 하는데 그 당시로는 현재의 서의필하우스가 당장 비워질 수 있는 상황이 아니었던 모양이다. 그래서 대전 스테이션에서는 선교부에 1968년 3월부터 6월에 걸쳐서 서의필 교수 가족이 살아야 할 주택의 집세 몫으로 1968년도의 미지정 특별요청 자금 중 첫 500불을 할애해줄 것을 제안한 바 있다. 그런데 연차대회의 보고서에 따르면 대전 스테이션의 이 제안은 통과되지 못한 것으로 기록되어 있다. 이와 관련해서 더 이상의 자세한 내용은 없기 때문에 그 후 서의필 교수의 주택 문제가 어떻게 해결되었는지 알 수 없으나, 어쨌든 대전대학〔한남대학〕 교수로 처음 올 때의 현안으로 주택 문제가 발생했다는 것을 알 수 있다.

그 후 1970년대 초에 들어와서 다시 서의필 교수의 연차대회 기록 및 활동이 특별히 눈에 띄지 않는다. 이는 아마도 대전대학 교수로 있으면서 하버드 대학 박사 공부 때문이었을 것으로 추측된다. 따라서 그가 박사학위를 받은 것이 1974년인 것으로 미루어 보아 1975년 1월 1일 미국 남장로교 한국선교부 보고서에 서의필 교수에 관한 내용이 다시 등장하는 것이 일면 수긍이 간다. 이때 그는 1974년도 한 해를 마무리하고 1975년 새해를 맞이하면서 선교사로서의 감사 내용과 기도 제목에 해당하는 보고서를 제출한 바 있는데 그 내용을 보면 아래와 같다.

### 1974년 보고서: 서 의 필[31]

1974년도에는 숭전대학교 대전캠퍼스의 발전위원장[32]으로 일했다. 위원장으로서의 임무에 더해 영문학과 교수로서 강의하며 동시에 계속해서 한국 사회사 연구에 매진해왔다. 이처럼 한국에서 봉사할 수 있는 특권에 대해 하나님께 감사드림에 있어서 다음 사항에 대해 특별한 감사함을 표명하고자 한다.

1. 새벽부터 땅거미가 질 때까지 군센 믿음과 한결같은 노력으로 우리 (가족)를 지켜준 사랑스럽고 인내심 있는 아내에 대하여
2. 자녀들의 삶에 대한 열정과 흥미진진한 호기심으로 날마다 하나님 창조의 아름다움과 성장을 향한 끊임없는 자극을 묵상케 됨에 대하여
3. 하버드 대학 박사 요건을 충족시키고 있던 지난 수년간에 걸쳐 주신 용기와 격려로 도전케 하고 또 기도로 응원해준 수많은 지인(벗들, 안 믿는 이들, 익명의 사람들 포함)으로 인하여
4. 숭전대학교 총장 이한빈 박사의 창조적 지도력으로 인하여
5. 최근 미국에서 박사학위를 받고 돌아온 세 분의 젊은 한국인 학자(허범 박사, 김명관 박사, 김세열 박사)가 이 대학 교수진으로 합류하여 학문적으로나 영적으로나 변혁을 향한 탁월한 영향력을 끼치고 있는 것으로 인하여
6. 오스틴 신학교 인턴인 로리 타일러(Lorry Tyler)가 하는 일로 인하여

감사드리며, 학생들을 향한 그의 선교적 감각과 심오한 능력이 우리가 다음 세대에 영향을 주고자 한다고 할 때 한국에서 평생을 보낼 필요가 없음을 시사하고 있는 것에 대하여

7. 믿음과 행위는 불가분의 관계이며 인간과 사회의 모든 문제는 우리 주님 발자국을 따라가는 모든 이의 필연적 관심이라는 점을 예리하게 통찰하고 있는 하나님의 사람들이 늘어가고 있는 것에 대하여

8. 사회정의와 인권에 대한 예언자적 관심으로 드러나는 정체성으로 인해 오늘날 고통받고 있는 용기 있는 자들을 위해 1975년도의 우선순위를 정하고자 할 때 무엇보다도 우리 모두가 하나님께서 요구하시는 바를 인지함으로써 시작하기를 기도하며 이는 (미가서 6장 8절 말씀에서처럼) 정의를 행하고 인자를 사랑하며 겸손하게 하나님과 함께 행하는 것이 될 것이다.


서의필 교수는 1975년 새해를 맞이하면서 지난 1년간, 즉 1974년도의 감사 조건을 8개 정도로 나누어서 제시한다. 얼핏 보더라도 그는 자신을 포함한 가족 관련 감사 항목 3개(1~3번)와 학교 발전 위원장으로서 숭전〔한남〕대학과 관련된 감사 항목 3개(4~6번)를 제시하면서 나머지 2개(7~8번)는 1970년대 전반기 한국 사회가 직면한 사회정의 및 인권과 관련된 문제에 대해 특별한 관심을 표명하고 있다.

가정을 가지고 있는 서의필 교수는 선교사로서의 사명을 감당하는 데 무엇보다도 믿음으로써 묵묵히 가정을 지켜준 아내에게 감사하고 잘 커주는 자녀들에게도 감사하며, 자신과 관련해서는 하버드 대학 박사학위를 받는 데 물심양면으로 힘이 되었던 모든 이에게

감사를 드리고 있다. 또한 당시 한남대학은 종합대학인 숭전대학교로 개명된 이후 이한빈 총장을 중심으로 학교의 양과 질에서 도약 단계에 이르고자 했던 무렵이었는데 이때 서의필 교수가 학교발전위원장을 맡아 젊은 미국 박사 출신들을 교수로 속속 영입하게 됨을 희망적으로 보면서 감사하게 생각하고 있다는 것을 읽을 수 있다. 위 보고서의 감사 조건 7번과 8번 관련해서는 그 무렵 한국 기독교의 큰 흐름을 먼저 염두에 둘 필요가 있다. 즉 1973년에는 서울 여의도 광장에서 세계적인 부흥 강사인 빌리 그래함 목사가 이끄는 대규모 전도집회33)가 있었고 이어서 1974년에도 역시 같은 여의도 광장에서 열린 엑스폴로 '7434)와 같은 부흥집회가 있었다. 이를 통해서 한국의 기독교인 수가 폭발적으로 증가한 것은 역사적 사실이다. 그러나 이와 관련해서 서의필 교수는 하나님을 믿는 사람들의 숫자가 늘어난 것 자체만을 단순한 감사 조건으로 올려놓지 않았다. 행위가 없는 믿음을 경계하고 있으며 인간과 사회의 문제점을 맥락으로 하지 않는 피상적 믿음 또한 경계하는 가운데, 사회정의와 인권의 문제가 기독교의 핵심 관심이어야 한다고 표명한다. 이와 관련하여 서의필 교수는 선교사로서 1975년을 맞이하면서 미가서 6장 8절에 나오는 "정의를 행하고 인자를 사랑하며 겸손하게 하나님과 함께 행함"을 토대로 한 해의 우선순위를 정해야 할 것임을 언명하면서 보고서를 마친다.

이처럼 1970년대 초반 하버드 대학에서의 박사과정에 있던 몇 년간의 공백 기간을 거쳐 1975년부터 다시 회의 기록에 등장한 셈인데, 1975년부터 1982년까지 각종 선교 관련 회의의 참석 여부를 정리해보면 아래의 〈표 2〉와 같다.35)

## 〈표 2〉 서의필 교수의 각종 선교 관련 회의 참석기록표

| 연도 | 기간 | 회의 유형 | 장소 | 비고 |
|---|---|---|---|---|
| 1975 | 9. 18 | 임시 | ? | 참석 |
| 1976 | 1. 7 | 임시 | 서의필하우스 | 참석 |
| 1976 | 6. 12~16 | 연차 | 대전 | 참석 |
| 1977 | 4. 28~5. 1 | 연차 | 서울 | 참석 |
| 1978 | 5. 6~10 | 연차 | 대전 | 불참(미국 휴가 중) |
| 1979 | 5. 2~5 | 연차 | 광주 | 참석(회의 경호 담당) |
| 1980 | 5. 26~28 | 연차 | 서울 | 참석(미8군 휴양센터) |
| 1981 | 4. 29~5. 1 | 연차 | 서울 | 참석(미8군 휴양센터) |
| 1982 | 1. 9~10 | 특별 | ? | 참석(워크숍서비스/회의 경호 담당) |

1975년 이후로는 1978년 미국에서의 휴가 기간을 제외하고 사실상 거의 모든 회의에 참석한 것으로 기록되어 있다. 미국 남장로교 한국선교부의 임원 조직으로는 은퇴 회장을 비롯해서 회장, 부회장, 선교부 총무, 선교부 부총무, 서기, 부서기와 함께 마지막으로 안전한 회의 진행을 담보하기 위한 경호 담당으로 구성되어 있다. 그런데 1982년도까지의 회의 기록에 따르면 그가 맡은 임원직으로는 유일하게 경호 담당(1979, 1982)이 있을 뿐이다. 회장이나 부회장 같은 선교부의 주요 임원직을 맡아 해본 적이 없다. 다만 이보다 훨씬 전인 1960년도 전주 연차대회에서도 경호단의 일원으로 선출되어 봉사했던 경험이 있었던 것을 고려할 때 흥미로운 부분이다.

한편 위에서 보듯이 1980년도와 1981년도의 연차대회는 연속으로 서울에서 개최되었고 그것도 다른 곳이 아닌 미8군 휴양센터에서였던 것이 눈에 띈다. 이에 대한 특별한 언급은 없지만 아마도 계엄령하의 1980년 봄, 5.18광주민주화운동이라는 어려웠던 시국과 관련이 있어 보인다. 1981년의 경우도 같은 연장선상에서 이해할 수 있지 않을까 한다. 다른 한편으로 1982년 1월 9일의 특별 워크숍에서는 서의필 교수 부부에게 1982년 여름부터 일종의 휴가인 홈 어사인먼트(Home assignment)를 허가해준 것으로 나타나 있다. 실제로 1982년 12월 29일 서의필 교수에게 받은 편지(II. 6-2)를 보면 이 당시 6개월째 미국에 체류하고 있는 중이었다.

사실 현재 한남대학 인돈학술원인 서의필하우스에 보관되어 있는 한국선교부 회의기록물은 1982년까지만 나온다. 1982년까지는 미국의 북장로교(NP)와 남장로교(SP)가 각각 별도로 운영되어왔고 따라서 별도의 기록물을 보유하고 있었다. 그러다 1983년 양 교단이 미국장로교 PCUSA로 통합되면서 1983년 이후부터의 남장로교 기록물이 더 이상 서의필하우스에 남아 있지 않다.

## 6. 서신 속의 메시지

필자가 서의필 교수를 처음 만난 것은 1973년도 한남대학 영문과에 입학했을 때이다. 그 당시에는 학교 규모가 무척이나 작았고 따라서 학생 수도 그리 많지 않았기 때문에 어느 학과를 불문하고 학생들 사이에, 교수들 사이에 그리고 학생과 교수들 사이에 서로가 서로를 너무나 잘 알고 지냈다. 아직 1학년일 때, 즉 영문과 전공과목을 수강하지 않고 있었을 때인데도 특별히 겨울철이면 검은 베레모를 쓰고 다니던 서의필 교수를 교내에서 뵙는 것이 그리 드물지 않았다. 더욱이 그는 너무나도 외향적인 분인데다가 한국 사람들과 이야기하는 것을 좋아했기 때문에 학생들이 다가가기도 전에 먼저 학생들에게 다가와서 '본관'이 뭐냐고 물어보면서 곧바로 이야기의 꽃을 피워내곤 했다. 물론 한국말로 말이다.

학교를 졸업한 뒤로는 아무래도 서로 간에 접촉할 수 있는 기회가 적어질 수밖에 없었겠지만 필자의 경우는 종종 편지를 주고받거나 특히 연말이면 크리스마스카드를 보내곤 했던 기억이 있다. 서의필 교수에게 받은 편지가 많이 있지만 그동안 일부는 분실된 것도 있을 터이고 다행히 아직까지 남아 있는 것도 있을 터이다. 여기서는 현재까지 필자가 보관 중인 서의필 교수의 편지 중에서 중요한 부분을 발췌해 소개함으로써 그의 인생관을 들여다보고 또 관련해서 미국인임에도 그의 남다른 한반도에 대한 일관된 애정과 특별히 남북통일을 향한 간절한 염원도 살펴보고자 한다.

### 1) 진리 추구와 정의의 실현을〔1978년 4월 9일자 편지〕

서의필 교수가 미국 체류 중에 보내온 편지이다. 아마도 1년간의 휴가 기간 중인 모양이다. 1978년에 들어서는 1월부터 지금까지 노스캐롤라이나에서 지내고 있다는 전갈이다. 그런데 그냥 집에서 쉬고 있는 것이 아니고 노스캐롤라이나 전역에 걸쳐 여기저기서 설교와 강연을 통해 사람들과 교류하며 지내고 있다고 한다.

때가 때인 만큼 1978년도 새 학년이 시작됨에 따라 당시 서울대학교 대학원에 다니던 필자에게 공부 열심히 할 것을 당부하면서 늘 그랬듯이 하나님에게 부여받은 재능을 사려 깊고 창조적인 방식으로 쓸 것도 잊지 않고 권면한다. 그는 편지에서 옛날을 회상한다. 학창 시절 서의필 교수와 필자는 사제지간으로 1970년대 중반 캠퍼스에서 만났다 하면 앉은 자리에서 내리 몇 시간씩 얘기를 나누었던 시절을 기억하면서 9월 가을학기 개학 전 대전에 돌아오게 되면 다시 만나보자는 약속도 해놓고 있다.

이 정도의 안부를 나누고는 곧장 지성인들로서 우리 삶의 문제, 시대의 문제, 진리 추구와 정의 실현의 문제는 어떻게 해야 할 것인가에 관한 일단의 고뇌를 함께 나누고자 하는 메시지를 보내온다.

가치와 목적에 관한 끊임없는 문제 제기는 대학 시절에 진지하게 시작해서 우리의 존재가 끝날 때까지 계속되는 훈련입니다. 이는 문제의 분석과 문제의 해결이라는 차원 모두에서 꼭 필요한 것입니다. 우리 주님의 모범과 구약성서 선지자들의 메시지를 늘 끊임없이 상기함으로써 우리는 진리 추구의 일환으로 그리고 우리가 어디서 살든 간에 정의 실현을 위한 노력으로 여러 문제에 관여해왔던 것입니다.

(The constant raising of questions of value and purpose is a discipline which begins in earnest in university days and continues until the end of our existence. This is essential both in terms of problem analysis and problem solving. The example of our Lord and the message of the Old Testament prophets are constant reminders that we become involved in issues as a part of the search for truth, and the efforts to effect justice wherever we live.)

서의필 교수는 어려운 시대를 살아가는 우리로서는 면밀하고도 사려 깊은 반성과 상호 간의 아이디어와 견해의 나눔이 절실히 필요하다고 진단한다. 이와 관련해서 삶의 가치와 목적에 관한 끊임 없는 문제 제기가 요구되는데 이는 대학 시절에 진지하게 시작해서 죽을 때까지 지속해야 할 하나의 훈련으로 보고 있다. 목사인 그는 시대의 문제에 직면할 때마다 역시 성서에서 그 답을 찾고자 했다. 좀 더 구체적으로 보면 하나님과 구약성서에 나오는 선지자들의 메시지에 의탁하여 진리 추구와 정의 실현을 위한 노력의 근거로 삼고자 함을 피력한다.

여기서 보듯이 '진리'와 '정의'는 서의필 교수에게 늘 따라다니는 고뇌의 주제어들이다. 그에게 진리와 정의는 그 원천도 성서에 있고 그 실현 방법도 성서에 있다. 하나님의 사람으로서 하나님이 곧 진리이며 정의임을 확신하고 있기 때문이다. 또한 진리와 정의를 외쳐댔던 구약의 선지자들을 전적으로 의탁하기 때문이기도 하다.

### 2) 1983년을 향하는 소망〔1982년 12월 29일자 편지〕

서의필 교수가 대전을 떠나 미국에서 체류하고 약 6개월여쯤에 날아온 서신이다. 미국 전역을 여기저기 여행하면서 많은 사람을 만났던 일을 소상하게 적어놓았다. 예를 들면 캔자스, 미주리, 웨스트 버지니아, 버지니아, 조지아, 텍사스 등을 여행했는데, 이 모든 곳에서 현지 한국 사람들을 만나 여러 가지 현안을 주제로 토의하는 시간을 가졌던 것을 알 수가 있다. 지난 7월 말경 몬트리트에서는 미국 각지에서 모여든 약 100여 명의 한국교회 지도자와의 모임이 있었다고 하고 또 9월에는 워싱턴 D.C.에서 함석헌 선생을 만날 수 있는 특권을 누리게 되었다고 한다. 한편 지난주에는 김대중 선생 부부가 워싱턴을 방문했다는 것을 알리고 있는데 이와 관련해서 서의필 교수는 김대중 선생의 석방을 무척이나 기뻐하고 있고 더불어서 다른 정치범들도 모두 석방될 수 있기를 기도하고 있다.

그러나 다른 한편으로 서의필 교수는 미국 사람들의 동아시아에 대한 무지와 함께 타인에 대한 무관심 현상을 못내 아쉬워한다. 같은 맥락에서 미국인들 중 제3세계의 수많은 주변인(marginalized people)을 심정적으로 공감해주는 사람들이 없는 것을 개탄하기도 한다. 그런 가운데 역시나 편지 말미에서는 새해, 즉 1983년도를 맞이하면서 민중들과 함께할 수 있는 간절한 소망을 아래와 같이 전하였다.

> 1983년에는 전 세계 민중들의 열망이 실현될 수 있을 것으로 믿습니다. 평화를 향한 실질적인 진보는 이루어지고 인류의 몰지각한 군비경쟁은 사라지기를 소망합니다. 빈곤은 퇴치되어야 하고 도처의 선한 사람들이 사회적·경제적 정의가 시사하는 바를 진지하게 검토하기 시작해야만 합니다.
> (I trust that 1983 will bring the realization of the aspirations of the minjung all over the world. Hopefully there will be sub-stantial progress towards peace and the move away from man's senseless arms race. Poverty must be defeated and people of good will everywhere must begin to take seriously the im-plications of social and economic justice.)

여기서 보듯이 서의필 교수는 늘 녹록치 않은 현실에서도 서신의 말미에는 미래를 향한 메시지, 소망의 메시지를 던져주는 것을 잊지 않았다. 새해를 이틀 앞둔 1982년 12월 29일의 서신에서 마치도 1983년을 향한 신년 메시지 같은 느낌이 든다. 우리의 소망을 포기해서는 안 되며, 이 땅에서 평화를 향한 실질적인 진보와 몰지각한 군비경쟁이 제거되며, 가난이 극복되고 사회정의를 향한 선한 사람들의 진지한 도전이 있기를 기도하는 심정으로 편지를 맺는다. 짧은 한 단락의 메시지이지만 그 안에서 '민중', '평화', '군비경쟁', '빈곤', '사회정의'와 같은 중요한 키워드를 통해 한국을 향한 구도자의 기도 소리를 듣는 듯하다.

### 3) 미국 젊은이들과의 대화〔1983년 5월 26일자 편지〕

서의필 교수가 미국에 체류 중일 때 보내온 서신이다. 일반적으로 그는 미국 내에서도 한 군데서 오래 정착하기보다는 여기저기 여행을 다니면서 각양각색의 사람과 만나서 이야기를 하는 편이다. 그중에서도 특히 대학의 젊은 학생들과 대화하면서 그들에게 많은 이야기를 듣고 싶어 한다. 서의필 교수는 대체로 한국과 한국을 둘러싼 동아시아의 현안 문제에 관한 이야기를 들려주곤 하지만 다른 한편으로는 미국의 젊은이들이 한국에 대한 관심도 별로 없고 또 아는 바도 그리 많지 않은 것을 늘 우려했다. 미국 체류 1년 내내 당장 현금의 한국 상황에 대한 지속적인 정보를 얻는 데 어려움이 있음을 토로하기도 하는 것을 읽을 수 있다.

### 4) 민중 편에 서는 휴머니티〔1989년 5월 20일자 편지〕36)

서의필 교수는 1954년 이래로 줄곧 생의 대부분을 한국에서 살게 된 것을 특권으로 여겼다. 그동안의 한국 생활을 개략적으로 나누어본다면 맨 처음 전라남도에서 한국 실정에 대한 기본적인 교육을 마친 이후 서울에서 5년간 살았고 그 후 나머지 대부분을 대전에서 보냈다. 한국에 있는 동안 발길이 닿지 않은 곳이 없을 정도로 여기 저기 사람 사는 곳이라면 모든 곳을 돌아다녔다. 때로는 버스나 기차로, 때로는 배나 비행기로 다녔지만 그중에도 가장 인상 깊었던 것은 역시 걸어서 산으로 계곡으로 다니면서 도처에서 멋진 사람들을 만나본 경험이다. 농부들, 어부들, 아기들, 아이들, 노인들, 학생들, 교사들, 공무원들, 항의 시위자들, 노동자들, 성직자들 등 이루 말할 수 없다. 이렇게 지낸 한국에서의 세월을 통해 많은 것을 배우게 되었는데, 그중 최고의 발견은 "한국의 가장 큰 보물은 한국 사람들"(Korea's GREATEST TREASURE is her PEOPLE)이라는 것이다. 이에 따라 서의필 교수는 자신의 인생행로에서 만났던 모든 이에게 최고의 감사를 올린다. 한국 사회의 그 어마어마한 창조적 잠재력을 회고해보면서 서의필 교수는 (한국의) 미래를 낙관한다.

이 서신에서는 그 이전에 있었던 서의필 교수 자신의 회갑연에 대해 감사의 인사를 하면서 그날은 오래오래 기억될 것이라고 전한다. 그러면서 다시금 앞으로 남은 기간 동안 자신이 한국에서 해야 할 어떤 사명 같은 것을 다음과 같이 다짐한다.

더욱이 할 일이 많습니다. 교수/학습 과정을 향상시키고 만민의 권리가 존중되는 사회를 이루기 위한 노력에 힘을 보태고, 또 평화, 정의, 화해 그리고 통일에서 절정에 이르는 해방운동을 격려하기 위한 일에 대한 저의 헌신은 확고합니다.
(But there is much more to do. My commitment to work to en-

hance the teaching/learning process, to support efforts to cre-
ate a society where the rights of all are honored, and to encour-
age the movement for liberation culminating in peace, justice,
reconciliation and reunification is firm.)

편지 내용으로 보아 그의 연세가 61세 때이고 한남대학 교수 퇴임을 4년 앞둔 시점이다. 어찌 보면 수십 년간 교수 생활을 해온 분으로 남은 4년 정도는 여러 면에서 좀 쉬면서 쉽게 가고자 하는 마음이 들 수도 있을 터이지만, 이 편지 내용을 보면 결코 그렇지 않다. 교수로서도 지금까지 가르치던 방식에 안주하지 않고 교수/학습 과정을 향상시켜야 한다는 의지가 확고한 것을 읽을 수 있다. 또한 우리 사회에 대해서도 지금 이대로 현상 유지에 안주하지 않고 '만민의 권리' 회복을 위해서도 힘을 더 쓰겠노라는 다짐을 해보기까지 하는 것이다. 마지막으로 새해를 향한 서의필 교수의 소망은 여태까지 평생에 걸쳐 늘 관심 갖고 기도해왔던 것의 연장선상에서 한반도의 평화통일이다. 그에게 통일은 곧 진정한 한반도의 해방을 의미한다. 남과 북이 분단된 상태를 놔두고서야 감히 해방이란 말은 어울리지가 않는다. 따라서 이 땅에서의 지정한 해방인 남북통일은 그에게 지금까지와 마찬가지로 남은 생에 걸친 마지막 소망이요 기도 제목이다. 바로 이 민족적 소망을 이루기 위한 일단의 헌신을 그는 1989년 새해를 맞이하면서 확고히 다짐하고 있다. 그런데 여기서 보듯이 그의 통일 철학은 매우 일목요연하다. 어느 날 감나무에서 감 떨어지듯이 그냥 오는 게 아니고 우리의 통일에는 부단한 노력이 필요하고 또 적절한 절차에 따라 이루어져야 한다는 당위성도 있다. 즉 평화와 정의와 화해, 이 삼박자가 함께할 때 비로소 통일이 가능하다고 보고 있다. 달리 말하자면 서의필 교수의 남북 통일 구상은 결코 다른 방식이 아니고 반드시 평화통일이어야 하고, 이 평화를 전제로 남북 간의 민족적 정의를 토대로 할 것과 통일로 가는 길에서는 남북 간의 화해 과정이 전제되어야 함을 말하고 있는 것이다. 매우 구체적이면서도 현실적으로 타당한 방향 및 방안이다.

이어서 그의 서신은 아래와 같이 끝을 맺는다.

계속해서 서로를 위해서 기도합시다. 그리고 서로서로 활력이 되고 도전이 되며, 우리 자신은 일관되게 가난한 자와 억압받는 자의 편에 서며, 그리고 사회의 완전한 구원을 위해 일하면서 휴머니티의 한결같은 모범이 됩시다.
(Let us continue to pray for each other, to stimulate and challenge each other, to place ourselves consistently on the side of the poor and the oppressed, and to be unfailing examples of humanity as we work for the full redemption of society.)

다시 위의 편지 맺음말을 보니 함께 '기도하고 도전하고 격려하자'는 매우 긍정적인 동사가 등장하고 있다. 그런데 이보다 더 소중하고 가치 있는 것은 그 내용에 담겨 있다. 그의 평생 일관된 관심인 '민중' 그중에서도 특별히 '가난한 자들'과 '억압받은 자들'에 대한 끈을 결코 놓지 않았음을 읽을 수 있는 대목이다. 그가 말하는 '사회의 완전한 구원'이란 이들을 그냥 놔두고서는 결코 이루어질 수 없다. 이들의 편에 서서 이들과 함께할 때라야 우리 사회의 완전한 구원이 가능하다고 보고, 따라서 우리는 다름 아닌 이들 우리의 이웃들을 위해 일하는 휴머니티의 모범을 이루어내자는 이 시대의 선지자와 같은 메시지이다.

### 5) 20세기 말까지는 제발 통일이 되기를〔1990년 2월 7일자 편지〕

미국에서 날아온 편지로 2월 말경에는 한국에 돌아올 예정이며, 금년도 봄학기 중 한남대 한국학 프로그램에 있는 외국 학생들 몇몇하고 제주를 방문하고자 한다는 내용이다. 놀러가는 것은 아니고 물론 관광도 좀 하겠지만 사실은 20세기의 제주 역사를 공부하고자 하는 차원이라고 한다. 아마도 제주의 4.3사건[37]을 염두에 두고 있는 모양인데 4.3 때 고난당했던 사람들 몇몇하고의 인터뷰도 준비 중으로 이때를 대비해서 여러 가지 필자의 도움을 요청했다.

　그러면서 서의필 교수는 1989년도의 천안문 사건[38]에 관한 서적을 최근에 모두 독파해냈다고 하면서 광주에서 있었던 옛날 일들이 생각난다고 한다. 그가 읽은 바에 따르면 작금의 중국 사태가 매우 절망적이긴 한데, 그럼에도 서의필 교수는 최종적으로 민중들의 힘을 믿고 있었다. 그는 모든 중국 민중의 완전한 해방을 향한 여정에서 이 순간에도 중국에서 벌어지고 있는 폭정과 부정의, 잔혹함과 이기적인 제노포비아 같은 것들이 득세하지 못하도록 하는 다수 민중이 최후에 승리할 것으로 보고 이를 위해 기도하고 있다는 것이다.

　중국 소식에 이어서 서의필 교수는 한국과 관련한 자신의 견해를 밝힌다.

외세의 압제와 자국민들의 희생을 치러가면서까지 외부세력과 위험한 동맹을 맺어온 국내의 소수 힘 있는 세력들로부터 너무나도 오랜 세월 거부당해온 모든 것에 대한 한국 민중들의 추구를 후원하면서 힘써 나가야겠습니다. 금세기가 끝나가기 전에 〔한반도의〕 재통일과 화해와 평화를 볼 수 있기를 빕니다.

(And we must press on in support of our Korean people's quest for all that has too long been denied by foreign oppression and powerful minorities within the land that have made unholy alliances with outsiders at the expense of the people. May reunification, reconciliation and peace be ours to see before the end of this century.)

이 편지글을 보면 서의필 교수의 한반도 분단 상황에 대한 인식을 읽을 수가 있다. 한반도에 대한 그의 기본적 명제는 불원간에—바라건대는 20세기 말까지—재통일을 이루어내야 한다는 것이다. 서의필 교수의 한반도 통일 철학에는 반드시 '화해'와 '평화'라는 단어가 함께 나란히 간다. 즉 한반도의 통일에 관한 무슨 기발한 방식이 달리 있는 것이 아니고 한반도 내의 북쪽과 남쪽 사이에 '화해'와 '평화'가 전제되는 통일을 말한다.

그런데 한국 민중들의 통일과 화해와 평화에 대한 소망 내지는 그 추구를 그동안 오랜 세월에 걸쳐 부정해온 두 세력이 있다고 한다. 그 하나로 제국주의 외세를 지목하는데 구체적으로 언급하지는 않지만 한반도의 현 정황상 아마도 미국을 가리키고 있는 듯하다. 또 다른 통일 반대 세력으로 미국과의 동맹관계만을 굴뚝같이 믿고 있는 한국 내의 기득권 세력들을 지칭한다고 볼 수 있다.

서의필 교수는 한반도의 통일에 관해 그동안 국내외적 역학관계 속에 구축되어온 반통일 현상 유지(status quo) 구조를 깨고 대다수 한국 민중이 추구하는 바를 후원해나가야 할 것임을 피력한다.

### 6) 제주 4.3항쟁에 대한 관심 표명〔1991년 3월 2일자 편지〕

서의필 교수는 1990년 12월 중순부터 1991년 2월 28일까지 미국에 체류하면서 가족들과도 함께하고 한남대학을 대신해서 많은 일에 참석하면서 남은 시간은 독서와 연구로 소일했음을 알려왔다. 새 학기가 시작됨에 따라 이번 학년도(1991년)에 기대되는 여러 가지 도전으로 마음 설레는 듯하다.

그러면서도 일전에 필자가 보내드린 4.3사건 관련 자료에 감사하면서 한국 현대사의 이 비극적 사건을 좀 더 잘 이해하기 위해 받은 자료를 가지고 연구하고 싶다는 의견을 피력했다.

제주의 4.3항쟁은 해방 후 정부수립 과정에서 통일된 국가를 원했던 제주 민중들과 미군정하의 경찰 및 국군과의 무력 충돌 사건이다. 1947년 3월 1일 발생해서 1954년 9월 21일 종결되었고 그 과정에서 제주 민중 약 30,000여 명이 희생된 한국 현대사의 비극 그 자체였다. 이 나라에서 정규 교육을 받은 필자조차도 이 엄청난 사건을 전혀 모르고 있었다. 1984년 교수로 제주대학에 가서야 비로소 그곳 제주 민중들을 통해서 구전으로 전해 듣기 시작했을 뿐이다. 아마도 서의필 교수도 1980년대 말경에서야 겨우 이 역사적 비극 이야기를 전해 들었던 것으로 보인다. 필자와 서신을 교류하면서 당시 〈제민일보〉의 4.3 관련 연재 기사 및 조금씩 대학가에서 흘러

나오는 비밀자료들을 입수해서 서로 공유하게 되었다. 서의필 교수도 뒤늦게야 이 사건을 전해 듣고는 큰 충격에 빠졌던 모양이다. 자신이 선교사로 한국에 첫발을 내디뎠던 1954년 2월경만 하더라고 알고 보면 이 나라의 어느 한 모퉁이 제주 땅에서는 현재진행형이었던 이 역사적 사실을 모르고 있었기 때문이리라. 그러나 이 부분에 관해서는 1987년 6월항쟁의 승리로 군부독재가 종식되기 이전까지 거의 40여 년에 걸친 세월 동안 철저한 감시와 통제하에 아무도 이 사실을 입 밖에 낼 수가 없었던 점을 감안할 필요가 있다.

서의필 교수는 1990년대 초 언젠가[39] 한남대학의 국제교류 학생들을 제주도에 파견해서 이 제주 4.3항쟁과 관련된 자료 수집 및 현장 방문, 증언자들과의 인터뷰 등을 할 수 있도록 추진한 바 있다. 그 후로도 제주 4.3에 대한 비상한 관심 속에 자신이 먼저 입수한 자료가 있으면 필자에게 연락해서 전해주곤 하였다. 그 대표적인 자료가 김익렬 장군의 영문판 실록 유고집으로『THE TRUTH ABOUT CHEJU 4.3』이 있다. 그가 4.3에 관해 본격적으로 연구한 바는 없지만, 이에 대한 관심만은 적지 않았던 것으로 판단된다. 그에게 받아본 이 책을 실제로 펴보면 내용상 중요한 부분에는 밑줄이 그어져 있고 책의 여백에는 인물 중심의 사람 이름이 여기저기 메모되어 있다.

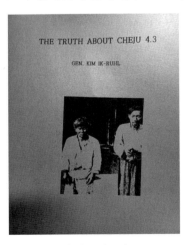

김익렬 장군의 실록 유고집

## 7) 평화와 정의와 화해의 한국 사회를 위하여〔1996년 3월 14일자 편지〕

이 서신을 통해서 서의필 교수가 한남대 교수를 퇴임한 후 1994년 7월 하순경 미국으로 귀국한 것을 알 수 있다. 그는 미국에서도 살고 있는 지역사회에서 여러 가지 소식에 정통하면서 사는 것의 중요함을 인식하고 있기 때문에 교회와 지역사회 일에 지속적으로 관여할 수 있기를 기대한다. 또한 그의 평생에 걸친 일관된 철학이 퇴직 후 고향으로 돌아간 이후까지도 변함없이 견지되고 있는 것을 보게 되는데, 그곳의 지방 선거든 국가적인 선거든 간에 중요하게 고려해야 할 사항으로 그 선거가 공동의 선에 어떻게 기여할 수 있느냐의 여부라고 피력한다.

그러면서도 늘 마음속 한편 깊은 곳에서 좁게는 남북한을 아우르는 한반도 생각에, 그리고 좀 더 넓게는 동북아시아 지역에 대한 애정 어린 생각으로 채워져 있다는 것을 알 수 있다.

> 정의사회를 향한 굳건한 기초가 놓이고 있다고 믿습니다. 귀하에게는 식민주의와 군국주의, 종속과 부정의, 한국 민중에 대한 계속되는 착취라는 추악한 흔적들을 없애는 방법을 세상에 알릴 수 있는 기회가 있습니다.
> (I trust that solid foundations for a JUST SOCIETY are being laid. You have the opportunity to show the rest of the world how to eliminate the ugly vestiges of colonialism, militarism, dependency, injustice, and sustained exploitation of the Korean minjung.)

서의필 교수의 삶에서 '정의사회'(JUST SOCIETY)는 매우 중요한 몇 개의 키워드 중 하나임이 틀림없다. 편지 속의 이 짧은 문장에서도 한국에서의 정의사회란 그 무엇보다도 민중들의 삶에서 실현되어야 할 목표이고 이 정의사회 실현의 장애물을 한국 역사의 구조적 현실에서 찾고 있음을 알 수 있다. 다시 말하자면 일제의 식민주의와 군국주의, 그리고 이어서 연결되고 있는 미국에의 종속과 한국 민중들에 대한 신식민주의적 착취구조가 낳은 부정의한 한국 사회를 지적한다. 여기서 보듯이 서의필 교수는 한국의 국민을 지칭할 때면 늘 '민중'(minjung)이라는 용어를 즐겨 사용했다. 사실 성서를 기반으로 하는 서의필 교수의 인생철학과 한국의 역사관을 고려한다면 '민중' 이외의 다른 용어를 선택하기가 쉽지 않았을 것이다. 먼저 현 시대가 왕조시대가 아니기 때문에 '백성'이란 말은 어울리지가 않았을 터이고 또한 보통 '사람들'이라고 하는 가치중립적인 말만으로는 오랜 역사 속에서 국내외적으로 착취당해온 이들을 지칭하기가 적합하지 않았을 터이기 때문이다. 서의필 교수가 라틴아메리카 해방신학의 창시자인 구스타보 구티에레즈의『해방신학』(1977)에 대해 지대한 관심을 갖고 있었던 것으로 보아, 특히 1970년대 한국 사회의 불의한 현실과 인간의 존엄성이 유린되는 상황에서 그의 한국 '민중'에 대한 깊은 성찰을 엿볼 수 있는 대목이다.

이어서 서의필 교수는 이처럼 역사 구조적 맥락과 연관되는 한국 사회문제의 진단과 해결을 궁극적으로는 교육에서 찾고자 하는 것으로 보인다. 즉 교육이 문제의 열쇠이며 따라서 교사의 책무와 올바른 자세를 그는 매우 중요하게 인식한다.

교사인 우리가 오만해지고 모든 것을 다 안다는 인상을 주게 될 때, 그리고 명성과 돈을 추구하는 노예가 될 때, 평화와 정의, 화해와 인간적인 사회를 추구하는 긍정적 힘은 멈추게 됩니다.

(When those of us who are teachers become arrogant, give the impression that we know everything, and become slaves to the quest for fame and money, we cease to be a positive force in the quest for peace, justice, reconciliation, and a humane society.)

이에 따르면 교사는 늘 겸손한 마음으로 부단히 배우려는 자세를 견지해야 하고, 특히 세상적인 명성과 돈을 추구해서는 안 되는 것으로 단언한다. 세상 명성과 돈의 추구 문제가 상식선에서 말하는 정도의 경계 대상이 아니라, 이는 곧 한국 사회의 평화와 정의와 화해의 문제와 직결되는 것으로까지 확대 해석한다.

## 8) '조선의 그리스도인 벗들'과 통일〔2005년 3월 13일자 편지〕

서의필 교수는 1994년 한남대학을 퇴임하고 고향인 미국 노스캐롤라이나 몬트리트로 귀향했다. 비록 몸은 미국 땅에 있지만 그래도 마음만은 목사와 교수로 평생을 지내온 한국을 떠날 수 없었다. 퇴임 전까지는 기본적으로 한국 사회, 한국 민중, 한국의 민주화에 온 정열을 바쳤다면 퇴임 후 미국에서 서의필 교수의 주된 관심은 북한 땅이었다. 남북한의 통일문제와 직결되는 문제이긴 하지만, 어쨌든 CFK(Christian Friends of Korea, 조선의 그리스도인 벗들)[40]를 통한 북한 의료선교 사업에 깊숙이 관여하고 있다.

이 서신에서는 CFK가 현재 북한에서 매우 훌륭한 일을 해내고 있는 단체이며 당장 5월에 북한으로 가게 될 CFK 팀은 황해남북도의 결핵병원과 요양소를 방문한다는 점을 알려준다. 그러면서도 그 내면의 간절한 소망은 남북 간의 화해를 통한 통일이라는 것이 이 서신에서도 물씬 풍긴다.

지난 3년간은 북한에 가보지 못했습니다만 그곳의 발전상에 관한 정보에 정통하고자 애쓰고 있습니다. 향후 20년 이내에 남북한의 화해가 이루어지는 것이 저의 지속적인 열렬한 소망이며 기도입니다. 그것도 한반도 전 거주민들의 평화와 번영을 보장하는 조건으로 말입니다.

(I have not been to the DPRK in the past three years, but try to keep up on developments there. It continues to be my fervent hope and prayer that N-S reconciliation will occur within the next 20 years, and on terms that will ensure peace and prosperity for all residents of the peninsula.)

형편상 2005년 현재 최근 3년간 북한을 방문하지 못한 것을 못내 아쉬워하는 대목이다. 방문하지는 못했지만 그렇다고 해서 북한에 대한 그의 애정이 식은 것은 결코 아님을 알 수 있는데, 비록 몸은 미국에 있을지라도 북한의 발전상에 대한 소식을 놓치지 않고 항상 유지하고자 하는 간절한 마음이 있기 때문이다. 이 대목에서 그의 열렬한 소망과 기도가 향후 20년 내의 남북한 통일이라는 것이다. 문자 그대로를 수용한다면 2025년까지이고 또 달리 그의 나이를 고려해본다면 100세가 되기까지는 통일을 보고 싶어하는 간절한 마음의 일단이라 하겠다. 늘 그래왔듯이 그것도 전쟁과 같은 무력 통일이 아니고 그야말로 양측의 공동 평화와 번영이 담보되는

평화통일 말이다. 그의 이 간절한 기도가 꼭 이루어지기를 소망해
본다.

### 9) 한남의 선한 이름을 견지해내기를〔2005년 7월 21일자 편지〕

이메일로 날아온 서신이다. 11월 말이나 12월 초순에 한국에 들어
올 계획이 있는데 그 확실한 일정은 아내와 함께 참석할 예정인 광
주기독교병원 100주년 기념일에 맞물려서 달라질 수 있다는 것을
알려왔다. 명년 4월〔2006년 4월〕이면 한남대학 개교 50주년이 되는
데 참석할 예정이라고 한다. 한편으로 1954년 6월 3일 인돈 박사를
비롯해 몇몇의 다른 미국인과 함께 대전에 내려와 대전대학 부지를
선정한 적이 있는데, 엊그제 같은 그때가 벌써 50년의 세월이 흘렀
다니 믿기지 않는 모양이다.

그러나 다른 한편으로는 한남대학에서 들려오는 좋지 않은 소식
에 대해서 심히 우려하고 있다. 대학 당국과 교협 사이에 심각한 분
쟁이 있는 마당에 동문들이 나서서 모교 문제를 해결하고 화해하도
록 힘도 좀 쓰고 또 학교가 갱신될 수 있도록 해야 할 것이 아니냐는
의견을 피력해왔다.

그러면서도 지금은 학교가 어려운 상황에 빠져 있지만, 그래도
"하나님께 영광이 되는 방식으로 한남의 선한 이름을 견지해가면서
한남의 가족들이 세상의 자유와 평화를 발전시키는 방향으로 '진
리, 자유, 봉사'의 교훈을 계속 지켜나가자"라는 희망의 메시지로 서
신을 끝맺는다.

여기서 보듯이 50여 년 전 한남대학〔당시의 대전대학〕의 터를 보러
왔을 때를 회상하면서 하나님의 뜻 가운데 미국 남장로교 한국선교

부 대전 스테이션 교육선교의 요람인 한남대학이 교내의 어려움을 잘 극복해내고 원래의 학교 설립 목적에 부합하는 훌륭한 대학이 될 수 있도록 기도하는 심정으로 동문들도 적극 힘써 줄 것을 당부하는 편지인 셈이다.

### 10) 그녀는 훌륭한 동역자였소〔2010년 2월 24일자 편지〕

아내인 서진주 여사가 세상을 떠난 뒤 서의필 교수는 심적 충격이 컸던 것으로 보인다. 한동안 사람들과의 연락이 끊겨 있다가 이제야 조금씩 옛날의 통신망을 다시 가동하기 시작한 느낌이다. 6월 중순에서 7월 초순에 이르기까지의 대전 체류 중에는 과거 한남대학에서 가르칠 때 아내와 함께 살았던 집인 지금의 인돈학술원에서 머물 예정이라고 한다. 현재는 몬트리트에서 살고 있는데 딸 엘리자베스와 함께 있고 아들 월터의 가족들은 인근 마을에서 살고 있다고 한다. 아내인 서진주는 3년 반여 전에 약 반 년 정도 앓다가 타계했다고 한다. 40여 성상에 걸쳐 머나먼 이국땅 한국에까지 와서 선교사의 아내로 함께해온 소중한 동반자 서진주 여사를 서의필 교수는 메일에서 다음과 같이 간단히 기록하고 있다.

그녀는 훌륭한 동역자였고 나는 그녀를 무척이나 그리워합니다.
(She was a wonderful partner and I have missed her very very much.)

그러면서 메일은 급선회해서 북한에 대해 언급한다.

금년도 후반기에 북한으로 되돌아가기를 소망합니다. 저의 마지막 방문이 1년도 더 되었습니다. 그곳 상황은 아주 암울합니다. 불원간 언제라도 사람들에게 도움이 될 만한 개선의 여지는 없어 보입니다. 그래도 저는 매주 모든 북한 주민이 복된 삶을 살아갈 수 있도록 기적이라도 내려달라고 기도하고 있답니다.

(I am hoping to get back to North Korea later this year. My last visit was more than a year ago. The situation there is very depressing, and I see little chance of improvements that will benefit the people any time soon. Nevertheless, I pray weekly for those miracles that will bring the good life to all the people.)

역시나 북한 문제인데 금년도 후반기에 북한 방문을 계획하고 있다는 것을 알 수 있다. 그런데 이 대목에서 서의필 교수는 자신의 북한 방문이 범상한 방문이 아님을 암시한다. 예를 들어 그는 "I am hoping to visit North Korea"이거나 아니면 "I am hoping to go to North Korea" 정도의 평범한 문장으로는 결코 채워질 수 없는 심정이 내재해 있음을 읽을 수 있다. 즉 영어 동사 'visit'나 'go' 정도의 단어 사용으로 해갈될 문제가 아니었다. 마치 지금쯤 북한에 당연히 체류하고 있어야 할 몸인데 여차여차해서 그동안 못 들어가고 북한 밖에서 서성이고 있는 듯한 느낌을 받는다. 게다가 북한 방문을 마지막으로 한 지도 벌써 1년이 훌쩍 지났다고 표현하고 있다. 이 또한 마치 북한 방문의 시간적 간격이 1년을 넘으면 안 되는 것처럼 느껴진다. 북한 방문과 관련한 이 모든 것이 응축되어 한마디로 그는 "I am hoping to *get back* to North Korea later this year"

라고 하고 있는 것이다. 결국 그에게는 영어 동사 'get back'이 필요할 만큼이나 북한 방문이 간절하다.

이 편지글 내용을 보면 그동안의 북한 상황은 여전히 암울할 뿐만 아니라 당장 북한 사람들에게 도움이 될 만한 개선의 여지도 없어 보인다. 그럼에도 서의필 교수는 북한의 모든 동포가 풍족한 삶을 살아갈 수 있도록 기적을 간구하는 기도를 매주 드리고 있다고 전한다. 북한 동포들을 향한 긍휼의 마음이 얼마나 간절했으면 기도 속에서 기적까지 구하게 되었을까.

### 11) 자손들의 근황 이야기 (2010년 7월 27일자 편지)

지난번 한국 방문이 취소된 이후 대부분의 여름을 노스캐롤라이나의 산간지방에서 보냈고 약 2주 남짓 전에 그곳 마을에서 손녀딸이 결혼했다는 것을 아주 소상하게 적어 보내왔다. 내 기억으로는 서의필 교수가 자신의 자녀들에 관한 사항을 이토록 자세히 언급한 적은 처음이다. 그동안 우리 둘 사이 대화의 주된 관심은 늘 인간의 제 문제, 특히 고생하는 민중들의 삶의 문제, 남북 간의 화해 및 통일의 문제 등이었기 때문에 이번 편지에서처럼 그의 가족에 관한 소상한 이야기는 각별히 새로웠다. 다른 한편으로는 서의필 교수께서도 이제 82세의 고령이 되다 보니 주된 관심이 점점 자신의 가족 문제로 바뀌어가는 게 아닌가 하는 생각도 일견 해본다.

가. 손녀의 결혼에 대하여

결혼식을 위해 많은 준비를 했으며 다행히도 모든 게 아주 잘 치러졌다. 신랑신부는 내년에는 노스캐롤라이나 서부지역에서 살게 될 것이고 그 후에는 신랑이 대학원 공부를 위해 듀크 대학이나 프린스턴 대학에 진학할 예정이다.

나. 자녀 5명의 근황에 대하여

장남(John N. Somerville, Jr.): 미시간 힐스데일 대학(Hillsdale College) 교수, 영어 가르침

차남(Nelson Bell Somerville): 텍사스 달라스(Dallas)에서 변호사로 일함

삼남(Smith Severn Somerville): 목원대학교 교수, 20년 이상 영어를 가르침

사남(Walter Gray Somerville): 노스캐롤라이나 몬트리트에서 살고 있음

딸(Elizabeth Lee Somerville): 노스캐롤라이나 몬트리트에서 살고 있음

이처럼 손녀의 결혼 소식과 함께 자신의 5남매 자녀의 근황을 소상하게 그리고 일목요연하게 전하고 있다고 해서 평생의 기도 제목이었던 한국에 관한 관심의 끈을 놓을 서의필 교수가 아니다. 이 편지의 후반부에서는 역시 한반도를 둘러싼 최근의 북미관계 및 남북관계의 현황에 대한 의견을 담고 있다.

최근 뉴스 보도를 보면 오랜 세월에 걸쳐 있는 북미 간의 문제에 해결 징조가 보이지 않습니다. 또한 한국의 경우도 평양과의 문제 해결을 원하고 있기는 한 건지 계속해 그 어떤 징후도 보여주지 않는데 그리 놀랄

일은 아닙니다. 그렇지만 장래에 (바라건대 조만간에) 남북 양측이 화해의 길로 가는 데 동의할 수 있는 순간이 있어야겠습니다. 금년 하반기 한국에 가게 되면 어쩌면 우리가 이 문제를 좀 사려 깊게 논하게 될 시간을 갖게 될 것입니다. 〔남북 간에〕 화해가 이루어지기 전에는〔결코〕 이 세상을 떠나고 싶지 않습니다.

(Recent news reports suggest that the US and North Korea show no signs of moving toward a settlement of their long-standing problems. I am not surprised that the ROK continues to show no signs of wanting a settlement with P'yang. However, there must be a moment in the future (hopefully sooner rather than later) when the two sides can agree on a path to reconciliation. Perhaps we will have time when I get to the South later this year to thoughtfully discuss this matter. I do not wish to leave this earth before reconciliation occurs.)

보다시피 이 편지는 2010년 7월 27일자 편지이다. 그런데 북미관계나 남북관계에서 2010년이 어떤 해인가. 주지하다시피 2010년 3월 26일은 남한의 해군 함정인 천안함이 피격된 날이다. 46명의 해군 장병이 전사하게 된 이 사건은 21세기 들어 남북 간에 벌어진 최악의 사건임이 틀림없고, 이로 인해 같은 해 5월 24일부터 대북교역 및 교류는 완전히 중단되었다.

이 편지가 바로 이 무렵에 날아온 편지임을 고려해볼 필요가 있다. 당시는 미국과 남한의 북한에 대한 적대감이 최고조에 달했던 때이다. 그나마 간신히 유지되어왔던 북한과의 모든 관계가 일시에 암흑 상태로 변해버렸다. 그런데 이 상황에서도 서의필 교수의 한반도에 대한 인식은 남다른 면이 있다. 이 사태에 대해서 모든 사람이 북한을 향해 손가락질하며 비난을 퍼붓는 와중에도 서의필 교수의 이 편지글 속 어느 한 군데에서도 북한에 대한 일방적 비난의 흔적은 찾아볼 수 없다.

여기서 언급되고 있는 북미관계는 아마도 일차적으로는 1994년 이래 지금까지 지루하게 끌어오면서 교착상태에 빠진 북핵 문제일 것이다. 여기에는 좀 더 근원적인 차원에서의 북미 간 종전협정 문제도 포함될 것으로 본다. 그런데도 북미 양측 간에 문제 해결을 향한 아무런 징후가 없음을 지적하고 있다. 게다가 남북 간의 교착상태에 관해서는 오히려 남한 측의 책임이 더 큰 것으로 인식하고 있는 듯하다. 이번이 처음이 아니고 늘 그래왔기 때문에 이번에도 평양과의 타협을 원치 않는 남한의 반응에 특별히 놀랄 것도 없다는 반응이다. 서의필 교수는 왜 천안함 사건에 대해서 일언반구 아무런 언급이 없을까. 천안함 사건이 터져 난리가 났는데도 천암함 이야기는 한마디도 없이 왜 그저 남북 간의 화해만을 역설하고 있을까. 역설적이게도 이에 대한 일말의 단서는 그의 편지글 마지막 문장에 담겨 있는 게 아닌가 한다.

화해가 이루어지기 전에는 이 세상을 떠나고 싶지 않습니다.
(I do not wish to leave this earth before reconciliation occurs.)

이는 천안함 사건이라는 이 군사적 충돌이 결코 심각한 것이 아니어서가 아니다. 오히려 서의필 교수의 경우는 이 문제를 단순히 겉으로 드러난 현상만을 가지고 진단하고 마는 것이 아니라 사건의 기저 구조까지 분석함으로써 문제의 본질로 접근해가고자 하는 것이다. 결국 한국전쟁 이후 여태까지 남북 간에 진정한 화해를 이뤄내지 못했기 때문이다. 그는 천안함 사건을 이루어야 할 화해 대신 정치적 긴장과 군사적 대결을 기반으로 하는 현상 유지 정책과 그로 인한 한반도 분단의 고착화가 심화되어가고 있던 중 마그마처럼 분출되어 폭발한 것으로 인식한다. 상대방을 '악의 축'으로 보고자 하는 색안경을 벗어던지지 않고서야 화해는 불가능할 것으로 여긴다. 따라서 천안함 사건을 접하면서 서의필 교수는 미국과 남한의 대북정책을 진정한 '화해'로 전환할 것을 촉구한다. 천안함의 폭침으로 인해 모두가 다 대북한 증오 정책 및 대결 정책, 더 나아가서 전쟁불사 정책을 외쳐대고 있는 마당에 서의필 교수는 그럼에도, 아니 그렇기 때문에 더더욱 오히려 '화해'를 촉구해 마지않았던 것이다. 마치 간음한 여인을 둘러싸고 쳐 죽이려고 돌을 들고 서 있던 서기관과 바리새인 등 모든 이에게 "너희 중에 죄 없는 자가 먼저 돌로 쳐라"(요한복음 8:7)고 했던 예수처럼 말이다. 오죽하면 그의 편지 말미에서 남북 간의 "화해를 이루기 전에는 이 세상을 떠나고 싶지 않다"라는 간절한 절규의 메시지를 남겼겠는가.

# III. 선지자의 외침 소리를 대신하여

선교사로서 서의필 교수는 맨 처음 목포지방에서 보낸 약 5년간 (1954-1958)을 제외하면 그 후 1994년 교수직을 은퇴할 때까지 사실상 교육을 통한 선교사역만을 감당해온 셈이다. 1959년부터 1963년까지는 서울의 장신대에서 교수 생활을 했고 그 후로는 내내 대전의 한남대학 교수로 강의를 했다. 선교사로서 어느 특정 교회에서 목사직을 수행한 바는 없지만, 대학 채플 시간을 비롯해서 한국 사회 어디에서든지 설교 요청을 받으면 사양하지 않고 달려가 설교를 하였다. 한국에서뿐만이 아니라 휴가차 미국에 체류할 때조차도 한국인들이든 미국인들이든 그 대상을 가리지 않고 필요할 때 설교를 함으로써 선교사로서의 사명을 다했다.41) 그런데 엄밀히 말하자면 꼭 설교라는 형식의 틀에서뿐만 아니라 특별 강연 형식을 통해서도 수많은 사람에게 선한 영향력을 끼침으로써 우리가 사는 사회의 민주화와 인권 신장에 직간접적으로 크게 이바지했다.

한국교회의 목사들은 대체로 설교의 초점을 개인구원에 두는 경향이 있다. 따라서 성경의 어떤 말씀을 가지고 설교 준비를 하든 종국에 가서는 "예수 믿고 천국 가시오" 내지는 "예수 믿고 복 많이 받으시오" 정도로 귀착되곤 한다. 물론 기독교에서 말하는 '천국'과 '복' 개념에는 아무런 하자가 없다. 다만 이때 문제가 된다면 그것이 '오직 나'만의 행복이나 유익, 성공, 승리 등에 결부되어 있기 때문일 것이다. 다시 말해서 내 주변 사람들, 내가 속해 있는 지역사회나 국가, 더 나아가서 이 세상의 문제는 전혀 아랑곳하지 않고 나 혼자만의 '천국'과 '복'을 지향하고 있다는 것이 문제이다. 특별히 우리가 살아가고 있는 이 시대 이 사회의 지배적 작동 메커니즘인 자본주의 체제 속에서 나 혼자만 살아남아 천국행 티켓을 따내고 여기서 나오는 우월감으로 타인에 대한 배척이나 타 문화에 대한 지배의 정당성과 동일시되는 '복'만을 추구한다면 이는 큰일이다. 19세기 서구 열강들의 제국주의 침략에 함포와 함께 따라온 선교사들의 성경책도 일조했던 사실이 우연이 아닌 것과 마찬가지이다. 이런 식의 설교라면 오늘날 세상 사람들의 이른바 "부자 되세요"라는 덕담 아닌 덕담이 우리 귀에 거슬려야 할 명분이 조금도 없어진다. 더욱이 그 앞에 '예수 믿고'라는 말만 덧붙여준다면 말이다.

　　그러나 서의필 교수의 설교는 여느 일반 목사들의 설교와는 그 결을 달리한다. 그의 설교는 소위 세속적 복을 비는 설교가 아니다. 자본주의를 옹호하다 못해 심지어는 자본주의의 시녀 노릇을 자처하기까지 하는 그런 설교는 결단코 하지 않는다. 힘 있는 자의 편에 서는 설교, 제국주의를 정당화하는 설교, 미국을 미화하는 설교를 하지 않는다. 그와 정반대로 서의필 교수의 설교는 예수 그리스도가 몸소 행했던 것처럼 사회의 지배세력이나 기득권층의 편에 서지 않고 그 대신 오히려 '가난한 자와 약한 자, 병든 자, 소외된 자, 억눌린 자'에 대한 위로와 치유와 회복과 해방을 위한 강력한 외침 소리로 대변된다. 그런 의미에서 한남대학 내의 서의필 홀 벽면에 걸려 있는 성경 구절은 서의필 교수의 기독교 철학을 적확하게 대변하고 있다고 해도 과언이 아니다.

> 여호와께서 이와 같이 말씀하시되 지혜로운 자는 그의 지혜를 자랑하지 말라 용사는 그의 용맹을 자랑하지 말라 부자는 그의 부함을 자랑하지 말라 자랑하는 자는 이것으로 자랑할지니 곧 명철하여 나를 아는 것과 나 여호와는 사랑과 정의와 공의를 땅에 행하는 자인 줄 깨닫는 것이라 나는 이 일을 기뻐하노라 여호와의 말씀이니라(예레미야 9:23-24).

서의필 교수는 세상 자랑을 거부한다. 예레미야 선지자가 외치고 있듯이 세상에서 지식(학력)과 힘(권력)과 돈(재력)으로 힘쓰는 것을 각별히 경계한다. 만일 오늘의 교회가 혹시라도 싸구려 '은혜'라는 말로 포장된 가운데 세상에서 흔히 말하는 이른바 출세라는 것을 지향해 엉터리 '축복' 기도라는 것을 자행한다면, 그는 아마도 성전 상인들을 내쫓는 예수(마태복음 21:12-13)의 심정으로 차라리 교회 문을 닫으라고 할 것이다. 실제로 서의필 교수는 일찍이 벌써 40여 년 전에 한국교회, 특히 한국교회 목사들의 타락에 대해 쓴소리를 한 적이 있다.

제가 학원 사회에 있는데 노골적으로 말하면 제가 가르치는 학생 대부분은 교회에 나가지 않습니다. 절대 안 나가요. 교회란 나쁜 것인 줄로 알고 안 갑니다. 교회 가서 배울 만한 것이 무엇입니까? 과격한 말인 것 같지만 목사들은 다 부패되었어요. 물론 자가용과 좋은 주택을 가지려면 목사가 되어야 합니다.[42]

서의필 교수의 눈에 비친 한국교회 목사들의 부패와 한국교회들의 타락상은 바로 교회가 세상 자랑만을 따라갔기 때문으로 진단한다. 세상의 빛과 소금이어야 할 교회가 오히려 세상의 자본주의 메커니즘과 맘모니즘에 삼투압당한 걸 안타까워하는 것이다. 예레미아 선지자의 외침 소리와 마찬가지로, 서의필 교수는 타락한 한국교회가 그대로 방치되는 것을 원치 않는다. 세상 자랑 다 버리고 여호와로 돌아오라는 것이다. 그에게 여호와는 곧 사랑이요 정의요 공의이다.

1954년 이래로 줄곧 한국에서 살아온 서의필 교수는 자신의 설교에서 늘 예수 그리스도의 정신을 전쟁과 혁명과 반독재 투쟁으로 점철되어온 고난의 한국 현대사에 투영한다. 예수의 긍휼함과 이웃사랑 정신을 사회역사적 맥락 속의 한국 민중들에게 접목시킨다. 다시 말해서 고난의 역사 속에서 자유와 인권을 박탈당해온 자들, 특별히 독재정권 치하에서 억압받고 고통당했던 자들과 함께하는 예수를 증거하고자 한다. 게다가 그는 한국 현대사의 역사적 사건들을 우연히 발생한 지엽적 사건으로만 보지 않고, 동아시아의 지정학적 역학관계와 더 나아가서는 미국의 대한반도 전략이라는 보다 심층적이면서도 비판적인 관점으로 분석한다. 따라서 그의 설교에는 늘 한국 역사에 관한 구체적인 자료가 등장할 뿐만 아니라 미국의 제3세계 정책의 추악함 같은 사례들이 풍부하게 제시되는 특징을 띤다. 결국 설교를 통해서 이 땅에서의 하나님 나라 건설은 하나님의 뜻에 반하는 반민중적 사회구조에 '아니오!'라고 할 수 있을 때 가능하다는 점을 외치고 있는 셈이다. 여기서는 서의필 교수의 설교문 (1) '이 역사적 순간의 도전'에 나타난 그의 선지자적 메시지의 의미를 살펴보고, (2) 민주주의의 왕진 가방을 메고, (3) 아아! 광주여 우리나라의 십자가여, (4) 사회구원을 지향하며, (5) 미국의 한국 선교에 관한 소회와 (6) 미국의 대외정책의 비판 순으로 그의 외침 소리를 간략하게 소개하고자 한다.

## 1. 이 역사적 순간의 도전[43]

현재로서는 이 설교를 한 때와 장소가 분명하지 않다. 다만 설교의 일부 내용으로 보아서, 예를 들면 '007 민간 KAL기'[44]에 관한 언급을 볼 때 1983년 9월 이후의 어느 시점으로 추정되며, "사려 깊은 젊은 기독교 지도자 여러분"을 대상으로 한 설교임을 고려하면 적어도 일반 대중이나 일반 대학생들을 대상으로 한 설교가 아니고 기존의 목사들을 포함해서 적어도 신학대학원생 이상의 기독교 지도자들을 대상으로 한 것으로 여겨진다. 한편 설교의 마무리 부분에서 언급되는 "오늘밤 미국의 대외정책…"을 참고해본다면 이 설교가 저녁 이후의 시간에 행해졌던 것으로 추정된다.

　이 설교에서는 우리 '사회의 도덕적 양심'으로서의 교회가 그 비판적 역할을 하기는커녕 오히려 정치·경제·사회적 현상 유지의 수호자 노릇만을 해온 것과 다른 한편으로 인간의 존엄과 참다운 자유를 위해 일하기보다는 우리 사회 속에서 그 지위와 특권을 유지하는 데만 급급해왔음을 고백하고 있다. 이를 좀 더 구체적으로 적시하기 위해서 서의필 교수는 1945년 나치에 처형당하기 직전에 했던 디트리히 본회퍼의 다음과 같은 말을 인용한다.

우리는 악행을 보면서도 침묵을 지켜왔습니다. 수많은 격동이 우리의 머리 위를 스쳐 지나갔습니다. 우리는 속임술을 터득했습니다. 경험은 우리로 하여금 다른 사람을 의심하도록 만들었고 우리가 개방적이고 솔직하게 되는 것을 방해했습니다. 쓰라린 갈등은 우리를 무력하고 냉소적으로 만들었습니다. 우리는 아직도 남을 위해 봉사하기를 원합니까? 우리는 더욱 정직하고 공정해야 합니다.

한편 BC 7~8세기경 풍요로웠던 아모스 시대에 선지자 아모스가 당시 이스라엘 기득권층들의 불의와 타락을 비판했던 것처럼 이 시대에도 가장 악한 것으로 거짓과 함께 반민중적 정부에 대한 맹목적 순응을 자처하는 타락한 종교를 지적하고 있다. 종교뿐만 아니라 이 땅에 살아가고 있는 많은 사람이 철저한 이기주의와 물질주의 속에서 정의를 위해 일해야만 하는 신에게 부여받은 인간의 의무를 전적으로 도외시해온 점 또한 지적한다.

인권 옹호의 신봉자인 서의필 교수는 다른 한편으로 미국의 민권운동가 마틴 루터 킹 목사 말을 비교적 길게 인용하면서 설교를 이어 나아간다. 킹 목사는 1963년 8월 28일 워싱턴 D.C. 링컨기념관 앞에서 역사적인 'I have a dream' 연설을 행하면서 100년 전 에이브러햄 링컨의 노예해방은 그저 공수표에 불과했으며 이 순간까지도 여전히 인종차별의 속박 속에서 흑인들이 고통을 받으며 살아가고 있다는 것을 고백했다. 예를 들어 서의필 교수가 킹 목사의 이 연설에서 직접 인용했던 부분의 일부는 아래와 같다.

지금은 인종차별의 어둡고 황량한 골짜기에서 인종적 정의의 햇볕이 드는 길로 들어가야 할 시간입니다.

지금은 모든 하나님의 자녀에게 균등한 기회의 문을 열어주어야 할 시간입니다.

지금은 인종적 부정의의 위험한 상태에서 형제애의 반석으로 우리의 국가를 들어올려야 할 시간입니다.

서의필 교수는 킹 목사의 이 민권운동 정신이 사실은 미국의 흑인들에게뿐만 아니라 이 땅의 모든 사람, 그중에서도 특별히 전대미문의 소외와 착취와 폭력과 그 잔인성으로 인해 희생되고 있는 민중들을 위해 절실히 요구된다고 말한다. 이 사명을 오늘의 젊은 기독교 지도자들이 완수하지 못하는 한 21세기는 도래하지 않을지도 모른다고 강력하게 경고한다.

이 세상의 제국주의, 식민주의, 전체주의는 그 어느 것이든 모두가 인간의 존엄성과 정의를 침해하는 것으로 규정하고, 20세기 최후의 유일한 패권국가인 미국의 대외정책에서 드러나는 심각한 착취와 탄압의 예를 엘살바도르와 과테말라, 니카라과, 온두라스, 코스타리카 등의 중남미 국가들에서, 그리고 베트남 침공과 인도네시

아의 동티모르 합병, 필리핀 등에서 들면서 그 실상을 구체적으로 폭로한다. 그러면서 이 설교는 특별히 미국의 기독교인들에게 그리스도가 가난한 자와 힘없는 자, 억압당하는 자와 착취당하는 자의 편에 계시다는 점을 깨닫도록 촉구하면서 다음과 같이 마무리한다.

차별이나 부정의를 묵인해서는 안 됩니다. 역사 속에서 지금 우리의 순간은 모세적 해방의 지각과, 아모스의 도덕적 용기와, 예레미아의 자비 그리고 마틴 루터 킹의 적극적 신앙과 이상을 요구하는 혼란된 순간입니다. 전진을 향한 길은 지혜와 믿음과 용기와 부단한 노력을 필요로 합니다. 불행히도 대부분의 사람은 권력가에게 종속되어 약한 자를 착취하고 민심을 돌보지 않고 민중과의 일체감을 위해 일해야 할 기독인에게 위임된 사명을 저버리고 현상 유지를 옹호하고 있습니다. 우리 기독인은 하나님의 평화, 정의, 창조를 위해 더욱 열심히 일해야만 합니다!".

이를 한마디로 말하자면 예수 그리스도가 우리의 삶의 모델이 되어서 2,000년 전 3년에 걸친 그의 공생애를 통해 그가 생각하고 말하고 행동한 대로 따라 살기를 추구하라는 것에 다름 아니다. 서의필 교수의 설교 메시지야말로 복음 중의 복음적인 메시지라고 해석할 수 있다. 예수가 당시 사회의 기득권층이었던 율법학자들과 바리사이파 사람들에게 '아니오'라고 한 것처럼, 또 그보다 6~7백여 년 앞선 시기에 아모스 선지자가 나타나서 역시 당시의 타락한 사회 지도층들에게 '아니오'라고 했던 것처럼, 이 시대 한국 사회에서 지성의 전당인 대학과 진리의 원천이어야 할 교회가 각각 각성해서 거짓과 부패로 점철된 반민중적 정부에 대해서는 '아니오'라고 할 것과 그리고 하나님의 형상대로 지음받은 우리 인간의 천부적 권리를 짓밟는 반민주적 독재정권에 대해서도 '아니오'라고 나서는 것이야말로 지극히 복음적인 것이다.

이 설교의 메시지에서 보듯이 서의필 교수에게 4.19혁명과 5.18 광주민주화운동은 그냥 일어난 게 아니다. 그에게 이 두 사건은 고통 속의 한국 민중들이 하나님께 부르짖은 절규 소리였다. 이 두 사건을 통해서 그는 한국 민중들을 향한 하나님의 음성을 듣고 그 뜻을 찾고자 하였다.[45]

## 2. 민주주의의 왕진 가방을 메고

서의필 교수는 대학교수로 또한 목사로 한국 민중들의 자유와 인권 그리고 한국 사회의 민주주의 복음이 필요한 곳이라면 때와 장소를 가리지 않고 달려갔다. 그는 자유와 인권이 박탈되고 조지 오웰식의 빅브라더[46] 체제 속에서 신음하며 때로는 절규까지 하던 1970～80년대의 한국 민중들을 볼 때마다 예수 시대의 제사장이나 레위인처럼 애써 못 본 척하면서 그냥 스쳐 지나가지 않고, 오히려 착한 사마리아 사람(누가복음 10:25-37)이 되어 '민주주의'라는 왕진 가방을 메고 현장으로 출동했다.

그가 미국 남장로교 소속 선교사로 한국에 첫발을 내디뎠던 해는 1954년이다. 한국 현대사에서 1954년은 어떠한 해였던가. 1953년 한국전쟁이 휴전으로 겨우 종결된 바로 그 이듬해가 아니었던가. 나라 전체가 어느 한구석 성한 곳 없이 철저히 파괴되어 말 그대로 원시 상태였던 바로 그때 수천Km의 태평양을 건너온 곳이 바로 한

국이었고 그것도 한반도의 최남단 서쪽 끝자락 변방의 항구도시 목
포47)에 짐을 풀었다. 서의필 교수의 선교사 초창기 시절 미국 선교
본부에 보낸 보고서(I. 3-1: 1955년 2월 21일자 선교보고서)에 따르면
목포라고는 하지만 목포 시내도 아니고 허름한 목선을 타고 목포
인근의 신안 앞바다 작은 섬들을 오가며 복음을 전파하는 일을 맡
아 한 것으로 보인다.48)

그 후 1960년 3월부터는 서울에 와서 장신대 교수로 기독교 윤
리 과목을 담당해 가르쳤다.49) 그는 서울에서 교수로 지낼 때도 미
래의 한국 기독교 지도자 배출이라는 소명감으로 최선을 다하면서
한국 젊은이들과의 대화와 소통을 즐겨했다. 바로 이 무렵 그는 한
국 현대사의 결정적 사건 중 하나인 4.19혁명을 서울에서 직접 목
도한다(I. 3-5: 1960년 12월 7일자 선교보고서). 이승만 독재정권을 타
도하는 과정에서 학생들의 애국적 행동에 깊은 감명을 받음과 동시
에 다른 한편으로는 자신의 이 직접적인 역사 체험을 통해서 한국
역사와 한국 민중들에 대한 연민의 싹을 틔워가기 시작한다. 그 후
1961년 5.16군사정변을 시발로 하는 1960년대와 1970년대의 질
풍노도와 같았던 한국 역사 속에서 군사독재에 맞서 싸워온 한국
민중들의 삶과 고난을 함께한다.

특히 1979년 10월 26일 박정희의 암살사건과 12월 12일 전두환
신군부의 군사 반란 이후 이듬해 1980년 이른바 '서울의 봄'50)을 거
쳐 5.18광주민주화운동에 이르는 일련의 긴박했던 한국 현대사의
순간순간들을 한국 민중들과 함께하는 데에 헌신했다. 민중들이 아
파하고 괴로워하고 울부짖고 고통을 호소하는 곳이라면 어디든지
달려가서 함께 아파하고 함께 울곤 하는 삶을 살았다.

1980년 봄 어느 날로 기억한다. 당시에 필자는 한국 공군 장교로 지금의 대전광역시 서구 삼천동-둔산동 일대에 걸쳐 있었던 공군 교육사령부 내 공군 제2사관학교 영어 교관으로 근무하고 있었다. 그 무렵 서의필 교수를 자주 찾아가 당시의 긴박했던 시국을 놓고 서로 간에 많은 이야기를 나누곤 했다. 필자는 미국인 선교사인 서 의필 교수에게서 전 세계로부터 들어오는 생생한 한국 관련 정보를 얻고자 했고, 서의필 교수는 한국의 비상시국에 대한 현역 한국군 청년 장교의 생각을 통해서 간접적으로나마 시국을 진단해보고 예측해보고자 했다. 계엄령하에서 한국의 모든 언론은 군부의 통제를 받았다. 따라서 모든 신문과 방송은 계엄군의 사전 검열을 받아야만 했고 이는 외국에서 들어오는 서적이나 잡지까지도 예외가 아니었다. 만일 계엄 당국에 조금이라도 거슬리는 내용이 들어 있으면 삭제된 채로 받아보게 되니 사실상 한국 민중들의 눈과 귀와 입은 틀어 막힌 거나 다름없었다. 다만 이 정도로 삼엄한 상황이었는데도 예외가 있었는데, 서의필 교수와 같은 미국 선교사들의 우편물은 건드리지 못했다. 이 점을 십분 활용해서 그는 미국에서 발행되는 〈뉴스위크〉지나 〈타임스〉지의 검열받지 않은 원본에서 당시 긴박하게 돌아가고 있던 한국 상황을 일일이 복사해 건네주곤 했다.

그러던 어느 날 서의필 교수와 만났을 때 불쑥 꺼내든 것이 있었으니 공군 제2사관학교에서 특강을 부탁하는 일이었다. 이 시대 한국 사회에서 가장 절실하게 요구되는 것을 주제로 하는 강연을 요청하였다. 공군 전투 조종사를 양성하는 사관학교였기 때문에 장교로서 소양 교육을 위해 정규 교과목과는 별도로 외부의 저명인사들을 통한 특강 시간이 있었는데 이 시간을 맡아서 해줄 것을 조심스럽게 요청했다. 정말로 조심스러웠다. 이는 한국 민주주의의 맥을 일거에 끊어놓은 것이 다름 아닌 군부인데 그야말로 바로 그 시점에 그것도 바로 그 군부 안으로 민주주의 왕진 가방을 메고 들어가는 형국으로서 어떤 일이 벌어질지 전혀 알 수가 없는 상황이었기 때문이었다. 그런데 늘 그렇듯이 서의필 교수는 필자의 특강 요청을 선뜻 승낙해주었다. 마치 모든 것을 준비해놓고 기다리고 있었다는 듯 그 자리서 바로 강연 제목을 정했는데 'Facing the Challenges to Democracy in Korea'[51]였다. 시절이 시절이었던 만큼 신군부의 독재자가 계엄통치를 하고 있던 바로 그 순간에 당시의 군부들이 가장 껄끄러워했던 '한국 민주주의에의 도전'을 강연 제목으로 잡았으니 서로가 좀 당혹스러울 수밖에 없었던 순간이었다. 서의필 교수가 그 상황을 모를 리가 없었다.

그날의 강연은 공군 제2사관학교 강당에서 했다. 강당에는 공군 준장인 학교장을 비롯해 전 장교단과 생도들 수백 명이 모였다. 필자가 주선한 행사였기 때문에 강연 시작 전에 나는 서의필 교수의 학력과 약력을 소개하고 이날의 강연 제목까지 간단히 설명했다. 당시의 정황으로 볼 때 한국인 강사라면 도저히 해낼 수 없는 것을 하고 있었던 셈이었다. 서의필 교수는 그 강연에서 비교적 점잖은 톤으로 말했지만, 그러나 핵심적으로 할 말은 다 하고 마쳤다. 한마디로 말하자면 한국에서 민주주의가 회복되지 못한다면 공산주의를 이길 수 없으며, 공산주의를 막아내고자 한다면 더더욱 우리는 민주주의로 나아가야 한다는 점을 역설했다. 그럼에도 지난 18년간 박정희 정권은 수많은 민주 인사를 투옥시켰으며 심지어는 처형까지 서슴지 않았다는 점을 노골적으로 비난했다.

사실 이 강연 시간 내내 순간순간 등골이 오싹했다. 훗날 서의필 교수와 그 당시에 관해 이야기를 나눈 적이 있었는데 자신도 강연을 하면서 등골이 오싹오싹했다고 술회한 적이 있다. 어쨌든 수백 명의 미래 전투 조종사와 사관학교의 계급 높으신 분들이 다 지켜보고 있는 가운데 선교사 서의필 교수는 민주주의의 전도사 노릇을 톡톡히 해냈다. 보통 사람 같으면 이처럼 엄중한 시절에 이러한 강연 제의를 좀처럼 수락하지 않았을 법한데도 말이다. 그는 본인의 신변 위험을 감수하면서 한국 민중들이 부르면 어디라도 달려갔던 것이다. 그만큼 한국 민중들의 고통과 고난의 한국 역사에 자신을 동일시해가는 가운데 특별히 이 시대 한국 사회의 자유와 인권, 민주주의를 위해서 아모스 선지자의 역할을 감당해왔다. 그는 한국을 향한 하나님의 음성을 대변하겠다는 신념을 가지고 살았다. 실로 그는 강도 만난 한국의 민주주의를 구하기 위해 계엄령하의 군부로 직접 들어간 착한 사마리아 사람이었다.

## 3. 아아! 광주여 우리나라의 십자가여[52]

아아, 광주여 무등산이여
죽음과 죽음 사이에
피눈물을 흘리는
우리들의 영원한 청춘의 도시여

우리들의 아버지는 어디로 갔나
우리들의 어머니는 어디서 쓰러졌나

우리들의 아들은

어디에서 죽어 어디에 파묻혔나

우리들의 귀여운 딸은

또 어디에서 입을 벌린 채 누워 있나

우리들의 혼백은 또 어디에서

찢어져 산산이 조각나버렸나


하느님도 새떼들도

떠나가버린 광주여

그러나 사람다운 사람들만이

아침저녁으로 살아남아

쓰러지고 엎어지고, 다시 일어서는

우리들의 피투성이 도시여

죽음으로써 죽음을 물리치고

죽음으로써 삶을 찾으려 했던

아아! 통곡뿐인 남도의

불사조여 불사조여 불사조여… (후략)


이 글은 5.18광주민주화운동 당시 전남고등학교 교사이면서 시인이었던 김준태가 쓴 장편 시이다. 1980년 6월 2일자 〈전남매일신문〉을 통해서 세상에 발표됐는데 필자가 이 시를 처음 접하게 된 것은 서의필 교수를 통해서이다. 아마도 1980년도 여름철의 어느 날로 기억한다. 공식적으로는 5월 27일 공수부대가 진입해서 전남도청을 점령함으로써 이른바 '광주사태'53)는 끝이 났다. 그러나 물

5.18의 광주에서 곤봉을 휘두르는 공수부대원(1980. 5. 25일자 New York Times)

리적으로는 그렇게 끝났는지 모르지만 한국 민중들에게는 이때부터가 오히려 5.18의 본질은 무엇이었는지, 5.18의 진실은 무엇이었는지, 또 5.18에서 미국은 무슨 역할을 했는지 등 무수한 의문이 숙제로 남게 되었다. 그런 가운데 그날도 필자는 퇴근 후 밤 시간을 이용해서 서의필하우스로 찾아갔다. 늘 그랬듯 그 집 거실 소파에 마주 앉아 커피를 마시면서 광주 이야기를 이어나갔다. 그 자리에서 그는 문고판으로 나온 김준태의 시집 한 권을 필자에게 건네주었다. 김준태의 여러 시가 함께 수록된 시집이었지만 가장 대표적인 시가 바로 이 시 '아아! 광주여 우리나라의 십자가여'였다. 그는 이것으로 그치지 않고 친절하게도 이 시의 영어 번역판 'Kwangju, Cross of our Nation'의 복사본까지 필자에게 건네주었다. 그날 밤도 우리는 "이 나라의 십자가요 불사조요 영원한 청춘의 도시 광주"

를 생각하며, 향후 한국의 민주주의와 인권 문제를 우려하며, 또한 미국의 대한반도 정책을 비판하면서 깊어가는 여름밤의 늦은 시간까지를 함께했다.

서의필 교수에게 1980년의 5.18은 그 시대 한국 민중들이 겪고 있는 고난과 동일시되는 고난 그 자체였다. 그의 30대 초 서울에서 겪었던 4.19와 5.16에 이어 20여 년 만에 또다시 이번에는 빛고을 광주에서 벌어진 한국 현대사에서 또 하나의 큰 비극적인 사건에 직면해야만 했다. 특별히 미국 남장로교 한국선교부가 개척한 전라남도 지역, 그것도 광주 스테이션이 있는 바로 그 자리에서 벌어진 학살사건이었으니 놀라지 않을 수 없었을 것이다.

훗날 광주민주화운동으로 명명된 이 5.18은 당시 10일(1980. 5. 18~27)간에 걸친 사실상의 내전 상태였고 또한 동시에 계엄 상황이었기 때문에 광주에서 벌어지고 있는 전대미문의 시민 학살에 대한 진실된 보도가 전혀 나오지 않았다. 광주 시내로 들어가는 교통과 통신은 완전히 차단되었고 시 외곽 지역은 공수특전부대가 이미 장악하고 있었다. 이처럼 외부로부터 완전히 고립된 채로 벌어진 광주 시민을 향한 국군의 학살극을 국민 대부분은 전혀 몰랐다. 혹 일부가 조금 알고 있었다고 해도 계엄 당국의 일방적 발표에 의한 왜곡된 정보만을 접할 수밖에 없어 사실상의 정보 암흑기에 놓여 있었다. 이렇게 긴박하게 돌아가는 한국 현대사의 순간들을 서의필 교수는 놓치지 않으려고 했다. 될 수 있는 한 그는 전 세계의 미디어를 통해 계엄 당국의 검열을 받지 않고 나간 정보들을 확보해서 뜻있는 이들과 공유하고자 애썼다. 이 무렵 서의필 교수를 통해 수집된 대표적인 자료들을 보면 다음과 같다.54)

- 아아! 광주여 우리나라의 십자가여(김준태)

- The Guardian(Nov. 25, 1979)

- Monthly Review of Korean Affairs(August, 1980)

- Japanese Catholic Council for Justice and Peace On the Occasion of the May 18 Memorial Service(May 18, 1982)

- Kim Dae-Jung Trial, pool report(August 18, 19, 20, 21, 25, 1980)

- A Report of the World-wide Reaction to the sentencing of KIM DAE-JUNG to Death(September 17, 18, 1980)

- Korea Communiqué(July 15, 1980)

- Statement : Chun Du Hwan's Genocidal Operation in Kwangju (Tokyo, May 28, 1980)

물론 여기 제시한 자료가 전부는 아닐 것이다. 그러나 얼핏 보더라도 자료의 출처가 매우 다양한 것을 알 수 있다. 게다가 시기적으로도 자료 대부분이 당시 계엄사령부의 시각에서 볼 때 불온문서에 해당하기 때문에 이 문서들을 소지하거나 특히 복사해서 타인에게 전파하는 행위는 즉시 체포감이 될 수 있는 매우 위험한 것들이다.

당시 계엄사령부는 해외 저널의 한국 관련 기사에 대해 사전 검열을 실시했다. 이때 한국의 독재체제에 대한 노골적인 비판 기사이거나 조금이라도 부정적인 논조의 기사가 나오면 그 부분은 검정 매직으로 지워버리는 일을 서슴지 않았다. 예를 들면 1979년 11월 5일자 〈타임스〉지 기사 제목으로 'Sudden Death in Seoul'이라는 것이 있는데 한국 민중들에게는 특정 부분이 삭제되어 판매되었다.

여기서 보듯이 가운데 단의 셋째 줄 후반부에서부터 일곱째 줄

**World**

TIME/NOV. 5, 1979

# Sudden Death in Seoul

*The killing of President Park raises questions and tensions*

계엄당국에 의해 삭제된 기사(Times/Nov. 5, 1979)

에 걸쳐 매직으로 지워져 있다. 결과적으로 이 부분의 내용이 무엇인지 도저히 알 길이 없었다. 다만 우리로서는 당시의 독재정권 입장에서 볼 때 좀 듣기 거북스러운 표현이 포함되어 있지 않았을까 추정해볼 뿐이었다. 그런데 이 경우 서의필 교수가 친히 구입한 타임지를 통해 찾아보니까 위의 삭제된 부분은 다음과 같은 것이었다.

사실상의 독재자로서 18년이 지난 후 박정희는 정치적 탄압을 유산으로 남겼지만 또한 놀라운 발전도 남겼던 것이다.

(After 18 years as a virtual dictator, Park had left his country a legacy of political repression but also of extraordinary development.)

민주화가 이루어진 오늘날에 와서는 현직 대통령을 가리켜서 독재자라고 하든 혹은 정치적 탄압이 있었다고 하든 그리 대수로운 일이 아니지만, 당시 독재정권하에서 위의 기사는 도저히 묵과할 수 없는 것이었다.

그러나 서의필 교수의 경우 국적이 미국인일 뿐만 아니라 신분이 선교사로서 목사였기 때문에 계엄 당국의 사전 검열을 받지 않고 해외의 저널 및 각종 자료를 직접 받아볼 수 있었다. 서 교수는 삭제되지 않은 원본을 복사해서 의식 있는 교수들이나 학생 제자들에게 배포했다. 앞서 언급한 목록에도 들어 있지만 서의필 교수는 1980년 8월, 당시 국내외적으로 초미의 관심사였던 김대중 사건 재판기록(KIM DAE-JUNG Trial, pool report)도 입수해놓고 있었다. 그런데 아래의 사례에서 보듯이 UPI통신이나 AP통신, 아니면 〈뉴스위크〉지나 〈워싱턴 포스트〉지 등 세계 굴지의 언론사들이 송고했던 기사들 속에서도 계엄 당국의 검열필 직인이 찍혀 있음을 본다.

이처럼 서의필 교수는 5.18의 전 과정을 통해서 한국 현대사의 역사적 현장을 직접 목도하였다. 특별히 5.18의 현장인 광주는 목포, 순천과 더불어 미국 남장로교 한국선교부의 주요 거점이었던 전남의 핵심 스테이션이기도 했다. 그렇기에 민주주의를 요구하면서 공수부대와 대치 중이던 광주 소식을 접하면서 후방인 대전에 남아서 그냥 앉아만 있을 수는 없었다. 공수부대가 광주시 외곽을 둘러싸고 있던 당시의 엄중한 상황에서 내국인이든 외국인이든 진입이 쉽지 않았을 터인데도 서의필 교수는 광주 시내로 들어갈 수

김대중 사건 재판기록: 1980. 8. 18.
계엄사령부 검열관의 검열필

있었다. 아마도 선교사들만이 통하는 어떤 루트가 있었던 모양이다. 그는 광주 시내의 실제 상황을 직접 보고 듣는 가운데 외신기자들을 안내하면서 동시에 현장에서 입수된 유인물 내지는 민주진영 측에서 나온 성명서 같은 것을 영어로 번역하여 워싱턴에 보내기도 하였다.

혹자들이 서의필 교수의 이와 같은 행동을 좀 의아하게 여길지도 모른다. 그는 과연 진정한 의미의 선교사가 맞는 것일까? 그의 반정부적 언행 및 정치적 비판이 과연 타당한 일일까? 혹시 서의필 교수는 교수 및 선교사로 위장한 미국의 CIA 요원은 아닐까? 왜 서의필 교수는 미국 남장로교 한국선교부 선교사로 여타의 다른 선교사들처럼 '예수 믿으시오', '예수 믿고 구원받으시오'와 같은 식의 전도에는 전혀 관여하지 않는가? 등의 의혹을 살 수도 있었을 것이다.

실제로 서의필 교수는 필자와의 대화 중에 5.18과 관련된 자료나 아니면 본인 자신이 직접 보고 듣고 느낀 바를 타자로 쳐서 워싱턴에 보낸다고 말한 적이 있다. 여기서 말하는 워싱턴이라 함은 정말로 워싱턴의 정가가 될 수도 있고 아니면 그저 통상적인 미국을 지칭하면서 미국 내의 여러 개인이나 단체—예를 들어 교회 등 —에 알리고 있다는 뜻으로도 해석된다. 어느 경우이든 간에 필자는 서의필 교수가 5.18과 관련된 한국 상황을 CIA 요원으로 미국에 보냈다고 결코 생각지 않는다. 이는 한남대학의 설립자이면서 초대 학장을 지냈던 인돈이 일찍이 1919년의 3.1운동 관련 소식을 미국 남장로교를 비롯해 미국 전역에 알렸던 일과 같은 맥락으로 볼 수 있기 때문이다.[55]

대학에서 스승으로 만나 직접 강의를 듣고 그 후로도 수십 년에 걸쳐 끊임없이 만나 한국의 민주주의와 인권 문제를 함께 토론함과 동시에 각종 서신과 이메일을 통해 국내외의 주요 이슈에 대한 교류를 지속해왔던 필자로서 서의필 교수가 보는 미국 정부의 대외정책을 한마디로 규정한다면 그것은 제국주의이다. 서의필 교수는 스스럼없이 '미 제국주의'를 거론하면서 미국의 제국주의적 대외정책을 비판해왔다.

실제로 그는 자신의 설교 '이 역사적 순간의 도전'(Ⅲ. 1)에서 "모든 제국주의, 식민주의, 전체주의는 약자 위에 악한 제도를 부과하려는 강자의 노력을 대표하는 것들로서 이러한 제도들은 존엄성, 인간성, 정의의 규정을 침해하기 때문에 이 지구상에서 완전히 제거되어야 한다"라고 설파한 바 있다. 이어서 촘스키 교수의 저작56)에 크게 힘입은 그는 미국의 대외정책에 나타나는 심각한 문제점으로 아래의 몇 가지 사항을 지적한다.57)

- 미국은 미국의 힘의 행사를 정당화하기 위해 소련의 위협을 거듭 되풀이해 조작해왔다.
- 미국은 미국의 주도권을 고무하기 위해 대리국가를 이용해왔다.
- 미국의 대외정책은 미국의 경영계획을 위한 풍토를 증진하려는 공약에 의해 유도되고 있다.
- 인권에 관한 레이건의 정책은 미국인의 가치를 제대로 반영하지 못하고 있다.
- 군, 경찰, 비밀 첩보원의 훈련을 포함한 미국의 원조계획은 너무나도 자주 독재정부가 무고한 시민들에게 고문과 학대를 자행하도록 그 장비와 기술을 제공했다.

이와 같은 특성으로 대변되는 미 제국주의의 제3세계 개입정책은 세계 도처의 민중들에게 착취와 고통을 안겨줄 수밖에 없는 결론을 도출했는데 촘스키가 '범죄 전쟁'(Chomsky, 1967)이라고 칭하는 미국의 베트남 침공이 그 대표적인 사례이다.

같은 맥락에서 서의필 교수는 미국의 대한반도 정책에 대해서도 비판을 서슴지 않았다. 한국의 민주주의와 인권의 전도사였던 그에게 광주의 5.18은 한국 민주주의 발전에 대한 심각한 도전이었으며, 그는 이 도전의 원천을 바로 미국에서 찾았다. 아직까지도 미국 정부의 공식 입장으로 확인되고 있지는 않지만 5.18 광주 내전 당시 주한미군 사령관이면서 동시에 한미연합 사령관이었던 존 위컴(John A. Wickham)이 한국군에 대한 작전통제권을 가지고 있었기에 한국 공수부대를 광주에 투입하는 것은 위컴의 승인이 없이는 불가능했기 때문이다. 이는 결과적으로 민주주의를 요구하는 광주 시민들에 대한 군사적 개입 명령에 미국이 직간접적으로 관여한 것으로 인식하는 것을 뜻한다. 전두환을 중심으로 하는 한국의 신군부와의 내전에서 미국은 결국 신군부 쪽 손을 들어준 셈이다. 서의필 교수가 볼 때 이는 미국의 대한반도 정책이 한국에서의 보편적 인권 신장과 민주주의의 발전보다는 미국을 절대적으로 의지하는 한국의 신군부들로부터 얻게 될 미국의 현실적인 이익 쪽을 선택한 것으로 해석된다.

이는 1980년 8월 8일자 〈LA타임스〉가 보도한 한미연합사령관 존 위컴의 지극히 제국주의적인 발언에서 극명하게 드러난다.

한국인들은 들쥐와 같다. 그들은 누가 자기네들의 지도자가 되든 그저

따라갈 뿐이다. 민주주의는 한국인들에게 적합한 제도가 못 된다.58)

위컴은 이처럼 한국 민중들을 무시하고 경멸하는 태도와는 달리 전두환을 중심으로 하는 한국 신군부를 두둔하는 발언을 같은 신문에서 이어나갔다.

한국 국민의 광범위한 지지를 받고 한국의 안보가 유지된다면 이를 한국 국민의 뜻으로 받아들여 전 장군을 지지할 것이다.

5.18의 발생에서부터 전개된 과정까지와 그 후 미국에서 새로 선출된 제40대 대통령 레이건 시대에 형성된 한미관계를 보면 미국의 대한반도 정책에는 한국의 민주화와 한국 민중들의 인권은 안중에 없었다는 것을 적나라하게 보여주었다. 미국이 기본적으로 종종 한국과의 갈등이 없지 않아 있었지만 그럼에도 박정희 독재정권을 용인하고 지원했던 것처럼, 5.18광주민주화운동에서도 한국 정부의 강력한 반공 기조만 담보된다면59) 그 정권이 독재정권이든 뭐든 특별한 관심이 없는 것으로 드러난 셈이다.

이처럼 미국의 대한반도 정책이 근본적으로 제국주의 기조하에 있는 한 서의필 교수의 기독교 신앙관에 비춰볼 때 그 자신이 미국을 비판하지 않을 수 없었을 것이다. 하나님의 진리의 말씀을 전하기 위해 온 선교사로서 그는 자신의 국가인 미국의 대한반도 정책과 고난당하고 있는 한국 민중 모두를 무엇보다도 하나님의 관점에서 보고자 했던 것이다.

앞에서 언급한 바 있지만, 1919년 인돈 목사가 일본 제국주의 침략에 대항해서 일어난 조선 민중들의 3.1운동을 미국에 알렸던 것과 같은 맥락으로 그로부터 61년이 지난 1980년 이번에는 한남대학 설립위원 7인 중 한 사람인 서의필 교수가 신군부 독재세력에 대항해 한국 민주주의를 사수하기 위해 일어난 5.18광주민주화운동을 미국에 알린 것이다. 다만 5.18의 경우 미국이 민주주의를 요구하는 한국 민중들의 편에 서지 않고 오히려 민주주의의 부활을 총칼로 압살한 신군부 독재세력의 편에 서면서 제국주의적 입장에 있었던 것이 잘못된 것임을 분명하게 비판하고 이를 미국 당국 및 미국인들에 알렸던 것이다.

이와 관련해서 서의필 교수는 자신의 설교 '화평케 하는 일'에서 5.18의 기억을 다시 한 번 거론한다.[60]

1980년 5월 17일 광주에 갔던 우리 학교 학생 한 사람은 그 이후 그를 계속 악몽에 시달리게 만든 무참한 광경을 목격했다고 합니다. 삼천 명의 전투 경찰이 그곳에 투입되었습니다. 평화적으로 저항하는 자들을 고립시키기 위해 모든 길은 차단되었고, 그들이 피신하지 못하도록 최루탄 가스가 사람들의 무리 속에 뿌려졌습니다. 서울로부터 삼천 명의 공수부대원이 추가로 투하되었습니다. 이들은 총검으로 눈에 띄는 사람을 죽이기 시작했습니다. 그들은 마약 중독제를 먹은 자처럼 무자비한 만행을 저질렀습니다. 곧 거리는 피로 물들고 죽은 시체는 군대 트럭에 실렸습니다. 공수부대원들은 시민의 집 대문과 울타리를 부수고 집 안으로 그들을 추격했습니다. 몇몇 여학생이 그들에게 끌려 나가 그들 총검에 의해 희생되었습니다. 한 여학생을 죽이고 있는 공수부대원에게 저항하던 70세의 노파도 거리에서 죽임을 당했습니다. **세계에서 가**

장 강력한 한 나라의 명백한 지지 위에 잔혹한 살생이 계속되었습니다. 얼마나 무서운 하루입니까! 확실히 **하나님께서는 우리를 잊고 계셨습니다.**

이 설교에서 서의필 교수는 명시적으로 단언한다. 5.18에서 한국 공수부대원들의 잔혹한 학살 행위 뒤에는 "세계에서 가장 강력한 한 나라"의 지지 곧 '미국의 지지'가 있었다는 것을 명시적으로 언명한다. 또한 이를 두고 "하나님께서는 우리를 잊고 계셨다"고 함으로써 이는 하나님의 뜻에 배치되는 일이었음을 명확하게 밝힌다.

## 4. 사회구원을 지향하며

일반적으로 보수 신앙에서는 개인구원에 전적인 관심을 둔다. 개인구원에서는 개인이 속해 있는 사회의 구조와 시스템에는 전혀 관심을 두지 않고 오로지 어느 한 개인이 하나님을 알고 믿게 되며 궁극적으로는 예수 그리스도를 구세주로 영접함으로 말미암아 구원받는 것을 목표로 한다. 기독교 단체에서 전도하는 전통적인 방법 중 하나로 '사영리'라는 것이 있는데, 사영리식 구원의 접근방법이 바로 개인구원이다.[61] 이런 관점에서 볼 때 선교사로서 서의필 교수는 한국 선교에서 개인구원에는 그리 큰 비중을 두지 않았던 것으로 보인다.

그렇다면 서의필 교수의 선교 철학은 과연 어떠한 것이었을까? 무엇이 서의필 교수만의 선교적 특성이라 할 수 있을까? 또한 선교 방식은 그의 삶과 어떤 관계가 있는 것일까 등의 물음을 제기할 수 있다. 서의필 교수는 자신의 선교 목적 및 방향 설정에서 개인구원보다는 사회구원에 훨씬 더 큰 비중을 두고 있었던 것으로 보인다. 이와 관련해서 그가 행했던 설교에서 일부를 인용해본다.[62]

> 이곳에 있는 우리 모두는 평화를 사랑하는 사람입니다. 아무도 지금 밖에 나가서 사람을 죽일 일을 생각지 않습니다. 그러나 사실상 우리는 사회에서 일어나는 폭력과 살인에 기여하고 있는지도 모릅니다. 경제적 구조는 수백만 명의 인명을 파괴할 수 있습니다. 미국에서의 노예제도가 확실히 그러했습니다. 합법적 구조와 악법은 인간성을 왜곡하고 침해하고 파괴합니다. 유신체제가 그것을 증명해주었습니다.

즉 개인적으로는 다시없는 성인군자라 할지라도 본인의 의지와는 상관없이 정치적 혹은 경제적 폭력구조로부터 야기되는 살인, 즉 인명 파괴에 부지불식간 가담할 수도 있음을 지적하는 대목이다. 예를 들어 제아무리 훌륭한 평화주의자라 하더라도 어쩔 수 없는 사회구조적 맥락에서 전쟁에 참전하게 되면 본인의 의사와는 상관없이 양민학살 행위에 가담하게 될 수도 있다는 것이다. 1950년 7월 26~29일 발생한 노근리 양민학살사건[63]만 하더라도 그렇다. 이때 기관총을 난사한 미군 병사 하나하나의 면면을 볼 때 그들 모두를 악마들이라고 볼 수는 없을 것이다. 그럼에도 그들이 양민학살에 가담한 것은 지워질 수 없는 사실이다.[64] 이 경우 양민학살의 책임은 개인에게 있는가 아니면 전시상황이라는 구조에 있는가? 이런 상황에서 서의필 교수는 이미 전쟁이라는 콘텍스트 속에 있는 병사들 개개인을 불러다가 제아무리 철저한 평화교육을 시킨다고 하더라도 해결될 것으로 보지 않는다. 그는 개인으로서의 병사가 문제가 아니라 그 전쟁을 하게 되는 구조적 맥락에서 해결방안을 모색해야 한다고 강조한다. 위의 인용 글에서 언급되고 있지만 개인구원 차원에서는 불합리한 미국의 노예제도에 감히 '아니오'라고 말하지 못할 것이다. 아니 말하지 않을 것이다. 개인구원 차원에만 머물러 있는 한 합법적으로 헤게모니화되어 있는 노예제도 자체에서 파생되는 비인간적 착취와 폭력이 정당화될 수밖에 없다. 또 한국의 유신체제라는 정치구조 속에서 얼마나 많은 사람이 비인간화 과정의 치를 떨어야만 했던가. 서의필 교수는 정치적·사회적·경제적 구조에서 구원이 보장되지 않는 한, 한 개인만의 구원으로는 문제 해결이 불가하거나 아니면 적어도 무의미한 것으로 여기는 셈이다.

사회구원에 기반하는 그의 기독교적 신념이 언제부터 어떻게 확고해졌는지 정확히 알 수는 없다. 다만 그가 유년 시절 및 학창 시절의 대부분을 보냈던 미국의 남부, 특히 사우스캐롤라이나가 흑인들이 많이 거주했던 지역이었다는 것에 주목해본다. 이러한 환경에서 서의필 교수가 자연스레 흑인 사회 및 흑인들의 삶에 대한 이해와 연민 등을 통해서 서로 다른 인종과 문화, 역사와 관습의 실존적 의미를 고양시켜 나갈 수 있지 않았을까 하는 추정을 해본다. 한국으로 파송받아 왔던 초창기 때부터 서의필 교수는—물론 자의적 선택이었는지의 여부는 알 수 없지만—도시 선교보다는 시골 선교, 또 중심지 선교보다는 변방 선교를 선택하였다. 따라서 목포 스테이션 소속 선교사였지만 그의 실질적 선교지역은 목포 시내가 아니라 오늘날의 진도를 중심으로 하는 여러 개의 아주 작은 섬들이었다.

미국 남장로교 한국선교부 기록에 따르면 당시 한국에 파견되어

오는 선교사들은 맨 먼저 한국어를 공부했다. 이는 한국선교부 내에 어학위원회가 있어서 매번 정기적으로 제출하는 선교사들의 어학훈련 과정에 관한 보고서를 통해서 알 수 있다. 이에 따라 서의필 교수 부부도 이 시기에 다른 무엇보다도 한국어 공부에 몰두했던 것으로 알려져 있다.

그러나 서의필 교수는 한국에서의 선교사역 첫걸음으로 단지 한국어만을 공부하는 것으로 그치지 않았다. 목포 앞바다의 도서 지역을 오가며 한국 사람들의 삶 자체를 이해하고자 하는 데 주안점을 두었다. 당시 그의 눈에 비친 한국 사람들은 부지런하고 선한 사람들이었다. 그러면서 늘 그의 마음 한구석에 풀리지 않는 의문이 하나 있었는데, 이는 이 선하디선하며 더할 나위 없이 부지런한 한국 민중들이 도대체 왜 이토록 가난해야만 하고 또한 말로 형언할 수 없는 전쟁의 고통을 겪어야만 했는가 하는 것이었다. 전쟁 직후에 펼쳐진 삶의 현장에서 한국 사람들은 무엇을 생각하고 있으며 또한 그들이 살아온 역사와 문화가 어떤 것이었는지 전혀 모르는 상태에서 그저 성경책 하나만을 들고 나가서 "예수 믿으시오. 이 성경 말씀만 믿으면 만사형통합니다"라고 감히 외칠 수는 없었던 같다. 마치 신약성서에 등장하는 착한 사마리아 사람(누가복음 10:25-37) 이야기에서처럼 서의필 교수는 제사장 노릇도 아니고 레위인 노릇도 아니면서, 오히려 착한 사마리아 사람 노릇을 자신의 한국 선교 철학의 기본으로 삼았던 것이다. 당장에 먹을 것이 없고 당장에 입을 것이 없으며 당장에 누울 곳이 없는 한국 민중들을 매일같이 바라보면서 한국 사회 저변에 흐르는 역사 문화적 구조의 이해를 바탕으로 하는 선교 접근을 시도한 것이다.

영어의 주요 의문부사로 'what'과 'how' 그리고 'why'가 있는데, 비유컨대 한국 선교에서 서의필 교수는 'what'보다는 'how'에, 'how'보다는 'why'의 문제에 더 많은 관심을 두었다고 본다. 여기서 'what'이 표면적인 현상이라면 'how'는 그 중간 단계쯤에 해당하고 'why'는 문제의 본질에 대한 심층적 접근이다. 이는 한국에서의 선교 철학을 'what'에만 함몰시키지 않고 'how' 혹은 더 근본적으로 'why'에서 찾고자 한 것이다. 그러기 위해서는 공시적 관점에서 한국을 바라보는 것을 지양하고 통시적 관점에서 한국을 바라보는 것이 필연적일 수밖에 없었다.

따라서 한국에서 선교사로서 살아가면서 그는 한국의 언어와 관습, 역사와 문화 등에 자신을 총체적으로 동일시하고자 했다고 볼 수 있다. 그는 국가로서 '미국'과 종교로서 '기독교' 그리고 언어로서 '영어'라는 20세기의 대표적 파워를 헤게모니적으로 사용하는 것을 각별히 경계했다. 그는 기독교가 제국주의 종교로서 기존 한국의 전통 종교를 대체해야 한다고 생각하지 않았다. 한국의 기독교 역사를 보면 유교와 충돌이 대단히 격렬했다. 특히 제사 문제를 가지고 우상숭배니 뭐니 해서 논란이 많았고 아직까지도 개신교에서는 이를 문제 삼고 있는 실정이다. 그러나 서의필 교수는 한국의 유교 사상 및 전통 문화를 매우 존중했다. 존중의 단계를 넘어 몸소 배우고자 했다. 그렇지 않고서야 유교문화권의 천자문을 비롯해서 사서삼경에 이르는 공부를 어떻게 할 수 있었겠으며 더 나아가서 한국 유교 문화의 대표적 유물인 조선시대의 족보까지 연구하기에 이르렀겠는가.

실제로 그는 한남대학에서 1970년대 초까지만 하더라도 동양철학 강의를 담당했으며 여기서 공자와 맹자를 직접 가르쳤다.[65] 서의필 교수는 초기 미국 선교사들이 조선의 양반들에게보다 서민층에 더 전도의 심혈을 기울인 점에 대해서 높이 평가하는 반면에, 다른 한편으로 이들 양반들에게 더욱 적극적으로 복음을 들고 들어가지 못한 점에 대해서는 못내 아쉬워했다. 아마도 한국의 전통적 유교를 대표하는 양반들과의 접점을 다소 피하고자 해서 그랬는지는 모르지만,[66] 서의필 교수의 선교 철학에 따르면 유교와도 자연스럽게 공존하는 것이 가능할 수 있었다. 또한 본인 자신은 이를 오히려 기독교의 토착화를 위한 자연스런 행보로 받아들였다.

서의필 교수는 한남대학 교수 후반기에 사학과 교수로서 한국사를 가르치기도 했다. 그러면서 한국이라는 나라의 역사와 그 역사 속의 한국 민중들이 겪어낸 고난의 여정들이 늘 자신의 기도 제목이 되어왔다. 현재 그가 가장 안타까워하는 것은 한반도의 분단 상황이다. 그의 견해에서 볼 때 이 분단은 한국전쟁과의 인과관계로 연결되고, 이는 또 그 이전의 일제 식민지 시대와 직접 연관되고 있는데 이 식민지 시대의 씨앗은 그가 지적한 1905년 가스라-태프트 조약으로까지 거슬러 올라가고 있다는 것을 그의 인터뷰에서 지적한 바 있다.[67] 그는 이를 "일본 사람들이 한국에 와서 마음대로 백의민족을 착취해도 괜찮다는 주장은 윤리적으로 도저히 좋게 볼 수 없는 것"이라고 일갈할 정도로 자신을 한국 민중의 역사의식 및 민족의식과 동일시하는 철학을 견지하고 있다.[68]

그의 사회구원 철학은 한국에 와서 점점 구체화되어갔다. 그의 나이 30대 초반에 1960년 서울에서 목격한 한국 현대사의 주요 분수령이 되었던 4.19혁명은 서의필 교수에게 선교 철학의 지평을 넓

혁주었다. 다시 말하면 한국 선교의 'what'에서 'how'를 거쳐 'why' 단계로까지 승화되는 계기가 되었다. 분출된 4.19혁명이 겉으로 드러난 'what'이었다면 이 혁명으로 분출되기까지 한국의 사회 역사적 맥락은 'how'에 해당할 것이다. 이것으로 끝나지 않고 서의필 교수는 4.19혁명에서 듣게 되는 하나님의 음성, 곧 하나님의 형상대로 지음받은 한국 민중들의 인권과 민주주의의 회복 자체를 하나님의 뜻으로서 혁명의 'why'로 인식했다. 즉 민심이 천심이라고 하는 *Vox Populi Vox Dei*를 직접 보고 들었던 것이다. 당시 그는 장신대에서 미래 한국의 영적 지도자가 될 젊은 청년들을 가르치고 있었다. 그런 와중에 발생한 4.19혁명에서 자유당 정권의 부패와 독재에 종말을 요구하며 민주주의를 외치던 젊은 청년 수백 명이 총탄으로 쓰러져가는 것을 목격했다. 그에게 하나님의 복음이 따로 있고 4.19혁명이 따로 있는 게 아니었다.

1960년 12월 7일자 선교보고서(I. 3-5)에서 밝히고 있듯이 그해 크리스마스를 맞이하면서 서의필 교수는 4.19혁명으로 야기된 한국 민중들의 마음속 공허함이 어떻게 메꾸어질 것인지 고뇌하고 있다. 그런 가운데 그는 당시 한국 현대사의 한 단면 속에서 기독교가 단순히 개인적 성공 내지 축복만을 간구하는 이른바 안락한 기독교(reclining Christianity)로만 안주해서는 안 된다고 고백한 바 있다.

그는 4.19혁명을 통해서 하나님의 평화에의 길이 거저 오는 쉬운 길이 아님을 실감했다. 예수 시대 당시 로마제국의 압제자들과 결탁하기를 원했던 사두개인이나 제사장, 귀족 부류와는 달리, 예수가 기득권층의 현상 유지에 분명히 '아니오'라 했던 것처럼 서의필 교수도 4.19혁명 당시 한국의 사회 역사적 현실—부정부패, 반민중적 독재—에 '아니오'라고 하는 것이 바로 예수의 태도라고 이해했다고 할 수 있다. 사탄의 유혹에도 친구와 원수를 위해 무제한적인 사랑과 죽음을 선택한 예수의 삶에서 민주주의와 평화를 외치다가 죽어간 4.19혁명의 청년 학생들을 떠올리게 된 것이다. 서의필 교수에게 복음이란 예수의 발자취를 따라가려는 사람이라면 당연한 '그리스도의 구속적 고통 안에 함께 나누어야 할 책임'일 수밖에 없다.69)

따라서 그는 예수가 했던 것처럼 늘 약한 자와 가난한 자, 병든 자와 고통받는 자와 함께 구원받고자 했다. "네 십자가를 지고 나를 따르지 않는 한 나의 제자가 될 수 없다"(누가복음 14:25-35)라고 한 예수의 말씀에서 제자의 직분을 찾고자 하였다. 십자가를 지고 예수를 따르든지 아니면 따르지 못하든지의 이분법적 선택만이 있을 뿐, 교회에서 중립이란 결코 있을 수 없었다. 따라서 그에게서 교회란 가난한 자와 압박당하는 자와 소외당하는 자들의 편에 설 때라야 교회지 그렇지 못할 경우에는 교회라 할 수 없는 것이었다. 그런 의미에서 서의필 교수는 디트리히 본회퍼가 비판하였던 '값싼 은총'을 늘 경계했고 "고통을 외면한 교회는 교회의 속성에서 가장 본질적인 것을 빠뜨리고 있다"라고 한 남아프리카공화국의 투투 주교의 말에 동조했다.

이미 앞에서 언급한 바 있듯이 그는 설교를 통해서 삶에 필요한 어떤 세상적 교훈을 전달하려 하지 않았다. 그렇다고 해서 자신의 설교를 통해 인간사에 긴요한 윤리나 도덕 등을 가르치려 하지도 않았다. 그의 설교 속에서는 축복받고 성공하고 승리하는 이른바 기복신앙 내지는 번영신학의 흔적이 전혀 보이지 않는다. 그 대신 그는 설교를 통해서 그리스도인의 믿음 생활이 삶의 현장에서 행위로 입증되어야 함을 강조하였다. 선지자 아모스가 외쳐낸 사회정의가 지금 여기 이 땅 한국에서 이루어지기를 늘 간절히 호소하였다. 즉 "이 땅을 정의와 사랑과 평화가 가득한 나라로 만드는 것이 크리스천의 사명"이라고 확신하고 있었다.[70]

그래서 1970년대와 80년대 박정희와 전두환에 이르는 군사독재 시절 서의필 교수 주변에는 반독재 민주화 투쟁을 하다가 고난당하던 사람들이 들끓었다. 그는 민주화 투쟁을 하다가 체포되어 재판을 받는 이들과 함께하기 위해 법정에 자주 나아갔다. 민주화실천가족협의회 사람들과도 계속해 교류하면서 그들의 고통을 함께 나누고자 애썼고 정의사회 구현을 위해 만들어진 기독자교수협의회 회원들과도 긴밀한 관계를 맺으며 활동하였다.[71] 서의필 교수에게 '반독재'니 '민주화'니 '정의'니 '평화'니 하는 말들은 보수교단에서 말하는 이른바 '세상적' 내지는 '인본주의적' 관점이 아니라 오히려 하나님의 준엄한 명령으로서 하나님의 사람이라면 당연히 따라야 할 책무였다. "오직 정의를 물같이, 공의를 마르지 않는 강같이 흐르게 할지어다"(아모스 5:24)라고 설파한 아모스의 관점으로 볼 때 참된 기독교 정신은 현실 세계에 만연해 있는 '독재'와 '비민주', '제국주의 침략'과 '자본주의 착취' 등의 개념들과는 양립할 수 없는 것이었다.

같은 맥락에서 서의필 교수는 남북한 사이의 통일 문제에서도 한반도 분단의 현상 유지를 반기독교적이라고 여긴다. 현재 한국 사회에 내재되어 있는 모든 갈등 및 모순, 대결과 증오의 원천을 한반도의 분단에서 찾고 있기 때문이다. 이미 앞에서 살펴본 바와 같이 서의필 교수의 서신 속에 나타난 그의 통일에 대한 염원은 너무나도 간절하다. "금세기가 끝나기 전에 (한반도의) 재통일과 화해와 평화를 볼 수 있기"(II. 6-5: 1990년 2월 7일자 편지)를 빌기도 한 바 있으며, 또 "(남북 간에) 화해가 이루어지기 전에는 결코 이 세상을 떠나고 싶지 않다"(II. 6-11: 2010년 7월 27일자 편지)는 절절한 고백을 한 바도 있다. 1954년 2월 24일 인천을 통해 선교사 신분으로 들어와 장장 40년이라는 세월에 걸쳐 한국의 역사와 문화를 배웠고, 그 무엇보다도 한국 민중들이 감내해야만 했던 고난과 고통을 함께 나누었다. '사회의 완전한 구원'(full redemption of society)(II. 6-4: 1989년 5월 20일자 편지)에 방점을 두었던 그에게는 한국 사회에서의 정의와 평화, 민주주의와 인권의 회복 그리고 한반도에서의 화해와 통일이 선교의 핵심 주제어로 남게 된 셈이다.

## 5. 미국의 한국 선교에 관한 소회

서의필 교수는 평생을 한국에서 선교사로서의 사명을 감당하며 살면서 교단의 차원을 떠나서라도 한국 선교 100년을 돌아보고 이제는 철수할 때가 되었다고 여겼다. 1884년 9월 미국 북장로회 선교사 알렌이 서울에 들어와 상주하면서 공식적으로 시작된 미국의 한국 선교72)를 여러 가지 관점에서 평가할 수가 있을 것이다. 국운이 쇠락해가는 조선 말기에 들어온 미국 선교사들은 일제 식민지 시기를 거치면서 선교 활동의 수많은 역경과 고난을 헤쳐 나아갔다. 그후 한국의 해방과(1945) 전쟁(1950-53) 그리고 1960년대 이후부터 오늘에 이르기까지 어언 140여 년에 이르는 한국의 근현대사를 함께 공유해왔다고 해도 과언이 아니다.

그런데 벌써 40년 전, 그러니까 1982년도에 이미 서의필 교수는 미국 선교사들이 한국에서 철수할 때가 왔음을 주장한 바 있다.[73] 그는 1982년 당시 미국교회의 한국 선교 100주년을 앞둔 시점에 한국의 기독교가 더 이상 미국의 선교에 의존해서는 안 된다는 점을 피력했다. 한국교회가 향후 무엇을 어떻게 추진해나갈 것인가의 문제는 전적으로 한국교회 스스로 결정할 문제라고 여겼다. 『기독교사상』에 따르면 서의필 교수는 단도직입적으로 말해서 미국의 한국선교부는 이제 해체해도 좋을 만큼 더 이상의 큰 이슈가 되지 못할 것이라는 입장을 예견한다.[74]

서의필 교수가 1959년 장신대 교수로 시작해서 1994년 한남대에서 은퇴할 때까지의 35년간에 걸쳐 주로 학원 사회에서 교육선교 활동을 했기 때문에 그 누구보다도 한국 젊은이들이 생각하는 기독교 내지는 교회에 대한 견해를 정확히 파악하고 있었을 것이다. 그런 가운데 서의필 교수는 한국의 교회들과 목사들에 관해서 다음과 같은 질타를 주저하지 않았다.[75]

제가 학원 사회에 있는데 노골적으로 말하면 제가 가르치는 학생 대부분은 교회에 나가지 않습니다. 절대 안 나갑니다. 교회란 나쁜 것인 줄로 알고 안 갑니다. 교회 가서 배울 만한 것이 무엇입니까? 과격한 말인 것 같지만 목사들은 다 부패되었어요.

교회에 나가서 배울 만한 것이 없다. 한국 목사들은 다 부패했다. 한국교회에 관한 이 같은 그의 진단은 매우 놀라운 선언이다. 오늘날 한국의 대형교회를 중심으로 자행되고 있는 목사직의 세습 문제, 교회 재정의 불의한 집행 문제, 적지 않은 목사들의 성적 타락 문제들이 일상적 뉴스거리가 되어가고 있는 가운데 교인들의 급격한 탈교회 현상을 이미 40년 전에 정확히 진단하고 이를 명시적으로 단언할 수 있었다는 점이 그저 놀라울 뿐이다.

서의필 교수는 미국의 한국 선교 초창기, 대체로 미국의 북장로교 선교부가 먼저 들어왔던 1884년부터 1919년 3.1운동 때까지 약 35년 정도의 선교에 대해서는 긍정적인 평가를 내리는 편이다. 19세기 말 당시 미국에서 엘리트 대학 교육을 받고 거기에다 신학 공부까지 했던 선교사들은, 예를 들면 "언더우드 박사나 그 외의 레이놀드 박사가 사서오경을 섭렵했을 정도"로 대단한 지성인들이었다.76) 게다가 이들 중 많은 이가 의학이나 간호학을 추가로 수학함으로써 교육선교와 의료선교를 조선선교의 양대 벼리로 삼았다. 이들 선교사들을 통해 접하게 된 학교와 병원이 각각 한국의 근대 교육과 의료 분야에서 중요한 시발점이 되었다.

다른 한편으로 조선에서 행했던 이들의 선교정책이 19세기 후반 미국 사회의 전반적인 분위기와도 연관되어 있었다. 당시 미국은 남북전쟁 이후 산업화 시대에 돌입하면서 기독교계 내에서도 사회복음에 대한 관심이 크게 고조되기 시작했다. 이 무렵 미국 내에서 일기 시작한 해외 선교에 대한 폭발적인 붐 자체가 사회복음의 일환이었다.

알렌이 서울에 들어온 해가 1884년인데 이때는 갑신정변이 일어난 때이고 그 후 계속해 기울어가는 조선 말기 1894년의 갑오경장 및 청일전쟁, 1904~1905년의 러일전쟁과 바로 이어지는 1905

년의 을사조약, 급기야 1910년 한일병탄을 통해 조선은 일본의 완전한 식민지로 전락한다. 다시 말해서 미국이 선교지로 삼고 찾아온 고요한 아침의 나라 조선은 선교 첫걸음부터 바로 멸망해가는 과정에 있었다. 역설적이긴 하지만 국운이 다해가고 있던 조선에서 미국 선교사들의 선교적 의미는 더욱 커질 수밖에 없었을 것이다.

이들은 기독교 정신에 입각해서 조선의 가난한 민중들에 대한 각별한 관심과 함께 제국주의 일본의 침탈에 속수무책이었던 조선 사회 전체에 대한 연민도 크게 작용했던 것이다. 그러나 당시 미국 선교부의 정교분리 정책에 따라 일본 제국주의의 조선 침탈에 대해서 신앙의 양심에 따른 적극적인 관여 내지는 개입이 선교사들에겐 사실상 불가능했다. 서의필 교수가 지적했듯이 일본의 조선 침탈의 보증수표 격인 1905년의 가스라-태프트 조약77)에 대해서 당시의 조선 교회는 물론 조선 내의 미국 선교사들의 반응이 어떠했는지에 관한 그 어떠한 단서도 아직까지는 발견되지 않고 있는 실정이다.78) 아마도 본국인 미국의 결정을 사실상 묵인하고 넘어가지 않았나 하는 추론을 해볼 뿐이다.

그럼에도 다른 한편 105인 사건(1911)이나 3.1만세운동(1919)에서는 미국 선교사들이 직간접적으로 일정 부분 역할을 하면서 조선의 입장을 옹호했던 것으로 알려져 있다. 이는 미국 선교사들이 전부는 아닐지라도 적어도 일정한 범주 안에서는 일제의 종살이로 전락한 조선 민중들의 삶과 이로부터의 독립을 위한 민족적 항의를 이집트에서 종살이를 했던 히브리 백성들의 출애굽 사건과 일정 부분 동일시하는 견해에 동조하고 있었음을 보여준다. 이런 부분은 미국 선교사들도 당시 조선 사회의 역사적 맥락에 근거하는 사회구원이라는 차원에서 '착한 사마리아 사람'의 이웃 사랑 정신을 조선에서 견지하고자 했던 흔적이라고 볼 수 있다.

이런 관점에서 볼 때 서의필 교수는 조선 선교 초기 미국의 선교 정책에 관해서는 대체로 긍정적인 평가를 하고 있는 편이다. 그러면서도 앞에서 이미 언급한 바 있지만 미국의 한국 선교 100주년이 되어가는 1980년대에 와서는 매우 부정적이다. 이는 서의필 교수가 선교사로서 한국행을 준비하는 과정에서부터 자신만의 선교 철학을 확고히 정립하고 있었던 것과 무관치 않다. 이와 관련해서 서의필 교수가 고요한 아침의 나라에 와서 선교사로 사역을 하기로 한 결단은 자신의 개인적 욕망 내지 세상적 성취와는 무관하고 오히려 전적으로 하나님의 원하심에 따른 소명적 확신에 기초한 것임을 밝힌 바 있다(I. 3-1: 1955년 2월 21일자 선교보고서). 게다가 그의 선교보고서에 따르면 신안 앞바다 섬 지역에서의 초기 선교활동에서 보듯이 그는 한국의 언어, 문화, 역사에 각별한 애정을 갖고 있으면서 한국 민중들이 겪어내고 있는 고난과 역경, 시련에 대한 긍휼함을 토대로 하고 있다. 그러는 가운데 그는 한국 현대사에서 민주주의와 인권을 향한 두 번에 걸친 커다란 역사적 소용돌이인 1960년의 4.19혁명과 1980년의 5.18광주민주화운동을 몸소 체험하면서 이러한 역사적 사건을 향한 하나님의 뜻이 무엇일까에 대한 심오한 성찰을 토대로 하는 선교사였다.

한국 선교사로서 이러한 신념과 그리스도에 대한 그의 진정한 믿음은 오늘날 한국 기독교의 치명적인 문제점으로 대두되고 있는 번영신학을 배격한다. 물론 서의필 교수 자신이 한국교회의 번영신학 풍조를 직접적으로 거론하면서 비판하는 경우를 듣거나 본 적은 없다. 그러나 선교사로, 대학교수로, 인권운동가로 평생 살아온 그의 삶의 족적을 볼 때 서의필 교수는 번영신학과는 거리가 멀다. 아니 멀다기보다는 전혀 무관하다. 이미 밝힌 바 있지만 미국이 낳은 20세기 세계적인 부흥사였던 빌리 그래함 목사가 서의필 교수의 동서이다. 서의필 교수와 직간접적으로 연관되어 그래함 목사의 이름이 거론된 적이 딱 한 번 있었다. 그가 선교사로 왔던 첫해, 1954년 5월 6일~14일 전주 연차대회에서 당시 영국 런던에서 개최되었던 빌리 그래함의 복음전도대회 소식을 부인인 서진주 여사가 선교보고 형식으로 보고한 바 있다.

빌리 그래함으로 말할 것 같으면 1973년의 서울 여의도 전도대회와 1974년도 역시 여의도 광장에서 열린 엑스폴로 '74 세계기독교대회를 언급하지 않을 수 없다. 이 두 대회는 1907년 평양대부흥회 이후 처음으로 한국 기독교의 성장을 촉진하는 데 결정적인 촉매 역할을 했기 때문이다. 당시 기독교계에서는 이 두 대회를 대성공으로 인식하는 것을 넘어 전 민족의 복음화운동을 촉발하리만큼 고무되어 있었던 게 사실이다.

서의필 교수의 입장에서 본다면 자신의 동서가 서울에 와서 그야말로 전대미문의 세계적인 전도대회를 개최했고 그 결과 이른바 전도 폭발을 일으키는 데에 대성공을 거둔 셈이다. 하지만 그 당시는 물론 그 후 어느 한 순간에도 그의 입에서 빌리 그래함이란 이름을 거론한 적이 없으며 또한 이 두 전도대회에 대해서 일절 언급한 적이 없다.

이는 군중 동원을 근간으로 하는 대규모 전도집회가 서의필 교수의 선교 철학적 관점으로 볼 때 썩 내키지 않는 것이었기 때문이다. 더군다나 당시의 급박하게 돌아가는 시국을 고려할 때 1973년과 1974년의 두 해에 걸친 빌리 그래함 전도대회가 과연 하나님 보시기에 좋은 것이었을까 하는 회의가 들 수도 있었다. 1973년이 어떠한 해이었던가. 주지하는 바와 같이 바로 그 직전 해인 1972년은 한국 민주주의가 사망한 해가 아니었던가. 1972년 10월 17일 박정희는 10월 유신 선포를 통해서 자신의 독재 기반을 강화하고 영구집권의 발판을 마련해놓았다. 전국에 비상 계엄령이 선포되고 국회는 해산되었으며 대학은 문을 닫아야 했다. 일체의 정당 및 정치 행위가 금지되었고 언론의 자유는 송두리째 말살되었다. 독재정권의 인권 유린 및 정치 탄압이 점점 더 노골화되면서 1974년부터는 긴급조치 정국[79]이 시작된다. 이때 수많은 청년 학생과 지식인이 민주주의와 인권을 요구하다가 체포되어 감옥으로 끌려가고 그중 일부는 사형당하기까지 하는 한국 현대사의 암흑기였다고 할 수 있다. 결국 빌리 그래함이 서울에 와서 예수 믿으라고 외쳐댔던 1973~74년은 한국 민주주의에 급성 심근경색이 발생했던 때이고 그 여파로 인해 전국 도처에서 민중들의 신음 소리와 절규 소리가 터져 나오던 시절이었다. 민중들의 이 처절한 고통 소리에도 아랑곳없이 눈감고 귀 막아가면서 마치 아무런 고통 증세가 없는 양 오히려 수십만 내지 1백여만 명씩 모여서 그저 '할렐루야 아멘'을 외치며 즐거워했다. 이런 식으로 해서 "예수 믿으시오, 예수 믿으면 천국 갑니다. 예수 믿고 구원받으시오, 예수 믿으면 축복받습니다. 믿습니까? 믿기로 결단하신 분은 잠시 일어나 서주시오"[80]라고 하는 식의 개인구원과 이에 따르는 물량 중심의 번영신학이 뿌리를 내리고 있던 것이다.

서의필 교수에게는 하나님의 형상대로 지음받은 우리의 이웃들
─동료 교수 지식인들, 제자 청년 학생들, 노동자와 농민들─의 자
유와 인권이 박탈되며, 이들이 고문치사로 죽어나가고 심지어는 사
형까지 집행당[81])하는 상황에서 이들을 긍휼히 여기며 때로는 찾아
가 위로하고 때로는 그 고통을 함께 나누고자 하는 것이야말로 진
정한 복음이요 구원이었다. 그에게 10월 유신은 한국 민주주의가
강도를 만난 것이나 다름없었으며 이를 반대하다가 긴급조치로 잡
혀가 고생하는 수많은 사람 역시 여리고 골목에서 강도를 만나 반
죽음당했던 바로 그 이웃들이었던 것이다. 1973년과 1974년 두 해
에 걸친 한국의 여리고 골목을 제사장이나 레위인이 눈감았던 것처
럼 서의필 교수는 결코 못 본 척 그냥 지나치며 외면할 수가 없었다.

빌리 그래함을 중심으로 하는 이들 개인구원 중심의 근본주의 보
수 기독교 측에서는 이 두 대회의 결과에 크게 고무되었다. 이들의
관점에서 보면 그야말로 대성공이었다. 실제로 이 대회를 계기로
한국 기독교는 크게 약진한다. 너무나도 고무된 나머지 그들은 곧
한국이 기독교 국가가 될 것으로 기대했다. 이때를 계기로 전 민족
의 복음화운동을 펼쳐나가자고도 했다. 실제로 이때를 기점으로 전
국 각지의 주요 도시에서 성시화운동이 벌어지기도 했다.

그러나 서의필 교수는 단순한 양적 관점으로만 보아서 한국의
기독교 신자 수가 늘어나는 것에 큰 관심을 두지 않았다. 삶 속에서
의 행함이 없는 믿음과 고통받는 삶의 현장을 도외시하는 구원을
지지하지 않았다. 엑스폴로 '74 세계기독교대회가 열렸던 1974년
에 서의필 교수는 한남대학에서 기획처장 보직을 맡고 있었다. 그
는 학교의 주요 보직을 맡은 교수임과 동시에 선교사로서 그해를

뒤돌아보면서 선교보고서를 작성한다. 그런데 엑스폴로 '74 대회가 갖는 명성과 그 규모 및 영향력에도 불구하고 그의 1974년 선교보고서(II. 5)에 이에 대한 언급이 전혀 없다는 것은 시사하는 바가 크다. 참고로 그의 보고서 중에서 간접적으로나마 이와 연관될 수 있는 부분을 인용해본다.

- 믿음과 행위는 불가분의 관계에 있으며 인간과 사회의 모든 문제는 우리 주님 발자국을 따라가는 모든 이의 필연적 관심이라는 점을 예리하게 통찰하고 있는 하나님의 사람들이 늘어가고 있는 것에 대하여 감사
- 사회정의와 인권에 대한 예언자적 관심으로 드러나는 정체성으로 인해 오늘날 고통받고 있는 용기 있는 자들로 인해 감사

여기서 보듯이 서의필 교수도 역시 선교사로서 하나님의 사람들이 늘어가고 있는 것에 대해서는 분명히 감사를 표명하고 있다. 그런데 그가 말하는 하나님의 사람에는 두 가지 조건이 전제되었다. 첫째는 믿음과 행위의 불가분성으로 인해서 행위가 없이 믿음만을 내세우는 하나님의 사람은 안 된다. 둘째로 인간과 사회의 문제도 병행되어 있음을 전제로 한다. 사회 문제가 안 되는 인간 문제가 없고 인간 문제가 아닌 사회 문제도 없다는 의미일 것이다. 이럴 경우 사회적 맥락이 빠진 상태에서 개인적 차원에서만의 인간 구원은 무의미할 수 있다는 것을 암시한다. 즉 서의필 교수의 관점에서는 여의도에서 예수 믿겠다며 손든 사람 수만 많다고 해서 감사할 일이 아니라, 예수를 믿는 사람이 되려면 그 믿음을 통해서 행위로 나타

나야 하며 그 믿는 사람이 속해 있는 사회적 맥락의 구원까지 같이 하는 자여야 한다는 것이다. 이와 관련해서 믿는 자에게는 하나님의 최대 관심사가 되는 사회정의와 인권의 문제에 대한 지각이 있어야 함을 피력하고 있는 것이다.

## 6. 미국의 대외정책 비판

서의필 교수는 민주주의 신봉자이다. 또한 이 시대의 한 지성인으로 우리 사회의 도덕적 양심으로서의 비판적 역할을 평생에 걸쳐 해왔다. 기득권자들의 현상 유지 정책에는 늘 '아니오'로 맞서왔으며, 인간의 존엄성과 참다운 자유의 쟁취를 위해 싸워온 그는 존엄성과 인간성, 사회정의에 반하는 모든 전체주의, 식민주의, 제국주의는 지구상에서 완전히 제거되어야 한다고 설파한 적이 있다. 다른 한편으로 교수로서 그는 강의를 통해서 늘 학생들로 하여금 비판정신을 갖도록 하였다. 강의실에서 그는 미국 정부를 노골적으로 비판하면서 종종 이런 말을 덧붙이곤 하였다.

> 우리가 미국의 대한 외교정책을 비판하는 것은 그 나라〔미국〕를 사랑하기 때문입니다.
> (We criticize the American foreign policy toward Korea because we love the country.)

미국인이지만 그는 미국을 비판한다. 좀 더 구체적으로는 미국의 대외정책—예를 들면 미국의 대한반도 정책—같은 것을 비판한다. 그런데 이 미국인이 자신의 나라 미국을 비판하는 것은 미국을 기본적으로 사랑하기 때문이라는 것이다. 제아무리 미국 정부가 '예'라고 외쳐도 그것이 아니면 '아니오'라고 하고, 제아무리 미국이 '진실'이라고 우겨대도 진실이 아니면 '거짓'이라고 양심적으로 비판하는 것이 지식인의 책무라는 것이다.

미국인으로서 그는 미국의 대외정책에 대한 전반적인 분석을 토대로 미국을 제국주의 국가로 보고 있다. 물론 그가 미국을 지칭하면서 공식적으로 '미 제국주의'라는 용어를 사용한 적은 없다.[82] 자신이 밝히고 있듯이 서의필 교수는 결코 미국의 대외정책 전문가가 아니다. 그런데도 '이 역사적 순간의 도전'(III. 1)이라는 설교에서 그 후반부의 상당 부분을 미국이 추구해온 대외정책 비판에 할애한다. 그 설교에서도 밝혔듯이 그의 비판은 현대 언어학의 아버지이면서 동시에 미국의 양심으로 추앙받고 있는 사회비평가 노암 촘스키[83] 교수의 저작을 기초로 하고 있다.

미국은 서부 개척이라는 미명하에 원주민인 아메리카 인디언들을 학살하면서 북아메리카 대륙을 모조리 차지하는 침탈자의 역사를 토대로 세워졌다. 2차 세계대전 이후 그동안 서구 열강의 식민지였던 나라들이 개략적으로 100여 국가 이상 독립하게 되는데, 이들 제3세계의 약소국가들을 하나씩 하나씩 미국 지배하에 두려는 시도가 오늘날까지도 지속되고 있다. 미국은 자국의 총체적 힘을 바탕으로 궁극적으로는 패권국가 미국의 국가 이익을 추구하는데, 때로는 또 다른 제국주의 국가—예를 들면 과거의 소련—의 대안 세력으로 접근하기도 하고, 때로는 친미 대리정권을 만들어 민족 내의 분열을 일으키는 방법으로 접근하기도 하며, 또 때로는 직접 막

강한 군사력을 동원해 정복하기도 한다.

　미국의 필리핀 정복이 그랬고 패배한 전쟁으로 기록되는 베트남 전쟁이 그랬으며, 그 후 이란과 이라크에서, 동티모르에서, 아프가니스탄에서, 니카라과를 중심으로 하는 중남미 지역에서 미국의 영향력은 그 생명력이 대단하다. 서의필 교수의 설교에 나타난 미국의 대외정책의 대표적 사례를 몇몇 나라의 사례에서 살펴보자.

### 1) 베트남 전쟁

촘스키가 자신의 저서 *American Power and the New Mandarins*(1967)에서 베트남 전쟁을 미 제국주의의 '범죄 전쟁'(criminal war)으로 규정하는 가운데, 서의필 교수도 베트남 전쟁을 사실상 미국의 제국주의적 도발에 의한 침략전쟁으로 여긴다. 제국주의의 속성이 원래 그렇듯이 미국은 인도차이나 반도에서 공산세력의 팽창을 막아야 한다는 명분으로 이른바 도미노 이론을 확산시켰으며 최종적으로 베트남을 침공하기 직전에는 통킹만 사건[84]을 허위로 조작해 유포함으로써 북베트남에 대한 무차별 폭격의 당위성을 확보하려 했다.

　그러나 미국은 거의 10여 년에 걸친 전쟁(1964-73)에서 그 엄청난 전비와 화력을 쏟아붓고도 패전을 맛보아야만 했다. 1975년 4월 30일 사이공 미 대사관에서 미국인들의 필사적인 헬기 탈출 장면을 마지막으로 남기면서 전쟁은 종식되었다.[85] 자신의 설교 '이 역사적 순간의 도전'(III. 1)에서 서의필 교수는 이 장면을 한 마디로 다음과 같이 술회한다.

　1970년대 베트남에서 수천 명의 동지를 죽도록 내버려두고 안전을 위해 패배에서 도망쳐 나온 미국인들!

결국 미국의 베트남 침공은 패배로 끝난 것이며 그것도 거대한 제국의 패배치고는 너무나도 초라하고 비겁한 패배였음을 꼬집어 말한 것이다. 베트남 전쟁을 통해서 보는 미국의 적나라한 실체가 그의 설교 속에서 계속된다.

미국은〔자국의〕주도권을〔확보하기〕위해 대리국가를 이용해왔습니다. 베트남의 비극이〔이를〕증명하고 있습니다. 처음 미국은 1954년 제네바협정에 조인하기를 거부했습니다. 미국은 사이공에 있는 무자비한 하수인 정부를 통해〔이전의〕반불란서 저항운동을 탄압하려고 시도했습니다. 그것이 실패하자 1962년 미국은 어리석게도 베트남을 침공했습니다. 그것은 철저한 공격이었습니다. 미국은 국민의 지지를 받지 못했던 정부를 후원했습니다. 결국 미국은 그의 고객 디엠(Diem)을 전복시켰으며 미국의 명령을 따르지 않는 정부와 요인들을 계속해서 제거했습니다. 우리 모두 그 지역에서 일어난 말할 수 없는 야만적인 종말을 기억하고 있습니다. 군사적, 경제적, 또는 다른 실용적 목적을 위해 외국의 정부에 미국식 방식을 부과하는 것은 자기 결정과 그들 나름의 갈망을 충족시키려는 민중적 노력을 좌절시키는 것입니다(서의필 교수의 설교 '이 역사적 순간의 도전'에서).*

---

*〔 〕괄호 속은 원본의 내용을 좀 더 분명하게 하기 위해 필자가 단어를 수정하거나 첨삭한 부분이다.

이처럼 서의필 교수는 베트남의 사례를 미국이 꾸며낸 대표적인 대리국가 이용 사례로 본다. 베트남 민중들 스스로의 민족적 열망과 통일에 대한 노력을 완전히 무시하고 그곳에 미국의 영향권하에서 미국식 자본주의 착취에 순응하는 괴뢰정권을 세워 지원한 것이다. 처음에는 미국을 대신해 남베트남군이 북베트남군과 싸우도록 뒤에서 조종하다가 그게 여의치 않자 통킹만 사건을 조작해서까지 직접 인도차이나의 정글 속으로 뛰어들었다는 것이 정설이다.

촘스키에 따르면 이 전쟁에서 미 제국주의가 베트남 민족주의에 공식적으로 패배한 것이 사실이지만 전쟁 이후까지도 미국의 베트남에 대한 제국주의적 근성이 완전히 거두어지지는 않았다. 일종의 보복으로 미국은 전후 베트남의 경제발전을 저지하기 위해서 세계은행 등에 막후 압력을 가해 베트남에 차관을 주지 못하도록 하는가 하면 심지어는 유니세프나 종교단체의 순수한 인도주의적 지원까지도 차단하는 일을 서슴지 않았다.

주지하는 바와 같이 베트남 전쟁에는 미국 혼자만 뛰어든 게 아니다. 미국의 요청에 따라서 한국을 비롯한 아시아 태평양의 여러 국가가 참전하였다. 한국의 경우 미국 다음으로 큰 규모의 전투부대를 파견한 국가가 되었다. 위의 촘스키의 견해에서 본다면 한국도 미 제국주의라는 큰 메커니즘의 틀 속에서 일정 부분 제국주의자 역할을 한 셈이다. 이런 연유로 해서 사실 얼마 전까지만 하더라도 한국 내에서 베트남 전쟁을 미 제국주의 침략전쟁의 시각으로 보는 것이 용인되지 않았다. 그러나 이처럼 표현의 자유가 아직 완전히 자유롭지 못한 상황 속에서도 서의필 교수는 미국의 대외정책을 비판하는 데 주저하지 않았다.

이는 미국의 베트남 전쟁에 관한 촘스키의 견해에 전적으로 동조하는 측면도 있지만 서의필 교수의 경우 하나님의 메시지를 선포하는 목사로서 하나님의 형상대로 지음받은 우리 인간이—인종이나 민족으로 인한 차별이 없이—지녀야 할 보편적 휴머니티의 문제 그리고 인권의 문제로 인식하고 있기 때문일 것이다. 대부분의 미국인들이 "인간의 타고난 존엄성의 인식과 전 인류 구성원의 평등과 양도할 수 없는 권리의 인식이 세계의 자유, 정의, 평화의 기반"이라는 유엔의 인권선언에 동의한다면 이와 정반대 방향으로 접근하는 미국의 대외정책에 대해서 '아니오'라고 할 수 있어야 한다는 것이 서의필 목사의 철학이다(III. 1: 이 역사적 순간의 도전). 전쟁으로 고통당하는 베트남 민중들의 보편적인 삶을 생생하게 그려봄과 동시에 인도차이나에서의 패권 확보를 위한 추악하기 그지없는 제국주의 전쟁의 면면을 보면서 반성하고자 하는 마음으로 서의필 교수는 황석영의 소설『무기의 그늘』의 영어 번역본 *The Shadow of Arms*를 읽은 바 있다(II. 6-7: 1996년 3월 14일자 편지[86]).

## 2) 필리핀의 미군 기지

미국의 필리핀 식민 지배는 1898년 미서전쟁에서 필리핀을 지배해왔던 스페인에 승리를 거두면서 시작되었다. 식민지 시대 건설되었던 필리핀 내의 미 군사기지들은 1946년 필리핀의 독립 이후까지도 여러 군사기지협정 및 방위조약을 통해 여전히 미군의 군사기지로 남게 되었다. 그러나 1966년 마르코스의 베트남 파병으로 촉발된 반전운동으로 시작해서 민중들의 반미운동은 1980년대에 들어와 반미독재투쟁을 거치면서 급기야 1986년 민중항쟁(People Power)으로 발전했다. 마르코스 독재정권이 종식되고 1987년의 신헌법에서는 필리핀 내의 미군 기지 운영에 제약이 가해졌고 결국 1992년에 와서 주필 미군의 시대는 종료되었다. 그럼에도 그 후 필리핀의 국내 사정과 미국의 아시아 태평양 전략 사이의 역학관계에 따라 1999년 방문군협정(Visiting Force Agreement)을 통해 양국 사이에 군사동맹이 회복되고 2014년에는 필미방위협력확대협정으로 수빅 해군기지와 클라크 공군기지가 부활하기까지 하였다. 그 후 2016년부터는 두테르테의 자주외교 노선에 따라 필리핀은 전반적인 친중정책으로 기울어지면서 필미 간의 관계는 급냉되었다.

한마디로 미국의 식민지로 시작된 필리핀의 근현대사 속에서 필리핀 내의 미군기지는 필미관계의 흥망성쇠에 따라 그 운명이 좌우되곤 해왔다. 그런 가운데 1980년대 필리핀의 반독재 반미 민중항쟁 시절 서의필 교수는 필리핀 주둔의 미군과 더불어 남아 있던 미군 기지를 또 하나의 전형적인 미 제국주의의 산물로 보고 다음과 같이 미국의 대외정책을 비판하였다.

필〔리〕핀과 미국인들〔은〕 금세기에 매우 밀접한 유대를 갖게 되었습니다. 그러나 이 두 나라 사이에 매우 심각한 문제들이 발생했습니다. 그 중의 하나는 지금 이 순간에도 매우 중요한 문제인 필리핀에서의 미 군사 시설에 관한 의문입니다. 마르코스 대통령의 전략은 필〔리〕핀의 영토를 미국이 사용하는 대신 가능한 한 좀 더 많은 경제적, 군사적 원조를 얻으려는 것입니다. 그러나 다른 한편으로 필〔리〕핀의 민족주의자들은 이러한 군부대는 해로운 결과를 초래하므로 철〔수〕시켜야 한다고 주장합니다. 미국은 필〔리〕핀의 의견을 신중하게 들어 보아야 합니다. 미군부대 설치 반대에는 다섯 가지 이유가 있는 듯합니다(III. 1: 이 역사적 순간의 도전).*

서의필 교수는 무엇보다도 필리핀 내의 미 군사시설의 현존을 필리핀 민족주의에 대한 모독이라고 주장한다. 1934년 필리핀의 독립을 미 의회가 승인할 당시 미국은 필리핀 의회의 거부에도 아랑곳하지 않고 미 군사기지를 남겨 유지키로 함으로써 필리핀 민족의 존엄성을 침해했다는 비판을 이어나간다. 시대의 대세에 따라 식민지 필리핀을 명목상으로는 독립을 허용하되 실질적으로는 계속해서 미국의 신식민주의 굴레로 묶어놓으려는 의도의 발로이며 이는 결국 필리핀에서의 미국의 이익을 보호하기 위한 것이라고 지적한다.

이어서 그는 필리핀 내의 미군 기지로 인해서 필리핀 민중들의 의지와는 무관하게 그 나라가 외부로부터의 공격 대상이 되기도 하고 동시에 타국 공격을 위한 '미사일 발사대'가 되어서는 안 된다고 주장한다. 실제로 필리핀 내에 남아 있던 미군 부대로 인해서 2차 세계대전 당시 일본군의 필리핀 공격의 실마리가 되었던 점을 상기해보면 수긍이 가는 말이다. 필리핀의 미군 부대가 필리핀을 외국의 침략으로부터 보호해주는 기능을 한다고 하지만, 필리핀 내의 핵무기의 현존[87]은 오히려 필리핀을 소련의 공격 대상이 되게 할 수 있다는 것을 서의필 교수는 지적한다.

이뿐만이 아니라 서의필 교수는 필리핀 내의 미군 기지가 필리

---

* 〔 〕괄호 속은 원본의 철자를 필자가 약간 수정한 것이다.

핀 사회에 매우 퇴폐적인 영향을 끼치고 있는 점도 간과하지 않는다. 즉 필리핀 주둔 미군 병사들이 필리핀 여성들의 몸과 영혼을 수탈하고 그 결과 필리핀 사회에 말할 수 없는 타락과 소외와 착취와 고통이 일상적으로 발생한다는 것이다.

### 3) 니카라과의 실정

미국의 또 다른 면을 보기 위해서 서의필 교수는 1980년대 당시의 니카라과와 주변의 중남미 국가들에서 벌인 미국의 대외정책에 주목한다. 사실 1980년대의 중남미는 미국의 대외정책의 생생한 실험장이었다고 해도 과언이 아니다. 1979년 니카라과 민중혁명으로 인해 42년간 미국의 지원을 받던 소모사 독재정권이 축출되고 산디니스타 민족해방전선이 정권을 잡게 되었다. 그러자 미국은 로널드 레이건 정권하의 CIA를 주축으로 산디니스타 정권을 붕궤시키기 위해 온갖 수단을 다 동원했다. 특히 반(反)산디니스타 무장 그룹인 우익 콘트라를 배후에서 조종하면서 군사 장비의 보급은 물론 작전 지도 및 군사 훈련까지 직접 지원했고 그 지원 비용을 조달하기 위해서 이란-콘트라 게이트[88])까지 자초하기에 이르렀다. 당시 뉴스위크는 CIA가 니카라과에 1만 명의 군대를 동원해 직접 콘트라를 돕고 있으며 니카라과의 설비시설에 공중 기습과 첩보 활동을 감행하고 있으며 이런 일들을 인근의 온두라스와 코스타리카, 엘살바도르에 있는 미군 작전센터에서 조종하고 있다고 전한 바도 있다.

　한편 서의필 교수는 설교를 통해서 1980년대 산디니스타 정권하의 니카라과에 대해서 다음과 같이 전하고 있음을 주목할 필요가 있다.

- 산디니스타는 42년간의 소모사 독재정권하에 세워졌던 수보다 더 많은 수의 학교와 병원을 1979년 7월 이후 세우고 있다.
- 1980년 문맹퇴치운동으로 문맹률이 74.0%에서 18%로 감소했다.
- 금년 전체 니카라과인의 1/3이 일정한 교육기관에서 공부할 것이다. 1983년 교육비 예산은 역사상 유례가 없는 것이다.
- 1985년 있을 국내 선거에서 완전한 민주적 참가를 보장하기 위한 절차가 이행중에 있다.
- 니키라과는 국가 재건을 위한 9명의 군사혁명위원회에 의해 통치되고 있다. 이것은 한 개인에게 힘의 집중됨이 없는 20세기 혁명의 첫 번째 예이다.
- 니카라과는 비동맹국가들과 일체감을 가지고 다원주의를 강조하며 국내의 사회적·경제적 재건에 의해 특정화된 계획을 착수했으며 정치적으로 주요 강대국들로부터 독립을 지키고 있다.
- 종교의 자유가 양도할 수 없는 권리로 인정되어 있다.
- 미국과의 대화와 평화를 위한 니카라과 정부의 추진력이 멕시코, 베네수엘라, 파나마, 콜롬비아의 콘트라도라 그룹(Contradora Group) 국가들의 승인에도 불구하고 거듭 거절당해왔다.

이와 같은 관찰을 통해서 그는 산디니스타 정권의 니카라과는 아주 짧은 기간 내에 문맹률을 급감시킴과 동시에 니카라과 민중들의 교육과 의료의 질을 급향상시키고 있는 점을 높이 평가한다. 또한 전임 장기독재의 소모사 정권과는 반대로 정치, 경제, 종교, 사회 등 전방위적인 민주화 노력도 크게 주목하다. 국제관계에 있어서는 강대국들로부터 독립을 추구하면서 비동맹국가들과 연대를 강화해나가는 동시에, 특히 미국과의 대화와 평화를 위한 길을 모색하고자 애쓰고 있는 모습이 역력해 보인다.

이렇게 노력을 하고 있는 니카라과 정부이지만 미국은 미국의 패권 구도에 들어와 미국의 이익에 기여하지 않는 정부에 대해서는 가차 없이 악마화한다. 이를 위해서 레이건 행정부가 국제법을 위반해가면서까지 니카라과 정부 타도를 목적으로 하는 반혁명 세력을 지지해왔던 것을 비난하면서 서의필 교수는 다음과 같이 결론을 맺는다.

> 오늘 밤 미국의 대외정책의 문제점을 고찰하면서 우리는 패권을 유지하고 힘을 확장시키려는 시도가 얼마나 민중을 희생시키고 있는지 보았습니다. 미국 기독교인들은 다른 나라의 기독교인들처럼 그리스도가 가난한 자, 힘없는 자, 억압당하는 자, 착취당하는 자의 편에 계시다는 것을 깨달아야 합니다(III. 1: 이 역사적 순간의 도전).

미국인 목사인 서의필 교수는 여기서 특별히 미국 기독교인들에게 호소하고 있다. 이처럼 미국의 대외정책이 반민중적이고 반그리스도적일 경우라면 비록 미국인일지라도 무조건 미국의 주장을 지지할 게 아니고 오히려 "예수 그리스도의 해방의 힘"에 의지해서 "가난한 자, 힘없는 자, 억압당하는 자, 착취당하는 자"의 편에 서야 한다고 역설한다.

# IV. 대전을 넘어 평양으로

## 1. 선교사촌과 서의필하우스

선교사촌은 한남대학교 교정의 한 모퉁이를 차지하고 있다. 교문에서 본관을 향해 들어가다가 오른쪽의 오정 연못을 끼고 가는 길로 들어서 곧장 가게 되면 선교사촌 입구에 이르게 된다. 입구를 향해 들어가는 길 양옆으로 도열해 있는 아름드리 플라타너스들이 무척이나 인상적이다. 게다가 선교사촌임을 알림과 함께 마치 대문 역할을 하고 있는 소박한 한옥 한 채가 정겨워 보인다. 이 집은 선교사촌 일대를 관리하는 한국인 관리인 유 씨라는 집사가 살았던 곳으로 1990년대에 리모델링하였다.

　이 대문 집을 통과하면 바로 선교사촌의 안내비를 마주하게 되는데 이를 통해서 선교사촌의 역사와 그 가치를 알 수 있다. 이 안내비를 읽어보면 다음과 같다.

선교사촌 입구의 관리 가옥                        선교사촌 안내비

선교사촌은 한남대 설립 초기인 1955-1958년 사이에 지어진 남장로
교 선교사들의 사택 7채가 모여 형성된 하나의 작은 마을이다. 이곳은
문화적 역사적 가치를 인정받아 문화재자료 제44호로 지정되어 정부의
관리를 받고 있다.

(The seven houses that comprise the Missionary Village at
Hannam University were built between 1955 and 1958 by the
Southern Presbyterian Church of America. Due to its cultural
and historic value and significance, the village was declared a
"Cultural Heritage Material"(No. 44) by the Republic of Korea.)

이 선교사촌은 1955~58년에 걸쳐 건설된 7채의 가옥[89]으로
구성되어 있으며, 이 중 1955년도에 제일 먼저 지어진 한옥식 가옥
—실제로는 동서양의 절충식이지만—3채가 그 역사적·문화적 가
치를 인정받아 대전시 문화재자료 제44호로 지정되었다.

한옥으로 지어진 3채는 서로 간에 울타리 없이 나란히 일렬로 줄

서 있는데 입구에서부터 차례대로 인돈하우스, 서의필하우스, 크림 하우스이다. 이 세 집은 지붕을 중심으로 하는 외관은 한옥이지만 그 내부로 들어가면 미국식 구조를 띠고 있어 엄밀히 말하자면 한 옥과 양옥의 융합형 집이라 할 수 있다. 그 당시 한국에 이런 양식의 집이 크게 유행했던 것은 아니다. 다만 선교사들 스스로의 삶 자체 가 한국 문화와 미국 문화의 융합일 수밖에 없고 유교 문화권에 기 독교 문화가 접목되는 상황에서 가능할 수 있는 그들만의 자연스러 운 선택이었을 것이다. 실제로 서의필하우스를 비롯한 이 세 채의 경우 인돈과 그의 부인 인사례가 직접 설계했다고 하고 건축 자재 는 1952년 군산선교부가 폐쇄되면서 한옥 건물에서 나온 목재와 역시 폐쇄된 옛 관헌에서 나온 목재를 보이열 선교사가 직접 열차로 이곳에 싣고 온 것이라고 한다. 이처럼 선교사촌의 설립과 정착 과 정을 볼 때 당시 미국 선교사들의 경우 한국의 토착문화에 대한 이 해력이 매우 높았던 듯하다. 또한 양 문화 간의 융합을 통해서 자신 들만의 새로운 문화를 구축하고자 했던 노력의 흔적들이 엿보인다.

선교사촌 입구에서 두 번째 집이 서의필하우스이다. 이 집은 그 가 한남대학에서 근무하기 시작한 1968년부터 1994년까지 26년을 꼬박 살았던 집이면서 현재는 인돈학술원[90]으로 사용되고 있다. 다른 두 채와 똑같은 구조의 집인데 일단은 디귿 자(ㄷ) 형태로 되 어 있어서 보통의 한옥보다는 규모가 크다. 집의 외형은 기와집으 로 한국식이지만 그 내부는 온돌시스템의 좌식 방 대신 침대식 방 으로 꾸며져 있다. 전통적 한옥의 상징인 대청마루는 없지만 그래 도 거실 공간의 천장에는 대들보가 노출되어 있어 한옥임을 대뜸 실감할 수 있다. 또한 거실에는 벽난로가 있어서 겨울철 난방 문제를 해결해준다. 그럼에도 신발을 신고 들어가는 미국식과는 달리 한국 집에서처럼 현관문을 들어서면 곧바로 신발을 벗어야 한다. 그러고는 실내용 슬리퍼로 바꿔 신도록 되어 있다.

서의필하우스는 현관(3)[91]을 통해 일단 들어가면 왼쪽으로 사무실(1)과 거실(2)이 배치되어 있고 현관에서 바로 오른쪽으로는 서재(4)가 있다. 서재를 지나 그다음 공간이 식당(5)이고 이어서 바로 디귿 자로 꺾이는 공간에 부엌(6)이 나란히 배치되어 있다. 다시 직각으로 꺾여 들어가는 면에는 작은 방 3개(7, 8, 9)가 있고 이어지는 마지막 공간은 서의필 교수가 쓰던 안방(10)으로 비교적 넓은 편이다. 이를 간략하게 도면으로 그려보면 다음과 같다.

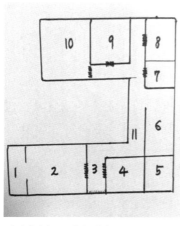

1. 사무실: 책상, 컴퓨터, 복사기
2. 거실: 책상, 책장, 벽난로, 소파
3. 현관 회랑: 현관, 검정 고무신
4. 서재: 책상, 책장
5. 식당: 식탁
6. 부엌: 싱크대, 등유 레인지, 냉장고
7. 방 1: 현재는 창고로 쓰임
8. 방 2: 침대
9. 방 3: 침대
10. 안방: 침대, 한시 액자 1, 한시 액자 2
11. 복도: 책장 진열

서의필하우스 내부 배치도

현재 이 서의필하우스 내부에 남아 있는 몇 가지 의미 있는 물품을 사진으로 제시해보면 다음과 같다.

### ■ 서의필하우스 현판(현관 회랑 벽)

서의필하우스의 현관 회랑 벽에는 목재로 되어 있는 현판이 걸려 있다. 이에 따르면 이 집은 1968년부터 1994년까지 한남대 영문과와 사학과 교수로 활동하였던 서의필 선교사와 그 가족이 사용했던 공간이라는 걸 알 수 있다. 또 이 집은 다른 두 채와 함께 1952년 군산에서 가져온 자재를 주로 사용하여 1955년 여름과 가을에 건축되었다는 것도 밝히고 있다. 이어서 인돈과 인사례 등 선교사들이 직접 설계에 참여하여 지은 집으로서 한국식 기와지붕을 하고 있는데도 그 내부는 넓은 거실과 여러 개의 방 그리고 온수가 공급되는 입식의 부엌에 싱크대와 등유 레인지, 냉장고가 갖추어진 미국식 주택이라고 소상히 설명한다.

### ■ 검정 고무신(현관 회랑)

서의필하우스의 현관을 들어서면 바로 눈에 띄는 것이 하나 있는데 다름 아닌 검정 고무신 한 켤레다. 얼핏 보더라도 무척이나 큰 신발로 보통의 한국 사람 발에는 어울리지 않을 성싶을 정도의 크기이다. 이 검정 고무신은 서의필 교수의 것이긴 해도 실제로 어느 정도로

신고 다녔는지는 잘 모른다.92) 그럼에도 이 검정 고무신이 지금까지 서의필하우스에 남아 보존되어 있다는 사실 하나만으로도 우리에게 많은 것을 시사해준다.

사실 알고 보면 한국에서의 고무신은 일제 강점기 때 보급되기 시작하여 해방 후 1970년대에 이르기까지 가장 보편적이고도 서민적인 신발이었다. 특히 검정 고무신은 시골의 촌로들이 농사지으면서 최후까지 신고 다님으로써 개발도상에 있었던 한국 사회에서는 가난의 상징이요 또한 과거의 유물로만 치부될 뿐이었다.

그런데 그런 검정 고무신을 서의필 교수는 왜 신고 다녔을까? 모든 이들이 다 버려버리고 이제는 까마득하게 잊고 있는 저 검정 고무신이 서의필 교수에게 무슨 의미가 있었던 것일까 하는 의문이 들기도 한다. 아마도 가죽 구두를 신고 한국에 첫발을 내디뎠을 1954년의 서의필 선교사에게 이 고무신—흰 고무신이든 검정 고무신이든—은 전쟁으로 폐허가 된 '우리나라'의 신발로 곧바로 각인되지 않았을까. 다시 말해 고무신이 곧 한국의 신발이요 한국의 신발이 곧 고무신이었던 셈이다. 이때부터 전개되는 한국의 현대사, 곧 해방과 전쟁, 분단과 독재, 또 산업화와 민주화를 거쳐온 한국을 상징할 수 있는 징표 중 하나로 자리 매김될 수 있지 않았을까 하는 생각을 해본다. 출애굽을 한 히브리 백성들이 이집트에서 400년간의 종살이를 잊지 않고 언제나 기억하고 있듯이 서의필 교수는 고요한 아침의 나라에서 40년간 동고동락했던 선교사로서 고난의 긴 여정 속에 있었던 한국 민중들을 잊지 않고 늘 기억해내고자 하지 않았을까 싶다. 분단을 기억하고 전쟁을 기억하고 반독재 민주화 투쟁을 잊지 않고 기억해내는 것이야말로 그에게 분단을 극복해내고 통일을 이루어내며 민주주의와 인권이 회복되는 미래의 한국을 그려볼 수 있는 마중물이 되지 않을까 한다. 서의필 교수에게는 그게 바로 다름 아닌 한 켤레의 검정 고무신이었을 수 있지 않을까.

■ 책장 1(거실)

이 책장에는 단행본 책들보다는 주로 파일철로 묶어놓은 자료집들이 대부분이다. 1892년 미국 남장로교 한국선교부가 한국에서의 선교사역을 개시한 때부터 미국 북장로교와 미국 장로교(PCUSA)로 통합되기 직전인 1982년까지 90년에 걸친 자료들로, 미국 남장로교 한국선

교부의 연차대회를 비롯한 각종 회의 자료들과 선교사들의 서신들이 수집 분류되어 있다. 이 자료들은 1994년 미국으로 돌아가기 직전까지 정리했던 서진주 여사의 헌신적인 노력으로 오늘날 그 빛을 보게 되었다. 이 책을 집필하는 과정에서도 이 자료들을 크게 참조한 가운데 특히 이 책 제3부 I. 3의 '선교보고서 들여다보기'와 II. 5의 '회의록을 통해 보는 서의필 목사'는 전적으로 이 책장 속의 자

료에 의존하였음을 밝혀둔다.

이 책장을 통해서 현재 서의필하우스 인돈학술원에 보관 중인 미국 남장로교 한국선교부 관련 주요 자료들은 아래와 같다.

- Mission Minutes 1번(1904-1910) ～
  Mission Minutes 19번(1980-1982)
- The Missionary 1번(1883-1895) ～
  The Missionary 16번(1938-1949)
- Minutes 1번(1906-1915) ～
  Minutes 9번(1978-1982)

기독교의 한국 전파를 중심으로 하는 근현대 한국 역사를 연구하는 데에 매우 소중한 자료로 평가되는 가운데 아마도 한국의 기독교사 연구, 특히 호남지방을 중심으로 했던 미국 남장로교의 한국 선교 관련 연구를 하려면 위의 자료가 남아 있는 서의필하우스의 인돈학술원, 그중에서도 이곳 이 책장을 통하지 않고는 사실상 불가능할 것이다.

■ 책장 2(거실)

이 책장에는 여러 가지 책이 있지만 크게 보아 두 그룹의 책이 주를 이룬다. 그 한 그룹은 한국 선교(The Korea Mission Field) 관련 분야고 다른 한 그룹은『조선왕조실록』(朝鮮王朝實錄)이다. 주지하다시피 조선왕조실록은 태조로부터 철종에 이르기까지(1392-1863) 총 25대 472년간의 역사를 연대기별로 기록 편찬한 매우 방대한 역사

서이다. 여느 선교사들과는 달리 서의필 교수는 이 역사서를 통해 조선의 사회와 정치, 외교와 역사, 문화와 풍습 등 전반적인 것들을 먼저 철저히 이해하고자 했다. 이렇게 함으로써 기독교라는 전혀 낯선 종교를 유교의 나라에 접목해 나아가는 데에 과거 서양 역사에서 흔히 보듯이 문화제국주의적 접근을 가능한 한 배제하고자 했다. 특히나 한문으로 쓰여 있는 이 조선왕조실록을 읽어낸 서의필 교수는 이 시대 한국 민중들이 겪고 있는 고난에의 동참과 한반도 통일에 대한 간절한 염원을 자신의 조선 사회에 대한 깊은 이해에서 기초하고 있다.

■ 액자 1(안방)

현재 서의필 교수의 안방[10] 벽에 걸려 있는 것으로 언제 어디서 이 액자를 구하게 되었는지는 모른다. 다만 이 글 자체는 추사 김정희 작품의 영인본인 것으로 보인다. '분향소재'(焚香小齋), 말 그대로 향불이 피워져 있는 자그마한 방, 서재를 가리키는 것으로 추사 자신이 예산 고택에서 주변의 스님들과 교류하던 자신의 서재를 글로 피력한 것이 아닌가 싶다.

이것이 서의필하우스에 걸려 있음으로 인해서 그 집 전체의 전반적인 분위기와 더할 나위 없이 잘 어울리는 것 같다. 서재라는 작은 공간에서 진리를 찾고자 하는 구도자의 심정으로 향불을 피우며

기도하는 분위기가 연상되기 때문이다. 가난한 자와 약한 자, 병든 자와 소외된 자, 억압받고 고난에 처한 자들과 함께했던 예수 그리스도의 정신을 구현하고자 할 때, 그들의 처지에 서서 그들과 동일시되기를 소원했던 서의필 목사, 그의 집 서의필 하우스를 한마디로 대변해주고 있는 듯하다.

■ 액자 2(안방)

현재 이 액자도 그의 안방[10] 벽에 걸려 있다. 이 글도 추사의 작품인데 남송의 시인 섭소옹의 시 '서호추만'의 첫 두 행을 쓴 것이다. 이 한시에 음을 달고 음미해보면 아래와 같다.

산이 좋아〔산에 사니〕도회지에 집을 짓지 아니하고
손님이 찾아온다면〔두려워〕집 뒤 냇가에 배 저어 떠나노라
愛山不買城中地(애산불매성중지)
畏客常撑屋後船(외객상탱옥후선)

시인은 절대적 자연주의자로 보인다. 예나 오늘이나 사람들은 도회지로 도회지로 나아가 서로서로가 몰려 사는 속성이 있다. 그렇지만 여기서 시인은 도회지에 집을 짓고 살지 않겠단다. 산이 좋아 산에서 산과 함께 사는 것을 읊고 있다. 놀랍게도 이 시의 첫 행은 서의필 교수의 삶을 그대로 대변하고 있다고 해도 과언이 아닐 듯하다. 그는 실제로 지금 미국의 어느 산골짜기에서 살아가고 있다. 그가 있는 노스캐롤라이나 주 몬트리트가 어떤 곳인가. 미 동부 애팔래치아 산맥의 남서쪽 끝자락의 작은 산골 마을이다. 그곳 몬트리트에서 여생을 보내고 있는 서의필 교수야말로 '애산불매성중지'가 아니고 무엇이란 말인가. 그가 평생 한국에서 살아온 대전의 앙꼴,93) 오정동 선교사촌 또한 '애산불매성중지'가 아니고 무엇이란 말인가.

그런데 사실은 그가 실제로 어떤 곳에서 살아왔느냐라는 관점에서뿐만 아니라 어떻게 살아왔느냐라는 관점에서 보더라도 그의 삶은 '애산불매성중지'였음이 분명하다. 그는 미국인이지만 결코 미국이라는 제국주의에 동승하지 않았다. 그는 기독교를 가지고 들어온 선교사였지만 결코 그 기독교로 한국의 전통적 유교나 불교를 지배하려 하지 않았다. 그는—미국에서든 한국에서든—자본주의의 최첨단 국가에서 살아가면서도 자본주의의 착취구조와 비인간화에 동의하지 않았다. 무엇보다도 그는 스스로가 가난하게 살아가면서 사람들한테 부자가 되려 하지 말라[94]고 외치며 살았다. 그의 총체적인 삶 자체가 그의 안방 벽에 걸려 있는 '애산불매성중지'였음을 회상케 한다.

시인은 위의 시 둘째 행에서도 더 말할 나위가 없는 자연주의자임을 노래한다. 자연주의적인 너무나도 자연주의적인 이 시인은 객이 찾아와 자연과 일치해 살아가는 자신의 삶이 조금이라도 깨지는 것을 두려워하는가 보다. 그래서 그는 이때 차라리 객을 보지 않더라도 자기 집 후미에 매어둔 배를 띄워 떠나가 있기를 택할 정도였으니 말이다.

서의필 교수가 자연주의적 삶을 산 것은 맞지만, 그렇다고 해서 그가 이 시의 둘째 행에서 보는 것처럼 인간을 회피하는 방식의 자연주의자는 결코 아니다. 그는 예수 그리스도가 그랬던 것처럼 오히려 사람들과 더불어 살아가기를 즐겼다. 사실 예수가 자기 제자들하고만 다닌 것은 아니다. 온갖 사람을 다 만나가며 살았다. 마리아도 마르다도 만났다. 삭개오도 만나고 니고데모도 만났다. 바리새이파 사람들도 만나고 사두개파 사람들도 만났다. 수가성 여인도 만나고 간음한 여인도 만났다. 마찬가지로 서의필 교수는 한국에서도 미국에서도 또한 북한에서까지도 가능한 한 모든 이를 만나 이야기를 하면서 살았다(II. 6-4: 1989년 5월 20일자 편지; 부록 1). 특별히 가난한 자와 병든 자, 소외된 자와 억눌린 자들과 더 의미 있는 만남을 가지려고 했다. 선교사로 온 서의필 교수의 삶 속에서 섭소옹의 '외객'(畏客)은 결코 수용될 수 없는 것이지만 그래도 큰 틀에서 볼 때 자연주의적 삶을 살아온 그에게는 의미 있는 메시지로 무척이나 좋아했던 한시였을 것이다.

## 2. 서의필 교수와 한남대학

서의필 교수는 1968년 봄학기에 한남대학 교수로 부임해왔다. 그러나 1956년 대전기독학관(Taejon Presbyterian College)으로 개교한 한남대학을 생각하게 되면 서의필 교수야말로 한남대학 역사의 산증인이다. 이는 개교 이전부터 대학 설립의 진통 속에 산파 역할을 해낸 사람이 바로 서의필 교수이기 때문이다. 1956년 4월 9일 훗날 한남대학 초대 학장이 된 인돈 박사로부터 드디어 대학 설립이 승인되었다는 편지를 받고 기뻐했던 그였지만(Somerville, 1992), 서의필 교수가 한남대학과 처음 인연을 맺은 것은 이보다 2년 앞선 1954년부터다. 선교사로 한국에 도착한 지 석 달 만에 처음으로 참석했던 전주에서의 전후(post-war) 제8차 미국 남장로교 한국선교부 연차대회(1954. 5. 6~15)에서 한남대학 설립을 준비하기 위한 대학위원에 지명되었기 때문이다. 참고로 이때 함께 지명된 대학위원은 위원장에 인돈(William Linton), 전주 대표 조요섭(Joseph Hopper), 광주 대표 유화례(Florence Root), 순천 대표 김기수(Keith Crim),[95] 병원 대표 구바울(Paul Crane)로 총 6명이다.

　한남대학의 설립에서 1954년의 전주 연차대회가 중요한 것은 이때 한남대학이 자리 잡을 도시를 확정했기 때문이다. 서의필 교수의 회고에 따르면 한남대학의 대전 유치는 그야말로 기적과 같은 것이었다. 원래 미국 남장로교 한국선교부의 중심 무대는 전라도 지방이었다. 따라서 그 당시까지만 해도 한국선교부의 스테이션들이 전주, 군산, 목포, 광주, 순천 등 다섯 군데에만 있었지, 대전은 아직 완전한 스테이션으로 조직되어 있지 못한 상태였다. 그뿐만 아니라 이들 기존의 스테이션에는 벌써 60여 년에 걸쳐 남녀 중고등학교를 운영해옴으로써 기독교 교육의 기반이 이미 잘 잡혀 있었다. 특히 전주의 경우는 위원장인 인돈이 선교활동을 하고 있던 주무대였고 전주예수병원까지도 갖추고 있었기 때문에 대학의 입지로 가장 유력한 도시였다. 이 연차대회에서 대학의 위치 선정을 위한 방법은 투표방식이었고 그것도 완전한 비밀투표로 진행되었다. 먼저 순천이 탈락했고 그 다음으로 가장 유력했던 도시 전주가 탈락했다. 마지막으로 광주와 대전 두 도시가 남게 되었는데 결국 회원수 3분의 2를 넘겨야 하는 결선에서 모든 면에서 가장 미약해 보였던 대전으로 최종 결정되었다.[96] 회의의 현장에서 이 모든 과정에 직접 참여하면서 목격했던 서의필 교수는 당시의 상황을 "전혀 예상하지 못했던 대전이 다크호스로 부상한 것은 미지의 새 땅으로 이스라엘 백성을 불러낸 하나님의 개척 섭리와 같다"라고 회상한다.[97]

이렇게 착수한 한남대학 설립은 이때부터 2년여에 걸쳐서 급속도로 추진된다. 당장 1954년 6월 3일 최초의 대학위원회가 대전에서 소집되어서 현재의 한남대학 부지를 선정했으며 그 후 계속 이어지는 대학위원회에서 대학 건물의 건축과 대학 운영에 대한 전반적인 사항들을 결정해나갔다.[98] 이와 같은 숨 가쁜 절차를 거쳐 결국은 성문과, 영문과, 화학과 등 3개 학과로 운영되는 대전기독학관으로 출발하게 된다. 여기서 보듯이 한남대학은 처음부터 끝까지 미국 남장로교 선교사들의 교육선교적 비전과 노력으로 설립되었다. 따라서 대학의 성격과 규모, 운영 방침 등의 거의 모든 영역에서 미국 남장로교단에 연관된 대학을 참고했을 법하다.[99] 예를 들면 서의필 교수가 공부했던 사우스캐롤라이나의 장로회 대학인 프레스비테리언 대학(Presbyterian College)[100])을 모델로 삼고자 했던 흔적도 남아 있다. 먼저 이 대학의 원래 이름은 대학이 위치한 도시 이름을 넣어 Clinton Presbyterian College였는데 이와 유사하게 한남대학도 처음에 영어의 'Taejon Presbyterian College', 즉 대전기독학관으로 시작했다. 미국의 이 장로회 대학이 소규모 학교를 지향하는 교양대학이라는 점도 한남대학 설립 당시의 선교사들이 구상했던 작은 대학과도 일치한다. 게다가 설립 당시의 최초 3학과 중 하나가 화학과라는 점도 장로회 대학에 화학과가 있는 것과 직간접적으로 연관이 있는 듯하다. 정작 서의필 교수는 훗날 모 교수에게 대전대학이 햄튼 앤 시드니 대학(Hampton-Sydney College)을 모델로 하여 지어졌다고 전했다.

한남대학을 상징하는 모토는 '진리', '자유', '봉사'의 세 단어이다. 이 대학은 기독교 인재를 키우기 위해 세워진 기독교 학교이기에 성경에 나오는 "(길이요) 진리(요 생명이라)"(요한복음 14:6)와 "(진리를 알지니 진리가 너희를) 자유(케 하리라)"(요한복음 8:32)에서 각각 '진리'와 '자유'를 모토로 선정했을 것으로 여겨진다.[101] 여기서 '진리'와 '자유'의 두 단어는 모두가 추상적 개념인 반면에 '봉사'는 구체적 개념의 단어이다. 따라서 얼핏 보기에는 균형이 맞지 않는 것 같기도 하다. 그러나 기독교 대학이라는 점을 고려하면 행함을 전제로 하는 '봉사'의 개념도 결코 소홀히 할 수 없는 소중한 가치로 이해할 만하다. 이와 관련해 사우스캐롤라이나 주에 있는 프레스비테리언 대학(Presbyterian College)의 모토가 라틴어로 "*Dum Vivimus Servimus*"인 것을 주목할 필요가 있다. 이는 영어로 "While we live, we serve"에 해당하는 것으로 여기서의 동사 'serve'에서 유래해 한남대학의

모토 중 세 번째 단어인 '봉사'와 선이 닿아 있다.102)

　지금까지 한남대학 초창기의 대학명과 개설 학과, 한남대학의 모토 등과 관련해서 미국의 프레스비테리언 대학과 연계해보았다. 이와 관련된 세부적인 논의 사항이 당시의 대학위원회 기록에 명시적으로 기술되어 있지 않기 때문에 뭐라고 단정 지을 수는 없지만, 한남대학의 창학 정신에 관한 한 서의필 교수의 역할이 상당 부분 작용했을 것이다.

　그는 1975년 어느 날 영어 스피치 시간의 첫 도입 부분에서 전후 맥락 없이 칠판에 영어 문장을 하나 써놓은 적이 있다. 그날의 강의와는 아무 상관이 없는 문장이었고 또 그 문장에 대해서 더 이상의 아무런 언급도 없었다. 어쩌면 본인의 좌우명이 아닐까 하는 생각이 드는 문장이었는데 다름 아닌 "While there is a life, there is a hope"였다. 이 문장의 경우 자신이 다녔던 장로회 대학의 모토와 그 의미와 문형에서 일맥상통한다. 주절에서 동사 'serve'가 명사구인 'a hope'로 바뀌었을 뿐이다. 프레스비테리언 대학에서 강조되고 있는 기독교의 '봉사' 자리에 서의필 교수는 당시 군부독재 체제 아래에서 신음하고 있던 한국 민중들에게 절대로 포기하거나 절망하지 말 것과 제아무리 힘이 들지라도 우리에게 '생명'만 붙어 있다면 이를 다시 '소망'으로 승화해나갈 수 있는 것이 아니겠는가라는 메시지를 전하려 했던 것이리라.

　여기서 중요한 것은 이와 같은 서의필 교수의 아이디어가 젊은 시절 미 남부 사우스캐롤라이나의 프레스비테리언 대학 정신을 한남대학에서도 구현해보고자 했던 일단의 흔적이라고 할 수 있을 것 같다. 한남대학 설립위원 중 한 사람으로 서의필 교수가 음으로 양으로 미국 프레스비테리언 대학의 정신 및 시스템을 한남대학에 적용하고자 했던 노력이 결과적으로 오늘에 와서 이 대학이 국내에서 유일하게 미국 장로교대학연맹(Association of Presbyterian Colleges and Universities, APCU)에 가입되어 있는 것과 무관치 않다.

이처럼 한남대학이 태동하는 과정에서 산파 역할을 했던 서의필 교수이지만 이 대학에 교수로 올 수 있었던 것은 1968년에서야 비로소 가능했다. 이때부터 1994년까지 26년 동안 한남대학에서 성문과로 시작해서 영문과를 거쳐 나중에는 사학과 교수까지 하였다. 목사이기도 하고 또 그 이전에 서울의 장신대에서 기독교 윤리 과목을 가르친 바가 있기 때문에 처음 한남대학으로 올 때는 성문과 교수로 올 수가 있었다. 그러나 한남대학에서 성문과가 폐지되면서 영문과 소속 교수로 옮기게 되었고 그 후 문과대학에 사학과가 개설되면서 또다시 사학과로 전과를 하였다. 퇴임 후에는 비록 미국에 살게 되지만 한남대학에서 5년간의 명예교수직을 받았다. 명예교수를 포함한 이들 세 학과에서 근무 연수 및 담당 과목은 다음과 같다.

- 성문과 교수(1968~1972): 동양철학, 공맹 사상, 논문 작성법
- 영문과 교수(1973~1988): 영어회화, 영어 스피치
- 사학과 교수(1989~1993): 한국사
- 명예교수(1994. 3~1999. 2): 없음

다른 한편으로 한남대학에서는 강의 이외에도 학교의 몇몇 주요 보직을 맡아 학교 발전에 기여하기도 하였다. 서의필 교수가 맡아

했던 보직과 근무 기간은 대략 아래와 같다.

| 대학기관 | 보직명 | 근무 기간 |
| --- | --- | --- |
| 이사 | 대학이사/서기 | 1954. 5. 13~1958. 6. 30 |
| 도서관 | 중앙도서관장 | 1969. 1. 4~1971. 2. 28 |
| 기획처 | 기획관리실장 | 1974. 3. 1~1977. 8. 23 |
| 교무 | 협동부총장 | 1981. 9. 1~1983. 8. 31 |

한편 서의필 교수는 한남대학을 퇴직하면서 "1954년 미국 남장로교 선교사로 한국에 파송받아 본 대학 교수로 봉직하면서 본교 발전 및 후학 양성에 크게 공헌"(『한남대학교 40년사』, 1996)한 연유로 1994년 2월 18일 한남대학이 수여하는 대학장 금장을 받았으며, 그후 1998년 11월 21일 그는 제5회 한남 인돈문화상을 수상하기까지도 하였다.

다른 한편으로 서의필 교수는 젊은 학생들과 다양한 형태로 함께하는 것을 즐겨 했다. 그는 길거리나 학교 복도에서 학생들을 마주치면 반드시 요새 공부 열심히 하느냐고 물었다. 예를 들면, "Hi, Mr. Lee, are you working hard?"가 그의 정해진 인사말이다. 지극히 한국식 인사법인데 이는 그가 '노력'이나 '인내' 또는 '열심' 등의 동양적 가치를 학원 사회에서 소중히 여겨야 할 덕목으로 보고 있었기 때문이다.

그는 평소 학생들의 영어회화에 지대한 관심을 갖고 있었다. 특별히 영어회화에 관한 한 그 자신이 할 수 있는 가능한 한 모든 방법을 동원해서 학생들에게 '할 수 있다' 즉 'I can do it'의 정신을 고양해주었다. 1970~80년대 한남대학 내에는 '반디'와 '한아름'이라는 두 개의 영어회화 서클이 있었는데, 이 중 서의필 교수는 '한아름' 서클의 지도교수로 다년간 봉사했다. 대개의 경우 일주일에 1회씩 정기모임을 가지며 그때마다 〈타임스〉지나 〈뉴스위크〉지의 주요 이슈가 되는 기사들을 주제로 자유로운 토론회로 이끌어갔다. 이때 지도교수라고 해서 서의필 교수가 앞장서서 영어를 가르치는 것은 아니고 오히려 학생들의 생각을 들으면서 자연스럽게 자신도 학생들의 토론에 참여하는 식이었다. 그의 참여는 학생들의 영어 토론에 촉매제가 되어 도중에 끊이지 않고 매끄러운 토론으로 귀결되곤 했다. 그러는 가운데 혹시라도 학생들에게 부족한 영어 어휘 및 어법, 또는 토론 전략 같은 것들을 특별히 지적하지 않고도 자연스럽게 개선하고 습득하게 했다. '한아름' 서클을 통해서 학생들은 서의필 교수의 원어민 영어를 접하면서 많은 것을 배울 수 있었겠지만, 무엇보다 가장 소중했던 것은 토론 주제의 내용과 그에 따르는 비판적 사고의 계발, 논리적 토론의 전략 등 총체적으로 품격 있는 영어로의 접근이었을 것이다. '한아름' 서클은 교내에서 하는 정기모임뿐만이 아니라 종종 산이나 강으로 야유회도 다녀오곤 했는데 이때를 계기로 서의필 교수와 학생들은 모두가 함께 더욱 '한아름'이 되어갔다.

그 밖에도 학생들이—재학생이든 졸업생이든—서의필 교수에게 찾아가는 경우가 흔했다. 그 대표적인 일 중 하나는 원어민 영어 녹화 때문이다. 그 무렵은 원어민과의 접촉이 그리 쉽지가 않았던 시절이라서 교생이거나 이미 영어교사로 나간 졸업생들이 무슨 특별수업이라도 할양이면 녹음기를 들고 서의필하우스를 찾아왔다. 물

'한아름'과 나들이 중인 서의필 교수(박영환 교수 제공)

론 그는 이를 조금도 귀찮아하지 않았다. 귀찮기는커녕 오히려 이유 야 어떻든 사랑하는 제자들이 찾아오는 것을 '유붕자원방래 불역락 호'(有朋自遠方來 不亦樂乎)에 버금갈 정도의 기쁨으로 환영해 마지 않았다. 서의필 교수는 이를 계기로 중고등학교 영어교육의 실태에 관한 이야기도 나누고 향후 어떻게 하면 한국의 영어교육을 더욱 근본적으로 개선하고 발전시킬 수 있을 것인지에 대한 논의도 하곤 했다.

또한 졸업생들은 짝을 찾게 되면 종종 주례를 부탁하러 서의필 하우스를 찾아왔다. 지금까지 모두 몇 쌍이나 주례를 섰는지 알 길 은 없으나 적지 않게 했을 것이다. 서의필 교수는 주례 또한 흔쾌히 서 주셨다. 그리고 주례를 서는 그때그때마다 해당 결혼 쌍에게 꼭 필요하고도 합당한 말씀을 해주기 위해 상당히 많은 준비를 했다. 결혼식 당일에는 예식장에 미리 도착해서 준비해온 주례사를 꺼내

오영숙·이수철 동문의 결혼식에서 주례를 서고 있는 서의필 교수(1980. 4. 28)

서 읽고 또 읽었다. 그러다가 필요한 경우에는 그 속의 단어나 문장 패턴, 문맥 등을 마지막 순간까지 수정하기도 했다.

서의필 교수의 주례사는 남달리 특별한 측면이 있었다. 결혼하는 각 쌍에게 전해주는 고유 메시지가 있겠지만 한 가지만은 공통점이 있었다. 그것은 결혼을 통해 새로 태어나는 가정이 우리 사회에 매우 소중한 존재라는 것과 특별히 이 사회의 '민주주의' 발전에 한 알의 밀알이 되기를 당부하는 메시지였다. 아마도 그것은 우리 사회를 구성하는 가장 기본적인 단위로서 가정이 먼저 민주적으로 운용되어야만 그게 원동력이 되어 궁극적으로 나라의 민주주의 발전에 근간이 될 것이라는 논리에 근거할 수 있을 것이다. 어찌 보면 결혼식장에서 듣기에 조금은 딱딱할 수도 있는 어휘이다. 하지만 그만큼 그는 '민주화'된 '우리나라'를 자나 깨나 간절히 빌면서 진정으로 소원했던 것이다.

어떤 의미에서 서의필 교수는 한남대학의 알파와 오메가이다. 1954년 대학설립위원으로 발탁되어 대학 부지를 선정하러 대전에 처음 왔을 때가 알파라면 미국 남장로교 한국선교부 목사들 중 가장 늦게까지 남아 1994년 한남대를 떠났을 때가 오메가인 셈이다. 그러나 한남대에 관한 한 그에게 오메가는 없다. 그가 한국을 떠났지만 여전히 한국이 그의 '우리나라'인 것처럼 한남대학을 떠났지만 그에게 한남대학은 여전히 '우리 대학 한남'으로 남아 있다. 그가 한남대학을 은퇴하고 10년도 더 지난 2005년도에 쓴 편지를 일부 소개하면 아래와 같다.

학교 행정 당국과 교협 사이에 심각한 대치 상태가 분명히 있습니다. 이 학원의 동문들이 모교에 관한 소식을 알아보고 가능한 한 모든 방법으로 문제를 해결하며 화해시키고 다시 완전한 갱신을 할 수 있도록 돕는 것이 중요합니다. 나는 이 교수가 하나님께 영광이 되고 한남대학의 선한 이름을 지키며 또한 한남의 가족들이 전 세계에 자유와 평화를 진작시키는 방식으로 진리와 자유와 봉사를 계속 견지해나갈 수 있도록 하는 방안을 계속 올바로 이해하고 관여해 줄 것으로 믿습니다(II. 6-9: 2005년 7월 21일자 편지).

(There is obviously A SERIOUS standoff between the Administration and the Kyo-hyup. It is important that alumni of this institution seek to be informed about their alma mater, and do everything possible to help to effect problem resolution, reconciliation, and full renewal. I trust that you will continue to be properly informed and involved in ways that will honor God, uphold the good name of HNU, and ensure that the Hannam family continues to uphold Truth and Freedom, and SERVE in ways that advance Freedom and Peace throughout the world.)

아마도 2005년 무렵 한남대학에서는 학교 당국과 교협 사이에 갈등이 있었던 모양이다. 당시 필자에게 보내온 편지로 동문인 필자에게 학교 문제에 뒷짐 지고 그냥 서 있지만 말고 선한 의미의 관여를 해서 잘 해결될 수 있도록 해보라는 내용이다. 당시 77세의 고령으로 은퇴까지 한 마당에도 학교가 잘되어 학교 설립의 정신에 부응해서 하나님께 영광을 돌리고 학교의 모토인 '진리', '자유', '봉사'를 견지해나갈 수 있기를 바라는 간절한 마음의 일단을 표명한 것이다. HNU로 한남대학을 특별히 강조해놓고 있는 것에 주목해본다. 또한 대학의 모토 3개 중에 영어로 'Truth'와 'Freedom'과는 달리 'SERVE'를 각별히 대문자로 강조하고 있는 것도 눈에 띈다. 한남대학의 정신을 이해하고 숙고만 하는 것으로 그치지 말고 때가 되면 행동도 하라는 의미로 읽힌다. 이를 통해 서의필 교수의 절절한 한남대 사랑을 다시 한 번 더 엿보는 듯하다.

## 3. 북한으로 날 보내주

1954년 한국으로 선교사 파송을 받은 서의필 교수는 자신의 가까운 가족을 통해서 북한과도 직간접적인 인연을 맺고 있었다. 무엇보다도 그의 바로 아래 동생이 한국전쟁에서 전사했다. 1950년대 초 콜롬비아 신학교에서 공부하면서 목사가 되기 위한 준비를 하고 있었던 그는 동생이 전사한 한국전쟁을 통해서 고요한 아침의 나라 한국에 대해 눈을 뜨기 시작했다. 이때부터 남북 간의 이데올로기적 역학관계에 대한 그의 의식은 각별할 수밖에 없었다. 다른 한편으로 부인인 서진주 여사를 통해서도 간접적으로나마 북한에 대한 관심이 증폭될 수가 있었는데, 이는 중국 선교사인 아버지를 따라 중국에서 어린 시절을 보냈던 부인이 13세에 잠시 평양외국인학교를 다닌 적이 있었기 때문이다.103)

북한에 대해 이 정도의 인연을 맺고 있었던 서의필 교수는 한국에서의 선교사 생활을 하면서 보고 듣고 때로는 살면서 몸소 겪어본 한국 사회의 수많은 문제의 본질이 알고 보면 결국 남북의 분단 상황으로 귀착된다는 것을 알게 된다. 그러면서 그는 이 남북 분단의 문제와 더불어 이와 관련해서 결국 남북통일의 문제까지 사랑과 정의와 공의의 하나님께 의탁하는 가운데 평생에 걸친 기도 제목으로 삼아왔다.

서의필 교수의 북한관은 좀 남다른 데가 있다. 과거 언젠가 필자와 개인적인 대화중에 북한체제에 대한 언급한 바 있다. 즉 북한은 —예를 들어 조선왕조 시대처럼—일종의 왕조체제로 운용되는 국가라는 것이다. 따라서 우리와는 근본적으로 다른 체제를 갖고 있는 북한을 일단은 있는 그대로 인정하고 접근하는 유연성이 필요하다는 점을 강조했다. 이와 같은 그의 북한관은 남한 당국이 갖고 있는 일반적인 북한관과는 결을 달리하는 셈이다. 남한 당국이 근본적으로 북한과의 체제 경쟁과 대결을 대북정책의 기반으로 삼고 있다면 서의필 교수는 북한 당국과의 대화와 협력과 화해가 전제되어야 함을 늘 역설한다.

필자에게 보내온 서신에 나타난 북한 관련 메시지를 보면 북한에 대한 그의 각별한 생각을 읽을 수 있다.

- 향후 20년 이내에 남북한의 화해가 이루어지는 것이 저의 지속적인 열렬한 소망이며 기도입니다(II. 6-8: 2005년 3월 13일자 편지에서).
  (It continues to be my fervent hope and prayer that N-S reconciliation will occur within the next 20 years.)
- 화해가 이루어지기 전에는 이 세상을 떠나고 싶지 않습니다(II. 6-11: 2010년 7월 27일자 편지에서).
  (I do not wish to leave this earth before reconciliation occurs.)
- 금년 하반기에 북한으로 돌아가길 소망합니다(II. 6-10: 2010년 2월 24일자 편지에서).
  (I am hoping to get back to North Korea later this year.)

이 세 편지는 발송된 시기를 볼 때 금세기, 즉 21세기의 편지이다. 세 통 모두 서의필 교수의 연세 75세 이후에 쓴 편지라는 공통점이 있다. 이전 세기 내내 북한을 위해서, 남북통일을 위해서 기도했지만 아직 통일이란 결실을 맺지는 못하였다. 그러니 이 편지 메시지에서 보듯이 '향후 20년 이내'라는 기간까지 명시해놓고 남과 북이 화해할 것을 간절하게 소망하고 있는 것이다. 서의필 교수에게 남북통일의 방안은 명시적이고 일관적이다. 그렇다고 해서 어떤 기발한 방안이 따로 있는 것은 아니고 통일을 이루기 위해서는 무엇보다 먼저 반드시 화해가 전제되어야 한다는 것이다. 그에게 화해 없는 통일이란 도저히 상상할 수 없다. 그러니까 그가 말하는 화해, 즉 남과 북 사이의 화해가 얼마나 절실한가 하면 "화해하지 않으면 눈을 감을 수가 없을" 정도, 즉 "I do not wish to leave this earth before reconciliation occurs"라고까지 호소하는 것이다. 위의 세 번째 편지글을 보면 서의필 교수의 북한 방문에 대한 간절한 소망이 절절 넘쳐난다. 어쩌면 그 이전 해에는 북한 방문이 여의치 못했던 모양이다. 그래서 마음의 중심은 벌써 북한 땅에 가 있는데, 바로 그 북한 땅에 어떻게 해서라도 '금년 하반기'에는 다시금 꼭 가봐야겠다(hope to get back)는 심정을 읽을 수 있다.

서의필 교수가 북한 땅을 밟게 되는 실질적인 계기는 CFK를 통해서였다. 여기서 CFK는 'Christian Friends of Korea'의 약자로서 '조선의 그리스도인 벗들'을 가리킨다. 이 단체는 비과세 비영리 기구로 인도주의적 교육 종교 프로그램을 통해서 예수 그리스도의 복음을 북한 주민들과 함께 나누고자 하는 목적으로 1995년 창립되었다. CFK에서 'K'는 Korea이지만 북한의 영어 국명인 DPRK의 'K'이며 이는 북한의 한국어 국명인 조선민주주의인민공화국의 '조선'을 뜻하기 때문에 '조선의 그리스도인 벗들'이라는 명칭을 갖게 된 것이다. 특히 'friends'에 해당하는 한국말로 '친구', '동무', '벗' 등이 있지만 그중에서도 '벗'을 선택함으로써 '벗들'이라고 한 것 또한 탁월할 뿐만 아니라 대단히 사려 깊어 보인다. '친구'는 한자어로 북한에서는 거의 사용하지 않는 점을 고려할 때 이 단어를 선택하는 데는 무리가 있어 보인다. 그렇다고 이를 '동무'라고 번역하는 것도 선뜻 받아들이기 어렵다. '동무'가 북한에서 아주 흔히 쓰이는 단어이긴 하지만 그 의미가 'friends'라기보다는 'comrades', 즉 '동지'

1999년 9월 원산을 방문한 CFK 대표단. 왼쪽의 두 사람이 서의필 교수 부부, 오른쪽에 베티 린턴(Betty Linton)과 드와이트 린턴(Dwight Linton) 선교사(CFK Newsletter, October, 1999)

에 가깝고 실제로도 오히려 사람의 이름 뒤에 붙이는 호칭, 즉 타이틀의 기능을 주로 하기 때문이다. 이런 가운데 CFK가 순수한 한국말이면서도 동시에 남측과 북측 어느 쪽에서도 문제가 될 수 없는 '벗'이란 단어를 찾아내어 '조선의 그리스도인 벗들'로 명명한 것은 놀라운 일이다. 북한을 인도적으로 지원하겠다는 단체로서 그 단체명부터 전혀 위압적이지 않아 좋아 보인다.

이 CFK의 본부는 미국 노스캐롤라이나의 블랙 마운틴에 있다. 서의필 교수가 은퇴 후 기거하고 있는 바로 그 지역에 있다. 노스캐롤라이나의 내륙 깊숙이 자리 잡은 조그마한 산골 마을인 블랙 마운틴에서 이런 엄청난 일을 하고 있다니 놀라운 일이다. 늘 그래왔듯이 현재도 북미관계는 최악이다. 사실상 미국이 주도하는 대북제

재로 인해서 모든 교역이 불가할 뿐만 아니라 심지어 인도주의적 대북 지원까지 봉쇄되고 있는 상황에도 CFK가 북한 땅에 들어가 이렇게 장기간에 걸쳐 인도주의 사업을 할 수 있었던 것은 기적이며 신비스러울 정도이다.

서의필 교수는 서진주 여사와 함께 CFK의 자문위원으로 봉사하였다(CFK Newsletter, November 2000). 1994년 한남대학을 은퇴해 미국으로 돌아간 뒤 그는 1995년에 창립되어 북한지역을 대상으로 하는 의료지원 중심의 국제단체인 이 CFK에 깊숙이 관여한다. 즉 평생을 바쳐 교육선교를 해온 남한의 대전을 뒤로하고 여생을 의료선교를 위해 북한의 평양으로 달려간 셈이다. 이는 하나님의 놀라운 섭리인 것 같기도 하다. 1954년 한반도의 반쪽 남한지역으로 들어와 1994년까지 40년간 교육을 통한 선교를 마친 후 곧바로 1995년부터는 이제 한반도의 또 다른 반쪽인 북한지역을 향한 의료선교에 발을 내딛고 남북 상호 간의 화해를 통한 통일운동에 헌신할 수 있게 되었으니 말이다.

1995년에 발족된 CFK는 오늘에 이르기까지 28년째 그리스도 정신에 입각한 인도주의적 대북 지원사업을 해오고 있다. 시작은 결핵 퇴치 사업 하나만으로 미약하게 했지만 지원사업의 범위와 규모가 크게 창대해져 결핵은 물론 간염을 비롯한 전반적인 의료품 및 의료 장비까지 지원할 뿐만 아니라 최근에는 비의료 분야에 이르기까지 다양한 지원을 하고 있다. 그 한 예로 서의필 교수가 방문했던 1999년 9월의 활동 상황을 전하고 있는 CFK 소식지(1999. 12)의 일부 내용을 인용해본다.

이 이야기는 아주 간단한 사례에 불과하지만 그러나 서의필 교수가 관여하고 있는 CFK의 대북 인도주의 사업을 단적으로 보여준다. CFK가 결핵 약품을—9월부터 11월까지—2개월 남짓 공급해줌으로써 결핵에 걸린 다섯 살짜리 어린 북한 소년이 목발로부터 해방되어 자유롭게 걸을 수 있게 되었다는 감동적인 이야기이다. 결핵에 걸려 걷지 못하던 북한의 어느 한 아이 개인에게 CFK는 그야말로 착한 사마리아 사람(누가복음 10:25-37)이 되어 하나님의 이웃 사랑을 구체적으로 실천한 셈이다.

또한 더욱 넓은 의미로 볼 때 북한지역에 대한 CFK의 전반적인 지원과 이에 대한 북한 당국의 수용은 서의필 교수가 평생에 걸쳐 기도하는 가운데 간구해왔던 남북 간 및 북미 간 화해의 참 모델을 보여줬다고 해도 과언이 아니다. 주지하다시피 CFK는 기본적으로 복음을 전파하는 선교단체이다. CFK는 북한이 절실히 필요로 하는 의약품 및 식품을 아무런 대가 없이 무조건 제공해주었다. 도움을 준 대가라고 해서 예컨대 기독교의 수용 같은 것을 결코 요구하지 않았다. CFK는 조선 말기 1866년 일방적으로 대동강을 거슬러 평양에까지 들어왔던 제너럴셔먼 호 사건[104]처럼 제국주의식으로 접근하지 않았다.

결핵 감염으로 고통 속에 있었던 다섯 살짜리 어린 소년을 구해준 것처럼, CFK는 국가 차원에서 북한의 진정한 이웃이 되고자 한 것이다. 이때 북한의 과거를 묻지 않았다. 북한의 현 정치체제도 문제 삼지 않았다. 북한의 핵무기 개발에 대해서도 상관하지 않았다. 착한 사마리아 사람들에게 그런 것들은 하등 문제가 되지 않는다. CFK는 다만 그리스도의 정신으로 질병과 굶주림이라는 고난을 겪고 있는 북한 당국을 아무런 조건 없이 도와주고 있을 뿐이다.

## 소망의 미소

미소가 모든 것을 말해주었다. 겨우 5살짜리 그 어린 소년은 9월 우리 팀이 방문했을 때 목발을 하고 있었다. 엉덩이 관절에 결핵이 감염되어 목발 없이는 일어설 수도 없었고 움직일 수도 없었다. 그렇지만 9월 하순에 결핵약을 받기 시작했는데 11월 둘째 주에 와서는 목발이 필요 없게 되었다. 그

◀ 결핵에 걸린 5세 북한 소년(1999. 9)
▶ 결핵을 퇴치한 5세 북한 소년(1999. 12)

아이의 병세는 크게 호전되었고 그래서 아무런 도움 없이도 혼자 서서 걸을 수 있게 되었다. 아이와 엄마 모두 희색이 돌고 있고 CFK 의 도움에 감사했다(조선의 그리스도인 벗들 소식지, 1999년 12월).

### A Smile of Hope

His smile said it all. The little boy, just five years old, had been on crutches when our team visited in September. Tuberculosis had infected his hip joint, and he couldn't stand up or move around without using crutches. But he had started receiving TB medicine in late September, and by the second week of November his crutches were gone. He was greatly improved, standing and walking without assistance. Both he and his mother were beaming, and so thankful for help from Christian Friends of Korea(CFK Newsletter, December 1999).

서의필 교수는 2014년 9월 17일 한남대학을 방문해서 정성균 선교관 개관예배에 참석한 바가 있다. 이 예배에서 그는 "매일 아침 눈을 뜨면 북한 동포들을 위해 기도하고 서로 싸우지 마라"는 간곡한 당부의 말을 전했다. 그의 이 말은 사실 쉽게 할 수 있는 말이 아니다. 한남대학을 은퇴한 지 20년이 지난 시점에도 그가 북한 동포에 대한 기도의 끈을 놓지 않고 있음을 알 수 있는 대목이기 때문이다. 그의 북한에 대한 긍휼함은 것은 젊은 나이 선교사로 왔던 한국 땅에서 평생에 걸쳐 간직했던 기도 제목이었을 뿐만 아니라 은퇴 후에도 지금까지 CFK를 통해 직접 북한 땅에 들어가 고난 가운데에 있는 북한 주민들과 가능한 한 많이 만나고 가능한 한 함께하고자 하는 것에서 비롯된다. 특별히 그는 "서로 싸우지 마라"는 말을 덧붙였다. 서의필 교수는 40년간 한국에서 살아오면서 한국인들의 무수한 '싸움질'을 보아왔던 터이다. 무엇보다도 기독교 안에서 교단들끼리 싸우고 또 같은 교단 안에서도 '싸움질'로 서로 갈라지는 것을 직접 목도한 바가 있다. 1959년 대한예수교장로회가 합동 측과 통합 측으로 분열될 때 그럴 만한 특별한 신학적 노선의 차이도 없으면서 사실은 지극히 개인적 감정에서 비롯된 상호 비방과 음해와 삿대질로 인한 분열이었음을 매우 안타까워한 적이 있다(I. 3-4: 1959년 12월 12일자 선교보고서).

마찬가지로 남북 간에 별로 중요하지도 않은 것 가지고 제발 "싸우지 마라"는 당부의 말

은율에서 북한 관리와의 만남(2001. 3)

로 해석된다. 통일을 이루어달라고 눈감고 실컷 기도해놓고도 눈뜨면 바로 북한을 비방하는 식의 삶을 지양해달라는 뜻이리라. 그동안 70년 이상을 상호 적대시해왔던 관계로 인해서 북이 '아' 하면 무조건 남에서는 '어'로 응수하고 또 그 반대로도 마찬가지인 방식으로 접근하지 말라는 충고이기도 하다.

그런 점에서 볼 때 서의필 교수가 참여하고 있는 현재의 CFK의 방식은 남북관계 개선에 매우 소중해 보인다. 1995년에 북한 첫 방문을 한 CFK가 2020년까지 25년 동안 북한을 위해 했던 인도주의적 사역의 내용을 요약하면 아래와 같다.[105]

〈표 3〉 지난 25년 동안 CFK의 사역 내용 요약표

| | |
|---|---|
| 1995년 이래 북한 방문 | 91회 |
| 파트너십 사역 기간 | 25년 |
| 북한 방문 미국인 자원봉사자/직원 수 | 150명 |
| 북한 방문 국제 자원봉사자 수 | 67명 |
| CFK 팀의 북한 체류일 수 | 1,148일 |
| 구호 물품 후원 | 9,800만 달러 이상 |
| 후원/방문하는 결핵·간염 병원/요양소 | 35곳 이상 |
| 직·간접으로 영향받은 북한 주민의 수 | 수십~수백만 명 |

CFK의 소식지 '2021 소망의 선물들'에서는 "소망이 소중한 때입니다. 우리의 소망을 가장 위대한 선물인 예수님께로부터 찾으며 성탄을 축하합니다. 우리는 다 함께 그리스도의 이름으로 북한 주민들에게 생명과 소망을 나눌 수 있습니다"라는 메시지를 전하고 있다. 즉 CFK가 북한을 향해서 하는 모든 일은 그리스도의 이름으로 한다는 것이다. 이는 그리스도가 전하는바, "포로된 자에게 자유

를, 눈먼 자에게 다시 보게 함을, 눌린 자를 자유하게 함"(누가복음 4:18)의 정신을 그대로 실천하는 것을 뜻한다. 따라서 북한에 대한 CFK의 인도주의적 지원은 무조건적일 수밖에 없다. 어떤 대가도 바라는 게 없다는 것이다.

그러나 CFK의 북한 사역이 늘 순탄하기만 했던 것은 아니다. 북미 간 또는 남북 간의 정치군사적 역학관계의 향방에 따르는 어려움도 적지 않게 상존해 있었다(CFK Letter, November 30, 2020).[106] 그럴 때마다 CFK는 인내하며 기다렸다. 특히 CFK는 단 한 번도 북한과 관련된 그 어떠한 부정적인 논평이나 비난을 한 적이 없다. 어려운 이웃을 사랑하라는 하나님의 뜻에 따라 북한을 향해 간 것이고 가다가 길이 좀 막히면 기다리기도 하고[107] 때로는 기도하는 가운데 막힌 길을 뚫고 나가고자 했다. CFK의 자문위원으로서 서의필 교수는 CFK의 사역 방침을 다른 것은 고려하지 않고 오직 그리스도의 뜻에 따라 "북한 주민들의 생명과 소망을 회복"시키고자 하는 데 집중하였다. 남북 간의 화해를 토대로 하는 통일에의 접근이라는 서의필 교수의 통일 철학을 고려할 때 그동안 해온 CFK 방식의 대북 접근이 독일 통일의 기반이 되었던 동방정책(Ostpolitik)[108]에 버금갈 정도의 한국형 통일정책의 모델이 될 수 있을 것으로도 기대해본다.

서의필 교수는 CFK를 통해서 북한을 방문할 때면 오영재 북한 계관시인을 만났다. 오영재 시인으로 말할 것 같으면 한남대학 명예교수인 오승재 교수의 바로 아래 친동생이다. 1950년 한국전쟁 때 서로 헤어진 뒤로 아무런 소식도 모른 채로 지내다가 1990년 9월 4일자 〈한겨레신문〉의 보도를 통해서 북으로 간 오영재 시인에 관한 소식이 처음으로 알려지게 되었다. 놀라운 것은 당시에 그는 북한 최고의 계관시인이 되어 있었고 그 후 2000년 8월 15일 남북 이산가족 상봉 때 서울에 와서 형님인 오승재 교수를 비롯한 형제자매와 가족들을 만날 수 있었다.

놀라운 일이다. 21세기 최첨단의 시대를 살아가고 있는 작금에 한 가족이 서로 간에 반세기 이상을 만나보기는커녕 생사조차도 알 수 없는 체제 속에서 그동안 우리가 살아온 것이다. 다름 아닌 바로 이런 것들이야말로 분단체제의 고통이며 세계 유일의 분단국가인 여기 한국에서 지금 일어나고 있는 민족적 차원의 문제임을 서의필 교수는 오승재 교수 가족의 사례를 통해 더더욱 실감할 수 있었다. 이는 곧 그가 평생에 걸쳐 기도해오고 있는 남북통일 문제와 바로 직결되는 사안이기도 하기 때문이다.

이를 계기로 그는 CFK 팀의 일원으로 평양에 갈 때마다 오승재 교수를 대신해서 오영재 시인과 그 가족들을 방문함으로써 남북으로 갈린 가족들 사이의 가교 역할을 해왔다. 남쪽 이야기를 듣고 가서 북쪽에 전해주고 다시 돌아올 때는 북쪽 이야기를 듣고 남쪽에 전해주는 평화의 메신저 역할을 해왔다.

오승재 교수의 가족이 겪은 문제는 어느 한 가정의 가족사 문제이기도 하지만 사실은 한반도의 남과 북에 걸친 한민족 전체 이산 문제의 전형적인 축소판이다. 해방과 분단 그리고 전쟁, 또 그 전쟁의 결과가 낳은 한반도의 재분단과 1,000만 이산가족, 서의필 교수에게는 바로 이것이야말로 오늘날 한국이 겪고 있는 아픔이고 고난이며 반드시 극복해야 할 시대적 도전이었다. 그가 평양에 있는 오영재 계관시인의 가정 방문을 통해서 대전의 오승재 교수 가정에 위

북한의 오영재 계관시인 가족들과 함께(오승재, 2020. 7. 7)

로와 소망을 전해준 것과 마찬가지로 CFK의 아무 조건 없는 인도
주의적 지원의 손길을 통해서 북한 주민들의 생명과 소망이 회복되
고, 이것이 동력이 되어 백두에서 한라까지 하나로 연결될 수 있기
를 서의필 교수는 오늘도 간절히 기도하는 가운데 기다리고 있다.

## 4. 그의 휴머니즘

서의필 교수가 선교사로 한국에 첫발을 디뎠을 때는 1954년 2월 24
일이다. 그 시절이 어떤 때인가. 3년간의 한국전쟁이 끝난 지 이제
겨우 반년밖에 안 되던 즈음이다. 도착하자마자 그는 전후에 온통
폐허가 되어버린 이 나라의 강토와 헐벗은 민중들을 곧바로 직면하

게 된다. 초근목피로 겨우겨우 힘겹게 보릿고개를 넘기는 한국 민중들에게서 서의필 교수는 놀라운 사실 하나를 발견하고는 깊이 감동한다. 그토록 절망스럽고 가난하고 앞이 보이지 않는 상황인데도 사람들이 서로서로 돕고 나누며 또한 배려하며 살아가는 인간애를 직접 목도한 것이다. 특별히 그가 사역했던 전라도 목포지방과 그중에서도 진도 앞바다의 여러 섬 지역에서 만나는 섬사람들의 원초적 삶의 모습에서 인간의 존엄성을 발견하고 가슴속에 깊이 간직한다.

그 후 서의필 교수는 1980년 다시 한번 고난 가운데 피워내는 한국 민중들의 휴머니즘을 목격한다. 5.18 당시 광주는 공수부대의 시 외곽 포위로 인해 외부와 교통이 완전히 차단되고 통신도 차단된다. 게다가 수돗물 공급도 끊긴 가운데 견뎌내야만 하는 극한의 상황이었다. 그런데 이 10일간(1980. 5. 18~27)의 내전 중에 광주 시내에서는 놀라운 일이 발생한다. 이 엄청난 고난의 시기에 단 한 건의 절도나 약탈 등의 범죄가 일어나지 않았고 오히려 민중들은 십시일반으로 주먹밥을 만들어 함께 나누며 어려운 시기를 견뎌나가고 있었다. 서의필 교수는 광주의 이런 모습을 보면서 다시 한번 인간미 넘치는 민중들의 행동에 감동하게 된다.

이처럼 서의필 교수는 고난을 그저 고난으로만 끝내지 않고 고난의 삶일수록 오히려 그 속에서 움터 나오는 인간애적 삶으로 승화할 줄 아는 한국 사람들의 놀라운 저력을 발견한다. 한국 민중들에게서 발견한 이 휴머니즘은 곧바로 그 자신에게 잠재되어 있었던 내면의 휴머니즘을 소환해낸다. 서의필 교수는 과연 휴머니스트인가? 1989년 5월 9일 그의 회갑연에서 봉정된 책자의 제목이 『종교

인간 사회』이다. 그런데 이 제목만으로 끝나지 않고 덧붙여진 부제가 있는데, 다름 아닌 '휴머니티의 회복을 위하여'이다. 왜 그랬을까? 서의필 교수의 일생을 종교와 인간과 사회의 관점에서 조명해 볼 때 이 세 가지가 모두 그의 휴머니티로 수렴된다는 뜻일까? 그렇다면 과연 서의필 교수의 휴머니즘의 원천은 무엇일까?

서의필 교수는 미국 사우스캐롤라이나 출신으로 어린 시절 흑인과 백인의 분포가 거의 대등한 시골 마을에서 자랐다. 1928년생인 그는 태어나면서 곧바로 대공황 시대를 맞으면서 전체적으로 가난한 가운데 이웃 사람들과 더불어 살아가는 유년 및 소년 시절을 보내야만 했다. 그러나 전반적인 남부의 어려운 삶의 상황에서도 흑인이든 백인이든 모두가 남부 특유의 악센트가 있는 영어로 그 나름 서로가 잘 소통이 되며 서로에 대한 깊은 인간애와 동정심을 보여주었고 그런 가운데 그는 인간의 존엄성(human dignity)이라는 것을 자연스럽게 체득할 수 있었다.[109]

이는 그의 휴머니즘을 발아시켜준 어린 시절 자라온 시대적·지역적으로 소중한 환경임이 분명하다. 그러면 그의 휴머니즘의 본질, 즉 원천은 어디서 찾을 수 있을까? 이와 관련해서는 목사인 그가 자유의 나라 미국에서의 다른 모든 인생 계획을 포기한 채 젊은 나이에 고요한 아침의 나라를 찾아온 선교사로 평생에 걸쳐 한국 민중들과 동고동락해왔다는 사실에서 접근해야 하지 않을까 싶다. 그는 목사이다. 그는 선교사이다. 즉 그는 예수의 말씀을 이곳 사람들에게 전하러 왔다.

따라서 그에게 예수 그리스도의 본질은 하나님의 인간에 대한 긍휼함과 인간애와 용서함에 있다. 즉 서의필 교수의 휴머니즘은 예수 그리스도의 사랑 정신, 즉 이웃 사랑 정신에서 찾을 수 있을 것이다.

> 서로 사랑하라 내가 너희를 사랑한 것 같이 너희도 서로 사랑하라 너희가 서로 사랑하면 이로써 모든 사람이 너희가 내 제자인 줄 알리라(요한복음 13:34-35).

이에 따르면 우리는 서로 사랑해야 한다. 사랑은 결코 선택적인 것이 아니고 필수적인 것이며 또한 그 사랑의 절대적 명분은 하나님이 먼저 우리를 사랑했기 때문이다. 하나님의 우리 인간에 대한 사랑은 우리가 그 사랑을 받을 만한 조건이나 자격에 부합했기 때문이 결코 아니었다. 하나님은 인간을 그냥 무조건 사랑하셨다. 하나님의 그런 사랑을 받은 인간이라면 우리도 서로 이웃을 향해 조건 없는 사랑을 해야만 예수 그리스도의 제자가 되는 것이라는 메시지이다.

하나님의 아들로서 하나님의 사랑 메시지를 선포할 때 예수는 당시 현실 세계의 갖은 유혹과 협박을 모두 당해야만 했다. 예수는 사탄이 모든 정치적·군사적 힘을 주겠다고 유혹했을 때 열심당원적 선택을 거절했다. 예수는 당시의 모든 현상 유지(status quo)를 거부함과 동시에 같은 맥락에서 전쟁과 폭력의 길도 확고하게 거부했다. 예수는 3년간의 성무에서 분명하게 비폭력의 길을 선택했다. 그러면서 그는 철저하게 자신을 고통받는 종의 직분(role of the suffering servant)과 동일시했다.[110] 예수의 휴머니즘은 자신과 동일시되고 있는 바로 이들 '약한 자, 가난한 자, 병든 자, 고통받는 자'와 함께할 때 발현되고 있었다. 이것이 바로 서의필 교수가 신봉하는 예수 그리스도의 정신이라고 할 수 있는데 이를 간단히 도식화해보면 아래와 같다.

**예수 = 고통받는 종의 직분 = 약한 자/가난한 자/병든 자/고통받는 자의 편**

이 기독교의 원리가 서의필 교수 휴머니즘의 본질 내지는 원천이라 할 수 있다. 즉 그는 기독교 정신, 다시 말해서 이웃 사랑의 정신에서 비롯되는 휴머니즘이라는 렌즈를 통해 사물을 바라보는 것이다. 그의 마음속에 비치는 고난의 한국 역사, 그가 직접 목격한 전후의 비참했던 한국 상황, 특별히 민주주의와 인권 회복을 위해 독재정권과 맞서 싸웠던 4.19혁명과 5.18광주민주화운동, 이런 모든 것이 그에게는 휴머니즘적 관점에서 보이는 것이다. 따라서 서의필 교수가 설교에서 "십자가를 지고 예수를 따르라"고 선포한다면 이는 교회가 더 이상 '중립'에서 머뭇거리거나 '현상 유지'에만 안주하려 해서는 안 되는 것을 뜻한다. 예수를 따르는 제자가 되려면 십자가를 져야 하고 십자가를 지려면 약한 자, 가난한 자, 병든 자, 고통받는 자의 편에 서야 함을 뜻한다.

이처럼 서의필 교수는 휴머니즘적 관점에서 자신의 삶 전체를 온전히 한국이라는 정체성 속에 몰입시켜나갔다. 이를 위해 먼저 선교지 토착 언어인 한국어를 완벽하게 습득해냈다. 그저 일상에서 대화 정도만 가능할 정도의 수준이 아니고 한문까지 터득함으로써 한자문화권의 고급 어휘를 자유자재로 쓸 수 있을 정도의 한국어를 구사하였다. 그러니 설교가 됐든 주례가 됐든 또는 그 무엇이 됐든 그는 한국 사람들과 함께하는 데에 전혀 손색이 없을 정도의 한국 사람이 되어 있었다. 언어로서의 한국어 단계를 뛰어넘어 한국의 사회, 역사, 문화, 풍습 등에 이르기까지 조예가 깊었고 대학에서는 공맹사상과 한국사를 강의할 정도의 학문적 기반을 갖추고 있었다. 이 모든 것이 가능했던 것은 근본적으로 한국의 모든 것에 대한 그의 휴머니즘적 에너지에서 비롯된 것으로 보인다.

1989년 5월 20일자의 서신(III. 6-4, 부록 1)에서 밝혔듯이 그는 가보지 않은 곳이 없을 정도로 한국 땅 여기저기를 돌아다녔다. 그러면서 온갖 사람과 만나 이야기를 나누었다. 지위 고하를 막론하고 남녀노소를 가리지 않고 만나보았다. 그런 가운데서도 특별히 가난한 사람들, 병든 사람들, 소외된 사람들, 당국에 쫓김을 당하는 사람들, 자본주의 대열에서 낙오된 사람들, 한마디로 말해서 한국 사회 각계각층의 민중들과의 대화에 우선순위를 두었다. 그것은 다름 아니라 예수가 바로 그렇게 했기 때문이다. 이렇게 해서 그는 스스로가 후성유전학(epigenetics)적 관점에서의 한국인이 되어갔고 결국 그에게 한국은 그냥 '우리나라'가 되었다.

계속해서 같은 날 서신(III. 6-4, 부록 6)의 마지막에서 우리 모두가 함께 휴머니티의 모범을 보일 때라야 우리 사회도 완전한 구원을 향해 갈 수 있다고 강조한다.[111]

계속해서 서로를 위해서 기도하고 서로 간에 활력이 되고 도전이 되며, 우리 자신 일관되게 가난한 자와 억압받는 자의 편에 서며, 그리고 사회의 완전한 구원을 위해 노력하면서 휴머니티의 한결같은 모범이 되십시다.

(Let us continue to pray for each other, to stimulate and challenge each other, to place ourselves consistently on the side of the poor and the oppressed, and to be unfailing examples of humanity as we work for the full redemption of society.)

아주 짧은 메시지이지만 여기에 서의필 교수의 기독교 사상이 농축되어 있다. 구원이라는 관점에서 볼 때 그의 관심은 역시 사회구원(redemption of society)임을 알 수 있고 그 사회구원에 필요한 핵심 또한 다름 아닌 휴머니티(humanity), 즉 예수 그리스도의 이웃사랑 정신에서 나오는 긍휼함과 인간애라는 것인데 이 휴머니티의 구체적인 대상은 고통받는 종의 직분과 동일시한 예수가 함께했던 '가난한 자와 억압받는 자'라는 것이다. 이를 위해 서의필 교수는 우리 모두가 다 같이 기도하며 서로서로 격려하며 도전해나갈 것을 요청한다.

　서의필 교수의 이 휴머니즘적 사랑은 원래부터가 남한 땅 한국에만 국한된 것이 아니었다. 그는 평생에 걸쳐서 '우리나라'의 통일을 위해 기도해왔다. 그가 말하는 '우리나라'는 백두에서 한라까지를 아우르는 한반도 전체를 두고 하는 말이다. 따라서 한남대학을 은퇴한 후 곧바로 그는 CFK를 통해 북한지역을 방문하기 시작했다. 평양을 중심으로 하고 그 밖의 개성, 사리원, 은율, 원산 등 실로 많은 지역의 북한 땅을 몸소 밟으며 북한 동포들과 교류해왔다. 그들의 아픔과 고통을 함께해온 그의 CFK 활동을 '그의 휴머니즘' 없이는 상상하기 어렵다.

## 5. 서의필 교수의 어록

서의필 교수는 평생에 걸쳐 강의나 강연을 통해서 또는 설교를 통해서 수많은 사람에게 소중한 메시지를 남겼다. 이처럼 말로 하는 메시지도 남겼지만 사도 바울의 서신처럼 그도 요즈음의 이메일을 포함하는 서신을 통해서도 심금을 울리는 메시지를 전달하였다. 한국과 한국 민중들을 향해 외쳤던 그의 메시지는―말이든 글이든 간에―적어도 네 가지 특별한 관점을 띠고 있다. 첫째, 그의 메시지는 한국의 역사와 문화, 언어와 종교 등 모든 것에 대한 통찰과 이해를 바탕으로 해서 나오는 깊은 심연의 소리이다. 둘째, 그의 메시지는 궁극적으로 예수 그리스도의 사랑을 이 땅에서 실현하고자 하는 외침 소리이다. 셋째, 그의 메시지는 구약시대 선지자들의 외침 소리와 같이 현 사회의 기득권자들을 향한 비판의 목소리를 담고 있다. 마지막으로 그의 메시지는 '우리나라'의 민주주의와 인권, 평화와 통일을 향한 간절한 복음적 외침의 소리로 울리고 있다.

　여기서는 서의필 교수가 선포했던 메시지 중에서 특별히 우리 모두에게 공감이 되면서 선한 영향력을 끼칠 수 있으리라 간주되는 말 또는 글을 모아 그의 어록으로 삼고자 한다. 이를 위해 10개의 한국어와 또 다른 10개의 영어 메시지를 공개하고자 한다.

### 1) 한국어 어록
- 매일 아침에 눈을 뜨면 북한 동포들을 위해 기도하고 제발 서로 싸우지 말기 바랍니다.
- 이렇게 아름다운 캠퍼스에서 교만하거나 이기적이거나 부자가

되려 하지 말고, 특히 가난한 학생들을 더욱 잘 보살펴야 합니다.

- 세상에 있는 교회는 너무나 자주 '사회의 도덕적 양심'으로서 그 비판적 역할을 소홀히 해왔습니다. 교회는 너무나 자주 정치적, 경제적, 사회적, 현상 유지의 수호자 노릇을 해왔습니다.

- 교회는 고통당하는 자를 돕고, 약한 자들에게 힘을 주고, 가난한 자와 억압받는 자를 옹호해주고, 소리를 빼앗긴 자의 영감에 소리를 주고, 화평케 하고 일치를 도모하는 장소가 되어야 하겠습니다.

- 한국에서 교회는 무슨 일을 할 것인가 하는 것은 한국교회가 결정할 문제입니다. 자립정신에 입각해서 앞으로 교회가 한국에서, 또 세계에서 할 일이 무엇인가를 한국 교인들이 결정해야 합니다.

- 제가 가르치는 학생 대부분은 교회에 나가지 않습니다. 절대 안 나갑니다. 교회란 나쁜 것인 줄로 알고 안 갑니다. 교회 가서 배울 만한 것이 무엇입니까? 과격한 말인 것 같지만 목사들은 다 부패되었습니다.

- 모든 제국주의, 식민주의, 전체주의는 약자 위에 악한 제도를 부과하려는 강자의 노력을 대표하는 것들입니다. 이러한 제도들은 존엄성, 인간성, 정의의 규정을 침해하는 것으로서 이 지구상에서 완전히 제거되어야 합니다.

- 우리는 평화를 믿어야만 하며 적극적으로 화평케 하는 자가 되어야만 합니다. 군비 경쟁을 증강시키고 있는 세계의 주요 강대국은 우리를 파괴의 길로 끌어내리고 있습니다. 오늘날 군비확장 경쟁은 우리를 안전한 세계로 이끌어가지 못합니다.

- 역사 속에서 지금 우리의 순간은 모세적 해방의 지각과 아모스의

도덕적 용기와 예레미아의 자비 그리고 마틴 루터 킹의 적극적 신앙과 이상을 요구하는 혼란된 순간입니다. 전진을 향한 길은 지혜와 믿음과 용기와 부단한 노력을 필요로 합니다.

• 우리는 패권을 유지하고 힘을 확장하려는 시도가 얼마나 민중을 희생시키고 있는지 보았습니다. 미국 기독교인들은 다른 나라의 기독인들처럼 그리스도가 가난한 자, 힘없는 자, 억압당하는 자, 착취당하는 자의 편에 계시다는 것을 깨달아야 합니다.

## 2) 영어 어록

• While there is a life, there is a hope.

• I pray weekly for those miracles that will bring the good life to all the people [in North Korea].

• It continues to be my fervent hope and prayer that N-S reconciliation will occur within the next 20 years, and on terms that will ensure peace and prosperity for all residents of the peninsula.

• The example of our Lord and the message of the Old Testament prophets are constant reminders that we become involved in issues as a part of the search for truth, and the efforts to effect justice.

• I trust that 1983[the New Year] will bring the realization of the aspiration of the *minjung* all over the world. Hopefully there will be substantial progress towards peace and the move away from man's senseless arms race.

- When we become arrogant, give the impression that we know everything, and become slaves to the quest for fame and money, we cease to be a positive force in the quest for peace, justice, reconciliation, and a humane society.

- We need to pray for each other, to stimulate and challenge each other, to place ourselves consistently on the side of the poor and the oppressed, and to be unfailing examples of humanity as we work for the full redemption of society.

- Despite brilliant 20th century discoveries and inventions, undreamed of our forebears, contemporary man shows an alarming propensity for insanity. If this goes unchecked the human race may be destroyed before the year 2000 A.D.

- Unless there is better thinking; unless there is a more thoughtful approach to the needs of students; and unless there is a greater openness to criticism, review, and re-form, we will be unable to avoid perpetuation of the status quo.

- Freedom does not come easily. Freedom is not a gift. Freedom is one that is obtained by the every individual's effort and sacrifice. Some people even die in their stru-ggle for freedom. This is because the human need for freedom is as unquenchable and as strong as the human need for water, for air and for food. Let freedom ring!

| 미 주 |

## 제1부_격동기 속의 하나님 사명

1) 송현강, 『미국 남장로교의 한국선교』(서울: 한국기독교역사연구소, 2018), 275.

2) 송현강(2018), 275.

3) 송현강(2018), 275.

4) 송현강(2018).

5) 김조년, "서의필 선생의 삶과 생각," 『미국남장로교 선교사 열전』, 한남대학교 교목실 엮음(서울: 도서출판 동연, 2016), 240.

6) 서의필선생 회갑기념논문집 간행위원회(편), 『종교 인간 사회: 휴머니티의 회복을 위하여』(1988), 707.

7) 김조년(2016), 230.

8) 서의필선생 회갑기념논문집 간행위원회(편)(1988), 707.

9) 서의필선생 회갑기념논문집 간행위원회(편)(1988), 707.

10) 오승재, 김조년, 채진홍, 『인돈평전』(서울: 지식산업사, 2003), 130.

11) 오승재, 김조년, 채진홍(2003), 128-129.

12) 이재근, "남장로회 광주선교지부 여성선교사 연구: 도마리아와 유화례," 『프론티어』, 19(겨울, 2020), 39.

13) 한남대학교 40년사 편찬위원회(편), "서의필 교수와의 대담"(1994).

14) 서의필선생 회갑기념논문집 간행위원회(편)(1988), 708.

15) 서의필선생 회갑기념논문집 간행위원회(편)(1988), 707.

16) "Nelsen Bell," 「Wikipedia」.

17) John Somerville, Letter to Hannam family(September, 2006).

18) 김조년(2016), 248.

19) 김조년(2016), 249.

20) Severn Somerville, "A Written Interview"(August 26, 2022), 10:00-

13:00.

21) Severn Somerville(2022).

22) Severn Somerville(2022), "My mom never cared about herself. She was always ready to give us her share of anything. We never had a lot but we always had more than enough."

23) Severn Somerville(2022), "My father treats everybody the same from 'cleaning lady' to university president! Also Learning for him is not just something you do in school. It's something you do all your life, wherever you are!"

24) Severn Somerville(2022), "It's amazing what they did! They really showed Christ-like love!"

25) 김조년(2016), 249.

26) 김조년(2016), 249.

27) 미국인 기자가 본 1950년대 한국모습(50's Korea as seen by American Journalists). http://youtube.com/@ohart2000에서 2022. 11. 05에 검색하였음.

28) 한남대학교 40년사 편찬위원회(편)(1994).

29) 한남대학교 40년사 편찬위원회(편)(1994).

30) 한남대학교 40년사 편찬위원회(편)(1994).

31) G. Thompson Brown, "Remembrances of Han Nam University History," *Hannam in My Life*(Daejeon: Hannam University Press, 1992), 44.

32) 한남대학교 40년사 편찬위원회(편)(1994)/오승재, 김조년, 채진홍, 『인돈평전』(2003), 55.

33) Committee of the Korea Mission. "Minutes 1947-1982," 1.

34) 송현강, 『미국남장로교의 한국선교』(서울: 한국기독교역사연구소, 2018), 71.

35) 오승재, 김조년, 채진홍(2003), 34-41.

36) Captured from CGNTV, "블랙마운틴 내한선교사 130주년 특집 다큐멘터리," (2015).

37) John Somerville, 1957년 9월 8일자 선교보고서

38) 한남대 40년사 편찬위원회(편)(1994).

39) 한남대 40년사 편찬위원회(편)(1994).

40) 한남대 40년사 편찬위원회(편)(1994).

41) 세번 서머빌(Severn Somerville)과의 면담(2022. 6. 24. 19:00-20:00).

42) 송현강(2018).

43) 정용길(대필), "정덕순 회고록," 미출간 기록물(2009).

44) "Walter Somerville, Facebook"에서 2020년 8월 1일 확인하였음. "Yester-
day my second mother graduated from this life to glory. Chung Tuk
Soon lost her husband, children, and one eye during the Korean War.
She joined our family soon afterwards and made us all better people.
She was wise, strong, faithful, and loving. And among many, many
things she taught me, was a love of gardening. Heaven will be more
beautiful because of her."

45) Committee of the Korea Mission, Minutes(1947-1982).

46) Committee of the Korea Mission, Minutes(1947-1982), 45.

47) 이혜원, 『개척자 언더우드(Horace Grant Underwood)』(서울: 사단법인 한국
교회총연합, 2022).

48) 김조년, "서의필 선생의 삶과 생각," 『프론티어』, 8(2011, 겨울), 8.

49) 김조년(2011, 겨울), 8.

50) 서의필선생 회갑기념논문집 간행위원회(편)(1988), 708.

51) 130여 년이 되는 한국 선교 역사 동안 1950년대 이전에 한국어와 한자에 해박한
지식과 열정으로 한국어 문화 학습에 기여한 대표적인 선교사들은 원두우(Horace
Grant Underwood, 1859-1916), 마포 삼열(Samuel Moffett, 1864-1939),
헐버트(Homer B. Hulbert, 1863-1949), 배유지(Eugene Bell, 1868-1925),
인돈(William A Linton, 1891-1960), 제임스 게일(James Gale, 1863-1937),
레이놀즈(William D. Reynols, 1867-1951)를 들 수 있다.

52) John N. Somerville. "Success and failure in eighteenth century Ulsan:
A study in social mobility," Doctoral Dissertation(Cambridge, MA:
Harvard University, 1974).

53) 김조년, "서의필 선생의 삶과 생각," 『프런티어』, 8호(겨울, 2011), 9-14.

54) Jim Query, "A Written Interview"(2021. 10. 3).

55) Committee of the Korea Mission, Minutes(1947).

56) John Somerville, In the beginning, *Hannam in my life*(Daejeon: Hannam

University Press, 1992), p. 12.

57) 한남대학교 40년사 편찬위원회(편)(1994).

58) 계재광, "타마자 선교사," 한남대학교 교목실(편), 『미국남장로교 선교사 열전』
(서울: 도서출판 동연, 2016), 173-179.

59) "유진 벨 선교사의 후손 인요한 박사가 전하는 양림동 사람들," 〈연합뉴스〉 2016.
03. 05. 13:30. https://www.yna.co.kr/view/AKR20160305031600054?in
put=1195m에서 검색하였음.

60) "유진 벨 선교사의 후손 인요한 박사가 전하는 양림동 사람들," 〈연합뉴스〉 2016.
03. 05. 13:30. https://www.yna.co.kr/view/AKR20160305031600054?in
put=1195m에서 검색하였음.

61) 한남대학교 40년사 편찬위원회(편)(1994).

62) Somerville(1992), 12.

63) Somerville(1992), 16.

64) Minutes(1954), 9-13.

65) Joe B. Hopper, Recollections of the founding of Taejon College,
*Hannam in my life*(Daejeon: Hannam University Press, 1992), p. 29.

66) 최영근, 『인돈의 생애와 기독교 정신』(서울: 사단법인 한국교회총연합, 2022),
221-223.

67) 사진으로 보는 한남 60년사 편찬위원회, 『사진으로 보는 한남 60년사』(대전: 한
남대학교, 2016).

68) 오승재, 김조년, 채진홍(2003), 73.

69) 서의필, "서문: 19세기 후반과 20세기 전반의 한국역사와 인돈의 선교 사역,"
『인돈평전: 윌리엄 린턴의 삶과 선교사역』(서울: 지식산업사, 2003), 26.

70) 서의필(2003), 26.

71) 송현강(2018), 250.

72) John N. Somerville, "Report of Korea Mission"(Dec. 5, 1963).

73) 이혜원(2022), 247-248.

74) John E. Talmage, "Recollections and reflections: Early planning," *Hannam
in My Life*(Daejeon: Hannam University Press. 1992), 86.

75) 김조년(2016), 243.

76) 김조년, "서의필(John N. Somerville) 선생의 삶과 생각," 한남대학교 교목실

편, 『미국남장로교 선교사 열전』(서울: 도서출판 동연, 2016), 243.

77) 김조년(2016), 238.

78) 류대영, 『한권으로 읽는 한국기독교의 역사』(서울: 한국기독교역사연구소, 2018).

79) 송현강(2018).

80) 류대영(2018).

81) 「한남 60년 아카이브전」(대전: 한남대학교 중앙박물관, 2016), 3.

82) John E. Talmage(1992), 80.

83) Clearence Prince, "A personal record and a few opinions," *Hannam in My Life*(Daejeon: Hannam University Press, 2000), 97.

84) John E. Talmage(1992), 80-81.

85) John E. Talmage(1992), 80-81.

86) 서의필 교수는 필자에게 대전대학은 햄튼-시드니 대학(Hampton and Sydney College)을 모델로 하여 지었다고 지적한 적이 있었으나 확인되지 않았다.

87) John E. Talmage(1992), 80.

88) John E. Talmage(1992), 80.

89) Minutes of Korea Mission, Unpublished Document(1971) / Talmage (1992)

90) 한남대학교 40년사 편찬위원회(편)(1994).

91) 한남대학교 40년사 편찬위원회(편)(1994).

92) 서정운, "학교이름 이야기," 『미주 속의 한남인』, Journal of Hannam University Alumni Association of America(Trail Claremore, OK. USA: 한남대학교 미주총동문회, 2010), 65.

93) Minutes of the Korea Mission, Unpublished document(1973), 68.

94) *Hannam in my life*(Daejeon: Hannam University Press, 1992), 8-9(번역: 김남순).

95) 한남대학교 홈페이지, http://www.hnu.kr '대학정보공시'에서 2022. 10. 15에 검색하였음.

96) 김조년 교수와의 면담(대전: 한남대학교 인돈학술원, 2022. 7. 19. 11:00-14:00).

97) 김조년 교수와의 면담(대전: 한남대학교 인돈학술원, 2022. 7. 19. 11:00-14:00).

98) 한남대학교 40년사 편찬위원회(편)(1994).

99) 한남대학교 40년사 편찬위원회(편)(1994).

100) John Somerville, "Letters to Seungjae Oh," Unpublished document (Oct. 12, 1999; Dec. 28, 1999; Feb. 23, 2005).

101) 이정순, 『과학자 계의돈 박사의 한국선교이야기』(개정판)(서울: 기독교문서선교회, 2022), 142.

102) 김조년(2016), 252.

103) 김조년(2016), 252.

104) 김조년(2016), 243.

105) John Somerville, "Letter of resignation," Unpublished document(June 25, 1982).

106) John N. Somerville, "Report of Korea Mission"(1974).

107) John N. Somerville, Letter to Professor Seung-Jae Oh(Oct 12, 1999).

108) John N. Somerville, Letter to Professor Seung-Jae Oh(Dec. 28, 1999).

109) John N. Somerville, Letter to Professor Seung-Jae Oh(Feb. 23, 2005)

110) Letter to Namsoon Kim(March 21, 1997).

111) Letter to Namsoon Kim(January 6, 2004).

112) Steve Finch, "A short memoire of Virginia and John Somerville," 김남순(역), Unpublished document(July 13, 2022)

113) 한남대학교 40년사 편찬위원회(편)(1994).

114) 김조년 교수와의 대담(2022. 7. 19).

115) 송현강 교수와의 면담(대전: 한남대학교 인돈학술원, 2021. 5. 18. 15:00-16:00).

116) 김조년(2016), 235.

117) 김조년(2016), 235.

118) 김조년(2016), 233.

119) 김조년(2016), 235.

120) 김조년 교수와의 대담(2022. 7. 19).

121) 박병철, "나를 찾아가는 여행," 『미주 속의 한남인』, Journal of Hannam University Alumni Association of America(Trail Claremore, OK, USA: 한남대학교 미주총동문회, 2010), 118-124.

122) 박병철(2010), 119.

123) 박병철(2010), 119.

124) 박병철(2010), 124.

125) 박병철(2010), 122.

126) 박병철(2010), 122.

127) 오연철과의 면담, 미출간 기록물(대전: 한남대학교 국제세미나실, 2022. 9. 19. 15:00-16:00).

128) 한남대학교 홈페이지, http://www.hnu.kr ‘대학정보공시’에서 검색하였음 (2022. 10. 15).

129) 이혜원, 『개척자 언더우드』(서울: 사단법인 한국교회총연합, 2022), 248-255.

130) 이혜원(2022), 248-255.

131) 최영근, 『인돈의 생애와 기독교 정신』(서울: 사단법인 한국교회총연합, 2022), 190-191.

132) 최영근(2022), 190-191.

133) 송현강(2018), 70.

134) 김조년(2022).

135) 김조년(2016), 226(재인용).

136) Gwangju Uprising, Wikipedia, https://en.wikipedia.org/wiki/Gwangju _Uprising#cite_note-4에서 2022년 10월에 검색하였음.

137) 김조년(2016), 238.

138) John N. Somerville, Letter to Namsoon Kim(January 16, 1996).

139) 김조년(2016), 243.

140) 김조년(2016), 243.

141) A written interview with Demetra Gates, Unpublished record(July 18, 2022).

142) 오승재, 『지지 않은 태양 인돈』(인천: 도서출판 바울, 2012), 177.

143) “기독정신 위에 세운 배움의 땅,” 「인돈학술원소식」(창간호, 1995. 6. 15), 4-8.

144) 송현강(2018).

145) 송현숙(편), 『미국 남장로회 내한 선교사 편람』(대전: 한남대학교출판부, 2008).

146) 김조년(2016), 245.

147) Committee of the Korea Mission, Minutes(1903-1940); Committee of the Korea Mission, Minutes(1947-1982).

148) 이주섭과의 면담, 미출간 기록물(대전: 한남대학교 국제세미나실, 2022. 10. 19. 19:00-20:20).

149) 이주섭과의 면담(2022. 10. 19).

150) 이정순(2022), 80.

151) KBS TV 성탄특집, "내 고향 한국: 파란 눈의 선교사들"(2000. 12).

152) KBS TV 성탄특집(2000. 12).

153) 김조년(2016), 255.

154) 김조년(2016), 256.

155) 김조년(2016), 256.

156) "강택은과의 면담," 미출간 기록물(대전: 한남대학교 56기념관, 2022. 10. 26. 17:00-19:00).

157) "김원배와의 면담," 미출간 기록물(대전: 한남대학교 국제교류 세미나실, 2022. 9. 26. 14:00-16:00).

158) "김원배와의 면담"(2022. 9. 26).

159) 이헌철, "만남의 장: 미주 동문회 성장과정을 회고하며,"『미주 속의 한남인』, Journal of Hannam University Alumni Association of America(Trail Claremore, OK: 한남대학교 미주총동문회, 2010), 12-13.

160) 이헌철(2010), 12-13.

161) 이헌철(2010), 13.

162) 이헌철(2010), 19.

163) 이현철(2010), 14.

164) 이헌철(2010), 19.

165) 이헌철(2010), 18.

166) 이헌철(2010), 17.

167) 이헌철(2010), 18.

168) 이헌철(2010), 18.

169) EBS TV, "시대의 초상 - 당신들의 미국, 나의 한국: 인요한," Documentary (2014).

170) John N. Somerville, Letter to Dr. Namsoon Kim, Unpublished Do-

cument(March 21, 1997).

171) 한남대학교 교목실, 유진벨 재단의 지원동참 호소문, 유진벨 재단 북한 돕기 후원회(2003).

172) 오승재,『분단의 아픔: 늙지 마시라, 어머니여』(서울: 북랩, 2020).

173) 오승재(2020), 182.

174) John N. Somerville, "Letter to Professor Seung-Jae Oh," Unpublished document(Oct. 12, 1999).

175) John N. Somerville, "Letter to Professor Seung-Jae Oh," Unpublished document(Dec. 28, 1999).

176) John N. Somerville, "Letter to Professor Seung-Jae Oh," Unpublished document(Feb. 23, 2005).

177) John N. Somerville, "Letter to Professor Seung-Jae Oh," Unpublished document(March, 21, 1997).

178) John N. Somerville, "Letter to Professor Seung-Jae Oh," Unpublished document(Jan. 6, 2004).

179) KBS TV 성탄특집(2000).

180) KBS TV 성탄특집(2000).

181) KBS TV 성탄특집(2000).

## 제3부_서의필 교수의 종교·인간·사회

1) 오늘의 한남대학교는 서의필 교수가 포함된 7인의 대학설립위원이 1956년 대전 기독학관(1956-59)으로 개교하여 그 후 대전대학(1959-70)과 숭전대학교(1971-82)라는 이름을 거쳐 1982년 현재의 교명으로 바뀌었다.

2) 여기서 '나무 그림'은 수형도(tree diagram)를 지칭하는 것으로 통사론에서 문장을 구성하는 성분들 간의 계층관계를 나타내준다. 족보에 나타나는 가계의 관계 구조도 수형도 개념으로 그릴 수 있다는 차원에서 쓰인 용어이다.

3) 여기서 민중들이란 말은 보통의 '사람들'을 일컫는다. 다만 목사로서 서의필 교수는 선교 대상으로서 한국 사람들을 '한국 민중'으로 일컫기를 선호해온 점을 고려해서 '민중'이란 말을 그 자신의 용어로 여기서 그대로 쓰고자 한다.

4) 필자가 서의필 교수에게 받은 많은 편지 중에서 유일하게 이 편지에서만 'Dear Friends'로 시작하는 것으로 보아 이때 여러 수신자에게 동시에 보냈던 편지로 여겨진다.

5) 부록 참조.

6) 서의필 교수는 한국을 지칭할 때 늘 '우리나라'라고 하였다. 이 책에서는 서의필 교수의 '우리나라'는 항상 인용부호로 처리했다.

7) CFK는 'Christian Friends of Korea'의 약자로 '조선의 그리스도인 벗들'로 번역되는 미 남장로교 세계선교부의 북한을 향한 의료선교 재단이다. 이에 대한 좀 더 자세한 사항은 이 책의 IV. 3 '북한으로 날 보내주'를 참조.

8) 김조년(2016), 239-40.

9) 김조년(2016), 240.

10) 1880년 윌리엄 제이콥스(William Jacobs)가 클린턴 대학(Clinton College)이라는 교명으로 설립한 장로교 대학이며, 1904년에 'Presbyterian College'으로 공식 개명되었다. 설립 초기부터 남녀공학으로 출발한 이 대학은 소규모 대학을 지향하는 장로교 재단의 리버럴 아트 컬리지(liberal arts college)이다.

11) 이때 서의필이 만났던 한국 학생 중 한 명이 김형모(1906-1980) 목사였다고 한다(김조년, 2016: 236). 그는 전남 광양 출신으로 숭실대학과 조선예수교장로회 신학교를 졸업했으며 일제 강점기 때에는 신사참배에 반대하여 10개월간 구금당한 바도 있다(순천기독교역사박물관 자료).

12) 한국 이름으로 서진주이지만 선교보고서에 있는 이름 그대로를 인용하는 의미에서 버지니아(Virginia)로 쓴다.

13) 스테이션은 영어의 'station'으로 미국 남장로교 한국선교부의 주요 선교 거점지역을 의미한다. 전체 한국선교부 내의 '지부' 내지는 '지회' 정도에 해당하지만 여기서는 스테이션이란 용어를 그대로 쓰기로 한다.

14) 1955년 2월 21일 보낸 선교보고서에서 인용한 지도로서 이에 따르면 그 당시 미국 남장로교 한국선교부에는 전주(1895), 목포(1897), 광주(1904), 순천(1913), 대전(1954)의 5개 스테이션이 있었다. 그러나 실제로는 군산(1896) 스테이션이 두 번째로 먼저 설립되어 있었으나 이 지도에는 누락되어 있다. 또한 이 지도상에서 서울이 표기된 것은 장로회신학대학을 중심으로 서울에 선교부 관련 인력이 일부 있었기 때문일 것이다.

15) Somerville(1984).

16) Somerville(1985).

17) 이는 바로 서의필 교수가 제안하고 있는 외국어 학습 관련의 두 가설이 교육의 실제 현장에서는 도전적으로 실행되지 못하고 있음을 뜻한다. 그의 강연에서 언급된 바에 따르면 대학에서 실생활 중심의 영어교육으로 무장한 학생들일지라도 영어교사로 나가 2~3년만 되면 이 가설들은 언감생심일 뿐 오간 데 없이 사라진다는 것이다. 이들 대부분이 영어교사로서 좌절과 의욕 상실증에 걸려 돌아오기 일쑤라고 한다.

18) 『논어』의 위정편에 나오는 말로 아무리 많이 배운다 하더라도 깊이 사색하지 않으면 얻는 것이 없다는 뜻으로 학문에서 '생각하는 것'의 중요성을 강조한 말이다. 영어로 표현한다면 'Learning without thought is labor lost'에 해당한다.

19) 1974년 4월 3일 긴급조치 4호가 선포되면서 당시 정부 전복을 기도했다는 혐의로 이른바 전국민주청년학생총연맹(=민청학련)을 중심으로 180명이 무더기로 구속되고 이 중 인혁당 소속의 8명이 사형 집행된 1970년대 군사독재 체제하의 대표적인 인권탄압 사건이다.

20) 연설문 'Reflections on Freedom'은 1975년 가을학기 영어 스피치 과목 시간에 서의필 교수가 직접 학생들에게 연설한 바 있으나, 혹시 이 동일한 연설문이 여타의 다른 곳에서도 사용된 적이 있는지의 여부에 대해서는 알 수 없다.

21) 1980년 5월 18일~27일 광주에서 발생한 사건에 대해서는 광주사태, 광주항쟁, 광주민주항쟁 등 다양한 명칭으로 불리다가 현재는 공식적으로 '5.18광주민주화운동'으로 명명되고 있다. 여기서는 책, 『종교 인간 사회』에서 사용한 표현을 그대로 따랐다.

22) 이 편지에서 관련된 부분은 다음과 같다. "The recent declassification of documents detailing the US involvement at the time of the Kwangju massacre is most interesting."

23) 미국의 세계적인 부흥사인 빌리 그래함(1918-2018)은 서진주 여사의 형부이다. 이런 이유로 빌리 그래함 목사의 근황에 대한 보고를 서진주 여사가 맡아 했던 것으로 여겨진다.

24) 미국 남장로교 한국선교부 언어위원회의 규례에 따르면 어학공부 1차년, 2차년, 3차년의 기본 방침이 제시되어 있다.

25) 1956년 연차대회에서 보고된 (대전)대학 위원으로는 W. A Linton(인돈), K. R. Crim(김기수), C. T. Boyer(보이열), J. N. Somerville(서의필), P. S. Crane

(구바울), J. B. Hopper(조요섭), F. E. Root(유화례)가 있다.

26) 1959년 8월 30일 휴가 중 미국선교부에 보낸 보고서에 따르면 동년 9월 10일 애슈빌을 떠나 시카고를 거쳐 13일 샌프란시스코에 도착하고 9월 18일 정오 출발의 SS HIMALAYA 호를 타고 한국을 향해 출발해 10월 초순경 도착 예정이라고 밝혔다.

27) 원래 하나였던 총회신학교(General Assembly's Seminary)가 오늘날 합동 측이 된 총신대(General Assembly's Seminary)와 통합 측이 된 장신대(Presbyterian Seminary)로 갈라지는 시점에 있었기 때문이다.

28) 연차대회가 개최되고 있는 중에 승동그룹(Seung Dong Group) 소속의 일부 학생들이 대회장 밖에서 데모를 하면서 이 대회 참관인으로 참석을 요구하는 일이 발생하였다. 선교부는 회의 중에는 그 어떤 참관인이나 한국인 방청객을 정식으로 수용하지 않는다는 논리로 이들의 요구에 부정적으로 응답하였다. 한편 이에 대응하려고 경호단 조직 구성을 위한 선발작업을 진행한바, 단장에 김기수 (Dr. Crim), 부단장 겸 경호원에 인휴(Mr. Hugh Linton), 부경호원에 켈러 (Dr. Keller), 기록원에 서의필(Mr. Somerville)이 선출되었다. 그 후 이들 학생들을 저지하기 위한 노력에도 불구하고 일부 시위 학생들은 대회장에 강제로 들어와 회의에서 인사말이라도 할 수 있도록 요구했다. 이에 대해 선교부에서는 이들 난동 집단의 대표들에게 발언 기회를 주지 않기로 함에 따라 김기수 단장이 이 침입자들에게 나가달라고 요구했다. 그러나 나가기를 거부하면서 계속해서 선교부에 발언할 기회를 요구함에 따라 단장은 6월 10일 오전 9시까지 휴회하자는 발의를 하고 마침 기도로써 회의를 종결하였다. 여기서 언급된 승동그룹의 실체에 관해서는 현재까지 아는 바가 없다. 다만 이 단체의 구성원이 학생들로 이루어져 있는 것으로 볼 때 선교부에서 운영하고 있는 학교와 직간접적으로 이해관계가 있는 단체일 것으로 추정해본다.

29) 이때 특별위원회는 Mr. Talmage, Mr. Dwight Linton, Mr. Hugh Linton, Dr. Keller, Mr. Somerville의 5인으로 구성되었다.

30) 서의필 교수가 하버드 대학에서 동아시아 지역개발학 전공으로 석사학위를 받은 것이 1966년인 것을 생각하며 이와 무관치 않아 보인다.

31) 이 보고서의 영어 원본은 부록에 실었다.

32) 여기서 1974년도에 숭전대학교 대전캠퍼스, 즉 한남대학에서 발전위원장(development officer)으로 근무했다고 밝히고 있는데, 한남대학의 보직 기록에

따르면 이는 사실상 기획처(실)장에 해당한다.

33) 1973년 5월 30일부터 6월 3일에 걸쳐 빌리 그래함 목사가 이끄는 서울 전도대회에서 총 300만 명이 참석하였으며 그중 약 72,000명의 결신자가 나온 것으로 전해진다.

34) 한국대학생선교회(CCC) 주최로 1974년 8월 13일부터 18일에 걸쳐 여의도 광장에서 개최된 대규모 전도폭발대회로 최대 1백만이 넘는 인파가 모여들었다.

35) 1982년도 회의 장소가 현재는 확실치가 않아 추후 더 정밀한 조사가 필요하다.

36) 'Dear Friends'로 시작하는 것에서 보듯이 다른 서신과는 달리 이 편지는 서의필 교수 본인의 회갑연에 참석해준 모든 이에게 공통으로 보낸 것이다. 따라서 사적인 내용은 전혀 볼 수가 없고 그 대신에 1954년 한국에 와서 한국 민중들과 함께 살아온 이야기를 담고 있다. 이 편지는 영어 원본 그대로 〈부록 6〉에 실려 있다.

37) 1947년 3월 1일부터 1954년 9월 21일에 이르기까지 7년 7개월에 걸쳐 제주도 섬 전역에서 발생한 무력 충돌 사건이다. 해방 후 심각했던 이념 갈등 속에서 제주도민 중심의 무장대와 육지부에서 내려온 미군정하의 진압군 사이에 벌어진 비극적 학살로 인해 양측에서 수만 명이 사망했다. 1948년 4월 3일 무장대의 경찰지서 습격 사건을 기점으로 통칭 이 사건을 4.3사건이라 한다.

38) 톈안먼 사태라고도 하는 이 사건은 1989년 6월 4일 중국의 톈안먼 광장을 중심으로 젊은 대학생들과 인민이 전개한 대규모 반정부 민주화 운동으로, 이때 개혁개방을 표방했던 중국 정부 당국은 탱크로 무장한 군대를 동원하여 무자비한 무력진압을 하였다. 이로 인해 현재까지 정확히는 알 수 없지만 적어도 수천 명의 민간인 사망자가 발생한 것으로 추정된다. 편지에서 서의필 교수는 이를 중국판 5.18광주민주화운동으로 인식하고 있는 듯하다.

39) 현재 정확한 연도는 확실치가 않다. 다만 이때 필자는 외국에 체류하고 있었기 때문에 이와 관련된 도움 제공을 제주대 영문과에서 같이 근무했던 변명섭 교수에게 일임했던 것으로 기억한다.

40) CFK에 관해서는 이 책의 IV. 3: '북한으로 날 보내주' 참조.

41) 필자가 2000년도 노스캐롤라이나 채플 힐의 노스캐롤라이나 대학(University of North Carolina)에서 객원교수로 있을 때 서의필 교수도 노스캐롤라이나 블랙 마운틴에서 휴가를 보내고 있었다. 이때 채플 힐의 한인 교회인 한마음 교회에의 설교 요청에 그는 선뜻 승낙을 하고 정해진 날 설교할 준비를 하였다.

다만 설교하기로 했던 당일 노스캐롤라이나 전역에 폭설이 내리게 됨에 따라 교통 문제로 설교가 취소되기까지 한 적이 있다.

42) 서의필, 김용복, 나의선, 서광선, "주한 미국 선교사 활동 100년을 평가한다," 『기독교사상』 26(2)(1982), 59-77.

43) 이 설교가 언제 어디서 행해진 것인지 현재로서는 알 수 없다. 따라서 여기 주어진 설교 제목은 설교문의 맨 첫머리 말을 따라서 필자가 임의로 정해놓은 것임을 밝힌다. 다만 이 설교의 원본은 1980년대 어느 날 필자가 서의필 교수에게 직접 받은 것으로 어느 노트에 그의 친필로 기록되어 있다.

44) 이는 'KAL기 피격사건'으로서 뉴욕을 출발해 서울로 향하던 대한항공 007편 보잉 747 여객기가 1983년 9월 1일 사할린 부근 상공에서 당시 소련 전투기의 미사일 공격으로 격추된 사건을 말한다. 이 사건으로 승무원 29명을 비롯해 승객 240명 전원이 사망하였다.

45) 4.19혁명에서 듣는 하나님의 음성에 대한 그의 인식은 1960년 12월 7일 미국 남장로교 선교부에 보낸 그의 편지 내용에서 볼 수 있다.

46) 1970~80년대 한국의 전체주의 체제를 영국 작가 조지 오웰(George Orwell)이 쓴 미래소설 『1984』의 빅브라더(Big Brother)에 비유한 표현임.

47) Report to Mission of the Southern Presbyterian, U.S. February 21, 1955.

48) Report to Mission of the Southern Presbyterian, U.S. September 8, 1957.

49) Report to Mission of the Southern Presbyterian, U.S. December 7, 1960

50) 박정희가 암살당했던 1979년 10월 26일부터 신군부가 전국에 비상계엄을 선포했던 1980년 5월 17일까지의 기간을 일컫는다.

51) 이때 강연 제목이 영어로 되어 있었지만 공군 제2사관학교에서의 실제 강연은 한국어로 이루어졌다.

52) 이것은 광주민주화운동 당시 전남고등학교 교사이면서 시인이었던 김준태 선생이 쓴 시의 전문이다. 실제로는 109행이나 되는 장편 시로 1980년 6월 2일자 〈전남매일신문〉 1면에 실렸으며 코넬 대학의 데이비드 맥캔(David R. McCann)이 이를 'Kwangju, Cross of our Nation' 제하의 영어로 번역한 바 있다.

53) 오늘날에는 5.18의 공식 명칭이 '5.18광주민주화운동'으로 정립되었지만 당시에는 '광주사태'라고 불렸다.

54) 여기에 제시하는 자료들은 자료의 형식과 언어, 날짜의 순 등을 전혀 고려하지 않은 무작위 자료들이다.

55) 1919년 5월 미국 애틀랜타의 모 신문에서는 "Atlantian tells how Koreans are seeking liberty" 제하의 기사에서 "William A. Linton, Tech Graduate Atten-ding Laymen's Convention Confirms Stories of Atrocities"로 시작하는 인돈의 3.1절 관련 소식을 전하고 있다.

56) Chomsky(1967; 1970; 1977).

57) 서의필, "이 역사적 순간의 도전", 출판되지 않은 설교문(1983), 10-16.

58) 〈LA 타임스〉(1980. 8. 8). 이에 대한 영문표현을 보면 다음과 같다. "I'm not sure democracy the way we understand it is ready for Korea or the Koreans ready for it… Korea seems to need a strong leader and lemming-like, the〔Koreans〕are kind of lining up behind him."

59) 1980년 11월 미국 대선에서 공화당 후보인 로널드 레이건이 대통령으로 당선되면서 당시 광주학살을 업고 등장한 신군부의 전두환 정권은 한국의 군부대들을 동원해서 한미연합사령관인 존 위컴 사령관과 윌리엄 글라이스틴 주한 미 대사에게 한미 간의 혈맹을 강조함과 동시에 전두환 신군부에 대한 미국 정부의 지지를 얻어낼 요량으로 서신을 보낸 적이 있다. 그 일환으로 필자가 근무했던 당시의 공군 제2사관학교에서도 학교장 명의로 1980년 11월 22일자로 이 두 사람에게 서신을 보냈다. 서신 내용의 일부를 소개하면 각각 다음과 같다(*실제로는 아래의 편지를 영어로 번역해서 보냈다).

1. 존경하는 존 위컴(John Wickham) 사령관 귀하(1980. 11. 22)

… 장군님께서 아시는 바와 같이 지난 10.26사태 이후의 엄청난 위기를 극복하고 새로운 민주복지국가 건설을 위하여 3천 8백만 한국민은 전두환 대통령 각하를 중심으로 일치단결하고 있으며, 보다 진보된 민주헌법을 채택함으로써… 이러한 우리의 노력에 대한 장군의 이해와 지원, 레이건 미 대통령 각하의 외교정책이 일관함으로써 한반도의 안정과 번영은 물론, 한국이 미합중국의 자랑스러운 맹방이며 반공자유세계의 보루로 남기를 기원합니다. …

2. 존경하는 윌리엄 글라이스틴(William Gleysteen) 주한 미 대사 귀하(1980. 11. 22)

… 레이건 각하께서는 그동안 표명한 각종 외교정책에서 공산주의의 팽창적 패권 추구를 저지하고 자유세계의 결속을 통한 세계평화와 안보를… 특히 한국에 관하여는 북한 공산주의자들에 의한 남침 위협이 상존하고 있다는 냉엄한 현실을 이해하고 주한 미군의 계속적인 주둔과 한미방위조약의 준수를 다짐함으

로써 3천 8백만 한국민의 열렬한 지지를 받음은 물론… 10.26사태 이후… 새로운 지도자 전두환 대통령을 중심으로 헌법을 제정하고 정치, 경제, 사회, 문화의 제반 영역에서 안정을 회복해가고 있는 한국의 현실에 비추어 레이건 대통령의 당선은 더 없이 고무적인 일이라 아니할 수 없습니다.…

60) 서의필(1994).

61) 사영리란 영어로 'four spiritual laws'를 의미하는데, 기독교의 복음에 담겨 있는 핵심 내용을 네 가지 원리로 정리해놓은 것으로 이를 통해 예수를 믿기로 결심시키는 전략으로 사용된다. 1970년대 이후 기독교 보수교단에서 주로 사용했던 것으로 이 사영리는 전도에서 전적으로 개인구원에 초점을 두고 있다.

62) 서의필(1994), 291.

63) 한국전쟁 중(1950. 7. 26~29) 충청북도 영동군 황간면 노근리의 경부선 철도 쌍굴다리에 모여 있던 인근 지역의 농촌 피난민 수백 명을 향해 당시 미군 제1기병사단 제7기병연대 예하부대가 저지른 무차별 기관총 난사 학살사건으로 200여 명 이상의 한국 양민이 희생된 전쟁범죄 사건이다.

64) 미군 제7기병연대 소속 병사 조지 얼리(J. Early)의 영상 증언에 따르면 당시에 자신의 중대장으로부터 "총을 쏴 모두 죽여라"(Kill them all)라는 명령을 들었으며, 이때 기관총 사격을 거부하면 처형당한다는 협박을 받았다고 한다.

65) 김조년(2016), 233.

66) 조선에 온 초창기의 미국 선교사들은 당시의 미국 기준으로 보더라도 최고의 엘리트 교육으로 무장한 사람들이었다. 그들은 유교의 나라 조선에 와서도 유교의 경전인 사서삼경을 섭렵함으로써 조선의 유교 양반들과 겨뤄도 밀리지 않을 정도의 실력을 갖추고 있었다. 그럼에도 실제로 그들이 선교대상으로 삼은 것은 이들 유교 양반들이 아니라 조선의 서민층이었다. 이에 대한 여러 가지 입장의 설명이 가능하지만, 미국인들의 이른바 '백인 구세주의'(white saviorism)로 접근할 수도 있다. 이는 일종의 백인 우월주의로 '우월한' '미국'의 '백인' '기독교'가 조선의 '우월한' '유교' '양반 사회'에 접근할 때 얻을 수 있는 '구원자'로서의 효과가 그렇지 못한 조선의 서민층에 접근할 때보다는 낮기 때문으로 여겨진다. 실제로 이들 선교사들은 조선의 목회자들을 교육시킬 때에 하나의 원칙으로 "조선 목회 지도자들은 조선의 일반 사람들보다는 높게, 그러나 자기들보다는 낮게" 교육시키라는 지침이 있었다.

67) 서의필, 김용복, 나의선, 서광선(1982), 75.

68) 서의필, 김용복, 나의선, 서광선(1982), 68.

69) 서의필(1994) 288.

70) 김조년(2016), 224.

71) 김조년(2016).

72) 물론 이보다 1년 앞선 1884년 의사로 중국에서 선교활동을 하던 알렌이 조선에 들어와서 고종을 알현하고 있었다. 이를 한국 선교의 미국 선발대로 본다면 미국에서 정식으로 선교사 자격으로 들어온 1885년의 이 두 선교사의 조선 도착이 사실상 한국 선교의 시발점이다.

73) 서의필, 김용복, 나의선, 서광선(1982), 59-77.

74) 서의필, 김용복, 나의선, 서광선(1982), 75.

75) 서의필, 김용복, 나의선, 서광선(1982), 75.

76) 서의필, 김용복, 나의선, 서광선(1982), 65.

77) 가스라-태프트 조약은 1905년 7월 29일 가스라 다로 당시 일본 총리와 윌리엄 하워드 태프트 미 육군장관 사이에 맺어진 각서로서 일본제국이 필리핀에 대한 미국의 식민지 통치를 인정하는 대신에 미국은 일본제국이 대한제국을 침략해 보호령으로 삼아 통치하는 것을 용인키로 하자는 내용이다. 이 각서를 토대로 같은 해 11월 17일 일본의 조선보호령인 을사조약이 맺어지게 되었으며 미국은 이를 사실상 묵인했다.

78) 서의필(1992).

79) 제4공화국 유신헌법 제53조 긴급조치 조항으로 대통령이 내릴 수 있는 특별한 조치로서 1974년 한 해 동안 1호부터 6호까지 여섯 차례 발동되었고 1975년에는 7, 8, 9호로 세 차례 발동되었다.

80) 실제로 당시 대규모 전도 집회의 인도자, 즉 부흥강사가 흔히 쓰던 어귀들이다. 이때 처음으로 예수를 믿기로 결단해 서 있게 되면 대개 이들을 위한 부흥강사의 축복기도로 집회는 마무리된다.

81) 1974년의 인혁당사건으로 인해 국가보안법과 긴급조치 4호 위반으로 기소된 사람들 중 8명이 사형 선고를 받고 단 18시간 만인 1975년 4월 9일 사형이 집행된 바 있다.

82) 그러나 필자와의 개인적 대화 속에서는 드물지 않게 캐주얼한 어법으로 '미 제국주의'란 표현을 쓰기도 한 바 있다.

83) 노암 촘스키(Noam Chomsky)는 미국의 언어학자이며, 철학가인 동시에 사회

비평가이며 정치적 행동주의자이다. 변형생성문법의 창시자로 현대 언어학의 아버지로 불린다. 그는 1965년 이래 미국의 대외정책을 가장 강력히 비판해온 인물로 1967년의 저서 *American Power and the New Mandarins*를 베트남 범죄 전쟁을 거부하는 용감한 젊은이들에게 바칠 만큼 미 제국주의(American imperialism)의 베트남 침략 전쟁을 고발하였다. 그 후 그의 주요 저서로는 *Language and Responsibility*(1977), *The Chomsky Reader*(1987), *How the World Works*(2011) 등 다수가 있다.

84) 1964년 8월 2일 북베트남의 통킹만에서 일어난 북베트남-미국 사이의 해상전투 사건으로 북베트남 어뢰정이 미 구축함 매덕스 호를 향해 선제공격한 것에 대해 미 구축함 및 항공모함들이 보복 공격을 한 사건이다. 미 하원은 이 사건을 빌미로 8월 7일 '통킹만 결의안'을 채택하여 베트남 전쟁을 본격화하면서 1965년부터 북폭을 감행하기 시작했다. 그러나 이는 전쟁의 구실을 삼기 위한 미국의 의도적 조작 사건으로 훗날 밝혀진 바 있다.

85) Chomsky(1988).

86) "I am just completing the reading of an English translation of Hwang Suk-Young's novel *The SHADOW of ARMS*. It portrays in the most vivid manner the ugliest aspects of the Vietnam War."

87) 1988년 10월 17일자 필미 간 기지협정 검토 합의문 중 핵문제 조항을 보면 "필리핀 영토 내 핵설비와 핵무기 저장은 필리핀 정부의 승인사항으로 하되 함정, 항공기의 경우 기존 절차에 따르도록 한다"라고 되어 있다. 이로써 1980년대 당시 미군의 필리핀 주둔 당시 핵무기까지 갖추고 있었음을 알 수 있다.

88) 산디니스타 혁명정부를 붕궤시킬 목적으로 미국의 레이건 행정부는 CIA를 동원해서 니카라과의 반군 집단인 콘트라를 비밀리에 지원하는데, 이에 필요한 자금 확보를 위해 당시 적성 국가였던 호메이니 체제의 이란에 비밀리에 무기를 팔아 먹은 사건을 지칭한다.

89) 선교사촌 입구의 관리사무소 격인 한옥을 제외하면 모두가 6채인데 선교사촌을 들어가면서 차례대로 인돈하우스, 서의필하우스, 크림하우스의 3채는 한옥 기와집이고 나머지 3채는 라빈선하우스, 타요한하우스, 모요한하우스인데 모두가 미국식 집이다.

90) 초대 학장이었던 인돈의 이름을 따서 만든 학술원인데 인돈하우스에 있지 않고 서의필하우스에 있다는 점이 특이하다. 따라서 인돈하우스와 인돈학술원은 서

로 다른 건물을 지칭하고 있는 셈이다.

91) 여기 괄호 속의 번호는 아래에 있는 '서의필하우스 내부 배치도'의 공간 번호를
표시한다.

92) 필자가 직접 서의필 교수가 이 검정 고무신을 신고 있었던 것을 본 일이 없지만
적지 않은 사람의 증언에 따르면 그가 집 밖에서 일할 때에는 자주 이 고무신을
신곤 했다고 한다.

93) 앙꼴은 현재 한남대가 위치했던 곳의 옛 지명으로 정확하게는 '안골', 즉 안쪽의
골짜기라는 순수 한국말이다. 골짜기 깊숙한 곳이라는 뜻인데 이 '안골'이 한국
어의 음운현상으로 인해 일반 사람들 사이에서는 '앙꼴'이라고 불렸다.

94) 2014년 9월 17일 한남대 정성균 선교관 개관기념 예배에 참석한 서의필 교수는
축사를 통해서 "이렇게 아름다운 캠퍼스에서 교만하거나 이기적이거나 부자가
되려 하지 마라. 특히 가난한 학생들을 더욱 잘 보살펴야 한다"라고 역설했다.

95) 여기서 김기수는 보이열 목사의 대리로 지명되었다. 그러나 1954년 10월 26일
소집된 대학위원회에서 김기수도 대학위원회 정회원으로 임명되어 결국 한남
대학 설립 대학위원은 위원장인 인돈을 포함 총 7명이 된 셈이다.

96) 군산과 목포는 처음부터 대학 위치 선정의 후보에 오르지 못하였다. 이에 대한
별도의 설명은 없으나 아마도 두 도시가 모두 항구도시로서 당시만 하더라도 지
역적으로 한쪽에 치우쳐 있어서 대학 발전에 불리하다고 생각했을지도 모른다.

97) 『한남대학교 40년사』(1996), 53.

98) 오승재(2012).

99) 1948년 전주에서 열린 미국 남장로교 한국선교부 제2차 연차대회에서 채택한
미국의 세계선교회에 보낸 청원서에 따르면 "미국에 있는 기독교 대학을 모델로
문리대를 설립"하고자 함을 밝히고 있다(『한남대학교 40년사』, 1996, 41).

100) 미국 사우스캐롤라이나 클린턴에 있는 Presbyterian College는 '장로교신학
대학'이 아니고 일반 교양대학이다. 다만 장로교단에서 창립한 대학이기 때문
에 이 명칭을 쓰고 있을 뿐이다.

101) 『한남대학교 40년사』(1996), 47-50.

102) 한남대학의 모토인 '진리, 자유, 봉사'를 언제 어디서 누가 어떻게 정했는지 현
재로서는 알 수 없다. 다만 대전대학(1956-70) 시절의 모토는 '믿음, 배움, 사
랑'이었고 숭전대학 시절(1971-82)의 모토는 '진리, 자유, 봉사'였던 것으로
보아 그동안 계속 학교의 모토가 변경되어왔음을 알 수 있다(『사진으로 보는

한남 60년사』, 2016).

103) 김조년(2016).

104) 19세기 중반 서구 열강들의 제국주의 팽창정책의 일환으로 미국의 상선 제너럴셔먼 호가 1866년 8월 21일 조선에 통상을 요구하며 대동강을 거슬러 평양 경내까지 접근해왔다. 당시 대원군의 쇄국정책으로 조선은 미국의 통상 요구를 거절하였다. 이때 선제공격을 해온 제너럴셔먼 호는 조선군의 응징으로 전소되어 승조원 24명 전원이 사망했다. 조미 간 최초의 충돌사건인 이 제너럴셔먼 호 사건은 그 후 5년 뒤 신미양요(1871)로 이어졌다.

105) CFK 팀이 2001년 3월 1주일에 걸쳐 북한의 개성, 은율, 해주, 사리원 지역의 결핵병원과 요양원 등지를 방문해서 결핵 치료 장비를 비롯한 의료 장비 및 의약품과 식품을 긴급 공급하였다. 이어서 CFK 팀은 평양의 일반 병원과 고아원도 방문하여 환자들에게 절실히 필요한 물품을 제공하였다(CFK Newsletter, May 2001).

106) CFK의 이 자료는 2021년 '조선의 그리스도인 벗들'의 소식지 '2021 소망의 선물들'에서 인용한 것이다. CFK의 25년에 걸친 북한에 대한 인도주의 사역에 관한 더 완전한 자료는 이 소식지를 통해 얻을 수 있다.

107) CFK 사역의 어려움이 늘 상존해 있었다는 것을 다음의 서신에서 읽을 수가 있다. "As we approach the close of a year marked by disruption, chal-lenge, loss and isolation, where plans and routines have been turned upside down and circumstances have required suspension of travel and shipment, we wanted to reflect upon and remember God's faith-fulness"(CFK Letter of November 30 of 2020).

108) 예를 들면 CFK 소식지 '2021 소망의 선물들'에 따르면 북한의 폐쇄된 '국경의 재개를 기다리며 현재 정체되어 있는 화물'의 명단이 공개되어 있다.

109) 동방정책(Ostpolitik)은 빌리 브란트 서독 총리의 통일정책으로 동서독 간의 이념 대립 및 무력 대결에 의한 서독의 흡수통일 정책 대신에, 동서독 간의 관계 개선 및 교류 협력의 확대를 통한 통일정책을 말한다. 이 동방정책의 결과 독일은 1990년 10월 3일 통일을 이루어냈다.

110) 서의필(1985).

111) 서의필(1994).

112) 서의필, 서신, II. 6-4(1989. 5. 20).

# | 참 고 문 헌 |

## 한글 참고문헌

계재광. "타마자 선교사." 한남대학교 교목실(편).『미국 남장로교 선교사 열전』. 서울: 도서출판 동연, 2016, 173-179.

구스타보 구티에레스. 성염 옮김.『해방신학』. 서울: 분도출판사, 1977.

국사편찬위원회.『이방인이 본 우리』. 서울: 두산 동아, 2009.

김대기. "한남대와 나의 인생."『미주 속의 한남인』. Journal of Hannam University Alumni Association of America. Trail Claremore, OK, USA: 한남대학교 미주총동문회. 2010, 70-79.

김인수. "오정골을 그리면서."『미주 속의 한남인』. Journal of Hannam University Alumni Association of America. Trail Claremore, OK, USA: 한남대학교 미주총동문회. 2010, 80-87.

김조년. "서의필선생의 삶과 생각."『프런티어』, 8(겨울호, 2011), 9-14.

김조년. "서의필 선생의 삶과 생각." 한남대학교 교목실(편).『미국 남장로교 선교사 열전』, 한남대학교 개교 60주년 기념집. 서울: 도서출판 동연. 2016, 219-258.

노정현. "개혁교회정신과 장로교회 정치원리." 서의필선생 회갑기념사업회(편).『종교 인간 사회: 휴머니티의 회복을 위하여』. 대전: 한남대학교 출판부. 1988, 99-112.

대전광역시 기독교역사편찬위원회(편).『대전기독교백년사』. 대전: 대전광역시 기독교연합회, 2007.

류대영.『초기 미국 선교사 연구(1884-1910): 선교사들의 중산층적 성격을 중심으로』. 서울: 한국기독교역사연구소, 2001.

류대영.『한권으로 읽는 한국기독교의 역사』. 서울: 한국기독교역사연구소, 2018.

박병철. "나를 찾아가는 여행." 한남대학교 미주 총동문회.『미주 속의 한남인』. Jour-

nal of Hannam University Alumni Association of America. Trail Clare-
more, OK: 한남대학교 미주총동문회. 2010, 118-124.

서의필. "18世紀 蔚山地方 鄕班社会 研究 - 身分変化를 通해서 본 社会変動."
『崇田語文学』, 제3집(1974), 33-60.

서의필. "서문: 19세기 후반과 20세기 전반의 한국역사화 인돈의 선교 사역."『인돈평
전: 윌리엄 린턴의 삶과 선교사역』. 서울: 지식산업사, 2003, 19-28.

서의필. "화평케 하는 일." 한남대학교 교목실(편).『너 하나님의 사람아!』. 대전: 한남
대학교출판사, 1994.

서의필선생 회갑기념사업회(편).『종교 인간 사회: 휴머니티의 회복을 위하여』. 대전:
한남대학교출판부, 1988.

서의필, 김용복, 나의선, 서광선. "주한 미국선교사 활동 100년을 평가한다(좌담)."
『기독교 사상』, 26(2, 1982).

서정운. "학교이름 이야기."『미주 속의 한남인』. Journal of Hannam University
Alumni Association of America, Trail Claremore, OK, USA: 한남대학교
미주총동문회. 2010, 64-69.

소요한.『한국 최초의 선교사 아펜젤러의 생애와 신앙』. 서울: 사단법인 한국교회총연
합, 2022.

송기득. "예수의 민중운동과 오늘의 그 의미." 서의필선생 회갑기념사업회(편).『종교
인간 사회: 휴머니티의 회복을 위하여』. 대전: 한남대학교출판부. 1988, 75-98.

송현강. "19세기 내한 남장로교 여성 선교사 연구."『프런티어』, 19(겨울호, 2020),
8-27.

송현강.『미국 남장로교의 한국선교』. 서울: 한국기독교역사연구소, 2018.

송현숙(편).『미국 남장로회 내한 선교사 편람』. 대전: 한남대학교출판부, 2008.

송현숙(편).『미 남장로회 선교사역 편람: 1892-1982』. 대한예수교장로회 한서노회,
2012.

오승재.『분단의 아픔: 늦지 마시라, 어머니여』. 서울: 북랩, 2020.

오승재.『지지 않는 태양: 인돈』. 인천: 도서출판 바울, 2012.

오승재, 김조년, 채진홍.『인돈평전: 윌리엄 린턴의 삶과 선교사역』. 서울: 지식산업사,
2003.

"유진 벨 선교사의 후손 인요한 박사가 전하는 양림동 사람들."〈연합뉴스〉(2016. 03.
05. 13:30). https://www.yna.co.kr/view/AKR20160305031600054?in

put=1195m에서 검색하였음.

이재근. "남장로회 광주 선교지부 여성 선교사 연구: 도마리아와 유화례." 『프런티어』, 19(겨울호, 2020), 28-44.

이정순. 『과학자 계의돈 박사의 한국선교이야기』. (개정판). 서울: 기독교문서 선교회, 2022.

이헌철. "만남의 장: 미주 동문회 성장과정을 회고하며." 『미주 속의 한남인』. Journal of Hannam University Alumni Association of America. Trail Claremore, OK: 한남대학교 미주총동문회. 2010, 12-19.

이혜원. 『개척자 언더우드』. 서울: 사단법인 한국교회총연합, 2022.

장창일. "지방의 선교거점 잇는 '복음가도'를 꿈꾸며." 〈국민일보〉, 2022. 10. 15.

창조문예사. "작가연구 2: 오승재." 『창조문예』, 274(2019), 56-136.

최영근. "미국 남장로교 선교사 유진벨(Eugene Bell)의 선교와 신학." 장로회신학대학교 기독교사상과 문화연구원. 『장신논단』, 46(2), (2014), 7-163.

최영근. 『인돈의 생애와 기독교 정신』. 서울: 사단법인 한국교회총연합. 2022.

최영근. "인돈의 생애와 선교." 한남대학교 교목실(편). 『미국 남장로교 선교사 열전』. 한남대학교 개교 60주년 기념집. 서울: 도서출판 동연. 2016, 133-162..

한국기독교 역사연구소(편). 『내한 선교사 총람』. 서울: 한국기독교 역사연구소, 1994.

「한남 60년 아카이브전」. 대전: 한남대학교 중앙박물관, 2016.

한남 60년사 편찬위원회. 『사진으로 보는 한남 60년사』. 대전: 한남대학교출판부, 2016.

한남대학교 40년사 편찬위원회(편). 『한남대학교 40년사』. 대전: 한남대학교출판부, 1996.

한남대학교 교목실(편). 『너 하나님의 사람아!』. 대전: 한남대학교출판부, 1994.

한남대학교 교목실(편). 『미국 남장로교 선교사 열전』. 한남대학교 개교 60주년 기념집. 서울: 도서출판 동연, 2016.

한남대학교 미주 총동문회(편). 『미주 속의 한남인』. Journal of Hannam University Alumni Association of America. Trail Claremore, OK: 한남대학교 미주총동문회. 2010.

한남대학교 인돈학술원. 「인돈학술원 소식」(창간호, 1995).

한남대학교 인돈학술원. 정경미 역. 『Talmage, John E. 오정골에 밀알을 뿌린 타마자 타요한』. 대전: 한남대학교 인돈학술원, 2015.

# 영문 참고문헌

Ahn, Young Roh. (trans. by Kyung Mi Kang). *Rain for a parched land*. Seoul: Qumran Publishing House. 1997.

*Atlanta Times*, Atlantian tells how Koreans are seeking liberty, 1919. 5

Becker, Nils W. *Fireseeds from Korea to the world: Focusing on God's Miraculous work in Korea*. Orlando, FL: Campus Crusade for Christ International.

Brown, G. Thompson. Remembrances of Han Nam University History. *Hannam in My Life*. Daejeon: Hannam University Press. 1992, pp. 39-48.

Cameron, Joseph P. A new academic career. *Hannam in My Life*. Daejeon: Hannam University Press. 1992, pp. 65-78.

Chomsky, N. *American Power and the New Mandarins*. New York: The New press, 1967.

Chomsky, N. *At War with Asia: Essays on Indochina*. 1970.

Chomsky, N. *Language and Responsibility*. New York: Pantheon Books, 1977.

Chomsky, N. 1987. *The Chomsky Reader*. Edited by James Peck. New York: Pantheon books, 1987.

Christian Friends of Korea. https://www.cfk.org/history.

Clark, D. N. (ed). *The Kwangju Uprising: Shadows over the regime in South Korea*. Westview Press, 1988.

Crane, Paul S. Recollections of the beginnings of Hannam University. *Hannam in My Life*. Daejeon: Hannam University Press. 1992. pp. 21-26.

Crim, Keith R. The birth of a college. *Hannam in My Life*. Daejeon: Hannam University Press. 1992, pp. 57-64.

Dunson, Miriam. Beginning the journey. *Hannam in My Life*. Daejeon: Hannam University Press. 1992, pp. 49-56.

Hannam University. *Hannam in My Life*. Daejeon: Hannam University Press. 1992.

Hopper, Joe B. Recollections of the founding of Taejon College. *Hannam *in My Life*. Daejeon: Hannam University Press. 1992. pp. 27-38.

Lee, S. Y and Lee, W. S. *An American's Vision for Korea in Action*. Daejeon: Hannam University Press. 2006.

Kim, In-soo. *Religious culture in Korea*. Ministry of Culture and Sports, Republic of Korea. Seoul: HOLLYM. pp. 85-97.

Prince, Clarence F. A personal record and a few opinions. *Hannam in My Life*. Daejeon: Hannam University Press. 1992. pp. 89-113.

Somerville, John N. A portrait of the disastrous late 16th century in the war diary(난중일기). The *Korea Journal*, Academy of Korean Studies. 17(6), 55-56. (Sohn Pow-Key, ed. trans. by Ha Taehung. Seoul: Yonsei University Press, 1977.)

Somerville, John N. In the beginning. Hannam University. *Hannam in My Life*. Daejeon: Hannam University Press. 1992. pp. 11-20.

Somerville, John N. Success and failure in eighteenth century Ulsan: A study in social mobility. Doctoral Dissertation. Unpublished document. Cambridge, MA: Harvard University. 1974.

Somerville, John. N. Success and failure in eighteenth century Ulsan: A study in social mobility-, *東西文化研究*, 4, 1994.

Talmage, John E. Recollections and reflections: Early planning. *Hannam in My Life*. Daejeon: Hannam University Press. 1992. pp. 79-88.

## 미출간 기록문헌

강택은과의 면담. 미출간 기록물. 대전: 한남대학교 56기념관. 2022. 10. 26. 17:00-19:00.

김원배와의 면담. 미출간 기록물. 대전: 한남대학교 국제세미나실. 2022. 9. 26. 14:00-16:00.

김조년 교수와의 면담. 미출간 기록물. 대전: 한남대학교 인돈학술원. 2022. 7. 19. 11:00-14:00.

미국인 기자가 본 1950년대 한국 모습(50's Korea as seen by American Journalists). http://youtube.com/@ohart2000에서 2022. 11. 05에 검색함.

서면 면담. "Severn Somerville." 2022. 8. 26. 10:00-13:00

서면 면담. "Severn Somerville." 2022. 6. 24. 19:00-20:00.

서의필. 개교40주년 기념 인터뷰. 한남대학교 40년사 편찬위원회. 미출판 테이프. 1994. 7. 8.

서의필. "바람(風)." 미출간 설교문. 1986.

서의필. "새로운 역사의 창조." 미출간 설교문. 1984.

서의필. "쓰라린 비극 눈물." 미출간 설교문. 1980.

서의필. "이 역사적 순간의 도전." 미출간 설교문. 1983.

송현강과의 면담. 미출간 기록물. 대전: 한남대학교 인돈학술원. 2021. 5. 18. 15:00-16:00.

심사정. 진경산수도. 대전: 한남대학교 박물관 소장. 18C.

오연철과의 면담. 미출간 기록물. 대전: 한남대학교 국제세미나실. 2022. 9. 19. 13:00-16:00.

이주섭과의 면담. 미출간 기록물. 대전: 한남대학교 국제세미나실. 2022. 10. 19. 19:00-20:20.

이찬구. "한평생 한국을 사랑한 미국인 서의필(John Somerville)," 한남대학교 전자문서 공지사항. http//www.hannam.ac.kr/09192014에서 2014. 09. 19에 검색함.

정용길(대필). 정덕순 회고록. 2009.

한남대학교 40년사 편찬위원회(편) "서의필 교수와의 개교40주년 기념 인터뷰," 미출판 녹음, 1994. 7. 8.

한남대학교 교목실. 유진벨재단의 지원동참 호소문. 유진 벨 재단 북한 돕기 후원회. 미출간 기록물, 2003.

한남대학교 홈페이지. "대학정보공시" http://www.hannam.ac.kr의 대학정보공시에서 2022. 10. 15에 검색함.

An interview with Demetra Gates. Unpublished record, 2022. 7. 18.

Finch, S. "A short memoire of Virginia and John Somerville." Unpublished document. Received on July 13, 2022.

Gatesw, Demetra, A written interview. Unpublished document, July 18, 2022.

Somerville, J. "Letter of resignation." Unpublished document, June 25, 1982.

Somerville, J. Letter to Hannam family. Sept., 2006.

Somerville, J. Letter to Namsoon Kim. Jan. 16, 1996.

Somerville, J. Letter to Namsoon Kim. March 21, 1997.

Somerville, J. Letter to Namsoon Kim. Jan. 6, 2004.

Somerville, J. Letter to Professor Seung-Jae Oh. March 21, 1997.

Somerville, J. Letter to Professor Seung-Jae Oh. Oct 12, 1999.

Somerville, J. Letter to Professor Seung-Jae Oh. Dec. 28, 1999.

Somerville, J. Letter to Professor Seung-Jae Oh. Jan. 6, 2004.

Somerville, J. Letter to Professor Seung-Jae Oh. Feb. 23, 2005.

Somerville, J. Reflections on Freedom. Unpublished copy of speech, 1974

Somerville, J. N. Creating a Context for Learning English Conversation. A
    paper presented at the seminar on English education, 1985.

Somerville, S. A written interview. Received on August 26, 2022.

Query, J. A written interview. Received on Oct. 3, 2021.

## Audio-Visual Documentaries

CGN TV. 블랙마운틴 내한선교사 130주년 특집 다큐멘터리. 2015.

CTS 기독교TV. 내 고향, 내 영혼은 한국인, 인요한 소장. 2019. 4. 3.

EBS TV. 한국과의 기막힌 인연/린튼네 사람들: Documentary. 2007.

EBS TV. 시대의 초상 - 당신들의 미국, 나의 한국: 인요한. Documentary. 2014.

KBS 성탄특집. 내 고향 한국: 파란 눈의 선교사들. 2000.

KBS 일요스페셜. 인돈가. 2016. 8. 21.

서의필. 개교40주년 기념인터뷰. 한남대학교 40년사 편찬위원회. 미출판 테이프.
    1994. 7. 8.

## Missionary Reports

*The missionary.*

*The Korean Mission Field.*

*The Korean Repository.*

Ad Interim Committee. *Minutes.* Unpublished Document, Feb. 23-25, 1949.

*Annual Reports Executive Committee of Foreign Missions Presbyterian Church, USA.*

Annual Reports of Presbyterian Church U.S. in Korea Missionary.

Committee of the Korea Mission. *Minutes.* Unpublished documents. *1903-1940.*

Committee of the Korea Mission. *Minutes.* Unpublished documents. *1947-1982.*

Committee of the Korea Mission. *Minutes.* Unpublished documents. Presbyterian Church USA. 1949. 1. 8.

Committee of the Korea Mission. *Minutes.* Unpublished documents. Presbyterian Church USA. 1949. 3. 8.

Committee of the Korea Mission. *Minutes.* Unpublished documents. Presbyterian Church USA. 1971. 7. 15.

Committee of the Korea Mission. *Minutes.* Unpublished documents. Presbyterian Church USA. 1973. 6. 8.

Committee of the Korea Mission.. Minutes of the Third Postwar Annual Meeting of the Korea Mission. Unpublished documents. Presbyterian Church USA.

General Assembly of the Presbyterian Church in the United States. *Minutes.* Unpublished documents.

Somerville, John N. Annual Report of Presbyterian Church U.S. in Korea Missionary. Unpublished Document. 1963.

Somerville, John N. Letters to Namsoon Kim. Unpublished Document. Jan. 16, 1996.

Somerville, John N. Letters to Namsoon Kim. Unpublished Document. March 21, 1997.

Somerville, John N. Letter to Professor Seung-Jae Oh, Unpublished document. Oct. 12, 1999.

Somerville, John N. Letter to Professor Seung-Jae Oh, Unpublished document. Dec. 28, 1999.

Somerville, John N. Letter to Professor Seung-Jae Oh, Unpublished document. Feb. 23, 2005.

Somerville, John. N. Letter of resignation. Unpublished document. June 25, 1982.

Somerville, John. Report of Korea Mission. Unpublished document, 1974.

Somerville, John N. Reports to the Annual Meeting of the Southern Presbyterian Mission in Korea. Unpublished Document. 1963. 12. 5.

## 제3부에서 사용한 기타 자료

### 1. 서의필 교수로부터 받은 서신 자료
- 1978년 4월 9일자 서신
- 1982년 12월 29일자 서신
- 1983년 5월 26일자 서신
- 1989년 5월 20일자 서신
- 1990년 2월 7일자 서신
- 1991년 3월 2일자 서신
- 1996년 3월 14일자 서신
- 2005년 3월 13일자 서신
- 2005년 7월 21일자 서신(이메일)
- 2007년 5월 29일자 서신(이메일)
- 2010년 2월 24일자 서신(이메일)
- 2010년 5월 11일자 서신(이메일)
- 2010년 5월 29일자 서신(이메일)
- 2010년 7월 27일자 서신(이메일)

### 2. 서의필 교수의 선교보고서
- 1955년 2월 21일자 선교보고서

- 1957년 9월 8일자 선교보고서
- 1959년 8월 30일자 선교보고서
- 1959년 12월 12일자 선교보고서
- 1960년 12월 7일자 선교보고서
- 1961년 12월 5일자 선교보고서
- 1962년 12월 6일자 선교보고서
- 1963년 12월 5일자 선교보고서

## 3. CFK Newsletters/Letters 자료
- CFK Newsletter October 1999
- CFK Newsletter December 1999
- CFK Newsletter May 2000
- CFK Newsletter May 2001
- CFK Letter November 30, 2020
- CFK Newsletter 2021 Gifts of Hope
- 조선의 그리스도인 벗들 소식지 '2021 소망의 선물들'

## 4. 위컴/글라이스틴에게 보낸 서신
- 존경하는 존 위컴 사령관 귀하. 1980년 11월 22일자 서신
- 존경하는 글라이스틴 주한 미대사 귀하. 1980년 11월 22일자 서신

부록

# Steve Finch's Memoire of Virginia and John Somerville at Hannam University in the 1980s

I first met John and Virginia Somerville (you can't write about John without including Virginia) in the fall of 1984. I had heard that Han Nam University was in need of an English teacher and was given John's telephone number, so I gave him a call. John was kind of in charge of hiring foreign faculty at the university and I was hired on that first call. No hesitation. There was some student unrest happening on the campus at that time, so it took about six weeks before I could get on a plane to go to Korea.

When I was finally able to go, I arrived in Seoul on the evening of November 11 and John was at the airport to meet me. We still had a train ride of a couple of hours from Seoul to Daejeon and I was bushed. As John and I sat on the train talking and getting to know each other, a girl came through the car selling snacks. John asked me if I'd like some cider and I thought cider would taste really good, so I said OK. John handed me a can and I took a big swig. Boy was I surprised. It wasn't apple juice as I expected, but it was a drink very similar to 7-Up. That was my first taste (?) of culture shock in Korea.

A couple of days later, John took me to the campus to show me around. Now the campus is on two levels. Half of it is down low and the other half is up on a hill. There were a couple of sets of stairs and a road going up the hill and the stairways probably had fifty steps each. John was a mountain climber/hiker, so when he took me around campus, he must have taken me up and down those stairways and the road a half dozen times each, or so it seemed. He about wore me out going up and down that hill so many times. As I look back, I have to wonder if that was John's way of finding out if the new guy could handle it, or not. I think I passed the test, but I was glad I didn't have to go uphill one more time.

John and Virginia were great hosts. In fact, they were more like surrogate parents to us foreigners. On holidays they would open their home to us and we would be fed a wonderful American style lunch. Then we would sit around and talk and play games for the rest of the afternoon. They made us feel very welcome when we were so far away from our homes. John and Virginia's house was a sort of fusion of western and Korean styles. Their living room was fairly large and open to the roof. It had logs for beams going across the width of the room. I don't remember what prompted Charles Hill one time when we were all there, but he jumped up, grabbed a log, and pulled himself up to sit on the log. When

Charles finally came down, John laughed and thanked Charles for dusting the log. I always thought that was funny. I guess you had to be there.

The Somervilles also opened their home and served us breakfast once a week during the semester. That was a time that we all looked forward to, not only because of the meal and fellowship, but also because we could discuss our classes. If anyone had something that they wanted to share, or if they were having problems, we could all come together and try to help find a solution. Kind of working breakfasts, if you will.

My first year at Han Nam, there was no office space available for me, so I had no place of my own on campus. John was kind of embarrassed by that situation, so he offered to let me use his office when necessary. I was very grateful for his generosity. He and I had several good conversations there in his office and he taught me much about Korea. I was thankful for that because He made my transition from the US to Korea so much easier.

John liked sports and had coached a few teams at KCA (Korea Christian Academy), a school for missionary children right next door to Han Nam. Some of us foreign guys would get together one evening a week and go to KCA to play basketball. On occasion, John would join us and he wasn't shy about mixing it up with the younger guys. We very quickly learned that just because he was older didn't mean that he was a pushover.

John enjoyed working in his yard and he especially liked his roses. He had several different colors of roses in the yard as well as other flowers. He once told me that he was trying to develop a black rose and he was getting close. He showed me the darkest of his roses and he was right, he was getting close, but it was still not quite black.

When John was out and about, he would always wear a beret. At the time, Scott Stephens and I lived together in a house right next door to John and Virginia. They had eggs delivered to their home once a week, and we would go over and get eggs from them when we needed them. One day Scott went over to get eggs and when he came back, he pulled John's beret out of his pocket. Scott and I had often wondered what John would do if he lost his beret and Scott saw his chance to find out. There were several of us foreigners who hung out together and Scott was pretty quick to tell the others what he had done.

The next day we found out what John would do if he lost his beret. He would just get another from his dresser drawer and wear it. This presented a challenge to Scott, and the next time he was at John and Virginia's, He saw John's second beret hanging on a nail, and Scott swiped it too. Again, we were anxious to see what John would do, and once again he went to his drawer and pulled out a third beret. We wondered how many berets John had in his drawer, so the next time Scott went to the Somerville's home, he got the chance to steal beret number three. We all thought that surely that would be all the berets that John had.

Man, were ever wrong. The next day, there was John working in his yard wearing a beret. That was it. We were defeated. John and Virginia had a favorite Chinese restaurant downtown, so we wrote a note and slipped it under their door telling them to be at the restaurant at noon the next day and his kidnapped berets would be returned. There were six or seven of us who arrived at the restaurant a little early and there we all sat with bags over our heads when John and Virginia walked in. We returned the purloined berets, the pulled the sacks off our heads. We had a good time and thoroughly enjoyed the meal. Through the course of the meal, John told us that it was a good thing we hadn't gone after beret number four because that was about as deep as he could go. We all got a good laugh out of Scott's thievery.

John and Virginia were such wonderful people and they went out of their way to make us foreigners feel that their home was our home away from home. They will long be remembered with great affection by many people.

# | 부 록  2 |
## 협동부총장 사임서(1982. 6. 25)
## 〈A letter of resignation〉

June 25, 1982

To: Vice President Hae-Jin OH

Inasmuch as I agreed to serve as 협동부총장 for a limited period of time (originally designated as 6 months), and inasmuch as I will depart Taejon this month for one year in the United States, I hereby submit my resignation as assistant to the Vice- President.

It will be my continuing prayer that the Lord of History and the God of all wisdom will make this campus all that it should be. I trust that this administration will renew its commitment to serve the highest interests of the students at all time. We must view this as a Divine mandate that takes precedence over all else.

The Taejon Campus must renew its commitment to the search for Truth. I am distressed that academic freedom has been violated by both internal and external forces. So long as serveillance and censorship continue, we cannot properly carry on university education. This is demeaning to both faculty and students, and is a repudiation of man's right to know.

I am distressed that this campus has assumed too much of the "color" of a world utterly confused, dehumanized, and blindly following misguided leaders. Have we lost the courage to stand up for what is right, to defend the weak and exploited?

On matters of value and purpose, we are too often strangely quite. It is much easier to hide behind our Christian piety, our high status, in support of the status quo. In so doing we are practicing and cultivating the worst form of ethical irresponsibility.

We have too often disregarded the Biblical demands for justice, and in so doing we aid and abet forces that are corrupting and destroying this campus and our society. In this context we are destroying men and women of integrity—the very people who are the salt and light of our society.

To the leadership in Taejon, I express my appreciation for your understanding, encouragement, assistance, and stimulation. For my failure I ask your forgiveness.

Finally, I pray that the Taejon Campus leadership will always be guided by the example of a very common man of the first century who sought to give not to get, whose long days were spent is helping the suffering, not trying to gain fame, and the ultimately died to give us life.

John N. Somerville 서의필

# 서의필 교수가 작성한 대학교 헌장과 교육목표(1989)

(by John Somerville, from *Hannam in my life*, 1992)

## Hannam University

<u>University Motto</u>: Truth, Freedom, Justice

<u>Mission Statement</u>: The mission of Han Nam University is to train competent leaders capable of serving the nation and mankind in the spirit of Christ and to open new intellectual frontiers in the vast areas of learning on the ground of Christian world view. The Biblical truth, freedom and service lay at the core of every teaching and learning so as to help students internalize them in their personality. (Mathew 6:33)

<u>Three Goals of Education</u>: Academic Excellence, Moral Excellence, Spiritual Excellence

<u>Christian Education</u>: All the families at Han Nam University are striving to do their best to train competent leaders to serve the church, the nation, and the world. The office of chaplain plays the central role in coordinating religious activities. In evangelizing the students, and to helping them to have a Christian world view so that they are capable of serving society. For this reason the school hires Christians for faculty and staff to guide many kinds of activities, including Chapel, Bible study, and singing groups.

# Jim Query's comments about John Somerville

(Jim Query, from Written Interview. 2021. 10. 3)

"I remember about him was how he would sit up front with any taxi driver and ask him some questions about what part of Korea his family was from and then for the rest of the trip he would tell the driver about the driver's family and the history of that part of Korea.

Another thing I remember was that he was talking to us, me and one of my students, about reading a Chinese philosopher in the original Chinese outside his home on the mission compound. After the student and I walked away, she told me how surprised she was because not many Koreans were familiar with that Chinese philosopher and Dr. Somerville, an American, was reading his philosophy."

# | 부 록 5 |

## Excerpts of Dr. Somerville's Letters

<u>John N. Somerville. Letter to Professor Seung-Jae Oh, Unpublished document. 1999. 10. 12.</u>

"I continue to pray for Hannam University, and trust that the process of choosing a new President will culminate in the very best possible decision. The training of outstanding young leadership for the future must be the most important mission of the day. the Christian values on which HNU stands, and the integrity that this university represents have already had a profound influence on Korean society. God continues to give this institution unique opportunities; I trust we will be found faithful to this calling."

<u>John N. Somerville. Letter to Professor Seung-Jae Oh, Unpublished document. 1999. 12. 28.</u>

"It is my prayer that Hannam University will have its very best year, and that those elements that make for success (in God's economy) will be apparent. Now I am praying that in the next few days the Board of Trustees will make an intelligent decision in choosing the new president. Moreover, I trust that the one elected will work diligently with all elements of the school—underscoring those foundational values that are so important. Based on sustained Christian faith integrated with unique scholarship, within a climate where all are continually encouraged to do their utmost to utilize God's great gifts, there will be significant maturation that stands the tests and trials that come."

John N. Somerville. Letter to Professor Seung-Jae Oh, Unpublished Document. 2005. 2. 23.

"It continues to be my hope and prayer that outstanding problems on the Hannam Campus are being properly resolved. My prayer continues to be that there will be reconciliation and renewal throughout the campus. God has been gracious to bless this university and I am confident. He will continue to be creatively involved there."

John N. Somerville, Letter to Namsoon Kim, January 16, 1996.

"It is sad to read these days about problems in the ROK, especially the stupidity and immorality of the President and his party in ramming through those two laws. It makes me shudder and recall those horrible days in the 70s and 80s when the lives of the entire population was brutalized. But I am encouraged in learning of the courageous people who speak out and struggle to insure that the creation of a New History is not derailed."

# 회갑연에 대한 감사 편지

Hannam University
133 Ojung Dong
Taejon, Korea 300
May 20, 1989

Dear Friends,

Since 1954 it has been my privilege to spend most of my life in Korea. After basic orientation to Korean realities in Cholla Namdo, and a five year spent in Seoul, most of the remaining time has been spent in Taejon. During these years there have been few places in the Republic that I have not visited. I have traveled by boat and bus, plane and train. But the most memorable hours involved walking over picturesque mountains and down through beautiful valleys. Everywhere I have set foot there have been gracious people - farmers and fishermen, babies and children, grandparents, students and teachers, public servants and protesters, laborers and clerks, etc. These years have taught me many things, but the chief discovery is that Korea's GREATEST TREAS-URE is her PEOPLE. To you and all the others I have met on the road of life I am most grateful. Reflecting upon the immense creative potential in the Korean community, I look to the future with optimism.

Your contributions to my birthday celebration were received with profound appreciation. It was a day that I shall long remember.

But there is much more work to do. My commitment to work to enhance the teaching/learning process, to support efforts to create a society where the rights of all are honored, and to encourage the movement for liberation culminating in peace, justice, reconciliation and reunification is firm. Let us continue to pray for each other, to stimulate and challenge each other, to place ourselves consistently on the side of the poor and the oppressed, and to be unfailing examples of humanity as we work for the full redemption of society.

May the Lord of Life be gracious to you and to the Korean community from Paektu to Halla-san.

Peace,

John N. Somerville

서 의 필

## | 부 록 7 |

# Personal Report by John N. Somerville(1974)

During 1974 I served as Development Officer on the Taejon Campus of Soong Jun University. In addition to the duties of this office I have been a lecturer in the English Department and have continued my research in Korean social history. In offering thanks to God for the privilege of serving in Korea I wish to express particular opportunities for-

1. a lovely, long-suffering wife whose strong faith and unfailing efforts from dawn to dusk have kept us on the path.
2. for children whose enthusiasm for life and whose fascinating curiosity as become daily reminder of the beauty of God' creation and a constant stimulus to personal growth.
3. for the great host (friends, barbarians, and nameless ones) who encouraged, stimulated, challenged, and prayed for me during the years I was fulfilling requirements for the Ph.D. at Harvard.
4. for the creative leadership of Dr. Hahn Been Lee, President of Soong Jun University.

5. for the three young Korean scholars (Drs, Bom Ho, Myong-han Kim, and Se-yol Kim), recently returned from the U.S. with their Ph.D.'s, who join other faculty and staff in Taejon in striving to effect a transformation in which both spiritual and academic excellence exist.

6. for the performance of Austin Seminary intern Lorry Tyler whose sense of mission and profound availability to students strongly suggests that one doesn't have to spend a lifetime in Korea to influence the next generation.

7. for the growing number of God's people who display a keen awareness that faith and works are inseparably related, and that all problems confronting man and his society are a necessary concern of those who follow in the footsteps of our Lord.

8. for the courageous who suffer this day because of an identity with the prophetic concern for social justice and human rights.

It is my prayer that to establish priorities for 1975 we will all begin with an awareness of Divine requirements—to do justly, to love mercy, and to walk humbly with God. (ref. Micah 6.8).

인돈학술총서 6
서의필 목사의 한국 선교

2023년 5월 12일 처음 펴냄

지은이 | 김남순, 이기석
펴낸이 | 김영호
펴낸곳 | 도서출판 동연
등  록 | 제1-1383호(1992년 6월 12일)
주  소 | 서울시 마포구 월드컵로 163-3
전  화 | (02) 335-2630
팩  스 | (02) 335-2640
이메일 | yh4321@gmail.com
인스타그램 | instagram.com/dongyeon_press

ISBN 978-89-6447-887-5  03200

이 책은 2023년 대한민국 교육부와 한국연구재단의
대학혁신지원사업의 지원을 받아 제작되었음.